춘계 이종성 박사와 은파 김삼환 박사의 신학사상

The Theological Thought of Dr. Jong Sung Rhee and Dr. Sam-whan Kim

춘계 이종성 박사와 은파 김삼환 박사의 신학사상

2024년 11월 25일 초판 인쇄
2024년 11월 30일 초판 발행

지은이 | 최윤배
펴낸이 | 이찬규
펴낸곳 | 북코리아
등록번호 | 제03-01240호
주소 | 13209 경기도 성남시 중원구 사기막골로45번길 14
　　　우림2차 A동 1007호
전화 | 02-704-7840
팩스 | 02-704-7848
이메일 | ibookorea@naver.com
홈페이지 | www.북코리아.kr
ISBN | 979-11-94299-12-7 (93230)

값 25,000원

최윤배 지음

춘계 이종성 박사와
은파 김삼환 박사의

The Theological Thought of
Dr. Jong Sung Rhee and Dr. Sam-whan Kim

신학
사상

북코
리아

헌정사

사랑하고 존경하는 고(故) 춘계(春溪) 이종성 학장님의 탄생 102주년 과 은파(恩波) 김삼환 원로목사님의 탄생 80주년을 맞이하여 졸저를 두 분께 바칩니다.

"혁명(revolution)은 '과거의 것을 없이 하고 다른 것을 택한다'라는 뜻이다. … 개혁(reformation)은 현재의 것 중에 고칠 것은 고치고 지킬 것은 지키는 개선 또는 개량을 의미한다. 루터의 종교개혁 운동을 종교혁명이라고 부르지 않고 종교개혁이라고 부르는 것은 그리스 도교 안에 있는 근본적인 것은 그대로 지키면서 교회제도와 의식을 고치는 운동이기 때문에 그렇게 붙인 것이다."

– 이종성 박사[1]

---

1 이종성, "개혁과 혁명", 『이 사람을 보라』(춘계이종성저작전집 33, 설교집)(서울: 한국기독교 학술원, 2001), 326.

"교회는 생명의 강과 같습니다. … 교회가 살면 모두가 삽니다."(98)

"어린아이가 어머니의 품에 안기면 평안한 것처럼 교회는 어머니와도 같은 곳입니다. 프랑스의 종교개혁자 칼뱅(Jean Calvin, 1509-1564)은 '하나님을 아버지로 믿는 사람에게 교회는 어머니와 같다.'라고 말했습니다."(236)

— 김삼환 박사[2]

---

2   김삼환, 『교회가 살면 다 삽니다』(서울: 도서출판 실로암, 2013), 98, 236.

머리말

본 서의 출판을 가능케 하신 성 삼위일체 하나님께 영광과 찬송과 감사를 돌려드립니다. 이종성 학장님께서 2011년 10월 2일에 소천하셨을 때, 필자는 『신학춘추』에서 "고 이종성 명예학장님은 120년의 한국교회가 배출한 '교부'(敎父)로 불러도 조금도 지나친 말"이 아니라고 고인을 추모했습니다.[1] 고(故) 이종성 명예학장님의 탄생 102주년을 맞이하여 필자가 그분의 제자로서 학술대회와 학술지에 꾸준히 발표했던 그분에 대한 네 편의 소논문, 곧 그의 "종교개혁 신학", "구원론", "교회론", "국가론"을 부분적으로 수정 보완하여 본 서 제1부(제2-5장)에 할애했습니다.

또한 2013년에 졸저 『성경적 · 개혁적 · 복음주의적 · 에큐메니칼적 · 기독교적 조직신학 입문』(2013)을 김삼환 원로목사님께 한정한 바 있는 필자는 2013년부터 지금까지 명성교회의 협동목사로 줄곧 섬기면서, 얼마 동안 설교목사로 봉사한 적도 있습니다. 올해 2024년 김삼환 원로목사(증경총회장)님의 탄생 80주년을 맞이하여 그동안 필자가 학술대

---

1   최윤배, 『성경적 · 개혁적 · 복음주의적 · 에큐메니칼적 · 기독교적 조직신학 입문』(서울: 장로회신학대학교출판부, 2013), 814; "붙잡지 못한 사랑하는 제자와 종경하는 스승님", 『신학춘추』 통합 80호(2011.10.25. 화 A10).

회와 저술에서 발표한 그에 대한 네 편의 소논문, 곧 그의 기독론, 기도론, 설교론, 성령론(한글과 영어번역본)을 차례로 수정 보완하여 본서 제2부(제7-11장)에 배열했습니다.

선교 140주년을 1년 앞둔 한국교회, 특히 한국장로교회와 대한예수교장로회(통합)의 대표적 신학자인 이종성 박사님과 대표적 목회자인 김삼환 박사님의 신학사상을 담은 본 서가 모든 독자들에게 온고이지신(溫故而知新)의 교훈이 되기를 간절히 바랍니다.

"하나님을 찬양하라(Laus Deo)!"[2]

---

2   칼빈, 『기독교 강요』(1559) 마지막 문장.

CONTENTS

I

(Rhee Jong Sung, 1922.04.08.–2011.10.02.)

춘계 이종성 박사의 신학사상

1장

춘계 이종성 박사의 연보와 저서 목록[*]

---

[*] 참고, 이종성, 『미완성의 완성』(춘계 이종성 박사 회고록)(서울: 장로회신학대학교출판부, 2012), 163-169.

1.
춘계 이종성 박사의 연보

1) 출생

1922. 4. 8 경북(慶北) 문경군(聞慶郡) 동로면(東路面) 거산(巨山)에서
이규봉 선생과 김성련 여사 사이의 2남 4녀 중 차남으로 태
어남

1924 경북(慶北) 의성군(義城郡) 춘산면(春山面) 빙계동(氷溪洞)에서 자랐
으며, 어릴 때부터 빙계교회의 주일학교에 다님

2) 학력

1937. 3 빙계학원(氷溪學園)에서 춘산공립보통학교를 거쳐 의성읍 의
성보통학교 졸업

1939 일본 교토 입명관(立命館)중학교에 입학하여 2년 수료

1942-1944 일본 도쿄 성립(成立)상업학교 졸업

1945-1951 일본 기독교신학전문학교(현 동경신학대학) 졸업

1952-1954 미국 풀러 신학대학교(Fuller Theological Seminary)를 졸업하여,
B.D. 학위 취득

1954-1955 미국 루이스빌 장로교신학대학교(Louisville Presbyterian
Theological Seminary)를 졸업하여 Th.M. 학위 취득

1955-1956 미국 프린스턴 신학대학교(Princeton Theological Seminary)에서
연구

1961-1963 미국 샌프란시스코 신학대학교(San Francisco Theological
Seminary)에서 연구하여 Ph.D. 학위 취득

1962 독일 본(Bonn)대학에서 연구

1975 영국 케임브리지(Cambridge)대학 신학부에서 연구

3) 경력

1951-1952 일본 시모노세키(하관) 한인교회 전도사

1952. 3. 2 제일본 대학기독교총회에서 목사안수 받음

1956. 10 - 1957. 2 숭덕교회 임시 목사

1967. 3 - 1959. 2 서울 영락교회 부목사

1959. 3 - 1966. 2 연세대학교 교수, 학생처장, 교목실장

1966. 3 - 1971. 4 장로회신학대학교 교수 및 학감

1966-1987 장로회신학대학교 교수

1966-1970 전국신학대학교협의회 총무

1968-1972 E.A.C.C. 스태프

1968. 10 - 1972. 6 학교법인 정신학원 이사

1968-1982 동북아신학교협의회 이사장 겸 회장, 실행위원

1969-1982 대한기독교서회 편집위원 미 위원장(1971, 1979)

1970 한국기독교교회협의회 신학연구부, 장학위원

1971. 5 - 1983 장로회신학대학교 학장

1972. 6 - 1972. 10 학교법인 정신학원 이사장

1973. 2 - 1981. 1 한국신학연구소 이사

1974. 7 - 1985 다니엘학원(학교법인) 이사장

1975-1977 O.C.C. 장학위원장, 인사위원장

1975-1979 한국신학교연구원 이사 겸 이사장

1981. 2 - 1984 W.M.C.C. 인사위원장, 장학위원장

1980-2011 한국기독교순교자기념사업회 이사장

1981. 2 - 1984 한국신학연구소 이사장

1982 문교부 정책자문위원

1985-1986 대한예수교장로회총회 총회장

1986 일본 동경신학대학교 명예 신학 박사학위 받음

1988 일본 교토대학 초빙교수

1984, 1989-1990 미국 프린스턴 고등신학연구소 연구원

1998. 5 - 1999. 1 영남신학대학교 제2대 총장

1990-2011 한국기독교학술원 원장

1994-2011 사단법인 한국기독교문화진흥원 원장

4) 포상

1980. 12. 5 대한민국 목련장 수여

2.
춘계 이종성 박사의 저서 목록

1) 『춘계이종성저작전집』 제1-40권(총 40권)

2) 학위논문

"칼빈의 의인과 성화"(일본 동경신학대학 신학사 학위논문, 1951)

"When the Honor and Love of Go Meet"(Th.M., Louisville Presbyterian Seminary, 1955)

"The Influence of Plotinus on Augustine, as Illustrated in his Doctrine of the Trinity"(Ph.D. San Francisco Theological Seminary, 1963)

The Theological Thought of Dr. Jong Sung Rhee

2장

종교개혁
신학*

---

* 제13회 춘계 신학강좌(2017.09.20)에서 발표되고, 다음에 실린 논문: 최윤배, "춘계(春溪) 이
종성과 16세기 종교개혁신학", 『교회와 신학』 제83집(2019.02.28), 61-86.

1.
서론

16세기 종교개혁 500주년을 맞이한 2017년은 기독교(개신교)에 속한 우리에게 역사적으로 특별하고 뜻깊은 해임에 틀림없다. '종교개혁500주년기념사업회'는 종교개혁 500주년을 기념하기 위해 2011년 3월 5일에 한국기독교회관에서 창립총회를 열고, 8월 27일에 한국교회 100주년기념관에서 발대식을 가진 이후 6대 주요사업을 중심으로 계속적으로 여러 가지 행사들을 차질 없이 진행하고 있다.[1] 한국신학계에서 '한국기독교학회'와 '한국복음주의신학회'가 지금까지 한 번도 공동학술대회를 가진 적이 없었는데, 2017년 10월 20-21일(소망수양관)에 두 학회는 물론 한국개혁신학회, 한국루터학회, 한국칼빈학회, 한국웨슬리학회, 한국장로교신학회 등 거의 모든 학회가 공동으로 학술대회를 가지는 것은 교단과 교파를 초월하여 모든 한국 기독교(개신교)가 자신들의 신앙의

---

[1]   M. Bucer, *Von der waren Seelsorge*, 최윤배 역, 『참된 목회학』(용인: 킹덤북스, 2014), 6-7쪽을 참고.

동일한 뿌리가 16세기 종교개혁임을 확인하는 셈이 된다.

16세기 종교개혁 운동 자체에 대한 연구가 매우 중요한데 여기에 대한 한국 신학자들의 연구가 상당한 열매를 맺고 있다. 그러나 한국선교 132년의 역사를 기록한 한국교회와 한국 신학 자체 안에서 발전되고 이룩된 한국교회와 한국 신학자들의 신학 활동에 대한 연구와 평가는 부진한 상황에 있다.[2] 이런 상황에서 '제13회 춘계(春溪) 이종성(李鍾聲) 신학강좌'를 맞이했는데, 대표적인 한국 신학자 이종성에 대한 연구는 중요하고도 필요하다. 이종성에 대한 연구는 상당히 진행되었지만,[3] 이종성이 공헌한 칼뱅에 대한 연구는 최근에 발표된 박성규의 훌륭한 논문이 유일하다.[4] 그러므로 이종성이 공헌한 종교개혁 신학 연구에 대한 평가는 신학적으로는 물론 역사적으로도 매우 중요하고 더욱 필요한 것으로 사료된다.

이 책에서 우리는 이종성의 생애와 신학사상을 간단하게 다루고, 그다음 이종성과 16세기 종교개혁 사상의 관계에 대해 논의한 후, 마지막으로 논문의 결론에 이르고자 한다.

---

2 최윤배, "목회자 이수영과 그의 목회자관", 『한국개혁신학』 제54권(2017), 83.

3 참고, 소기천, "춘계 이종성 박사의 통전적 신학에 관한 연구", 『한국개혁신학』 제47권(2015), 68-91; 김지훈, "이종성 박사의 섭리론과 예정론에 대한 이해", 『한국개혁신학』 제47권(2015), 128-157; 최윤배, "춘계 이종성 박사의 구원론에 관한 연구", 『한국개혁신학』 제47권(2015), 158-183; 김도훈 · 박성규(책임편집), 『춘계 이종성 박사의 생애와 사상』(서울: 장로회신학대학교출판부, 2014)에 이종성의 생애(김도훈), 인간학(윤철호), 그리스도론(박성규), 성령론(현요한), 삼위일체론(신옥수), 교회론(최윤배), 종말론(낙운해), 문화관(배요한) 등 이종성에 관한 여덟 편의 논문이 실려 있는데, 참고문헌을 참고.

4 박성규, "한국칼빈연구에 끼친 춘계(春溪) 이종성의 신학적 기여", 『한국개혁신학』 제54권(2017), 8-44.

2.
춘계 이종성의 생애와 신학사상

1) 춘계 이종성의 생애

　고(故) 춘계(春溪) 이종성(Dr. Rhee Jong Sung, 1922.04.08-2011.10.02)은 1922년 4월 8일 경상북도 문경군(聞慶郡) 동로면(東路面) 거산(巨山)에서 이규봉(李圭鳳) 선생님과 김성연(金成鍊) 여사 사이의 2남 4녀 중 차남으로 태어났다. 그는 경상북도 의성군(義城郡) 춘산면(春山面) 빙계동(氷溪洞)에서 자라났고, 어릴 때부터 빙계교회 주일학교에 다녔다.[5] 그의 호 '춘계'는 면 소재지와 마을 이름을 따서 지은 것이라고 고인이 생전에 필자에게 직접 말씀하셨다. 그는 2011년 10월 2일 서울에서 하나님의 부르심을 받았다.[6]

　김도훈은 "한국 교회의 종소리"로써 이종성의 "사람을 살리는 공

---

5 춘계 이종성 박사 고희기념논문집 간행위원회(편),『교회와 신학: 춘계 이종성 박사 고희기념 논문집』(서울: 대한기독교서회, 1992), 825.

6 이종성 박사의 자세한 생애와 사역에 대한 자료는 다음을 참고. 이종성,『미완성의 완성』(서울: 장로회신학대학교출판부, 2012).

부"에로의 "신학적 회심"을 다음과 같이 소개한다.

> "1922년 암울한 시대의 어느 봄날에, 자유 없는 가난한 나라에 태
> 어나 한국 강산을 울리는 절의 종소리가 되라는 뜻으로 종성이라는
> 이름을 가지셨다는 학장님의 회고를 보면서, 참으로 묘한 하나님의
> 섭리를 느낍니다. 학장님은 한국 절간의 종소리가 아니라 한국 교
> 회의 종소리로 살다 하나님의 품으로 가셨으니 말입니다. … 전쟁
> 의 와중에 수많은 사람들이 죽어가는 현장을 목격하면서 가지신 회
> 한, … 무엇보다도 감동적인 것은 '이제는 사람을 죽이는 학문이 아
> 니라 사람을 살리는 공부를 하리라'는 학장님의 신학적 회심이었습
> 니다."[7]

2) 춘계 이종성의 신학사상

김명용은 이종성은 신사(紳士)로서 그의 제자들을 신사로 키운 결과
그의 제자들은 폭넓은 신학을 함으로써 "모나지 아니하고 싸우지 아니
하고 넓은 가슴으로 받아들이고 사랑할 줄 아는" 사람들이 되었다고 그
를 추모했다.[8] 이종성은 "한국에서 가장 성서적이고 가장 개혁신학적이
고, 가장 복음적이고 가장 에큐메니칼적인 신학자"였다.[9]

---

7   김도훈, "故 이종성 명예학장님을 추모하며…", 『신학춘추』 통합 80호(2011.10.25), A03.
8   김명용, "故 이종성 명예학장님을 추모하며…", 『신학춘추』 통합 80호(2011.10.25), A03.
9   위의 글.

우리는 한국교회의 '교부'(敎父)로 불릴 수 있는[10] 이종성의 신학적 특징을 개괄적으로 살펴보고자 한다.[11] 이종성은 1966년 3월 1일부로 조직신학을 가르치는 장로회신학대학교 교수 겸 학감으로 임용된 후, 1971년 5월부터 1983년까지 제10, 11, 12대 학장을 역임했고, 1987년 8월 31일에 정년퇴임 했다. 그가 1975년부터 1993년까지 18년 동안 완간한 『조직신학대계』 14권이 포함된 『춘계이종성저작전집』 40권이 2001년에 발간되었다.[12] 40권의 각 권 서두 "저작전집 40권을 내면서"에서 이종성은 자신이 지금까지 추구하고 노력했던 신학은 "통전적이고 열린 복음주의와 열린 보수주의 신학"임을 다음과 같이 시적(詩的)이면서도 변증법적(辨證法的)으로 표현한다. "필자는 성서적이고 복음적이며, 자유하면서도 자유주의 신신학에 물들지 않으며, 보수적이면서도 폐쇄적이 아닌 통전적이고 열린 복음주의와 열린 보수주의 신학을 강조하고 그러한 신학을 형성하여 교육하려고 최선의 노력을 다해왔다."[13]

그는 1900년의 기독교 역사에서는 물론 자신에게 가장 큰 영향을 미친 세 신학자로서 아우구스티누스와 칼뱅과 바르트를 손꼽았다. 이종성은 위의 세 신학자를 가장 선호하는 이유는 그들의 신학이 "성서적이

---

10 최윤배, "붙잡지 못한 사랑하는 제자와 존경하는 스승님", 『신학춘추』 통합 80호(2011.10. 25), A10.
"우리가 고 이종성 명예학장님을 120년의 한국교회가 배출한 '교부'(敎父)로 불러도 조금도 지나친 말은 아닐 것이다." 참고, 최윤배, 『성경적 · 개혁적 · 복음주의적 · 에큐메니칼적 · 기독교적 조직신학 입문』(서울: 장로회신학대학교출판부, 2013), 814.

11 참고, 최윤배, "대한예수교장로회 총회 100년: 조직신학의 어제와 오늘과 내일", 장로회신학 대학교출판부(편), 『장신논단』 44-2집(2012), 53-55; 최윤배, "故 이종성 명예학장의 신학", 『신학춘추』 통합 80호(2011.10.25), A03.

12 이종성, 『춘계이종성저작전집』(1-40권)(서울: 한국기독교학술원, 2001).

13 이종성, 『신학서론』(춘계이종성저작전집 1)(서울: 한국기독교학술원), 6.

고 복음적이며 은총주의"적인 신학이기 때문이다. 그러므로 이종성은 아우구스티누스의 고대 교부 전통과, 칼뱅과 바르트의 개혁신학 전통을 사랑하지 않을 수 없었다. "그러한 세 번의 (혁명적, 필자 주) 사건은 아우구스티누스와 칼빈과 바르트에 의해서 일어났다. … 현재 기독교 신학이 성서적이고 복음적이며 은총주의에 머물러 있다면, 이는 상기한 세 사람의 혁명적 결과라고 할 수 있다. 그래서 나는 이 세 사람의 신학을 좋아하고, 많은 신학자 중에서도 이 세 사람의 책을 가장 많이 읽었으며, 이 세 사람의 수많은 책들이 나의 서재를 장식하고 있다."[14]

1979년 제64회 총회가 이종성에게 "귀하가 신정통주의를 장로회신학대학교의 신학노선으로 삼겠다는 뜻입니까?"라고 질문하자 그는 "그 말의 뜻은 현대사조에 대한 신정통주의의 태도가 보수주의나 자유주의보다 대화가 더 잘된다는 뜻입니다. 본 대학의 신학 노선과 방향은 본 교단의 노선인 웨스트민스터 신앙고백의 노선과 에큐메니칼 운동 노선에 근거하여 성서적 복음주의 신학을 영위해 나가는 것입니다"라고 대답했다.[15] 또한 그는 "칼빈의 성서적 복음주의 신학"은 그리스도 중심적인 신학인 동시에, 모든 신자와 교회에 의해서 지지받는 "에큐메니칼적 신학"이라고 밝혔다.[16]

이종성이 교부 전통과 개혁신학 전통을 선호하면서도 폐쇄적이거나 독단적이지 않고, 모든 시대의 다른 신학자들 및 사상들과 폭넓고도

---

14 이종성, "나를 신학자로 만들어 준 신학자들", 『산을 보고 바다를 보고』(춘계이종성저작전집 38, 수상집), 40-41.

15 장로회신학대학교 100년사 편찬위원회, 『장로회신학대학교 100년사』(서울: 장로회신학대학교출판부, 2002), 474.

16 이종성, "우리가 지향하는 신학", 『한국교회와 세계교회의 신학』(춘계이종성저작전집 22, 소논문집), 172-180.

개방적인 대화를 가능케 했던 것은 바로 그의 신학이 "성서적 복음주의 신학"인 동시에, "통전적 신학"이라는 점에 있다.

김명용은 한국장로교회의 신학을 크게 세 가지로 분류할 때, 박형룡은 대한예수교장로회총회 "합동 측"의 신학을, 이종성은 대한예수교장로회총회 "통합 측"의 신학을, 김재준은 한국기독교장로회총회의 신학을 대변할 수 있다고 말한다. "박형룡의 신학은 옛 프린스턴의 신학자들(C. Hodge, A. A. Hodge, B. B. Warfield)과 메이첸(Machen)과 벌코프(L. Berkhof)로 연결되는 신학 선상에 있는 개혁교회의 신학 가운데 근본주의 성향이 아주 강한 극단적으로 보수주의적인 개혁신학"이며, "김재준의 신학은 바르트의 신학적 영향을" 많이 받은 신학이지만, "이종성의 신학은 대체로 칼빈의 신학과 바르트의 신학 양쪽에 뿌리를 두고 있는 개혁교회의 신학의 중심부에 가까이 존재하고 있는 신학"이며, "한편으로는 근본주의 성향의 개혁신학을 반대하고 또 한편으로는 자유주의 성향의 개혁신학을 반대하는 특성을" 가진 신학으로 평가한다.[17]

이종성의 신학은 "성서적 복음주의 신학"이다. "이종성은 자신의 신학을 성서적 복음주의 신학이라고 언급했다. … 이종성의 신학은 성서에 기초한 성서적 신학이었다."[18] 이종성은 "성서적 복음주의 신학" 형성의 당위성을 주장하면서 종교개혁자들의 신학을 "성서적 복음주의 신학"이라고 주장했다.[19]

무엇보다도 이종성의 신학의 가장 큰 특징은 바로 그의 신학이 "통

---

17   김명용, 『열린신학 바른 교회론』(서울: 장로회신학대학교출판부, 1997), 177-179.

18   이종성 외 3인, 『통전적 신학』(서울: 장로회신학대학교출판부, 2004), 110.

19   이종성, "성서적 복음주의 신학", 『종교개혁에서 현대신학까지』(춘계이종성저작전집 25, 소논문집), 382.

전적 신학"이라는 데 있다. "이종성은 2001년 『조직신학대계』 14권을 비롯해서 40권의 자신의 신학전집을 출간한, 한국신학계에 큰 영향을 미친 대단히 중요한 신학자이다. 그런데 이종성은 한국의 통전적 신학의 아버지인 동시에 통전적 신학의 대표적인 신학자이다. 한국의 통전적 신학이 무엇인지 알기 위해서 이종성의 통전적 신학 연구는 필수적이다."[20]

---

20   이종성 외 3인, 『통전적 신학』, 83.

3.
춘계 이종성과 16세기 종교개혁 신학

1) 성서적·복음적·은총주의 신학으로서의 종교개혁 신학

이종성은 1900년의 기독교신학 역사(歷史)에서 신학의 내용과 방향을 전환시켰던 세 번의 "혁명적 전환점"이 있었다고 주장한다. 바로 여기에 칼뱅을 포함시킨다. "그러한 세 번의 사건은 아우구스티누스와 칼뱅과 바르트에 의해서 일어났다. … 칼빈은 당시 유행하던 인물주의자들(인문주의자들, 필자 주)과의 논쟁에 있어서(피기우스, 볼섹) 하나님의 은총에 의한 예정을 강조했다."[21]

이종성은 자신이 칼뱅을 좋아했던 이유를 다섯 가지로 제시했다.[22] 칼뱅은 첫째, 강력한 신념과 추진력을 가진 사람이며, 둘째, 불의와 타협하지 않는 사람이며, 셋째, 시대를 앞서가는 "성서주의자"인 동시에 신학

---

21 이종성, "나를 신학자로 만들어 준 신학자들", 『산을 보고 바다를 보고』, 40-41.
22 위의 책, 43-44.

자이며, 넷째, 교육이념에서 후세에 귀감이 되는 기독교 교육가이며, 다섯째, "내가 죽거든 나의 묘비를 세우지 말라. 나는 이 세상에 태어나 후세인에게 내 이름을 남길 만한 일을 한 적이 없다"라는 유언을 남긴 사람이기 때문이다. "이상과 같은 이유에서 나(필자 주, 이종성)는 일본 동경신학대학 졸업논문으로 칼빈에 관한 글을 썼으며 그 후 한국교회에 봉사하면서 기회가 있을 때마다 그의 삶과 신학을 자랑했으며, 그 자랑 속에 나의 삶을 반영시키기도 했다."[23]

이종성은 16세기 종교개혁 신앙과 신학의 핵심 내용을 표현하는 "오직 은총으로"(sola gratia), "오직 신앙으로"(sola fide), "오직 성경으로"(sola scriptura)라는 슬로건을 그대로 수용하면서도, 한 걸음 더 나아가 종교개혁 신학을 "성서적 복음주의 신학" 또는 성서적 · 복음적 · 은총주의 신학으로 탁월하게 표현했다. "개혁운동(종교개혁 운동, 필자 주)으로 무엇을 개혁하려고 했을까? 개혁자들(종교개혁자들, 필자 주)에게 공통된 구호로서 '성서만', '은총만', '믿음만'이란 세 가지가 있는데 여기에 개혁의 내용이 집약되어 있다."[24]

이종성은 종교개혁자들의 신앙과 신학의 특징을 "① 은총주의(sola gratia), 신앙주의(sola fide), 성서주의(sola scriptura), ② 로마 천주교회의 비성서적임과 율법주의를 철저하게 반대함, ③ 만인 죄인, 만인 제사장직, 만인의 자유를 강조함"으로 요약하고 있다.[25] 이종성은 오리게네스로부터 현대 신학자들에 이르기까지 각 시대 속에서 발전했던 신학의 특성을 개괄하면서, "성서적 복음주의 신학형성의 당위성"을 주장했다. 이종성은

---

23 위의 책, 44.
24 이종성, "종교개혁운동의 별들",『기독교는 살아 있다』(춘계이종성저작전집 36, 수상집), 52.
25 이종성, "종교개혁과 신앙의 개혁",『종교개혁에서 현대신학까지』, 72.

2장. 종교개혁 신학

종교개혁자들만이 양극단을 달리지 않고 "성서적 복음주의 신학"을 가장 성공적으로 추구했다고 평가한다. "개혁자들(종교개혁자들, 필자 주)의 신학이다. 중세기 토마스(Thomas)의 신학과 스콜라주의에 반대하고 성서와 은총과 신앙(sola scriptura, sola gratia, sola fide)을 최우선적으로 강조하는 가장 복음적이고 성서적이고 은총주의적인 신학을 형성했다."[26] "과거 2000년 동안의 기독교 신학은 개혁자들(종교개혁자들, 필자 주)을 제외하고는 언제든지 양극을 왕래하는 특징을 가지고 있었다."[27]

여기서 이종성이 의도하는 "성서적 신학"은 "성서적 성경관"을 가지고 추구하는 신학을 가리킨다. 성서는 하나님과 인간 사이의 계약의 책이며, 개인, 인류, 역사, 우주, 종말, 종말 이후의 모든 것 등에 대한 예고(豫告)의 책이며, 말씀하시는 하나님과 듣고 기록하는 인간의 공동작품이며, 인간의 구원에 관한 바르고 정확한 가르침을 주는 유일의 책이며, 기록된 하나님의 말씀이다. 그러므로 모든 기독교 교리와 신학체계는 성서에 의해서 재해석되어야 한다. "이러한 성서관을 성서적 성서관이라고 나(이종성, 필자 주)는 부른다."[28] 또한 이종성은 "복음"의 사전적·신학적 의미를 풀이한 후, 다음과 같이 요약한다. "이것이 곧 기쁜 소식이란 뜻이다. … 그러므로 복음주의란 두 가지 축을 강조한다. 그리스도를 유일의 구주로 믿는 그리스도론적 신앙과, 율법이 아닌 하나님의 은혜로 우리가 구원을 받았다고 하는 은총주의다."[29]

이종성은 심지어 종교개혁자들의 예배의식 속에서도 말씀 중심, 은

---

26 이종성, "성서적 복음주의 신학", 『종교개혁에서 현대신학까지』, 382.

27 위의 책, 383.

28 위의 책, 379-380.

29 위의 책, 381.

혜 중심, 믿음 중심 사상이 중심을 이루고 있다고 지적하고 있다. 종교 개혁자들은 로마 천주교회가 말씀(설교) 없이 미사와 예전 중심의 의식에 치중한 데 대한 반발로, 말씀 중심의 믿음과 가정생활과 교회생활을 강조했고, 로마 천주교회가 인간의 공로를 높이 평가하고, 교회를 위해 세운 공로에 따라 구원과 축복이 좌우된다고 한 가르침에 반대하여 은총 제일주의를 부르짖었고, 개인 믿음만으로는 불충분하며, 여기에 교회를 믿는 신앙의 정도에 따라 구원과 삶의 질이 결정된다고 주장하는 로마 천주교회에 반대하여 하나님과 예수 그리스도에 대한 믿음이 가장 중요한 조건임을 강조했다. 종교개혁자들의 교회생활과 예배의식은 이 세 가지의 신학사상에 근거해 있다.[30]

2) '혁명'이나 '분리'가 아닌 '개혁'

이종성에 의하면, '혁명'(革命)이라는 말은 본래 유교에서 사용하던 용어인데, '혁'(革)은 천명(天命)을 의미하고 '명'(命)은 새롭게 한다는 뜻이다. 군주는 천명을 받아서 군주가 되었는데 그 천명이 바뀌었으니 군주 자신도 바뀌어야 되며, 천명을 받은 다른 사람에 의해서 대치된다는 뜻이다. 또한 영어의 'Revolution'이란 말은 회전한다, 선회한다는 뜻이며, 넓은 뜻으로서는 사물의 어떤 상태, 제도, 질에서 다른 어떤 상태와 제도와 질로 급변해가는 것을 의미한다. 그런데 혁명이란 용어는 주로 정치

---

30 이종성, "개혁자들의 예배의식", 『꿈꾸는 젊은이들』(춘계이종성저작전집 34, 설교집), 121-122.

적·사회적 개념이다. 국가와 사회발전에 방해가 되고 지장이 된다고 생각되는 구(舊)지배계급과 사회제도를 변화시켜 다른 계급을 구성하는 정체변동을 의미한다.[31]

이종성은 루터의 종교개혁은 처음부터 '혁명'이나 '분리' 차원에서 전개된 것이 아니라, '개혁' 차원에서 전개되었음을 재차 강조한다. "혁명(revolution)은 과거의 것을 없이하고 다른 것을 택한다라는 뜻이다. … 개혁(reformation)은 현재의 것 중에 고칠 것은 고치고 지킬 것은 지키는 개선 또는 개량을 의미한다. 루터의 종교개혁 운동을 종교혁명이라고 부르지 않고 종교개혁이라고 부르는 것은 그리스도교 안에 있는 근본적인 것은 그대로 지키면서 교회제도와 의식을 고치는 운동이기 때문에 그렇게 붙인 것이다."[32] "목사는 혁신의 선두자가 되는 동시에 보수의 총수가 되어야 한다. 이 두 가지 삶의 형태를 분명히 해야 한다."[33] "종교개혁은 종교혁명이 아니라 기존 교회의 잘못된 점만을 수정하자는 운동이다. 그래서 이 운동은 Revolution이라고 부르지 않고 Reformation이라고 불렀다. 루터나 칼빈은 기존의 로마 천주교회를 완전히 없애버리고 새로운 종교를 시작하려고 한 것이 아니었다. 다만 로마 천주교회에서 그릇되게 가르치는 것만을 수정해서 성서에 입각한 기독교를 건설하려고 노력했었다. 종교라는 것은 본질상 보수적인 것이다."[34]

이종성에 의하면, 종교개혁 운동은 "만인 제사장직"(모든 신자 제사장직, the priesthood of all believers)을 통해 하나님과 인간 사이의 막힌 담벽을 없애고,

---

31 이종성, "종교개혁과 신학의 개혁", 『종교개혁에서 현대신학까지』, 43.

32 이종성, "개혁과 혁명", 『이 사람을 보라』(춘계이종성저작전집 33, 설교집), 326.

33 위의 책, 328.

34 이종성, "종교개혁의 어제와 오늘", 『종교개혁에서 현대신학까지』, 22.

I. 춘계 이종성 박사의 신학사상

종교적 독재주의를 깨뜨리고, 학문의 발달을 촉진하는 등의 수많은 발전적인 변화를 가져왔다.[35] 그러나 이종성이 가장 안타깝게 생각하는 것은 종교개혁 운동을 통한 교회의 분열이다. "로마 천주교회의 지배권에 분열을 가져온 것은 물론이다. … 이때부터 구라파는 종교적으로 이분되고 말았다. 동시에 개혁운동자들(종교개혁 운동자들, 필자 주)이나 개신교인들 사이에서도 분열이 일어났다. … 그 여파가 현재까지 개신교 안에 계속되고 있다."[36]

종교개혁 제1세대인 루터나 츠빙글리나 특히 마르틴 부처(Martin Bucer)[37]는 중세교회의 개혁을 주장하고 지향한 것이지, 중세교회의 분열이나 분리를 주장한 것이 결코 아니다. 비록 20세기 이후에 기독교(개신교) 진영 안에서의 교회연합과 교회일치운동(에큐메니칼 운동)이 상당한 성과를 보여주고 있지만,[38] 16세기 종교개혁 운동 이후, 기독교(개신교) 안에서나 개신교 특정 교파와 교단 안에서의 계속된 교회분열에 대한 분명한 반성과 개선이 철저하게 요구된다.

---

35 위의 책, 19-21.

36 위의 책, 21.

37 최윤배, 『잊혀진 종교개혁자 마르틴 부처』(서울: 대한기독교서회, 2012), 특히 "제4부 교회일치 신학자와 에큐메니컬 운동가로서의 마르틴 부처", 347-394를 참고.

38 최윤배, 『성경적 · 개혁적 · 복음주의적 · 에큐메니칼 · 기독교적 조직신학 입문』, "제35장 세계교회협의회(W.C.C.)의 성령론", "제36장 개혁교회와 교회일치", 863-921을 참고.

3) 종교개혁의 직접적 계기(契機)

상당수의 교회사나 교리사(敎理史) 책은 루터의 종교개혁은 종교적 사건일 뿐만 아니라, 다양한 동기와 원인을 동반하고 있다고 말한다. 그러나 최근 신·구교 종교개혁 전문가들은 일반적으로 루터의 종교개혁의 주된 동기와 원인은 종교 문제이며, 교리 문제이며, 영적 문제로 규정한다.[39] 이 주장은 두 가지 의미를 내포한다. 첫째, 종교 문제에 집중하지 않고, 주로 사회, 경제 문제에 집중한 과격파 농민운동 등과는 달리 루터의 종교개혁의 주된 동기와 목적은 종교 문제에 집중되었다. 둘째, 16세기 중세 로마천주교회 진영에서도 루터보다 먼저 종교개혁의 필요성을 인정하는 기류들이 있었고 종교개혁이 먼저 시도되었지만, 로마천주교회는 종교개혁을 '종교'의 틀 속에서가 아니라, '윤리'(도덕)의 틀 속에서 이해하고 개혁을 시도했다. 이와는 정반대로 루터의 종교개혁은 종교 문제, 교리 문제, 진리 문제, 영적 문제로부터 시작되었다.[40]

비록 중세 로마 천주교회의 도덕적 부패성이 심각했을지라도, 루터의 주된 관심은 로마(천주)교회의 도덕적 부패성보다 신학적 부패성이었다고 이종성은 종교개혁 운동의 직접적 계기를 잘 간파했다. 성경의 진리에 일치하는 믿음으로부터 성경의 진리에 일치하는 행위(선행, 도덕)가 나온다.[41] "영혼의 안식과 죽음의 공포를 극복하기 위하여 수도사가 된 루터는 로마 천주교회의 도덕적인 부패성보다 신학적인 부패성에 더 고민을 하였다. … 루터의 종교개혁 운동의 주된 목적은 성서가 가르치는

---

39 최윤배, 『칼뱅신학 입문』(서울: 장로회신학대학교출판부, 2012), 26.

40 최윤배, 『개혁신학 입문』(서울: 장로회신학대학교출판부, 2015), 26.

41 위의 책, 28.

복음의 본질을 바로 이해함으로써 구원의 도리를 잘 알고, 동시에 교회의 부패를 막으며 참 하나님의 교회를 형성하자는 데 있었다."[42] "루터의 95개 조에는 당시의 로마 가톨릭교회를 완전히 부정하고 어떤 새로운 교회를 시작하려는 의도는 전연 없었다. 오히려 고갈된 신앙을 부흥시키고, 느끼지 못한 영적 만족을 얻고, 복음을 재발견하려는 신앙운동 및 신학운동이었다. 이것이 초기의 루터의 태도였다."[43]

이종성은 16세기 로마(천주)교회의 신앙적 · 신학적 타락의 심각성 외에 경제적 · 정치적 · 도덕적 문제도 지적하면서, 이 같은 이유로 일어난 종교개혁을 하나님의 섭리로 규정한다. "이러한 이유에서 개혁자들(종교개혁자들, 필자 주)이 개혁운동을 일으켰으며, 그것은 신의 섭리에 따르는 것이었다."[44]

4) 종교개혁의 의의(意義)

이종성에 의하면, 16세기 종교개혁 운동은 신앙과 종교 운동으로부터 시작되었지만, 그 영향력은 16세기 당시 유럽에만 국한된 것이 아니라, 이를 훨씬 뛰어넘어 그 이후의 유럽 전(全) 역사(歷史)는 물론 전(全) 세계 인류 역사에까지 파급되어 오늘에까지 이르고 있다.[45] 우리는 이종성이 주장한 종교개혁의 몇 가지 주요한 의의를 살펴보고 평가해보고자

---

42 이종성, "종교개혁의 어제와 오늘", 『종교개혁에서 현대신학까지』, 17-18.

43 위의 책, 43-44.

44 이종성, "로마 천주교회의 죄와 하나님의 진노", 『이 사람을 보라』, 181.

45 이종성, "종교개혁의 어제와 오늘", 『종교개혁에서 현대신학까지』, 19.

한다.

첫째, 16세기 종교개혁 운동은 복음의 재발견 운동이었다.[46] 이종성에 의하면, 중세 로마(천주)교회 안에 있는 극소수의 사람만이 예수 그리스도가 가르치신 복음의 참뜻을 이해했다. '복음'은 예수 그리스도께서 가르쳐주신 '기쁜 소식'으로서, 죄인이었던 우리가 예수 그리스도의 공로로 죄 사함 받는다는 것이다. 그러나 중세 로마(천주)교회는 예수 그리스도의 공로를 의지하고, 그를 믿음으로 구원을 얻는다고 가르치지 않고, 로마(천주)교회에 대한 충성을 절대적으로 요구하고, 돈으로 영혼의 구원을 얻을 수 있다고 가르쳤다. 이처럼 종교개혁은 복음의 참뜻을 그릇되게 가르치던 로마(천주)교회에 대해 그들의 잘못을 깨닫게 하고, 성서가 가르치는 대로 복음의 참뜻을 찾게 했다.[47]

종교는 물론 정치, 경제, 사회, 문화 등 전 유럽의 모든 영역에서 절대 권력을 가진 로마(천주)교회와 로마교황청은 교회 본연의 자세인 복음 전도와 증거에 주력하지 않고, 율법주의적 생활윤리를 강조하고, 미신적 방법으로 가르치고 지도했다. 루터는 성서연구(『시편』, 『로마서』 등)를 통해 '복음', 곧 "복음주의와 하나님의 은총의 제일주의"를 발견했다. 루터는 "로마 천주교 안에서는 율법주의를 발견했지만 성서 안에서는 복음을 새로이 발견했던 것이다. 이것이 바로 16세기 종교개혁이 가지는 중대한 의미이다. 이 진리를 발견했기 때문에 16세기의 종교개혁이 성공했던 것이다."[48]

---

46 이종성, "16세기 종교개혁과 20세기의 교회개혁", 『종교개혁에서 현대신학까지』, 28-30; 이종성, "종교개혁의 어제와 오늘", 『종교개혁에서 현대신학까지』, 19.

47 이종성, "종교개혁의 어제와 오늘", 『종교개혁에서 현대신학까지』, 19.

48 이종성, "16세기 종교개혁과 20세기의 교회개혁", 『종교개혁에서 현대신학까지』, 29. 참고,

둘째, 16세기 종교개혁 운동은 '성서에로의 복귀' 운동이었다. 이종성은 로마 천주교회와 종교개혁 신앙과 신학방법론의 근본적인 차이점을 지적한다. 종교개혁자들은 종교개혁 운동을 강력하게 추진하기 위해 복음의 재발견 등 그들의 사상적 · 신학적 기초와 근거를 성서에 두었다. 이와는 정반대로 로마 천주교회는 성서를 간과하고, 자신의 사상적 · 신학적 기초와 근거를 교회와 인간의 '전승'(傳承)에 두었다. "그것은 로마 천주교회가 주장하고 지켜온 전승(傳承)이나 베드로 성좌나 교황의 교령집이나 토마스 아퀴나스의 신학사상이 아니라, 하나님의 계시가 기록되어 있고 예수 그리스도의 생활과 교훈이 담겨 있고 제자들의 신앙을 고백하고 증거한 내용이 기록된 하나님의 말씀으로서의 성서였다. 과거 1500년 동안 교회가 간직해 온 것은 교황의 자리도 아니고 성자들의 유해물도 아니요, 전승도 아니다. 교회는 교회의 존재 자체가 걸려 있는 성서를 수호해 왔던 것이다. 그러나 불행하게도 로마 천주교회는 이와 같은 절대적인 가치와 중요성을 가지고 있는 성서를 제2차적인 것으로 생각하고 거기에 담겨 있는 '진주'를 묻어버리고 그들의 머리에서 고안해 낸 여러 가지 비본래적인 것에만 치중하였다."[49] 종교개혁자들은 로마(천주)교회가 잘못된 신앙과 신학방법론의 기초와 근거로부터 벗어나서 '성서에로의 복귀'를 촉구했다. "'성서만'(sola scriptura)이란 말이 나온 이유가 여기에 있다. … 그러므로 16세기의 종교개혁 운동은 '성서에로의 복귀'였다."[50]

셋째, 16세기 종교개혁 운동은 인류사회에 큰 영향을 주었다. 쿠르

28-29.

49 위의 책, 30-31.

50 위의 책, 31.

트 알란트(Kurt Aland)는 루터의 종교개혁을 중세의 연장선상에서 이해하지 않고, 중세와의 불연속성 속에서 파악하여 루터의 종교개혁을 코페르니쿠스적 전환점이라고 불렀다.[51] "확실히 루터의 사상에서 많은 중세적 요소들을 추적할 수 있다. 그러나 그의 활동과 첫째로 그의 활동들의 영향을 볼 때, 루터와 종교개혁과 함께 근대의 시작을 명백히 찾아볼 수 있다. '코페르니쿠스의 전환점'(Kopernikanische Wende)은 1517년 10월 31일 항의문을 붙임으로써 시작되었다. … 오늘날 루터를 하나의 괴물로서 또는 기껏해야 시대에 뒤진 사람으로 여기는 사상의 학파들조차도 루터의 상속자들이며 루터와 종교개혁이 없었다면, 우리의 현대 사상계는 오늘날과 같은 발전을 이루지 못했을 것이다."[52]

종교개혁 전문가가 아닌 이종성의 판단은 놀랍게도 종교개혁 전문가들의 판단과 정확하게 일치한다. 이종성에 의하면, 중세 천년 동안 로마 천주교회의 교권제도와 절대적인 통솔 아래 사회제도와 문화의 성격은 완전히 로마 천주교회화된 결과, 학문의 자유가 무시당하고, 인간의 구원은 성직계급에 종속되었으며, 개인의 양심의 자유조차도 무시되었다. "이와 같은 새로운 역사적 단계에로의 도약과 내일을 위한 새로운 교회형성의 기틀을 마련해 준 것이 바로 루터-칼빈의 종교개혁 운동이었다. 이 운동이 일어난 즉시, 전 구라파의 정치적, 문화적, 정신적 상황은 격변했다. 개혁운동에 국왕들이 개입했다. 학자들도 개입했다."[53]

종교개혁 운동의 영향력은 단지 16세기에만 국한된 것이 아니라,

51   최윤배, 『개혁신학 입문』, 27.

52   Kurt Aland, *Die Reformation: Luther · Mlenachthon · Zwingli · Calvin* (Gütersloher Verlagshaus Gerd Mohn, 1980²), 47.

53   이종성, "16세기 종교개혁과 20세기의 교회개혁", 『종교개혁에서 현대신학까지』, 32.

'프로테스탄트' 정신을 형성하여 현대에 이르기까지 전(全) 유럽과 전(全)
세계에 계속되고 있다. "이 상황은 어느 면에 있어서는 현재까지 계속되
고 있다. 그리고 프로테스탄트의 정신력이 미치는 곳에는 모든 면에 있
어서 새로운 힘이 약동했다. … 오늘날까지의 서구문명을 기독교문명이
라고 한다면 그것은 프로테스탄트문명이라고 부를 수 있을 것이다."[54]
"16세기 이후부터 서양의 역사는 많은 이데올로기가 나타나고 있으나
그 모든 사상은 성서를 프로테스탄트적 신학원리에 의해서 해석함으로
나타난 사상들이다. 이토록 개혁운동(종교개혁 운동, 필자 주)은 서양정신사에
대해서뿐만 아니라 인류정신사 전체에 대하여 큰 영향을 주었다. 로마
천주교회에 의하여 갇혀 있던 복음의 다양한 의미가 개혁운동(종교개혁, 필
자 주)에 의하여 해방된 것이다."[55]

　　이종성은 막스 웨버(Max Weber)의 주장과 똑같이 "칼빈의 개혁사상은
자본주의를 낳았다"고 칼빈의 후대 영향을 강조했다.[56] 비록 이종성과
막스 웨버의 이 같은 주장 자체에 대한 비판이 없는 것은 아니지만,[57] 칼
빈의 예정사상이 후대 개혁교회의 경제관에 절대적인 영향을 끼친 것은
확실하다.

54　위의 책, 33.

55　이종성, "종교개혁의 교회사적 의의", 『기독교는 살아 있다』, 87.

56　이종성, "종교개혁의 어제와 오늘", 『종교개혁에서 현대신학까지』, 21.

57　최윤배, 『칼뱅신학 입문』, 793-794.

4.
춘계 이종성과 오늘날의 종교개혁 운동

이종성은 두 가지 이유에서 오늘날 한국교회의 개혁에 대한 요청을 강하게 주문한다. 한 가지 이유는 기독교(개신교)의 교회론, 특히 개혁교회의 교회론의 특징에 있다. 왜냐하면 "개혁(개혁된)교회는 항상 개혁되어야"(*ecclesia reformata semper reformanda*) 하기 때문이다. 다른 하나의 이유는 시대적 요청 때문이다.[58] 모든 기독교(개신교), 특히 "개혁교회는 개혁자들(종교개혁자들, 필자 주)의 '솔라 스크립투라'(sola scriptura)의 원리에 의하여 계속해서 반복적으로 자아비판을 하지 않으면 안 될 것이다. 한순간이라도 신언(神言)에 의한 자기반성을 중지한다면 프로테스탄트 교회의 특징은 없어지고 단순한 기성교회가 되고 말 것이다. 그러므로 개혁교회의 특징은 계속적인 개혁운동을 전개하는 데 있다."[59]

우리가 앞에서 살펴본 바와 같이, 이종성은 16세기 종교개혁 운동

---

58 이종성, "종교개혁과 한국교회", 『한국교회의 현실과 이상』(춘계이종성저작전집 21, 소논문집), 46-47.

59 이종성, "종교개혁의 어제와 오늘", 『종교개혁에서 현대신학까지』, 54.

자체에 대한 연구에도 큰 성과를 거두었지만, 16세기 종교개혁 운동에 비춰본 오늘날의 종교개혁 운동에도 지대한 관심을 가졌다. 우리는 이종성이 바라본 오늘날의 종교개혁 운동에 집중하고자 한다. 이종성은 교회개혁과 교회혁신에 대해 젊은이는 젊은이대로, 늙은이는 늙은이대로, 목사는 목사대로, 장로는 장로대로, 각자가 각자의 입장에서 본 개혁론과 혁신론을 전개하는바, 그들의 각 주장에는 나름대로 이유와 정당성이 있을지라도, 자신은 개별적 입장에서 논하기보다는 좀 더 "신학적이고, 원칙적인 면"에서 방안을 제시하고자 한다.[60]

교회개혁을 종교적 문제나 신학적 문제에서 출발하지 않고, 도덕적 문제나 제도적 문제에서 시작하고, 여기에 초점을 맞추는 16세기 당시의 로마(천주)교회나 현대의 로마(천주)교회와 개신교회가 동일한 실수를 반복하고 있다고 이종성은 강하게 비판한다. "그러나 20세기의 교회혁신은 교회제도의 혁신을 위주로 하는 경향이 강하다. 이 점은 로마 천주교회나 프로테스탄트 교회에서도 공통되는 점이다."[61]

1) 신학개혁의 네 가지 원칙

이종성은 역사적(歷史的)으로 신학개혁의 진행 내용과 과정을 개괄적으로 살피고, "신(神)과 성서와 인간생(人間生)"의 세 가지 요소 중에서 한 가지라도 문제가 생겼을 때, 신학개혁의 당위성이 제기된다고 말한

---

60   이종성, "종교개혁과 한국교회", 『한국교회의 현실과 이상』, 42.

61   이종성, "16세기 종교개혁과 20세기의 교회개혁", 『종교개혁에서 현대신학까지』, 29.

후, 신학개혁의 네 가지 원칙을 주장한다.[62]

첫째, 모든 신학 영위의 제1의 자료와 제1의 표준은 성서이다. 이종성에 의하면, 성서는 하나님 섭리의 자아계시의 집대성이므로, 신학이 신에 관한 인간의 의식적 작업이라고 한다면, 성서를 떠나거나 성서를 정당하게 이해하지 않고는 결코 신학을 할 수가 없다. 그러므로 종교개혁이 시작되었을 때, 루터는 시편과 로마서에서 영감을 받았으며, 칼뱅은 성서 전체의 주석을 필수 요소로 삼고, 바르트는 로마서를 연구함으로써 개혁운동을 일으켰다. 왜냐하면, 성서는 단지 과거의 사건을 기록한 역사나 전기이거나 미래에 대한 기대를 극대화한 환상적 이야기책이 아니라, 살아계시는 하나님의 말씀(히4:12)이기 때문이다. 그러므로 성서는 언제든지 형식화되고 냉각된 신학과 교회에 새 힘과 활력소를 제공해준다.[63]

둘째, 모든 신학 영위의 제2의 자료와 제2의 표준은 신학사(神學史)이다. 이종성에 의하면, 과거 2000년 동안의 신학사는 성서를 통해서 하나님이 역사하시는 그 뜻을 파악하고 이해하려는 노력이다. 하나님은 인간의 구체적인 상황에 대해 그 상황에 적합한 방법으로 관계를 가지시는바, 하나님이 새 그리스도를 파송하거나 새 성서를 쓰시는 것이 아니라, 이미 보내신 그리스도와 이미 형성된 성서를 통해서 역사하신다. 2000년 동안의 신학사를 통해서 나타난 신의 역사와 이에 대한 이해가 오늘날 우리가 성서를 이해하고 신의 역사를 이해하는 데 있어서 제2의 자료와 제2의 표준이 된다.[64]

---

62 이종성, "종교개혁과 신학의 개혁", 『종교개혁에서 현대신학까지』, 56-60.

63 위의 책, 56-57.

64 위의 책, 57-58.

I. 춘계 이종성 박사의 신학사상

셋째, 모든 신학은 실존적이고, 주체적인 결단을 통해서 영위되어야 한다. 이종성에 의하면, 신학은 단순한 이론이나 형이상학이나 그림의 떡을 추구하는 운동이 아니다. 신학은 신학 하는 자 자신의 생명과, 존재와 운명을 좌우하는 신과, 또한 다 같이 지배권을 주장하는 현실(사탄, 우상) 사이에 끼어, 자신은 우상(偶像, Abgott)을 택하지 않고, 야훼 신(Gott)을 택하겠다는 결단이 있을 때 비로소 가능하다. 신학 하는 신앙생활에는 삼중적 결단이 요구되는바, 곧, 자기 자신, 이웃, 그리고 신에 대한 결단이다. 이 삼중적 결단이 없이는 스스로 신앙과 신학생활을 할 수가 없다.[65]

넷째, 모든 신학의 영위에서 성령의 역사(役事)에 대해 복종하는 겸손한 태도가 있어야 한다. 이종성은 성서의 최고의 해석가는 성서 자체요, 성서가 하나님의 말씀으로 힘을 가지려면 "성령의 내적 증거"(Testimonium Spiritus Sancti Internum)가 반드시 필요하다는 칼뱅의 사상을 그대로 수용하면서, 성령은 성서해석뿐만 아니라 신자의 모든 활동영역에서도 역사하신다고 성령 사역의 절대성을 강조한다. "성령은 단지 성서해석에만 역사하시는 것이 아니라 신자의 모든 활동영역에서도 역사하신다. 기도, 설교, 대화, 전도, 직장생활 등 언제든지 어디에서든지 역사하신다. 특히 신학 하는 일과 신앙을 고백하는 일에서 성령이 더 강력하게 역사하신다. 그러므로 성령론이 없는 신학은 있을 수 없으며, 성령론이 없는 신앙고백서란 그만큼 가치가 약한 것이다."[66]

---

65 위의 책, 58-59.

66 위의 책, 59.

2) 16세기 종교개혁과 20세기 교회개혁의 차이점

이종성은 16세기 종교개혁과 20세기 교회개혁의 차이점을 세 가지 관점에서 지적하면서, 동시에 20세기 교회개혁의 문제점을 지적한다.

첫째, "16세기 종교개혁은 복음과 신은(神恩)의 재발견"인데, 오늘날의 한국교회의 개혁은 교회제도의 개혁을 중심으로 이루어지는 잘못을 범하고 있다고 지적한다. 20세기의 교회개혁은 어떤 중요한 교리에 대한 개혁이 아니라, 교회의 생활이나 제도상의 개혁을 중심으로 이루어져서 16세기 로마(천주)교회의 실수를 그대로 답습하고 있다.[67]

둘째, 16세기 종교개혁 운동은 '성서에로의 복귀' 운동이었는데, 이와는 정반대로 "20세기의 개혁운동은 성서에로의 복귀 운동이 아니라 시대정신의 도입 운동"이라고 강하게 비판한다. "20세기의 개혁운동은 성서로 돌아가는 운동이 아니라 성서를 현대어로 바꾸고 그것을 현대적 입장에서 현대인의 구미에 맞도록 재해석해야 한다는 운동이 되고 말았다."[68]

셋째, 16세기 종교개혁 운동은 인류사회에 영향을 주었는데, 이와는 정반대로 20세기 후반의 교회개혁은 사회 영향을 받아서 일어났다고 지적한다. 현대교회의 개혁은 복음의 재발견에 의해서 일어난 것이 아니라, 그 반대로 과학 등의 영향을 받아 사회와 문화에 끌려가는 상태에서 일어났다.[69]

---

67 이종성, "16세기 종교개혁과 20세기의 교회개혁", 『종교개혁에서 현대신학까지』, 29-30.
68 위의 책, 31-32.
69 위의 책, 34-35.

3) 20세기 교회개혁의 네 가지 방향

　　20세기 교회개혁 운동의 세 가지 문제를 지적한 이종성은 20세기 교회개혁 운동의 네 가지 방향을 제시한다. 첫째, 교회는 하나의 교회를 지향해야 한다. 성서를 위주로 한 신학사상으로 복귀한다면, 기독교(개신교)는 하나가 될 수 있을 것이다.[70] 둘째, 시대정신과 방법을 도입하는 데는 주체성을 잊어서는 안 된다. 교회는 문화나 철학이나 사상 체계와는 달라서 주체성이 없이 무조건적으로 시대사상에 영향을 받아서는 안 된다. 복음은 언제나 문화를 창조하고, 변화시키고, 그것을 초월한다. 영향을 받을 때도 주체성을 잃지 않고 복음의 본질을 상실하지 않는 범위 안에서 영향을 받아야 한다.[71] 셋째, 교회는 사회보다 앞서는 예언자적 사명을 수행해야 한다. 16세기 종교개혁 운동은 그 당시 사회보다 앞서 일어난 운동이었고, 그 당시 사회에 큰 영향을 줄 수 있었다. 그러나 20세기의 개혁운동은 사회보다 뒤떨어진 개혁운동을 부르짖고 있다.[72] 넷째, 현대교회는 과학의 가치와 의의를 재인식해야 한다. 교회는 과학자들보다 앞서서 과학자들에게 방향을 제시해주고, 과학자들의 양심을 지켜주는 과학의 선도자가 되어야 한다.[73]

70　위의 책, 35-37.

71　위의 책, 37-38.

72　위의 책, 38.

73　위의 책, 38-39.

4) 한국교회 개혁의 과제

이종성은 16세기 종교개혁 운동과 한국교회의 개혁을 비교하면서, 한국교회 개혁의 과제를 다섯 가지로 지적한다.

첫째, 하나님의 은혜를 오해하고 있는 점이다. 이종성에 의하면, 종교개혁자들은 "하나님의 은총의 절대불가결성"을 주장했다. 그들이 생각하던 은총은 하나님의 절대자유에서 값없이 그의 섭리에 따라 간단없이 우리에게 주어진 사랑의 보호를 뜻했다. 그러나 이종성에 의하면, 오늘 한국교회의 대다수는 은총을 한갓 마술적인 것으로 생각하고 은총을 받으면 곧 이적, 기사도 행할 수 있다고 생각한다. 그래서 은총을 받았다고 자랑하는 사람들은 방언을 하고, 안수도 하고 열광적인 부흥회를 열게 된다. 그렇지 못한 사람은 은총을 받지 못했다고 생각한다.[74]

둘째, "신앙 유일론"(sola fide)을 오해하고 있는 점이다. 이종성에 의하면, 종교개혁자들은 "신앙 유일론"(sola fide)을 주장했다. 종교개혁자들이 말하는 신앙은 우리에게 주시는 하나님의 은혜와 동일한 것이다. 따라서 신앙은 반드시 위에서 은혜의 줄을 타고 내려오는 생명력이 있어야 한다. 그렇지 않다면 우주인(宇宙人)이 유영(遊泳) 시(時), 모선(母船)의 생명선이 끊겨서 허공에 유영하는 것과 같은 것이 되고 만다. 그러므로 종교개혁자들이 생각한 신앙은 언제든지 은총에서 보급되는 생명수를 받아 마셔야 한다. 그러나 이종성에 의하면, 오늘 한국교회의 대다수는 신앙을 고립된 어떤 단일체로 보고 은총의 보급 없이 단독적으로 무엇이든지 할 수 있다고 생각한다. 그 결과, 믿음을 가졌다고 하는 사람이 주인

---

74 이종성, "종교개혁과 한국교회", 『한국교회의 현실과 이상』, 42.

I. 춘계 이종성 박사의 신학사상

이 되고, 그 믿음을 주신 하나님은 막후로 퇴거시켜버리고, 그 결과 신앙은 미신과 다를 바가 없는 수준으로 전락해버리고 만다.[75]

셋째, "만인 제사장직"(the pristhood of all believers, 모든 신자 제사장직)을 오해하고 있는 점이다. 믿음을 가진 모든 성도들은 성령 안에서 믿음과 말씀과 기도를 통해 하나님을 만날 수 있고, 그 결과 성도의 교제가 가능해진다. 그러나 이종성에 의하면, 한국교회의 대다수는 만인 제사장직의 사상을 오해하여 신비주의자들과 자칭 예언자들과 아류 기독교 선지자들을 대량으로 생산했다는 것이다.[76]

넷째, 성서적 성서관을 오해하고 있는 점이다. 이종성에 의하면, 종교개혁자들의 성서관은 절대로 문자주의 율법주의나 기계적 영감설을 말하지 않았다. 그들의 성서관은 동적이고, 생동적이며, 성령의 역사와 직결되어 있다. 그러나 이종성에 의하면, 한국교회의 대다수는 성서를 기계적으로 이해하며, 주자학의 영향을 받아서인지 문자에 치중한 나머지 그 문자를 통해 계시된 하나님의 뜻과 성서 전체를 통해 주시는 하나님의 메시지를 상실하는 경향에 빠져 있다. 그 결과 성서의 글자 하나를 위해서 믿는 형제끼리 비판하고 저주하고 정죄하고 분노하여 결국에는 원수가 되어버린다.[77]

다섯째, 종교개혁자들이 매우 경계하고 강하게 비판했던 교권주의다. 이종성에 의하면, 종교개혁 운동 자체가 중세기적인 교권주의를 타파하기 위해 일으킨 운동이었다. 그 결과 종교개혁자들 자신들도 이 교권주의에 빠지지 않도록 노력했다. 칼뱅이 제네바에서 교권을 남용했다

---

75 위의 책.

76 위의 책, 42-43.

77 위의 책, 43.

는 비난도 있으나, 그것은 역사적으로 정당한 비판이 아니다. 칼뱅이 가진 교권은 복음과 진리를 수호하기 위한 권한을 사용한 것뿐이었다. 그러나 이종성에 의하면, 오늘의 한국교회의 교권주의자들은 복음과 진리를 위해 교권을 사용하지 않고, 복음과 진리를 빙자(憑藉)한 이기주의적 분파 싸움을 하고 있다. 그 결과 오늘의 한국교회 내에서는 싸움의 목적이 변질되었고, 교권제도의 방향이 이탈되었고, 교회 싸움의 투사들은 망신을 당하고 있음에도 불구하고, 한국교회에는 아직도 싸움이 계속되고 있다.[78]

---

78   위의 책, 44.

I. 춘계 이종성 박사의 신학사상

5.
결론

2017년 종교개혁 500주년 기념의 해를 맞아 종교개혁 운동에 대한 한국 신학자의 연구에 대한 연구 및 평가의 필요성을 제기하면서, 고(故) 춘계 이종성이 이해한 16세기 종교개혁이라는 주제를 선택하게 되었다.

이종성은 1922년 4월 8일 경상북도 문경군 동로면 거산에서 이규봉 선생님과 김성연 여사 사이의 2남 4녀 중 차남으로 태어났다. 그는 경상북도 의성군 춘산면 빙계동에서 자라났고, 어릴 때부터 빙계교회 주일학교에 다녔다. 그의 호 '춘계'는 면 소재지와 마을 이름을 따서 지은 것이며, 그는 2011년 10월 2일 서울에서 하나님의 부르심을 받았다.

그는 한국교회가 낳은 한국교회의 교부(敎父)로 불릴 만하며, 성서적 · 개혁신학적 · 복음적 · 에큐메니칼적인 신학을 일생동안 추구하고, 자신의 신학을 "통전적(統全的) 신학"(Holistic Theology)으로 명명했다. 이종성은 16세기 종교개혁 신앙과 신학의 핵심 내용을 표현하는 "오직 은총으로"(sola gratia), "오직 신앙으로"(sola fide), "오직 성경으로"(sola scriptura)라는 슬로건을 그대로 수용하면서도, 한 걸음 더 나아가 종교개혁 신학을 성서적 · 복음적 · 은총주의 신학으로 탁월하게 표현했다. 종교개혁 신학은 말씀 중심, 은혜 중심, 믿음 중심의 신학이라는 것이다.

이종성은 루터의 종교개혁은 처음부터 '혁명'이나 '분리' 차원에서 전개된 것이 아니라, '개혁' 차원에서 전개되었음을 힘주어 강조한다. 종교개혁은 종교혁명이 아니라 기존 교회의 잘못된 점만을 수정하자는 운동이다. 그러므로 종교개혁 운동은 Revolution이라고 부르지 않고 Reformation이라고 불렀다. 루터나 칼뱅은 기존의 로마천주교회를 완전히 없애버리고 새로운 종교를 만들려고 한 것이 아니라, 로마(천주)교회에서 그릇되게 가르치는 것만을 수정해서 성서에 입각한 기독교를 건설하려고 노력하여, '기독교개혁'을 목표로 했다. 이종성이 안타깝게 생각하는 것은 신 · 구교의 분열과 개신교 안에서 계속되고 있는 교회분열이다.

이종성은 비록 중세 로마천주교회의 도덕적 부패성이 심각했을지라도, 루터의 주된 관심은 로마(천주)교회의 도덕적 부패성보다 신학적 부패성이었다고 주장하며 종교개혁 운동의 직접적 계기를 잘 간파했다. 왜냐하면 성경의 진리에 일치하는 믿음으로부터 성경의 진리에 일치하는 행위(선행, 도덕)가 흘러나오기 때문이다. 이종성이 이해한 16세기 종교개혁의 의의는 다양하지만, 특히 세 가지였는데, 곧 복음의 재발견, 성서에로의 복귀, 후세대에 끼친 큰 긍정적인 영향이었다.

이종성은 오늘날의 세계교회와 특히 한국교회의 신학과 신앙의 개혁과 관련하여 현실적인 문제와 함께 개혁방법과 방향을 제시했다. 이종성은 역사적(歷史的)으로 신학개혁의 진행 내용과 과정을 개괄적으로 살피고, "신(神)과 성서와 인간생(人間生)"의 세 가지 요소 중에서 한 가지라도 문제가 생겼을 때 신학개혁의 당위성이 제기된다고 말한 후, 신학개혁의 네 가지 원칙을 주장한다. 신학 영위의 제1차 자료와 제1차 표준은 성서이며, 제2차 자료와 제2차 표준은 신학사(神學史)이다. 모든 신학은 실존적이고 주체적인 결단이 필요하며, 신학 영위에서 성령의 역사에 대한 절대복종하는 겸손한 태도가 필요하다.

이종성은 16세기 종교개혁과 오늘날의 개혁의 큰 차이점은 16세기 종교개혁은 본질 문제에 집중했는데, 오늘날의 개혁은 형식 등 비본질적인 것에 집중하고 있는 점이라고 주장했다. 16세기 종교개혁 운동은 복음의 재발견이나 성서에로의 복귀 등을 통해 사회와 후대에 긍정적인 영향을 미쳤는데, 오늘날의 개혁은 비본질적인 형식 문제에 집중한 나머지 사회와 세상으로부터 역으로 악영향을 받고 있다.

이종성은 오늘날의 교회개혁이 네 가지 방향에서 수행되기를 희망한다. 곧, 하나의 교회가 되는 교회연합을 지향할 것과, 주체성을 가지고 시대정신과 방법을 활용할 것과, 예언자적 사명을 감당할 것과, 과학의 가치를 재인식할 것이다.

이종성은 한국교회의 개혁과제를 다섯 가지로 제시하고 있으며, 한국교회는 '하나님의 은혜'와 '신앙'과 '만인 제사장직'을 오해하고 있다. 한국교회는 올바른 성경적인 성서관을 가져야 하며, 교권주의를 경계해야 할 것이다.

비록 이종성은 종교개혁 전문가는 아닐지라도, 우리가 살펴본 바와 같이, 그는 16세기 종교개혁 운동 자체는 물론 교회사 속에서의 교회개혁과 오늘날 세계교회와 한국교회가 직면한 개혁해야 할 대상과 문제점을 예리하게 진단하고, 여기에 대한 현실성이 있는 방법을 탁월하게 제시하고 있다.

참고문헌

1) 제1차 문헌

이종성.『춘계이종성저작전집』(1-40권). 서울: 한국기독교학술원, 2001.

이종성(김도훈 · 박성규 책임편집).『미완성의 완성』. 서울: 장로회신학대학교출판부, 2012.

2) 제2차 문헌

김도훈. "영원한 지리를 탐구하는 순례자".『춘계 이종성 박사의 생애와 사상』. 서울:
　　　장로회신학대학교출판부, 2014, 9-49.

김도훈 · 박성규(책임편집).『춘계 이종성 박사의 생애와 사상』. 서울: 장로회신학대학교출판부,
　　　2014.

김명용.『열린신학 바른 교회론』. 서울: 장로회신학대학교출판부, 1997.

김지훈. "이종성 박사의 섭리론과 예정론에 대한 이해".『한국개혁신학』제47권(2015), 128-157.

낙운해. "춘계(春溪) 이종성 박사의 종말론".『춘계 이종성 박사의 생애와 사상』, 272-311.

박성규. "춘계(春溪) 이종성 박사의 그리스도론".『춘계 이종성 박사의 생애와 사상』, 74-127.

_____. "한국칼빈연구에 끼친 춘계(春溪) 이종성의 신학적 기여".『한국개혁신학』제54권(2017),
　　　8-44.

배요한. "춘계(春溪) 이종성 박사의 사상에 나타난 타문화와 타종교 이해".『춘계 이종성 박사의
　　　생애와 사상』, 312-336.

소기천. "춘계 이종성 박사의 통전적 신학에 관한 연구".『한국개혁신학』제47권(2015), 68-91.

신옥수. "춘계(春溪) 이종성 박사의 삼위일체론".『춘계 이종성 박사의 생애와 사상』, 153-183.

윤철호. "춘계(春溪) 이종성 박사의『신학적 인간학』에 대한 고찰".『춘계 이종성 박사의 생애와
　　　사상』, 50-73.

춘계 이종성 박사 고희기념논문집간행위원회(엮음).『교회와 신학: 춘계 이종성 박사

고희기념논문집』. 서울: 대한기독교서회, 1992.

최윤배. 『깔뱅신학 입문』. 서울: 장로회신학대학교출판부, 2012.

———. 『잊혀진 종교개혁자 마르틴 부처』. 서울: 대한기독교서회, 2012.

———. "춘계(春溪) 이종성 박사의 교회론". 『춘계 이종성 박사의 생애와 사상』, 184-271.

———. "춘계 이종성 박사의 구원론에 관한 연구". 『한국개혁신학』 제47권(2015), 158-183.

최윤배 외 7인. 『제8 · 9회 춘계신학강좌: 춘계이종성 박사의 생애와 사상』. 서울: 장로회신학대학교출판부, 2014.

현요한. "춘계(春溪) 이종성 박사의 성령론". 『춘계 이종성 박사의 생애와 사상』, 128-152.

The Theological Thought of Dr. Jong Sung Rhee

3장

구원론*

---

* 제10회 춘계신학강좌(2014.09.24)에서 발표: 최윤배, "춘계(春溪) 이종성(李鐘聲) 박사의 구원론"

1.
구원론의 조직신학적 위치

조직신학의 다양한 주제들 중에서도 '구원'(救援)에 대한 주제는 오늘날과 같은 포스트모던 시대에 종교 간의 대화나 다양한 목회와 선교 현장 속에서 지나칠 수 없는 중요한 주제이다.[1] 왜냐하면 구원에 대한 정의(定義)에 따라 종교의 성격과 목회와 선교의 내용과 방법도 달라질 수 있기 때문이다.

이종성의 구원론에 대한 본격적인 논의를 시작하기 전(前) '구원론'(soteriology)의 내용 범위에 대한 논의가 요청된다. 왜냐하면 조직신학에서 구원론에 대한 이해가 항상 동일하지 않기 때문이다. 예를 들면, 찰스 핫지(C. Hodge)는 구원론에 구원의 계획, 은혜 계약(언약), 그리스도의 인격과 사역, 그리고 성령을 통한 구원 적용의 내용을 포함시키고,[2] 윌리엄 셰드(W. G. T. Shedd)는 그리스도의 사역과 성령을 통한 구원 적용의 내용을

---

1 김명용, 『현대의 도전과 오늘의 조직신학』(서울: 장로회신학대학교출판부, 1997), 84.

2 Charles Hodge, *Systematic Theology Vol. 2: Part II Anthropology, Part III Soteriology* (Grand Rapids: Eerdmans Printing Company, 1977/1871), 313-732.

포함시키고,[3] 루이스 벌코프(L. Berkhof)와 안토니 후크마(A. A. Hoekema)는 구원론에서 성령을 통한 구원의 적용만을 다룬다.[4] 또한 김균진[5]과 하인리히 오트(Heinrich Ott)[6]는 구원론을 그리스도론과 성령론으로부터 구별하는 동시에 그리스도론과 성령론을 전제하면서 신앙론의 틀 속에서 다룬다.

비록 구원론이 조직신학의 모든 각론들(loci), 특히 그리스도론과 밀접한 관계 속에 있을지라도, 우리가 구원론을 예수 그리스도께서 성취하신 구원에 대한 성령의 적용이라는 틀에서 이해할 경우 큰 문제가 없다고 생각된다. "구원론은 구원의 복들이 죄인에게 전달되는 것과, 하나님의 호의에로의 회복과, 하나님과의 긴밀한 교제 안에 있는 생명에로의 회복을 다룬다."[7] 후크마도 벌코프와 동일한 범주에서 구원론을 이해하면서, 구원론에서 성령 사역의 중요성을 특별히 강조한다.

> "본 저술에서 구원의 축복이 어떻게 하나님의 백성을 하나님의 호의, 그리고 그리스도를 통한 하나님과의 교제의 삶으로 회복되는가에 대한 연구를 구원론의 내용으로 삼으려 한다. 이 구원의 적용은 비록 믿음으로 얻어지기는 하나 성령의 역사임을 잊어서는 안 된다."[8]

---

3   William G. T. Shedd, *Dogmatic Theology Vol. 2*(Grand Rapids: Zondervan, 1889-1894), 353ff.

4   Louis Berkhof, *Systematic Theology* (Grand Rapids: Eerdmans Publishing Co., 1981/1938), 415-554; Anthony A. Hoekema, *Saved by Grace* (Grand Rapids: WM. Eerdmans Publishing Company, 1989).

5   김균진, 『기독교조직신학 III』(서울: 연세대학교출판부, 1987), 145-373.

6   Heinrich Ott, *Die Antwort des Glaubens: Systematische Theologie in 50 Artikeln* (Stuttgart · Berlin: Kreuz Verlag, 1973), 277-331.

7   Louis Berkhof, *Systematic Theology*, 415. "Soteriology deals with the communication of the blessings of salvation to the sinner and his restoration to the divine favor and to a life in intimate communion with God."

8   Anthony A. Hoekema, *Saved by Grace*, 류호준 역, 『개혁주의 구원론』(서울: 기독교문서선교회,

우리는 이종성의 구원론을 예수 그리스도의 구원에 대한 성령을 통한 적용이라는 틀 안에서 회개, 성화, 견인(堅忍), 영화 등 '구원 순서'(*ordo salutis*)의 전체적인 틀 안에서 기술할 것이다.[9]

이종성의 구원론에 대한 이해는 『춘계이종성저작전집』 40권의 각 글에서 산발적으로 나타나지만, 그의 구원론은 조직신학적으로 제1권 『신학서론』(조직신학대계)[10]과, 제19권 『하나님의 섭리와 인간의 구원』(소논문집)[11]에 집중적으로 나타난다.

1990), 11-12.

9 칼빈과 마르틴 부처는 구원의 순서를 일부 정통주의 신학에서처럼 시간적 · 단계적 순서로 이해하지 않고, 성령의 순서에 기초한 신학적 · 논리적 순서로 이해한다. 참고, 최윤배, 『잊혀진 종교개혁자 마르틴 부처』(서울: 대한기독교서회, 2012), 243-244; 최윤배, 『깔뱅신학 입문』(서울: 장로회신학대학교출판부, 2012), 265-266.

10 이종성, 『신학서론』(춘계이종성저작전집 1, 조직신학대계)(서울: 한국기독교학술원, 2001), "제2부 4장 구원론", 281-322.

11 이종성, 『하나님의 섭리와 인간의 구원』(춘계이종성저작전집 19, 소논문집)(서울: 한국기독교학술원, 2001), "제2부 인간의 구원과 신앙", 236-423.

2.
춘계 이종성의 구원론

1) 구원론의 구조와 성격

(1) 구원의 객관적 근거로서의 "그리스도의 대속적 공로"

이종성에 의하면, "그리스도인들은 예수 그리스도를 구주라고 부른다. 그의 삶과 죽음과 행한 업적이 인류의 구원을 위한 것이라고 믿기 때문이다. 사실 신약성서의 많은 곳에서 예수의 삶과 죽음이 자신을 위한 것이 아니라 모든 인류를 위한 것"이다.[12] 이종성은 예수 그리스도의 삶, 죽음, 부활과 관련된 많은 성서 구절들(요1:29; 마11:28; 마16:16; 막10:45; 요3:17; 요6:54; 요8:51; 요11:25-26; 롬5:8; 롬10:13; 행4:12; 요3:14; 빌2:6-8; 고전1:18; 요14:3, 6; 요12:46; 계21:6)을 직접 인용한 후에 그 내용을 아홉 가지로 요약하는바, 그 핵심 내용은 다음과 같다. 선재하신 예수 그리스도는 인간의 구원을 위해 성육

---

12   이종성, 『신학서론』, 309.

신하셨다. 그는 참하나님이신 동시에 참인간(*vere Deus vere homo*)이시다. 그는 하나님의 나라 운동을 전개하셨고, 특히 병든 자들과 약한 자들을 도와주시고, 12제자를 모집하셨다. 그는 로마 정부에 의해 처형당하셨으나 그의 죽음은 하나님의 섭리하에 이루어진 대속적인 죽음이었다. 그는 죽은 지 3일 만에 부활하셨다.

> "그는 죽음과 부활을 통하여 인간의 죄를 다 없게 하고 죄에서 온 죽음의 권세를 파괴함으로써 인간의 구주가 되셨다. 누구든지 이러한 일을 한 예수 그리스도를 자기를 위한 분이라고 믿고 죄를 고백하고, 그의 이름으로 세례를 받고, 그와 하나가 되면 그 사람은 새로운 피조물이 될 뿐만 아니라 그의 십자가의 죽음과 함께 죽고 그의 부활과 함께 부활하여 영원토록 그리스도와 함께 복락을 누릴 수 있다."[13]

이종성은 구원과 관련하여 전인(全人) 구원을 주장한다. "간추려서 말한다면 (구원은, 필자 주) 사람은 죄와 죽음의 권세에 의하여 죽임을 당할 직전에 있는 이 위기에서 해방되어 영과 육이 의로운 그리스도의 왕국에서 사는 것을 의미한다. 그리고 구원은 육신의 해방뿐만 아니라 영혼의 해방도 의미한다. 영육 간의 구원, 이것이 모든 사람이 얻기를 바라는 구원이다. 그리고 기독교가 약속하는 구원이다."[14]

---

13   위의 책, 312.

14   이종성, 『하나님의 섭리와 인간의 구원』, 372.

(2) 적용(application), 수용(appropriation), 취급(administration)

이종성은 "구원론의 구체적 적용"이라는 제목의 단락에서 구원의 객관적 내용을 기독(그리스도)론으로 이해하고, 구원의 주관적 효과를 얻는 방법에 대해 다음과 같이 질문한다.

> "교회는 지난 2,000년 동안 이러한 사실을 인정하고 예수 그리스도를 인류의 구주로 고백했다. 그리스도인이란 그리스도를 구주로 믿고 그와 생사를 같이하려는 사람들에 대한 명칭이다. 이 모든 일이 다 밖에서 일어났다. 객관적으로, 역사적으로, 실존적으로 일어난 사건이다. 그렇다면 이 사건을 나와 어떻게 관계 맺도록 할 수 있을까?"[15]

이종성은 우리 밖에서 객관적으로 그리고 역사적으로 일어난 예수 그리스도의 구속 사건이 우리에게 주관적으로 관계되는 문제를 중심으로 세 가지 견해들, 즉 적용(application)설, 수용(appropriation)설, 취급(administration)설을 논의한 뒤에 '취급'이라는 용어 자체에는 완전히 만족하지 않으면서도 그 의도에는 동의하면서 취급설을 선택한다.

> "예수 그리스도의 삶과 십자가와 부활사건을 통하여 인류를 위한 대속적(代贖的) 사역이 성취되었다. 하나님 편에서는 그 사건이 완결된 사건이다. 다음의 문제는 그 사건의 효과가 인류에게 어떻게 적

---

15 이종성, 『신학서론』, 312.

용되고 수용되고 취급되느냐 하는 것이다. 즉, 그 사건을 인류와 어떻게 관련되게 하는가의 문제다. 이 점에 대하여 대체로 다음과 같은 세 가지 가능성을 신학자들이 지적한다."[16]

이종성에 의하면, 적용설의 경우, "객관적으로 일어난 대속적 사건은 야훼 하나님의 섭리에 따라 그 대상이 정해져 있으므로 하나님이 일방적으로 그 사람들에게 구원의 효력을 적용한다는 주장이다".[17] 이런 견해를 주장하는 자들(바울, 아우구스티누스, 브라바다인, 칼빈, 핫지, 바르트 등)은 강한 은총주의자인 동시에 예정론 신봉자이다. 이종성에 의하면, 이 적용설에서 인간은 전적으로 무력하고, 하나님만이 사랑과 자비로 일정한 사람을 선택하여 구원의 공로를 적용하기 때문에 인간의 구원은 전적으로 하나님의 일방적인 사역이다.[18]

이종성에 의하면, 수용설의 경우, "예수에 의해 이루어진 구속 사역은 그리스도인이 주체적 결단에 의해 수용할 때에만 구원의 효과가 나타난다".[19] 이종성에 의하면, 우리가 수용설[펠라기우스(Pelagius), 에라스무스(Erasmus), 아르미니우스(Arminius) 등]을 따를 경우, 매우 심각한 문제에 부딪히는데, 곧, 우리의 구원은 하나님의 절대적이고 독자적이며 일방적인 은총의 사역이 아니라, 우리의 동역(同役)하는 사역과 함께 이루어지는 사건으로 인정되어 '신인협동설'(神人協同說, synergism)에 빠지게

---

16 위의 책, 312-313.
17 위의 책, 313.
18 위의 책.
19 위의 책, 314.

I. 춘계 이종성 박사의 신학사상

된다.[20]

　이종성은 적용설과 수용설의 역사를 교리사적으로 다음과 같이 요약한다. "상기한 두 가지 상반된 해석은 프로테스탄트 신학의 전 역사에 쌍곡선을 그리면서 명멸(필자 주, 明滅, appearing and vanishing)한다. 적용설은 주로 프로테스탄트 정통주의와 신정통주의와 근본주의 신학자들에 의해 재강조되는 반면, 수용설은 신앙의 체험을 강조하는 경건주의와 자유주의와 윤리주의자들과 부흥운동자들의 메시지의 핵심을 이루고 있다."[21]

　이종성은 적용설과 수용설 중에 양자택일을 거부하는 이유를 다음과 같이 설명한다.

　　"위에서 언급한 적용설이나 수용설은 다 같이 전적으로 받아들일 수 없는 내용을 가지고 있다. 전자를 택하면 불가피하게 결정론에 빠질 위험성이 있으며, 후자를 따르면 구원에 관한 하나님과 그리스도의 절대권을 거부하게 된다. 이러한 두 가지 딜레마(進退兩難)를 피하려는 시도로서 취급(administration)설을 말하게 되었다. 이 용어는 포프(Pope)와 벌코프(L. Berkhof)에 의하여 사용되었다. 그들의 의도는, 적용설과 수용설의 문제점인 결정론과 신인 협동설을 거부하는 한편, 그리스도의 구속적 사역의 객관성과 인간의 주체적 결단에 의한 수용적 태도의 중요성을 강조하려는 데 있다."[22]

　이종성은 포프와 벌코프가 사용한 '취급'이라는 용어 자체에 완전

20　위의 책, 314-315.

21　위의 책, 315.

22　위의 책, 315-316.

히 만족하는 것은 아니지만, 이 학설의 의도에는 동의한다. 그는 취급설에 대한 성경주석적 근거로『에베소서』2장 8-10절을 제시하면서 자신의 주장을 다음과 같이 설명한다.

> "저자(이종성 박사, 필자 주)의 말로 이 문제를 다시 정리해서 말한다면, 객관적으로 수행된 예수 그리스도의 구속 사역이 인간의 주체성(피조자의 한계성 안에서의 주체성)을 인정하면서 그 주체성이 주체적으로 그리스도의 구속 사역을 수용하도록 하는 변증적인 관계 안에 취급된다고 할 수 있다."[23]

2) '구원 순서'(ordo salutis)에 대한 논의

이종성은 신약성경에서『로마서』8장 29-30절 이외에는 그리스도인이 되어 그리스도와 생사를 같이하는 전 과정에 대해 체계적 설명이 발견되지 않는다고 주장한다. 그리고 신앙생활에 대한 용어로서 부름, 회개, 중생, 믿음, 의인, 성화, 영화, 견인, 합일 등의 낱말이 사용되고 있다. 이 낱말들 사이의 일정한 순서나 상호 인과관계를 인정하는 학자들도 있고, 부정하는 학자들도 있다.[24] 구원 순서 문제를 중심으로 이종성은 개혁교회, 루터교회, 아르미니우스, 로마 천주교회(로마 가톨릭교회)의 입장을 기술한다.

---

23 위의 책, 316.

24 위의 책, 316-317.

개혁교회에서 구원 순서에 대한 논리적 설명은 칼빈이 처음으로 시도했다. "개혁교회는 구원의 순서로서 구원의 계약 → 중생 → 소명 → 회개 → 참회 → 믿음 → 의인 → 입양 → 성화 → 견인(堅忍) → 영화의 순으로 말한다."[25] 에밀 브루너는 구원 순서에 관심을 보이지 않았고, 칼 바르트는 구원을 심리적인 과정으로 이해하는 데는 반대했으나, 구원 순서가 나름대로 있는 것으로 이해했다.[26]

믿음은 하나님의 선물이라 여기며, 믿음에 의한 칭의를 전제한 루터교회는 대체로 구원 순서를 부름 → 조명(照明) → 참회 → 중생 → 구원에 이르는 믿음 → 사죄 → 의인 → 신비적 합일 → 성화 등으로 말한다.[27]

이종성에 의하면, "아르미니우스는, 그리스도를 통한 하나님의 구속사역이 일방적으로 사람에게 주어지는 것이 아니라 그 사건을 하나님이 인간 안에 넣어준 신앙적 능력(은총)에 의하여 선택할 수 있기 때문에 루터교회나 칼빈주의자들이 말하는 순서는 정당치 않다고 한다."[28]

로마 천주교회는 교회의 권위를 앞세우기 때문에 교회가 베푸는 세례가 신자들의 중생을 의미한다고 한다. 세례 받은 신자들이 나중에 복음을 깨닫게 되면 충분한 은총(gratia sufficiens)의 단계에 들어간다. 이 단계에서 신자들은 마음의 조명을 받고 의지가 강해진다. 사람은 은총을 거절할 수도 있고 받아들일 수도 있다. 은총을 받아들이는 신자는 다음 단계인 협동은총(gratia cooperans)의 단계에 들어간다. 이 단계에서 신자는 의인(義認) 받기를 준비한다. 이 준비에는 일곱 가지가 있다. 의인 된 사람은 율

---

25 위의 책, 317-318.
26 위의 책, 318.
27 위의 책, 319.
28 위의 책, 320.

법을 지킬 수 있는 주입된 은총(*gratia infusa*)을 받는다. 그 주입된 은총은 사람에게 공로(*de condigno*)를 세울 수 있게 한다.[29]

이종성에 의하면, 기독교회는 대체로 구원 순서를 점진적인 것으로 가르쳐왔다. 그러나 침례교회는 그러한 준비 과정이나 성장 과정을 여러 단계로, 그리고 순차적으로 설명하지 않고, 누구든지 예수 그리스도를 굳게 믿고 그리스도를 받아들임으로써 중생의 체험을 가지느냐에 중점을 둔다.[30]

그러면 이종성은 구원 순서와 관련하여 어떤 입장에 서 있는가? 그는 네덜란드의 현대 개혁신학자인 헨드리쿠스 베르코프(Hendrikus Berkhof)의 입장이 성서적이기 때문에 그의 견해에 동의한다. 베르코프가 반대하는 전통적인 견해는 『로마서』 8장 29-30절과 『사도행전』 26장 17-18절 등에 근거하여 구원 순서를 점진적인 것으로 이해하여, 구원 순서를 단계적으로, 시간적으로, 심리적으로 이해했다. 이종성은 베르코프와 똑같이 구원 순서를 시간적·심리적 관점이 아니라, 논리적·신학적 관점에서 이해하여 "하나의 신앙생활을 여러 측면과 단계로 구분할 수" 있으며, "중생은 하나님의 사역에 동참하는 것을 의미한다. 그러한 뜻에서 논리적인 선후를 말할 수 있다".[31] 칼빈과 마르틴 부처는 구원 순서를 일부

---

29 위의 책, 321 참고. 일곱 가지는 다음과 같다. ① 하나님의 말씀을 믿고 받아들임, ② 죄 된 자에 대한 내성(內省), ③ 하나님의 자비를 기다림, ④ 하나님에 대한 사랑의 시작, ⑤ 죄를 미워함, ⑥ 하나님의 명령에 복종할 것을 결심, ⑦ 세례 받기를 원함 등의 준비 과정을 통해 세례를 받아 의인(義認)의 은사를 받음.

30 위의 책, 321-322.

31 위의 책, 322 참고. Hendrikus Berkhof, *Christelijk geloof* (Nijkerk: Uitgeverij G. F. Callenbach B. V., 1973), 500. "Hier een enkel woord op zijn plaats over het in de reformatorische dogmatiek gangbare begrip van de *ordo salutis*. ⋯ Aspecten zijn logische distincties; zij suggereren geen chronologische volorde, laat staan een psychologisch constateerbaar evolutionair process. ⋯ Het mis-

정통주의 신학에서처럼 시간적 · 단계적 순서로 이해하지 않고, 성령의 순서에 기초한 신학적 · 논리적 순서로 이해한다.[32]

3) 하나의 신앙생활의 다양한 측면

이종성은 "구원의 설계도"에 대해 다음과 같이 말한다. "프로테스탄트 교회의 각파(各派)에서 구원의 설계도(Plan of salvation)라는 주제로 신이 인류를 구원하실 때에 일정한 방법과 과정을 거쳐서 한다고 생각했다. 그것이 구원론이란 과목의 중요한 내용 중의 하나였다."[33] "개혁교회와 장로교회는 하나님의 구원 설계에 있어서 그의 은총에 의한 구원으로서 선택(예정)을 강하게 믿으면서 동시에 일정한 구원의 순서(Ordo salutis)를 말한다."[34] 우리가 앞에서 살펴보았다시피 이종성은 구원 순서와 관련하여 하나의 신앙생활의 다양한 측면에 대해서 말했다. 그러므로 우리는 이종성이 이해한 논리적 · 신학적 구원 순서를 필자 임의로 서술하고자 한다. 왜냐하면 이종성이 구원 순서를 질서 있게 순서대로 논의하지 않았기 때문이다.

---

bruik moet ons waarschuwen, maar heft het gebruik niet op."

32   참고, 최윤배, 『잊혀진 종교개혁자 마르틴 부처』, 243-244; 최윤배, 『깔뱅신학 입문』, 265-266.
33   이종성, 『신론』(춘계이종성저작전집 3, 조직신학대계)(서울: 한국기독교학술원, 2001), 430.
34   위의 책, 434.

(1) 예정과 선택

칼빈에게 예정 교리는 그리스도인들에게 "위로의 열매"(*consolationis fructum*)를 맺게 해주는 꿀같이 단맛이 나는 위로의 교리이고[35] 칼 바르트에게 선택론은 "복음의 총화"(die Summe des Evangeliums)이다.[36]

이종성은 "예정론이나 선택론이 숙명론적인 것이 아니라 그리스도론적 신앙고백으로 말할 수 있는 것임을 성서는 가르쳐 주고 있다"고 말함으로써 예정론 또는 선택론이 성서에 근거하고 있음을 주장하면서,[37] 예정론의 특징을 크게 네 가지로 다음과 같이 요약한다.

> "첫째로, 신구약성서는 분명히 신의 예정 역사(歷史)를 가르친다. 둘째로, 예정 역사는 인간에게 벌을 주거나 멸망을 주기 위한 것이 아니라, 하나님의 자비와 사랑에 의해서 인간에게 구원을 주시려고 하는 은총의 역사다. 셋째로, 예정과 선택은 그리스도 안에서 이루어진 것이다. 그러므로 그리스도의 구속역사(救贖役事)가 이미 하나님의 예정 역사에 반영되었다. 넷째로, 예정교리는 우리에게 구원에 대한 더 굳은 확신을 준다."[38]

35　John Calvin, 『기독교 강요』(1559), III xxiv 4. "ita qui recte atque ordine ipsam investigant qualiter in verbo condinetur, eximimum inde referunt consolationis fructum."

36　K. Barth, KD II/2, S. 1. "Die Erwählungslehre ist die Summe des Evangeliums, weil dies das Beste ist, was je gesagt und gehört werden kann: daß Gott den Menschen wählt und also auch für ihn der in Freiheit Liebende ist."

37　이종성, 『신론』, 437-438.

38　위의 책, 438.

I. 춘계 이종성 박사의 신학사상

(2) 신앙

이종성은 일반 종교적 관점에서 신앙을 세 가지 종류로 구분한다. "인간과 인간 사이에서 형성되는 신뢰 관계를 말하기도 하고, 어떤 보편적 진리나 원리를 확실한 지식이나 체험을 통하지 않고 옳다고 받아들이는 태도를 말한다. 그리고 종교에서 절대자 또는 초월자와 특수한 인격관계를 가지는 것을 말한다."[39]

이종성은 일반 종교적 관점에서의 신앙 정의에서 한 걸음 더 나아가서 종교개혁자들로부터 시작하여 몇몇 대표 개신교 신학자들의 신앙 정의들을 직접인용을 통해 소개한다.[40]

"신앙이란 굳은 동의(同意, firmus assensus)다. 그 동의로서 너는 그리스도를 굳게 잡는다. 그렇게 함으로써 그리스도가 신앙의 유일한 대상이 된다. 달리 표현하면 그리스도가 신앙의 대상이 아니라 신앙 안에서 그리스도가 현존한다." (루터)

"신앙은 성령의 주요 사역이다. 그것은 우리를 향하여 주어진 하나님의 자비에 관한 확고하고도 확실한 지식이다. 그 자비는 성령에 의하여 우리의 마음에 계시되고 봉인된, 그리스도 안에서 자유롭게 주어진 진리에 근거하고 있다." (칼빈)

---

39 이종성, 『신학서론』, 324.

40 위의 책, 362-363.

"신앙의 형태는 세 가지로 구분된다. 지식(notitia)과 동의(assensus)와 신뢰(fiducia)다. 지식은 구원에 필요한 여러 가지를 말하는 것이요, 동의는 하나님의 말씀에 의하여 가르쳐진 것을 진리로 굳게 믿는 것이요, 신뢰는 신자 개인이 복음이 약속한 것을 자기에게 적용하는 측면이다." (울렌비우스)

"신앙은 확실한 삶의 초월적 통일에 붙잡힌 존재 양태다. 그것은 사랑을 표현한다. 초월적 통일 안으로 끌려 들어간 상태에서 그 사랑은 나타난다." (틸리히)

"신앙은 알 수 없는 신의 현존에서 느끼는 경외(敬畏)다. 그것은 하나님의 사람 사이에 있는, 그리고 하나님과 세상 사이에 있는 질적 차이를 의식하는 사랑이다. 그것은 세계의 전환점으로서 부활을 확인하는 것이다. … 신앙은 보이지 않는 것으로 인도하는 것이다." (바르트)

"신앙이란 하나님의 말씀에 사로잡힘이다. 그 말은 신의 존재의 제일 중심부에서 자기를 그가 소속된 그분에게 바치는 것을 말한다. 그분이란 자기를 위하여 (세상을) 창조하신 분이다." (브루너)

이종성은 대표적 개신교 신학자들의 신앙 정의에 나타난 다양성에도 불구하고, 공통된 흐름을 발견한다.

"그 흐름은, 신앙이 인간 안에서 우러나오는 종교심이거나 경건

I. 춘계 이종성 박사의 신학사상

심이 아니라 초월자(신, 절대자)에 의하여 그 초월자와 특수한 관계를 가지도록 강요당한 상태에 있는 것을 강조하고 있다는 점이다. 이러한 신앙 이해는, 그것을 단순한 인간의 심리 상태에서 우러나오는 현상으로 이해하는 인본주의나 협동은총(gratia cooperans)의 산물이라고 하는 로마 천주교회의 신앙관과는 다르다는 것을 알 수 있다."[41]

신앙(믿음)이라는 것은 ① 인간관계에서 상대방의 성실한 태도에 대한 자기의 마음의 자세를 말하는 것이다. ② 성서 안에서는 신(神)-인(人)간의 관계를 늘 성실이라는 견지에서 보았다. 신에 대한 인간의 성실성은 곧 신에 대한 믿음을 의미했다. ③ 신의 명령에 대한 복종도 믿음의 태도이다. 그 명령의 내용에 대해 사람이 전적으로 신뢰하기 때문이다. ④ 믿음과 희망은 불가분리의 관계에 있다. ⑤ 그리스도에 대한 믿음은 그를 구주로 믿는 것을 의미했다. ⑥ 전체적으로 말한다면, 믿음은 인간과 그리스도(神)와의 구체적이고 개인적인 관계를 의미했다. ⑦ 믿음의 결과는 언제든지 영광으로 나타난다.(롬5:2)[42]

이종성은 바울과 아우구스티누스와 종교개혁자들의 신앙 개념을 매우 높게 평가한다. 그는 신앙을 "하나님의 은사"로, 성령의 은사로, 하나님의 은총으로 이해한다.

"이러한 정확한 판단을 바울과 아우구스티누스와 칼빈에게서 찾아볼 수 있다. 즉 신앙은 내가 하는 일이 아니라, 내 안에서 역사하시

41   위의 책, 364.
42   이종성, 『신앙과 이성』(서울: 대한기독교서회, 2000), 52-53.

는 성령의 열매라는 것이다. 그러므로 바울이나 아우구스티누스나 루터나 칼빈은 신앙을 신의 은사(恩賜)라고 보았다. 신앙은 나의 의지력을 통해서 내가 가지는, 나와 신과의 관계가 아니라, 신이 나를 통해서 신이 우리와 가지는 신의 관계를 의미한다. 종교개혁자들이 로마 천주교회의 잘못된 신앙관을 비판하면서 '신앙만'(sola fide)이라는 구호를 내건 것은 그것이 신의 은총이라는 굳은 믿음에서 그렇게 말한 것이다. 그러므로 그들에게는 '신앙만'이라는 말과 '은총만'(sola gratia)이라는 말은 동일한 것으로 이해되었다."[43]

(3) 회심(conversion)

회심은 보통 신적으로나 정신적으로 방향을 바꾼다는 것을 의미한다. 그 방향 바꿈은 나쁜 방향으로가 아니라 좋은 방향으로 바꾼다는 것이다. 회심을 의미하는 희랍어 '스트레포'나 이에 해당하는 라틴어 '콘베르수스'는 둘 다 방향전환을 의미하는 말로 사용되어왔다.(요21:20) 신학적으로는 단지 육체적인 방향전환이 아니라 정신적인 방향전환도 의미한다. 그러므로 종교생활의 출발점에는 반드시 회심(방향전환)이 있어야 한다.[44]

43　위의 책, 61.

44　이종성, 『하나님의 섭리와 인간의 구원』, 376.

(4) 회개

전통적인 신학 구조에 의하면 회개는 구원 순서의 한 단계로서 신앙과 함께 첫 단계에 속한다고 한다.[45] 이종성은 회개의 변천 과정을 교리사적으로 살핀 후에 다음과 같이 결론짓는다.

"위와 같은 회개의 개념사는, 그것이 순수한 종교적 개념에서 심리학적 개념으로 변화된 후, 최근에 이르러 그것을 정신치유적인 현상으로 이해하려고 함으로써 본래에 가지고 있던 종교적 의미가 상실되고 말았다. 이 과정은 세속화 과정에 이은 비종교화 과정이다. 우리는 이러한 과정을 그대로 시인할 수 없다. 성서에서 가르치는 회개의 본질의 뜻은 그것이 단지 한 개인의 내적 정신적 생활에서 일어나는 심적 현상이 아니라 그 사람 전체의 운명을 좌우하는 결정적인 사건인 동시에, 그의 신과의 관계를 재정립하는 사건이라는 것이다. 즉 회개사건은 구원사적 의미를 갖고 있는 사건이다."[46]

아르미니우스주의자들은 회개를 구원의 주관적 원인으로 이해하고 있다. 그러나 성서적 구원관에는 인간의 회개가 구원의 선행조건으로 포함되어 있지 않다. 회개는 성령의 선행사역의 결과로 나타나는 주관적 복종에 지나지 않는다. 그러나 회개가 선행되지 않는 신앙은 있을 수 없다. 방향전환을 의미하는 회개 없이 신앙생활을 한다는 것은 이치에 맞

---

45 위의 책, 380.
46 위의 책, 383.

지 않다. 인간은 신자를 포함하여 "용서받는 죄인"이기 때문에 언제든지 회개해야 한다.[47]

(5) 의인(義認)과 성화(聖化)

이종성에 의하면, 종교개혁자들은 신자들의 생활의 선별적 측면을 강조하면서 의인(칭의, *justificatio*)과 성화(*sanctificatio*)를 부각시켰고, 루터가 의인에 더 중점을 두었다면, 칼빈은 성화에 더 중점을 두었다. 그런가 하면 로마 천주교회는 의인 교리를 성화론의 서론이라고 주장했다.[48]

이종성은 의인과 성화를 상호 분리해서 취급하거나 이해하지 말 것을 강력하게 경고한다. 그에 의하면, 바르트는 두 교리가 종이 한 장의 양면과 같다고 주장했고, 칼빈은 의인을 단 일회적으로 내려진 신(神)의 법정적 선고(forensic pronouncement)라고 주장하고, 성화는 죽을 때까지 반복해서 일어나는 신자들의 구체적인 생활이라고 주장했다.[49]

이종성은 성화생활에는 여러 가지 측면이 동시적으로 나타난다고 주장한다. 다시 말하면, 성화생활 속에서 회개, 통회, 고백, 변용, 기쁨, 범죄, 참회, 새 출발, 실패, 절망, 은총, 체험 등 여러 가지 요소가 동시적으로 또는 반복해서 일어난다. 그러한 성화생활의 여러 가지 요소가 의인 사건에 의해서 정화되고 종합되어 하나의 성별된 생활로서 신의 제단에 제물로 바쳐진다. 그때 신은 우리의 생활이 불충분함에도 불구하고 그리스도의 십자가의 공로로 우리를 그의 자녀로 받아들이신다. 그 수용은

---

47 위의 책, 389.

48 위의 책, 388.

49 위의 책.

전적으로 신의 은총에 의한 것이다.[50]

'중생'(regeneration)에 대한 개념은 다양하게 이해되지만, 칼빈은 의인과 성화를 구별할 뿐만 아니라, 성화를 중생이라고도 불렀다.[51] 중생 된 신자는 성화생활을 계속해야 한다. 의인사건은 단 일회적으로 일어나는 사건이나, 성화사건은 일평생 계속적으로 일어나는 사건이다.[52] 인간은 변증법적인 존재양식을 가진다. 변증법적인 존재양식이란, 인간이 죄사함을 받아 의롭게 되기는 했으나, 이 지상에서 생활을 계속하는 한 죄를 다시 범할 가능성 안에 살고 있다는 것이다. 이 점을 루터는 말하기를 "의인인 동시에 죄인이다"(Simul iustus et peccator)라고 했다.[53]

(6) 견인(堅忍)

이 교리는 개혁교회 신학자들에 의해 강조된 교리로서, 17세기의 칼빈주의자들은 그들의 5대 강령(소위 TULIP, 「도르트 신조」, 1618-1619) 중의 하나로 취급했다. 신자의 견인이란 하나님이 중생케 하고 은총 안에서 살도록 불러주신 신자들이 현세의 그 상태에서 완전히 이탈하거나 타락할 수 없으며, 결과적으로 영원한 구원의 나라에 들어갈 수 있다는 주장이다. 즉, 성령의 계속적인 사역을 받는 사람들은 그들의 마음속에서 하나님의 은총이 계속적으로 사역하기 때문에 완전한 구원을 향해 살게 된

50　위의 책.

51　이종성,『윤리학(3)』(춘계이종성저작전집 12, 조직신학대계)(서울: 한국기독교학술원, 2001), 46.

52　위의 책, 54.

53　이종성,『이야기로 푸는 조직신학 외』(춘계이종성저작전집 15, 단행본집)(서울: 한국기독교학술원, 2001), 78.

다고 한다. 이 교리를 지지하는 성경 구절들이 많다(요10:17-29; 롬11:29; 빌1:6; 살후3:3; 딤전1:12; 딤전4:18). 그러므로 중생 된 사람은 현세에서 실패하고 넘어지며 일시적으로 믿음을 포기한 것같이 보이나, 그 때에도 그들은 성화의 완성을 향해 달려가고 있는 것이다.[54]

(7) 영화(부활)

이종성은 기독교에서 죽음 이후의 '중간 상태'(status intermedius)에 대한 견해가 매우 다양할지라도 다음의 사실은 분명하다고 주장한다.

> "우리 성서에나 기독교에서는 사람에게는 영혼이 있다는 것과, 그 영혼은 육체가 죽은 후에도 살아남아 있다는 것과, 그 영혼이 나중에 예수님이 재림하시면 육체에 들어가서 같이 부활해서 마지막으로 예수님의 심판을 받아서 구원을 받게 된다는 것이다. 이와는 달리 멸망을 받을 사람은 영원한 어둠의 세계, 고통의 세계로 갈 것이다. 이렇게 성서는 가르치고 있고 또 현재까지 우리 교회가 그렇게 가르쳐 왔다."[55]

"예수 그리스도와 합일이 되어 하나가 되었을 때 그 영혼은 영원한 세계에 들어갈 수 있다는 것이다."[56] "모든 사람은 최종 심판대 앞에서 내려진 판결대로 두 가지 운명의 길을 걷게 된다"고 주장함으로써 이

---

54 이종성,『윤리학(3)』, 55.

55 이종성,『하나님의 섭리와 인간의 구원』, 365-366.

56 위의 책, 367.

종성은 '만유구원론'(총괄갱신론, *apokatastasis*)을 부정한다.[57] 죽음 이후에 영혼의 존속과 몸의 부활에 대한 많은 반대 주장들이 있을지라도, 이종성은 자신의 주장이 성서적·기독교적 근거를 확실하게 가지고 있다고 강조한다.

> "이렇게 의심하는 마음을 가지고 있는 현대 사람들은 영혼의 존속도 부활도 믿지 않는다. 교회 안에서도 이런 내용을 믿지 않는 사람들이 상당히 많이 있다. 그러나 성서를 보면 분명히 말하고 있다는 것을 알 수 있다. 우리 사람에게는 육체와는 다른 인격적인 존재가 있는데 그것이 바로 영혼이라고 그 영혼은 육체가 죽어도 살아남아서 계속해서 그리스도와 하나님과 관계를 가진다고 한다. 이렇게 성서와 기독교는 가르쳐 왔다."[58]

---

[57] 이종성, 『종말론(1)』, 272. 참고, 김도훈, "만유구원론에 대한 비판적 고찰(1)," 『장신논단』 제30집(2007), 173-202; 김도훈, "지옥은 없다?", 『장신논단』 제43집(2011), 81-106.

[58] 이종성, 『하나님의 섭리와 인간의 구원』, 366.

3.
결론

고(故) 춘계 이종성 박사는 1922년 4월 8일 경상북도 문경군 동로면 거산에서 이규봉 선생님과 김성연 여사 사이의 2남 4녀 중 차남으로 태어났고, 2011년 10월 2일 서울에서 하나님의 부르심을 받았다.

이종성 박사는 개혁신학 전통에 서서 통전적 신학을 추구했다. 우리는 그를 "한국교회의 교부"로 부를 수 있고, 오늘의 대한예수교장로회 총회(통합)의 신학은 물론 130년 한국교회의 신학의 방향을 이끌어온 최고로 위대한 견인차로 평가할 수 있을 것이다.

전통적인 교의학이나 조직신학에서는 '구원론'이 독립된 주요 각론(各論, locus)으로 취급된다. 그러나 이종성은 그의 『조직신학 개론』에도[59] 『조직신학대계』 14권들 속에도 구원론을 독립된 각론으로 취급하지 않았고, 단권으로 저술하지도 않았다. 다시 말하면, 그의 구원론은 이곳저곳에 산발적으로 흩어져 있고, 또한 그의 글은 대체로 백과사전적으로

59　이종성, 『조직신학개론』(서울: 종로서적, 1994).

기술되어 있기 때문에 그 자신의 견해가 드러나지 않은 경우가 종종 있어서, 그의 구원론에 대한 연구가 용이하지 않다. 가령 우리가 앞에서 논의한 '회심', '견인'의 내용은 상당히 백과사전적으로 기술되어 있다.

이종성은 특히 개신교 정통주의 신학에서 발견되는 '구원의 계획'(Plan of salvation)이나 '구원 순서'(ordo salutis)라는 용어를 수용하지 않고, 하나의 신앙생활의 다양한 측면이라는 표현을 사용한다. 왜냐하면 칼빈과 마르틴 부처처럼 그는 구원 순서를 '시간적 · 단계적' 순서로 보지 않고, 신학적 · 논리적 순서로 이해하기 때문이다. 이종성은 예수 그리스도의 대속적 공로를 구원론의 객관적 근거로 이해하고, 인간을 영혼과 육체로 구성된 전인(全人)으로 이해하여, 전인 구원을 주장한다.

이종성은 예정론과 선택론이 성서에 근거한 교리임을 확신하고, 칼빈의 예정 이해보다는 바르트의 선택 이해 쪽으로 기울고 있다. 그는 '신앙'을 하나님의 은총과 은사의 측면에서 이해한다. 또한 신앙을 '성령의 열매'로 이해하는데, 표현의 정확성을 기할 경우, '성령의 은사'라고 표현하는 것이 성령론적으로 더 정확할 것이다.

구원의 효과 문제와 관련해서 이종성은 예정론을 강조하는 구원의 '적용' 개념이나 신인협동설을 강조하는 구원의 '수용' 개념을 동시에 비판하고, 전자에서 나타나는 결정론과 후자에서 나타나는 신인협동설을 피할 수 있는 제3의 방법으로서 포프(Pope)와 벌코프가 지지하는 구원의 '취급'을 선택하여, 하나님의 절대 주권과 신자의 피조적 주체성 사이의 변증적 관계를 유지하고자 한다. 그러나 만약 우리가 칼빈과 마르틴 부처처럼 신앙생활 전체에서 최고의 절대 주체를 성령으로 이해하고, 신앙을 성령의 은사로 이해할 경우, 우리가 예정론을 근거에 둔 구원의 '적용'이라는 모델을 선택할지라도, 성령의 절대적 주권과 신앙인(信仰人, 信

者)의 상대적 주권이 상충(相衝)되지 않고, 서로 만나 인격적 관계를 형성하고 유지되면서도 결정론이나 신인협동설의 경향으로 빠지지 않을 것이다.

이종성의 의인(칭의, *justificatio*)과 성화(*sanctificatio*)의 분리에 대한 강도 높은 비판은 우리가, 특히 오늘날 한국교회가 귀담아 들어야 할 점이다. 왜냐하면 의인이 없는 성화는 율법주의(펠라기우스주의, 공로주의)로 귀결되고, 성화 없는 의인은 율법폐기론(자유방종주의)으로 귀결되기 때문이다. 전자는 하나님의 전적인 은총이 훼손되고, 후자는 도덕과 윤리의 파산선고를 가져올 것이다. 칼빈과 마르틴 부처가 수없이 강조한 것처럼, 우리는 의인과 칭의를 반드시 구별하고, 상호 밀접하게 관련시키되, 동일화하거나 상호 분리해서는 절대로 안 될 것이다.

이종성은 부활과 영화(glorification)와 관련하여, 예수 재림을 통한 몸의 부활과 영화는 성경에 근거를 두고 있음을 확신하고, 종말의 이중 결과(영생과 영벌)를 주장함으로써 '만유구원론'(총괄갱신론, *apokatastasis*)을 수용하지 않는다.

이종성이 예정 이해에서 칼빈보다는 바르트 쪽으로 더 기울어 있고, 구원의 효과에서 '적용' 모델 대신에 '취급' 모델을 선택하고, 구원의 모든 측면에서 성령의 역사(役事)를 비교적 덜 강조한 점을 제외한다면, 이종성의 구원론은 전체적으로 칼빈과 마르틴 부처의 구원론과 비슷함을 알 수 있다.[60]

---

60 최윤배, 『깔뱅신학 입문』, 265–375; 최윤배, 『잊혀진 종교개혁자 마르틴 부처』, 241–332.

참고문헌

1) 제1차 문헌

이종성.『신학서론』(춘계이종성저작전집 1, 조직신학대계). 서울: 한국기독교학술원, 2001, "제2부 4장 구원론", 281-322.

_____.『하나님의 섭리와 인간의 구원』(춘계이종성저작전집 19, 소논문집). 서울: 한국기독교학술원, 2001, "제2부 인간의 구원과 신앙", 236-423.

_____.『춘계이종성저작전집 1-40』. 서울: 한국기독교학술원, 2001.

이종성(김도훈·박성규 책임편집).『미완성의 완성』. 서울: 장로회신학대학교출판부, 2012.

2) 제2차 문헌

김균진.『기독교조직신학 III』. 서울: 연세대학교출판부, 1987.

김도훈. "만유구원론에 대한 비판적 고찰".『장신논단』제30집(2007), 173-202.

_____. "지옥은 없다?",『장신논단』제43집(2011), 81-106.

김명용.『현대의 도전과 오늘의 조직신학』. 서울: 장로회신학대학교출판부, 1997.

배경식.『칼빈의 구원신학과 경건한 삶』. 서울: 한국장로교출판사, 2009.

신옥수·백충현 역.『이해를 추구하는 신앙: 기독교조직신학개론』. 서울: 새물결플러스, 2012.

유정우. "칼빈의 구원론에 나타난 선행의 위치와 중요성". 아세아연합신학대학교 대학원 미간행 신학박사 학위논문, 1998.

유태주.『칼빈과 웨슬리의 산 믿음의 신학: 칼빈과 웨슬리의 구원론에서 성화에 대한 완전성 이해 비교연구』. 남원: 한일장신대학교출판부, 2005.

최윤배. "죽산 박형룡의 구원론: 칭의와 성화를 중심으로."「한국개혁신학」제21권(2007): 187-209.

_____.『깔뱅신학 입문』. 서울: 장로회신학대학교출판부, 2012.

_____. 『잊혀진 종교개혁자 마르틴 부처』. 서울: 대한기독교서회, 2012.

최윤배 공저. 『루터 · 칼빈 · 웨슬리의 구원론 비교』. 대전: 도서출판 복음, 목원대학교, 2002.

최윤배 외 7인. 『제8 · 9회 춘계신학강좌: 춘계이종성 박사의 생애와 사상』. 서울:
장로회신학대학교출판부, 2014.

Berkhof, L. *Systematic Theology*. Grand Rapids: Eerdmans Publishing Company,
1981/1938.

Hoekema, A. A. *Saved by Grace*. Grand Rapids: W.B. Eerdmans Publishing Company,
1989.

_____. *Saved by Grace*. 류호준 역. 『개혁주의 구원론』. 서울: 기독교문서선교회, 1990.

Migliore, D. L. *Faith Seeking Understanding: An Introduction to Christian Theology*.

Murray, J. *Redemption: Accomplished and Applied*. Grand Rapids: WM. B. Eerdmans
Publishing Company, 1955.

Ott, Heinrich. *Die Antwort des Glaubens: Systematische Theologie in 50 Artikeln*.
Stuttgart · Berlin: Kreuz Verlag, 1973.

Pöhlmann, H. G. *Abriß der Dogmatik*. Gerd Mohn: Gütersloher Verlaghaus, 1980 (3rd
ed).

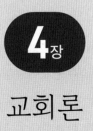

교회론

1.
이종성의 『교회론』의 집필 동기와 구성[1]

　　이종성의 교회에 대한 이해는 『춘계이종성저작전집』 40권의 각 글에서 교회 현장, 선교 현장과 관련하여 산발적으로 나타나지만, 그는 그의 교회론을 조직신학적으로 『춘계이종성저작전집』 8권(『교회론 I』)[2]과 9권(『교회론 II』)[3]에서 1,000쪽 이상 분량으로 집중적으로 그리고 총체적으로 취급함으로써 교회론에 대한 대작을 남겼다. 그의 『조직신학대계』 14권 중에서 교회론에 두 권을 할애할 만큼 그의 조직신학에서 교회론이 차지하는 비중은 매우 높다. 그는 한국사회와 교회의 현실에서 많은 문제들을 목격하면서 신학적으로 올바르게 정립된 교회론의 필요성을

1 　본 논문은 제8회 춘계 이종성 신학강좌(2012.09.27)에서 발표되었고, 다음에 게재됨. 김도훈 · 박성규 책임편집, 『춘계 이종성 박사의 생애와 사상』(서울: 장로회신학대학교출판부, 2014), 184-271.

2 　이종성, 『교회론(I)』(춘계이종성저작전집 8, 조직신학대계)(서울: 한국기독교학술원, 2001).

3 　이종성, 『교회론(II)』(춘계이종성저작전집 9, 조직신학대계)(서울: 한국기독교학술원, 2001) 참고. 교회론과 관계된 많은 주옥같은 소논문들이 실린 곳은 제21-24권인데, 이 내용은 지엽적인 내용이어서 본 고에서는 이곳을 참고하지 않았다.

느껴 이『교회론』을 집필하게 되었다.

"신학적으로 교회론이 정착되어 있지 않기 때문에 한국교회는 격동하는 현실 속에서 대양(大洋)에 떠 있는 조각배처럼 우왕좌왕하고 있다. 사회를 향한 빛과 소금의 직분을 상실한 것은 물론이지만, 시대를 향한 예언자적 사명도 권위도 상실하고 말았다. 그리고 아직도 분열이 계속되고 있다. 이러한 현실이 필자로 하여금 이 교회론을 쓰게 된 동기를 제공해 주었다."[4]

우리는 본 고에서 주로 이 두 작품을 중심으로 그의 교회론에 대해 고찰하고자 한다. 지금까지 그의 교회론에 대한 연구가 거의 없기 때문에 우리는 본 고에서 그의 교회론의 특정한 부분에 집중하는 것이 아니라, 그의 교회론 전체를 개괄적으로 살펴보고자 한다. 두 권으로 구성된 그의 교회론은 별개의 책이 아니라, 내용적으로 상호 연속성을 가지고 있다.[5]『교회론 I』은 성서적 교회론, 역사적 교회론, 하나님 나라와 교회의 관계 그리고 교회의 기능을 다루고,[6]『교회론 II』는 교회의 사명, 직제론 그리고 교회와 국가의 관계를 다루고 있다.[7] 그의 작품의 순서를 대체로 따르면서도, 몇 군데를 조정하여 성서적 교회론, 역사적 교회론, 교회의 기능과 사명, 교회와 하나님 나라의 관계 그리고 교회와 국가의 관계 순으로 다루고자 한다.

---

4   이종성, 『교회론(I)』, 10; 이종성, 『교회론(II)』, 10.

5   이종성, 『교회론(II)』, 103.

6   이종성, 『교회론(I)』.

7   이종성, 『교회론(II)』.

2.
성서적 교회

　　이종성이 그의 교회론을 '성서적 교회관'에 대한 논의로부터 시작
하는 것은 교회의 권위와 신조(信條)도 종속되어야 하는 "오직 성서만"
이라는 그의 학문의 목적과 방법과 기준에서 비롯되었다. "'성서만'(sola
scriptura)이란 기준은, … 그 타당성이 인정되어 현재까지도 신학세계에서
부동의 기준이 되었다. 그래서 우리도 성서적 교회관을 먼저 검토해봄으
로써 교회에 관한 전반적인 문제를 알아보려고 한다."[8] 그는 '성서적 교
회관'이라는 제목으로 세 가지 내용, 곧 구약성서 관점에서 본 교회,[9] 신
약성서 관점에서 본 교회,[10] 신구약 배경에서 본 교회를 다룬다.[11] 우리도
이 순서에 따라 논의를 전개할 것이다.

8　　이종성, 『교회론(I)』, 21-22.

9　　위의 책, 23-42.

10　　위의 책, 43-91.

11　　위의 책, 92-160.

　　　　　　　　　　　　　　　　　　I. 춘계 이종성 박사의 신학사상

1) 구약성서에서의 교회

　　이종성에 의하면, 구약성서에서 '교회'라는 낱말에 해당되는 히브리어 단어로서 '카할'(קָהָל)과 '에다'(עֵדָה)라는 용어가 있는바, 전자는 '회중'으로 번역되어 야훼 하나님과 이스라엘인과 율법의 삼자라는 계(언)약관계 속에서 하나님의 백성이라는 말이며, 『70인역』(LXX경)에서 "에클레시아"로 번역되었다. 후자는 『70인역』에서 "쉬나고게"(συναγωγή)로 번역되어 "'카할'은 이스라엘의 모임(공동체)을, '쉬나고게'는 모이는 장소를 더 강하게 의미했다".[12]

　　하나님의 백성으로서의 이스라엘 민족에게는 구속사적 소명의식이 결정적으로 중요하다. 왜냐하면 "구약성서 기자는 야훼 하나님이 인류를 구원함에 있어서 이스라엘 민족을 세우시고 그 민족을 인류의 대표로 뽑으시고 그들과의 계약관계를 맺음으로써 그들을 통하여 인류구원의 대성업을 성취하셨다"고 이해하기 때문이다.[13] 이스라엘 민족의 구속사적 소명의식은 "선택된 백성"이라는 의식과 "계약적 공동체"라는 의식으로 발전했다.[14] "선택신앙이 이스라엘 민족의 생명력"이 되었고,[15] 이 선택신앙과 쌍벽을 이루는 것이 곧 계(언)약 사상이다. 구약성서 내용 전체와 구약신학의 핵심과 이스라엘 민족 신앙의 중심을 이루는 계약사상과 관련하여,[16] 계약의 주역은 야훼 하나님이요, 피동자는 이스라엘 민

---

12 위의 책, 24-25.

13 위의 책, 25.

14 위의 책, 27.

15 위의 책, 31.

16 위의 책, 34.

족이며, 이스라엘 민족은 선택된 민족으로서 인류를 대표한다. 야훼 하나님은 계약관계를 통해 그의 인격성과 자비와 사랑을 나타내셨다.[17]

이종성은 선택된 백성으로서 그리고 계약적 공동체로서의 이스라엘 민족의 구속사적 소명의식을 통해 구약의 이스라엘 민족을 신약 속에 있는 새 이스라엘로서의 교회의 예표(豫表)로 간주한다. "그들이 야훼 하나님과의 계약적 관계에 있다는 점에서 교회의 예표라고 할 수 있다. 신약성서 기자나 신약신학자들이 교회를 '새 이스라엘'이라고 부른 이유가 여기에 있다."[18]

구약성서의 교회관에 대한 마지막 부분에서 이종성은 "카할"과 "남은 자" 사상의 관계를 논의한다. "남은 자"에 대한 바른 이해는 야훼 하나님의 본질과 그의 구원섭리와 이스라엘의 위치를 종합적으로 고찰할 때 가능함을 전제한 이종성은 구약의 "남은 자" 사상을 신구약의 메시아사상과 사역에 기초한 종말론적 공동체로서의 교회와 결부시킨다.

"구약성서의 교회관(카할)은 이 지상에서 신적 공동체를 건설하려는 데 있었다. … 그 가운데서 남은 자가 있어서 약속된 메시아가 오심에 따라 그러한 공동체를 건설하려는 이상(비전)이 더욱 강하게 되었다. 기독교 신학의 해석에 따르면 지상에 실현될 신적 공동체는 예수 그리스도에 의해서 형성된 교회로 변형되어 현재 지상에서 종말론적 공동체로서 성장하고 있다고 본다. … 구약에서의 이스라엘과 '카할'과 '남은 자'는 신약성서 시대와 교회시대에 있어서 '새 이

---

17 위의 책, 35.

18 위의 책, 36.

I. 춘계 이종성 박사의 신학사상

스라엘'이 되고 '에클레시아'가 되고, '성도'가 된다."[19]

2) 신약성서에서의 교회

신약성서에 나타난 두 용어 "에클레시아"(ἐκκλησία)와 "쉬나고
게"(συναγωγή)와 관련하여, 이 두 용어의 뜻과 용도가 차츰 다르게 발전하
여 "에클레시아"는 예수 그리스도를 중심한 모임을, "쉬나고게"는 유대
인들이 모이는 모임과 장소를 의미하게 되었다. 이 두 낱말이 다르게 발
전된 근본 원인은 전자는 예수라는 특정 인물을 중심한 신자들의 모임
에 강조점을 둔 반면, 후자는 율법을 배우는 장소를 더 강조한 데 있다.
비록 모임과 장소는 불가분리의 관계에 있을지라도, 강조점에 따라 그
모임의 성격과 효과가 다르게 나타나기 때문에 신약성서 기자들은 끝까
지 "에클레시아"를 고집하게 되었다.[20]

이종성은 신약성서에 나타난 교회상(教會象)을 매우 다양하게 언급
하고 있다. 그러나 우리는 그가 주장하고 있는 교회상을 크게 세 가지,
곧 삼위일체 하나님 사역 공동체로서의 교회, 선교적 공동체로서의 교
회, 종말론적 공동체로서의 교회로 구분하여 기술할 수 있다.

---

19   위의 책, 41-42.
20   위의 책, 45.

(1) 삼위일체 하나님 사역 공동체로서의 교회

이종성은 교회의 기원과 생성 과정 자체를 철저하게 삼위일체론적 관점에서 이해한다. "교회가 거룩한 유일의 원인은 그것이 거룩한 그리스도의 몸이요 거룩한 하나님의 백성이요 거룩한 성령이 임재하는 곳이라는 바로 그 점에 있다. 이것이 제1 되는 이유이다. … 삼위일체 하나님이 계시지 않을 때 교회는 생명이 없는 허수아비가 된다. 이것이 성서의 가르침이다."[21] "교회는 신자들만이 모인다고 해서 형성되는 것이 아니라 그리스도가 거기에 임재하고 성령이 사역하고 야훼 하나님이 주인이 되실 때 참다운 '에클레시아'가 형성된다."[22] 그는 위의 진술을 두 가지로 풀이한다. "첫째로, 교회는 어떤 고정적인 규칙에 구속되어 조직된 정적(靜的) 단체가 아니라 언제든지 삼위일체 하나님과 생동적인 관계를 가질 때 그때 거기에 그 사람들과 함께 교회가 형성된다는 것"을 의미하며, "둘째로, 교회는 전적으로 삼위일체 하나님의 소유로되 어떤 지상국의 권위에 소속되고 존중하는 것은 아니라는 것"을 의미한다.[23] 이종성은 교회를 삼위일체 하나님과 생동적인 관계와 소유관계에서 이해할 뿐만 아니라, 삼위일체 하나님 사역 안에 있는 교회로 파악한다. "우리는 성서의 내용과 위의 두 유형을 종합해서 이해할 때 과연 원시교회는 삼위일체 하나님의 역사 안에 있는 공동체였다는 것을 말할 수 있다."[24]

그의 삼위일체론적 교회 이해는 세부적으로 하나님의 백성으로서

---

21 위의 책, 178-180. 참고, 177.

22 위의 책, 48.

23 위의 책, 49.

24 위의 책, 73.

의 교회, 그리스도의 몸으로서의 교회, 성령의 피조물로서의 교회로 이해될 수 있다.[25] 비록 이종성이 "하나님의 백성으로서의 교회"라는 용어를 잘 사용하지 않을지라도,[26] 하나님의 백성으로서의 교회 개념은 "새 이스라엘"로서의 교회와,[27] "계약 성취 안에서 산 공동체"로서의 교회 개념 속에 풍성하게 발견된다.[28] "이와 같이 예수 그리스도의 구속사역을 믿고 하나님의 부르심을 받아 그의 백성이 되고 양 떼가 되고 그리스도의 몸에 접붙임을 받아 참감람나무가 된 사람들은 새 이스라엘이라는 것이다."[29]

이종성은 그리스도의 몸으로서의 교회를 매우 강조한다. "바울은 그리스도와 신도들과의 관계와 교회의 본질에 관한 정의(定義)를 내리면서 몸과 머리의 비유를 들었다."[30] "바울은 머리와 몸의 비유를 사용함으로써 그리스도와 에클레시아의 불가분리적 연결성을 강조한다."[31] 교회의 머리로서의 그리스도와 지체들로서의 그리스도인들 사이의 관계를 성령론적으로 이해하는 이종성은 이 둘 관계를 존재론적으로 이해하여 예수 그리스도의 성육신 사건을 교회론적으로 확장하는 로마 천주교회와 동방 정통교회(동방정교회)를 신랄하게 비판한다. "교회는 그리스도의 몸이다. 그 사실 때문에 성령이 사시고 사역하시는 것이다. 동방 정통교회는 '성육신 사건의 연속 또는 확산'이라고 함으로써 로마 천주교회의

---

25 위의 책, 274-275.

26 위의 책, 83("하나님의 백성"), 98("하나님의 백성들의 모임").

27 위의 책, 64-68.

28 위의 책, 85-87.

29 위의 책, 68.

30 위의 책, 58.

31 위의 책, 48.

주장과 큰 차이가 없다."[32]

비록 이종성은 "성령의 피조물로서의 교회"라는 신학적 용어를 사용하지는 않을지라도, 그의 글 도처에, 특별히 "성도의 교제"로서의 교회에 대한 논의에서 그 개념이 잘 나타난다. 신약성서에서 "교제"와 관련된 용어들은 "그리스도 안에서 그리스도의 은사를 다른 성도들과 나누어 가진다는 뜻"이며, "우리가 그리스도와 함께 살고 죽고 부활하고 영광을 받으며, 그리스도가 또한 그의 것을 우리와 나누어 가지는 것"을 의미한다.[33] "그리스도인들이 가지는 교제는 이중적인 교제다. 즉 수직적 교제와 수평적 교제다. 그리스도와 하나님을 상대로 우리가 갖는 교제를 수직적 교제로 한다면, 그리스도인들끼리 일상생활에서 갖는 교제를 수평적 교제라 한다. 그리고 후자의 경우 사랑과 단결과 동정과 봉사를 통해서 나타난다."[34] "원시교회의 교인들은 자기들이 하나님의 부르심을 받고 그리스도와 성령의 사역에 의해 의롭게 되었고 머지않아 하나님 나라에서 하나님이 주시는 모든 축복을 즐길 수 있으리라 믿었다."[35] 그는 몰트만의 주장을 인용하여 교제 또는 친교를 성령론의 관점에서 강조한다. "교회라는 그리스도의 공동체는 성령 안에서 일어난다. 영은 이 친교이다."[36]

---

32 위의 책, 64. 참고, 6-64.

33 위의 책, 78.

34 위의 책.

35 위의 책, 80.

36 위의 책, 70.

I. 춘계 이종성 박사의 신학사상

(2) 선교적 공동체로서의 교회

"원시교회는 전도하는 교회였다. 부활하신 예수로부터 성령을 받아 그 성령의 은사로 전도에 나섰다."[37] 이종성은 선교적 공동체로서의 교회상을 "증인으로서의 공동체"라는 개념을 통해 강조한다. '증인'이라는 용어는 원래 법적 · 경제적 · 윤리적 목적과 이유에서 사용되었지만, 제자들에 의해서 예수 부활 사건에 대한 순교자적 증언과 행동으로 사용되었다. "예수 그리스도라는 신적인 인물과의 사제관계를 통해서 얻은 지식과 인상이 인간관계에서 일어나는 모든 상식을 벗어난 차원에서 일어난 사건임을 알고 부득불 죽음을 무릅쓰고 한 증거행동이었다. 진리를 위한 증거요 생명을 전파하는 증거였다."[38] "원시교회는 전도하는 교회였다. 부활하신 예수로부터 성령을 받아 유대와 사마리아와 땅끝까지 가서 예수 그리스도의 십자가와 부활을 증거하기 위하여 제자들을 중심하여 모인 것이 교회이므로 그들은 증거하는 일에 전념했다."[39]

(3) 종말론적 공동체로서의 교회

이종성은 신약성서의 교회론을 열 가지 제목으로 다루는데, 마지막 열 번째로 다루는 제목이 바로 "종말론적 공동체"이다.[40] 이종성은 세례를 받은 그리스도인과 교회의 실존적 삶의 특징을 종말론적으로 규정

---

37 위의 책, 84.

38 위의 책, 83.

39 위의 책, 54.

40 위의 책, 54.

한다.

"그리스도의 교회라는 것은 종말론적인 공동체라는 것을 의미한
다. 우리가 그리스도의 이름으로 세례를 받는 것은 그와 합하여 죽
는 것을 의미하며(롬6:3), 또한 그의 부활을 본받아 그리스도와 연합
하여 생명을 얻게 되었다는 것을 의미한다(롬6:6). ⋯ 이와 같이 그리
스도의 '에클레시아'는 그리스도와 함께 죽음과 부활을 동시적으로
체험하며 살며(삽고, 필자 주), 성령을 통하여 그리스도의 임재를 재확
인하고 그의 재림을 보장해 줌으로써 지금은 투쟁을 계속하나(ecclesia
militans) 그가 재림하실 때에는 '승리하는 에클레시아'(ecclesia trium-
phans)가 된다는 희망 속에서 살게 된다. 이것이 곧 종말론적 공동
체다."[41]

종말론적인 삶은 절망적 삶이 아니라, 그 반대로 종말-미래에 대한
희망의 삶을 뜻한다. 예수 그리스도의 부활을 믿는 기독교의 신앙이 미
래에 희망을 갖는 동시에 미래를 현재 경험하는 삶이다. "원시교회 신도
들이 종말론적 공동체로서의 삶을 가졌다는 것은 바로 이러한 삶을 말
한다. 그들은 예수의 십자가 밑에서 완전히 절망했다. 그들의 삶의 종
말을 체험했다. 그러나 3일 후에 일어난 예수의 부활에서 희망을 발견
했다."[42] "그들은 예수 그리스도의 부활에서 현재의 승리와 미래의 현
존과 능력과 영광을 목격하면서 담대하게 살아가는 종말론적인 공동체

41　위의 책, 50.

42　위의 책, 88.

　　　　　　　　　　　I. 춘계 이종성 박사의 신학사상

였다."[43]

우리가 위에서 논의한 교회상(敎會像) 외에도 이종성의 글에는 다양한 교회상이 풍부하게 나타나고 있다. "원시교회는 처음부터 '믿음의 공동체요, 증거하는 공동체요, 예배드리는 공동체요, 중생을 약속하는 공동체였다."[44]

3) 신구약 배경에서의 교회

지금까지 우리가 살펴본 이종성의 교회 이해의 부분은 다른 신학자들에게서도 찾아볼 수 있는 비슷한 내용들이 많지만, 지금 우리가 분석하고자 하는 신구약 배경사를 통해서 기술한 이종성의 "이상적 사회를 추구한 공동체"로서의 교회에 대한 이해는 흔하지 않은 매우 독특한 시도라 볼 수 있다. 그는 이 같은 연구방법을 "역사적으로, 문화사적으로 그리고 사회학적으로" 고찰한 것이라고 말한다.[45] 즉, 그는 초대교회의 교회론을 "사회학적 견지에서" 기술한다.[46]

이종성은 초대교회 또는 원시교회는 주변 문명과 고대 우주관과 유대교회와의 대치(代置) 상태에서 "이질적 공동체"로 존속하면서 "이상적 사회를 추구한 공동체"였다고 심도 있게 논증했다.[47]

---

43   위의 책, 91.

44   위의 책, 87.

45   위의 책, 92.

46   위의 책, 154, 165("사회학적, 문화사적, 그리고 종교사적 견지에서").

47   위의 책, 92-160.

원시교회가 직면한 주변 문명으로서 헬라주의, 로마주의, 파사·애굽·시리아주의, 로마 치하의 팔레스티나 상황 등이 있었다.[48] 이 같은 주변의 세속적 문화는 인본주의적이며, 제국주의적이며, 우상숭배적이었다. 그러나 원시교회의 신자들은 주변 문화가 모든 인간에게 이상적인 국가도 공동체도 제공해줄 수 없다고 확신하고 주변 문화와 투쟁하면서 이상적 공동체를 추구했다.[49] 고대 우주관으로서 바벨론 종교, 희랍 종교, 애굽 종교 등이 있었다.[50] 이 같은 고대문명의 우주관은 희랍 문명과 바벨론 문명과 애굽 문명이 종합된 하나의 혼합된 우주관이었다. 그러나 원시교회는 유일한 창조와 섭리의 하나님을 믿었다. "원시교회는 당시의 일반적 우주관에 대해서는 이질적 우주관을 주장했다. 그것은 진화설-발전설에 대적한 창조설이었다."[51] 또한 원시교회는 유대교의 분파들(사두개파, 바리새파, 열심당, 에세네파, 쿰란 종단, 율법학자 등)과 대치 상태에서 이질적인 공동체로 생존했다. 비록 원시교회는 유대교로부터 긍정적인 영향도 받았지만(야웨 하나님 신앙, 율법서에 대한 충성심, 창조의 하나님 등), 여러 가지 측면에서 유대교와 입장을 달리했다(그리스도론, 신관, 율법의 효용성, 선민사상 등). 그 결과 유대교는 로마제국으로부터는 박해받으면서도 그 반대로 원시교회를 박해했다.[52]

이상적 사회구조를 추구한 공동체로서의 원시교회는 사랑의 공동체와 종말론적인 공동체로서 현실 도피적인 공동체가 아니라, 그리스도

---

48   위의 책, 93-108.

49   위의 책, 108-109.

50   위의 책, 109-115.

51   위의 책, 117.

52   위의 책, 150-154.

의 현실적 존재로 살아가면서 원시공산제도(原始共産制度)를 실현했다.[53] 원시교회는 이 같은 이상적인 공동체를 단지 교회 안에만 적용하려 하지 않고, 그것을 이상적 사회 형성의 구조적인 원칙으로 삼았다. 그것은 곧 "그리스도 중심적 공동체, 사랑의 공동체, 그리스도와 사랑을 중심한 공산제도, 그리고 종말론적 공동체를 형성하는 것이었다".[54]

---

[53] 위의 책, 154-160.

[54] 위의 책, 160.

3.
역사적 교회

　　이종성은 "역사 안에 실존하는 교회"라는 제목으로 크게 세 가지 내용, 곧 교회의 네 가지 특성, 비교교회론, 에큐메니칼 교회운동을 다룬다.

1) 교회의 네 가지 특성

　　이종성은 동방교부들의 교회론에 대한 신학적 발전이 전무하다고 단정하고, 시릴(Cyril of Jerusalem, 315-386)의 교회 이해를 간단히 언급하고, 서방교부들로서는 테르툴리아누스(160-220), 히폴리투스(170-236), 키프리아누스(?-258)의 교회 이해를 간략하게 소개한다.[55] 이종성은 「니케아-콘스탄티노플 신조」(*Symbolum Nicaeno-Constantinopolitanum*, 381)에서 고백한 "그리고, 하나이며, 거룩하고 보편적이며 사도적인 교회를 믿습니다"(Credimus …

---

[55]　위의 책, 165-168.

I. 춘계 이종성 박사의 신학사상

Et unam sanctam catholicam et apostolicam Eccelsiam)에 나타난 교회의 네 가지 특성에 대한 언급으로부터 역사적 교회론을 시작한다.[56]

이종성은 초기 교회가 고백한 교회의 단일성(*Unam Ecclesiam*)과 관련하여, 기독교의 분열, 특히 개신교의 분열을 유감스럽게 생각하고, 교회가 하나가 될 것을 역설한다. "우리가 앞에서 던져진 하나님의 명령은 하나가 되라는 것이다."[57] 이종성은 교회가 하나가 된다는 것은 유형적인 하나나 정신적인 하나가 아니라, "신앙적 하나"로서 "그리스도를 믿는 믿음 안에서만 가능하다는 원칙을 고수하고 그 안에서만 통일과 합동을 경주할 것"을 촉구한다.[58] "하나의 교회라는 것은 기구적 하나가 아니라 신앙적 하나를 의미하는 것이라는 점을 깊이 인식하고 이제부터는 기구적 일치나 통합이나 합동을 말하지 말고 신앙적 하나가 되기 위하여 노력해야 한다."[59]

교회의 성성(聖性, *Sanctam Ecclesiam*), 곧 거룩성과 관련하여, 성성은 본래 이스라엘인들이 야훼 하나님에 대해 느끼는 감정(누미노제)으로서 하나님과의 절대적 거리감을 의미했고, 하나님에 대해서만 사용되던 이 말이 교회에 대해서도 사용되었다. 이종성은 교회의 성성을 구조적 교회에 근거시키는 로마 천주교회와, 교회 안에서의 인간의 신화(神化, deification) 교리라는 교회의 기능에 근거시키는 동방 정통교회를 다 같이 비판하고, 교회의 성성의 기초를 삼위일체 하나님의 본질과 사역에 기초시킨다.[60]

---

56 위의 책, 160. 참고, 최윤배, 『깔뱅신학 입문』(서울: 장로회신학대학교출판부, 2012), 420.

57 이종성, 『교회론(I)』, 176.

58 위의 책.

59 위의 책.

60 위의 책, 180.

"그러나 과연 교회의 성성(聖性)을 로마 천주교회나 동방 정통교회가 말하는 것과 같이 교회라는 유형적 기구나 제도나 조직이나 기능에서 찾을 수 있을까? … 성서는 교회가 성스러운 구성 요소를 가지고 있기 때문에 거룩하다고 하지 않는다. 교회가 거룩한 유일의 원인은 그것이 거룩한 그리스도의 몸이요 거룩한 하나님의 백성이요 거룩한 성령이 임재하는 곳이라는 바로 그 점에 있다. 이것이 제1 되는 이유이다. 제2의 원인을 말할 수 있다면 교회는 성 삼위일체 하나님과 매 순간 교제를 하고 있기 때문에 하나님이 교회(무리)와 대화의 관계를 유지하는 한 교회는 거룩하다. 언제든지 삼위일체 하나님이 계시지 않을 때 교회는 생명이 없는 허수아비가 된다. 이것이 성서의 가르침이다."[61]

교회의 보편성(Catholicam Ecclesiam)과 관련하여, 이그나티우스가 사용한 "카톨리카"(catholica)라는 말은 어떤 권위나 정통성이나 배타성을 가진 말이 아니라, 어디에 있든지 예수 그리스도를 구주로 믿고 그의 이름으로 모이는 모든 교회를 의미했다. 로마 천주교회는 최근에 에큐메니칼 운동의 영향을 받아 약간 개방적이게 되었음에도 불구하고, 로마 천주교회를 보편적 교회로 믿을 때만 그 교회가 보편교회에 속한다고 주장한다.[62] 이종성에 의하면, 교회의 보편성을 "교회의 양적인 표지가 아니라 질적인 표지"로 주장하는 동방 정통교회도 교회의 보편성에 대한 신학적 이해가 결여되어 있다.[63] 이종성은 보편성이라는 말은 어떤 특정한 사람이나

---

61   위의 책, 178-180. 참고, 177.

62   위의 책, 182.

63   위의 책, 183.

I. 춘계 이종성 박사의 신학사상

단체나 민족에게만 국한되거나 가치가 있다는 것이 아니라, 일반적으로, 모든 경우에, 모든 사람들에게 진리가 되고 권위가 있다는 뜻으로 이해한 종교개혁자들과, 오늘의 교회의 삶을 보편적인 나라로서의 하나님 나라로 정의(定義)하는 종말론적 보편성을 주장하는 몰트만의 견해를 소개한다. 그리고 "성서의 교훈에 따라 고백한 보편적 교회(Catholicam Ecclesiam)의 가능성"을 추구하면서 "보편적 교회는 그리스도 안에서만 가능하다"고 단언한다.[64]

이종성은 교회의 사도성(Apostolicam Ecclesiam)과 관련하여 교황좌(ex cathedra)에서 말하는 절대 무오한 교황의 사도권 계승(successio apostolica)을 주장하는 로마 천주교회의 사도성 이해뿐만 아니라, 초대교회의 일곱 에큐메니칼회의 결정에 근거를 두고 있는 동방 정통교회의 사도성 이해도 비판하고, "복음의 계승"(successio Evangleii)으로서의 교회의 사도성을 주장한다.[65] 이종성에 의하면, 교회가 사도성을 지니고 있다는 것은 가이샤라 빌립보에서의 제자들의 고백, 예수 그리스도의 십자가와 부활사건, 오순절 성령강림 사건에 대한 사도들의 목격 증거(eye-witness)를 간직하고 가르치고 보관하는 것이다. 여기에 바울도 예외적으로 포함된다.[66] 정당하게도 종교개혁자들과 정통주의와 신정통주의는 교회의 사도성을 신구약 성서 전체와 연결시켰고, 몰트만은 사도적 증언을 선교적으로 이해했다고 이종성은 이들을 높이 평가한다.[67]

---

64 위의 책, 183-184.
65 위의 책.
66 위의 책, 184-187.
67 위의 책, 188.

2) 비교교회론

(1) 로마 천주교회

로마 천주교회의 신학적 전거(典據)는 네 가지다. 신앙의 대상은 교회의 가르침이며,[68] 모든 신앙과 신학의 표준은 성서와 전통(승)이며,[69] 교회의 교도권은 성서와 전승 위에 있고,[70] 전통의 소재와 관련하여 결국 교황만이 교회의 모든 문제에 대해 최종적인 교시를 내릴 수 있다.[71] 이종성은 로마 천주교회의 특징을 다섯 가지로 설명한다. 로마 천주교회는 신에 의해서 건설된 법적으로 완전한 통일체로서의 교회이며, 하나님의 백성으로서의 교회이고, 예전의 비의(秘義)로서의 교회이며, 위계 제도적 법국가로서의 교회이고, 전 기독교와 인류의 중심으로서의 교회이다.[72]

이종성은 위의 특징을 가진 로마 천주교회는 제2차 바티칸회의 이후 어느 정도 개방적이고, 에큐메니칼 운동에 호의적면서도 여전히 복음적인 교회가 되지 못하고, 그 중심에는 "구원좌(救援座)인 교황"이 자리하고 있으며, 신권의 지상 대행자로서의 교회의 본래의 뜻을 이탈하여 지배하는 교회가 되었다고 로마 천주교회를 비판한다.[73]

---

68 위의 책, 194.

69 위의 책, 195.

70 위의 책.

71 위의 책, 196.

72 위의 책, 196-203.

73 위의 책, 203.

(2) 동방 정통교회

동방 정통교회는 그 교회의 신학과 신앙의 전거로서 성서와 전통과 그것의 전달자로서의 교회를 주장한다. 여기서 교회와 전통은 동일한 권위를 가지며, 교회를 전통의 전달자로 본다.[74] 동방 정통교회는 예전적 공동체로서의 교회를 주장하고, 위계제도를 가지고 있으나, 주교는 예전적 전권을 가지고 있지만, 교황의 사교권과 무오성을 부인한다. 동방 정통교회는 「니케아-콘스탄티노플 신조」가 고백하는 교회의 네 가지 특성을 교회의 징표 또는 표지로 간주하고, 성상(聖像, icon) 숭배는 물론 로마 천주교회처럼 마리아 숭배와 많은 성자(聖者) 숭배도 인정하고, 7성례를 시행한다.[75]

(3) 루터교회

루터교회와 관련하여 이종성은 루터의 교회론, 직제론, 성찬론에 대해서만 언급한다. 루터가 이해한 "내적 교회"와 "외적 교회"는 두 개의 다른 교회로 분리된 것이 아니라, 동일한 사람을 관점에 따라 내적 사람과 외적 사람으로 부르는 것과 같다. 내적 교회는 지상에 있는 모든 신도들의 모임으로서 하나의 믿음 안에서의 모임이다. 다음의 두 표지를 가지고 있는 교회가 외적 교회다. 교회란 "복음이 순수하게 선포되고 거룩한 예전(세례와 성찬, 필자 주)이 복음에 맞추어 집행되는, 모든 신도들의 모임

---

74 위의 책, 203-206.

75 위의 책, 206-210.

이다."[76]

교회 직제와 관련하여 루터는 만인 제사장직(모든 신자 제사장직, Allgemeine Priestenheit, the priesthood of all believers)을 강조했다. "나이가 젊거나 많거나, 주인이거나 종이거나, 아내이거나 하녀이거나, 학자이거나 무식자이거나 모든 신도는 제사장이며 모든 여신도는 여 제사장이다."[77] 루터는 만인 제사장직을 통해서 교회의 일반 직제를 주장하면서도 교회의 특별 직제도 주장했다. 설교자의 선임과 자격에 대해서는 루터의 만인 제사장직의 가르침에 따라 모든 신도에게 그 직무가 열려 있지만, 모든 신도가 설교자가 될 수 있는 것은 아니라고 한다. 그러나 긴급한 사태가 있을 때는 평신도라도 죄의 용서를 선언할 수 있으며, 타인에 대해 교사 또는 목사가 될 수 있다.[78]

루터는 1528년에 이미 성만찬에 있어서 그리스도의 몸과 피가 떡과 포도주 "안에", 그것들과 "함께", 그것들 "밑에" 있는 것이 중요하다고 주장했다.[79] 이종성에 의하면, 루터와 루터교회는 예전에 사용되는 물체가 예수의 말씀에 따라 실지로 예수의 몸과 피가 된다고 한다. 그러나 로마 천주교회의 화체설과는 달리 물체는 물체대로 남아 있으면서 동시에 예수의 몸과 피가 된다고 해서 이 설을 공재설(Consubstantiation Theory)이라고 부른다. 루터의 "이신득의론"과 복음에 대한 새로운 주장과 함께 교회론과 성찬론은 혁명적 선언으로서 중세 기독교(로마 천주교회와 동방 정통교회)로부터의 전적인 해방과 이탈이며, 성서적 교훈에 더 충실하려는 노

---

[76] 위의 책, 217-218.
[77] 위의 책, 218-219.
[78] 위의 책, 220.
[79] 위의 책, 221.

력의 소산이라고 이종성은 평가한다. "인본주의적 교회론에서 그리스
도 중심적 교회론으로, 초자연적 성찬론에서 변증법적 성찬론으로 개혁
한 것이다."[80]

(4) 개혁교회

많은 개혁파 종교개혁자들[츠빙글리(H. Zwingli), 파렐(W. Farel), 칼빈(J. Calvin), 외
콜람파디우스(Oecolampadius) 등]과 많은 개혁교회 신조들(『제2스위스신조』, 『하이델베
르크요리문답』, 『벨기에(네덜란드) 신앙고백』, 『웨스트민스터 신앙고백』, 『스코틀랜드 신앙고백』 등)
이 있을지라도, 종교개혁자 칼뱅이 개혁교회의 신앙과 신학에 큰 영향을
미쳤기 때문에 이종성은 칼뱅의 주저 『기독교 강요』(1559)에 근거하여 교
회론 중심으로 개혁교회에 대해 논의한다.

이종성에 의하면, 칼뱅은 "신도의 어머니"(mater fidelium)라는 사상을
기독교 전통으로부터 물려받아 더욱더 발전시켰다. "교회가 우리의 어
머니라는 것은, 하나님이 이 교회 안에 복음의 보고를, 선교하는 것으
로 의탁했다는 한도 안에서 그렇다."[81] 우리의 연약함 때문에 하나님께
서 우리의 신앙을 강화시키는 보조수단으로서 교회에 목사와 교사라
는 직분과 말씀 선포와 성례를 허락하셨다. 이종성에 의하면, 칼뱅의 교
회 이해는 "유기체로서의 교회"이다. "교회는 신도들 위에 군림하는 딱
딱한 어떤 제도가 아니라 하나의 살아 있는 유기체요 상호봉사의 교제"
이며, "그리스도는 다른 이에게 봉사하도록 주시는 성령의 은사를 한 개

---

80   위의 책, 222.

81   위의 책, 224.

인에게 맡긴 것"이 아니다.[82] "개혁교회는 각자에게 다른 은사를 주어 그가 받은 은사에 따라 다른 신도와 뜻을 같이하여 하나님께 봉사해야 한다고 한다. 이와 같이 모든 신도가 각기 받은 은사에 따라 자기의 임무를 수행하면서도 서로 협조하고 결합하여 하나의 움직이는 유기체가 되어 하나님께 영광을 드린다."[83]

칼뱅의 교회론의 중요한 특징 중 하나는 "선택받은 무리"로서의 교회이다. "우리의 구원은 확실하고도 견고한 보호자 안에서 안주하고 있으므로 가령 세계의 전 기구가 무너져도 그것이 넘어지거나 붕괴되지 않는다. 왜냐하면 하나님의 선택에 그 기초가 있기 때문이다."[84] 칼뱅은 멜란히톤의 『아우구스부르크 신앙고백』(1530)에 고백된 교회의 두 가지 표지를 그대로 받아들인다.

비록 칼뱅은 권징(치리)을 교회의 표지에는 넣지 않았지만, 그리스도인과 교회의 거룩한 삶을 위해 치리를 매우 강조했다. 이 전통을 대부분의 개혁교회와 장로교회가 이어받아 치리를 교회의 표지로 고백하고 실천했다. "구원을 가져다주는 그리스도의 교훈이 교회의 혼이라면 규율(치리, 필자 주)은 그 교회를 지탱하는 다리와 같다."[85] "이러한 규율은 3중적 효과가 있다. 당사자에게는 회개할 기회를 주는 최종적 권고가 되며, 다른 교인들에게는 같은 과오를 범하지 않도록 하며, 교회는 질서가 확립되어 하나님께 영광이 된다."[86]

---

82 위의 책, 225.
83 위의 책, 226.
84 위의 책.
85 위의 책, 227.
86 위의 책, 228.

칼뱅은 규율과 신도의 훈련을 중요시하여 제네바교회에서 "당회"(consistorium; consistoire)를 통해 치리를 시행하고, "제네바 아카데미"(1559)를 세워 교육을 강화했다. 그는 마르틴 부처(Martin Bucer)로부터 물려받고,[87] 성경주석에 근거한 교회의 사중직(四重織)을 그대로 제네바교회에 도입했다. "교회가 해야 할 임무를 수행하기 위해서는 교회가 일정한 직책적 제도를 가져야 된다고 생각하고 교회의 직책을 넷으로 나누었다. 즉 목사와 교사(doctor, 신학대학교 교수, 필자 주)와 장로와 집사이다."[88]

이종성은 개혁교회의 교회론을 균형 잡힌 교회론으로 평가하고 있다. "이와 같이 개혁교회는, 로마 천주교회의 교황제도와 성직자들에 의한 독재제도를 거부하고, 루터교회의 만인제사장직이라는 무질서화될 위험성이 있는 제도를 반대하고, 모든 교인이 동등하면서도 하나님이 각자에게 주신 은사의 능력에 따라, 더 효과적으로 교회의 사역을 추진하기 위한 규율에 순응하는 청지기가 되어야 한다는 것을 강조한다."[89]

츠빙글리의 성찬 이해인 기념설(또는 상징설)이 칼뱅의 성찬 이해와 동일하다는 주장이 교회사 속에 있었지만, 이것은 오해에 불과하다고 이종성은 올바르게 지적한다.[90] 이종성에 의하면, 츠빙글리는 떡과 포도주가 예수 그리스도의 십자가 사건을 기념하는 것에 불과하다고 이해했다. 그러나 칼뱅에게서 떡과 포도주는 영적 현실성을 보여준다. 이종성은 칼뱅의 성찬론을 성령론과 밀접하게 연결시킴으로써 그의 성찬론을 올바르게 파악했다. "주 예수 그리스도는 모든 물체적 제약성을 극복하는 자유

---

87 최윤배, 『잊혀진 종교개혁자 마르틴 부처』(서울: 대한기독교서회, 2012), 420-443.
88 이종성, 『교회론(I)』, 228.
89 위의 책, 229.
90 위의 책, 229-230.

를 갖고 있어서 그의 영으로 말씀과 표지를 통하여 자신을 영적으로 제공해 주시는 것이다."[91] "칼빈은 그 물체를 성령의 사역에 의해서 영적으로 먹음으로써 그리스도의 몸과 피가 실질적으로 우리에게 주어져서 그리스도의 몸과 우리의 몸이 결합된다고 함으로써 물체와 그리스도와 우리 사이에 신학적인 삼각관계가 형성된다는 점을 말한다."[92] 이종성은 이것을 "금의 삼각관계"(golden triangle) 또는 "영적 성찬론"[93]으로, "영적 임재설(靈的 臨在說)"[94]로 칭하는바, 필자는 "성령론적 임재설"로 칭한 바가 있다.[95]

개혁교회는 종교개혁 당시에도 개혁을 제한시키는 로마 천주교회를 반대할 뿐만 아니라, 개혁이 아니라 혁명을 주장한 재세례파 멘노 시몬스나 농민운동을 주도한 독일의 토마스 뮌처에 반대하여 개혁을 주장했다. 그러므로 개혁교회는 "개혁된 교회는 개혁을 계속한다"(Ecclesia reformata semper est reformanda)라는 구호를 잊지 말고 계속 유지해야 한다고 이종성은 강조한다.[96]

(5) 성공회 교회

영국 성공회 교회는 1534년 영국 왕 헨리 8세가 수장령을 선포함

---

91   위의 책, 231.

92   위의 책, 232.

93   위의 책.

94   위의 책, 496.

95   최윤배, 『성령론 입문』(서울: 장로회신학대학교출판부, 2010), 111.

96   이종성, 『교회론(I)』, 232-235.

으로써 로마 교황청으로부터 해방되어 영국 국왕에게 귀속하게 되었다. 세계에 흩어진 성공회 교회는 영국 켄터베리 대주교가 의장이 되어 10년에 한 번씩 람베드(Lambeth) 총회에 소집된다. 크랜머 대주교가 작성한 『42개 조항 신앙고백서』(1552)나 수정판 『39개조 신앙고백서』(1563)는 권위 있는 문서이지만, 성서의 권위에 종속해야 하기 때문에, 성공회 교회는 로마 천주교회와 동방 정통교회와는 달리 성서만이 신앙과 생활의 최고 권위를 가지고 있다고 믿음으로써 16세기 종교개혁자들의 "오직 성서만"(sola scriptura)이란 근본정신을 따르고 있다.[97]

전도를 강조하고, 교회를 그리스도의 몸으로 이해하는 영국 성공회에는 세 가지 신학적 조류가 있는데, 곧 앵글로 가톨릭 노선과 에반젤리칼 노선과 현대과학의 영향을 받아 성서와 전통으로부터 매우 자유로운 노선이다.[98]

『기도서』(Book of Prayer, 1549; 1602)를 특별히 강조하고 사용하는 것이 영국 성공회의 특징 중 하나이다. 성찬식은 로마 천주교회의 화체설을 따르는 것은 아니지만, 화체설과 같은 예식문이 있고, 사제의 축성기도와 병자를 위해 보관해두는 성찬 등을 인정함으로써 개혁교회와 기타 개신교 성찬론과도 차이를 보인다. 성례전으로서 세례와 성찬만이 인정되지만, 견신례와 사제서품은 매우 엄숙하게 진행된다.[99]

사도들이 그리스도로부터 받은 사도직은 그들에게만 단 일회적으로 주어진 것이 아니라, 후세에 계승되는바, 사도직의 영속적인 직무는 기독교 역사 중에서 전통적인 주교직을 통해서 집행된다. 그러므로 이

---

97   위의 책, 235-237.

98   위의 책, 237-239.

99   위의 책, 240-241.

종성은 영국 성공회의 사도직 이해는 다른 개신교의 사도직 이해보다는 로마 천주교회의 사도직 이해에 더 가깝다고 평가한다. 앵글로 가톨릭 편에서는 주교제도는 교회의 본질에 속한다고 주장한다.[100]

(6) 침례교회

현재 재침례파(Mennonites)라는 이름을 가진 교회는 약소교파로 있으나 침례교회는 미국과 러시아에서 크게 성장했다. 침례교회는 성서의 권위를 절대시하고, 개인의 성서해석의 자유를 강조하고, 성서문자주의에 빠지는 경향도 있다. 침례교회는 교회와 개인의 자유와 중생을 통한 성화를 강조한다. 세례식은 침례로 하고 유아세례는 거부된다. 침례교회는 개 교회의 독립성과 자유성을 강조하면서, 교회직제도 있다(목회자, 전도사, 교사, 장로, 집사 등). 침례교회는 교회와 국가의 절대적인 상호 분리를 강조한다.[101]

(7) 메소디스트교회

웨슬리는 한 번도 자기가 영국교회로부터 독립하여 새 교회를 조직하려고 생각하지 않았으나, 결과적으로 메소디스트교회(감리교회)는 영국 교회로부터 독립하게 되었다. 메소디스트교회는 영국 성공회의 신앙고백의 요점을 받아들였으나, 고대교회의 신조, 교회의 권위, 삼직(주교, 사제,

---

100 위의 책, 242.

101 위의 책, 244-250.

I. 춘계 이종성 박사의 신학사상

집사), 성찬(수찬)정지, 예정론 등을 삭제했다. 메소디스트교회의 신학적 특징으로 반예정론주의, 아르미니우스주의, 그리스도인의 완전주의 등을 언급할 수 있다.[102]

(8) 프렌드(퀘이커)단

17세기 영국교회의 분리주의자들 중에 한 그룹이 프렌드단(The Friends) 또는 퀘이커단(The Quakers)을 형성했고, 폭스(George Fox, 1624-1691)가 그 창시자였다. 프렌드단은 신앙고백을 만들지 않고, 성서도 그들의 신앙과 행위를 위해 절대적인 역할을 하지 못한다. 심지어 세례를 비롯한 예전도 이교도로부터 유래되었다고 생각하여 성례를 거부한다. 그들은 직업적 교직자를 세우지 않고, 영의 조명을 받은 사람들을 선택하여 등록된 목사, 장로, 관리자, 교회생활을 주선하는 사람 등을 임명한다. 침묵 집회를 절대적 원칙으로 하고, 그들에게는 '내적 빛'(inner light)이 절대적으로 중요하다. 그들은 국가 등 지상의 제도를 무시하면서도 사회에 대한 봉사적 사랑은 강조한다. 이종성은 프렌드단이 주관주의와 신비주의에 빠져 종교적 인본주의로 전락하여 성서로부터 이탈했다고 비판한다.[103]

(9) 오순절교회

19세기에 감리교회가 급속도로 부흥하고 성장했다. 그러나 감리

---

102 위의 책, 250-256.

103 위의 책, 256-263.

교회의 주류 신학 노선에 불만을 가진 사람들이 다른 교파를 만들었는데, 그중 나사렛교회(The Church of Nazarene), 필그림성결교회(The Pilgrim Holiness Church), 그리고 하나님 교회(The Church of God) 등이 있다. 이들은 다 같이 신자들이 받는 "제2의 축복"을 강조했다. 그것은 성령의 특별한 은사를 받는다는 뜻이다.[104] 1900년 말 토페카 성서대학(Bible College in Topeka)에서 시작된 오순절 운동(펜테코스트, Pentecost)은 미국에서 1960년대 이후부터 다른 기독교 교파들(루터교회, 성공회, 장로교회, 동방 정통교회, 로마 천주교회 등)에까지 영향을 미쳐서 신(新)펜테코스트 운동이 일어났다.

오순절 운동은 성령 충만, 성령 세례, 방언 등을 특별히 강조한다. 오순절 운동의 긍정적인 측면은 성령의 위격과 사역에 대해 비교적 무관심했던 기존 교회와 자유주의 신학에 성령의 실재와 활동을 보여주었다. 오순절 운동의 부정적인 측면은 성령과 관계된 특정한 교리를 절대화시키고, 기존 교회의 제도와 질서를 무시하며, 개인주의적 신앙으로 인해 사회구조적 문제를 경시하는 점 등이다.[105]

3) 에큐메니칼 교회운동

이종성은 에큐메니칼 교회운동이 일어난 직접적 배경을 두 가지 관점, 곧 세계교회 건설과 하나의 교회 건설로 파악한다.[106] 그리고 에큐메니칼 운동의 성서적 근거는 성서가 하나님 나라의 복음전파를 통

---

104 위의 책, 263-264.
105 위의 책, 263-271.
106 위의 책, 274.

I. 춘계 이종성 박사의 신학사상

한 선교와 교회가 하나 될 것을 명령하고 있다는 사실에 있으며, 선교의 장(場), 즉 선교의 대상과 범위는 "오이큐메네"이다. "지구를 떠나서는 교회가 있을 수 없다. 불가견 교회를 말하나 가견교회를 떠나서는 그것이 존재할 수 없다. 교회는 가견교회로서 지구상에 실존하며 이 지구 즉 '오이큐메네'는 그리스도의 몸인 교회가 실존하는 장소다. 그래서 우리는 지구를 상대하고 지구 안에서 선교운동을 전개하고 있으며 궁극적으로 지구를 성화시키려고 한다. 그러므로 에큐메니칼 운동은 일어날 수밖에 없다."[107]

1948년에 암스테르담에서 "신앙과 직제 위원회"와 "생활과 사업 위원회"가 공동으로 세계교회협의회(The World Council of Churches, W.C.C.)로 처음으로 소집되었고, 1921년에 창설된 "세계선교협의회"(International Missionary Council, I.M.C.)도 1961년 뉴델리 회의 때 정식으로 가입되었다. 에큐메니칼 운동 선교관은 하나님의 선교(Missio Dei)라는 선교관으로서 "인간화(人間化)"를 지향하여, "전통적인 선교관의 차원을 넘어 선교의 초점을 인류를 돕는다는 차원에 두게 되었다. 반드시 예수를 믿게 할 필요는 없다고 생각한다."[108] "복음을 예수 그리스도가 가르친 종교적 사신(使信)만으로 이해하지 않고 그의 삶을 사회학적으로 또는 정치학적으로 이해하여 그의 사역을 확대 해석하고 있다."[109]

이종성은 WCC의 긍정적인 공로를 인정하면서도 "교회 안팎에서 묵과할 수 없는 심각한 비평"에 대해서도 언급한다. 이종성은 WCC에 대한 비판론을 대체로 네 가지 관점에서 지적하는바, 곧 즉 WCC가 회

---

107 위의 책, 286.
108 위의 책, 289.
109 위의 책, 290.

원교회를 지배하는 초대형교회(super church)로 변신한 점과, 교회 자체의 개혁과 성장과 발전을 위한 운동에서 사회문제에 집중하는 운동에로의 전환과, 교회 통합의 성격과 방법에서의 문제와, 성서적 교회관에서 문화사적 교회관에로의 변화 등이다.[110]

WCC에 대한 위와 같은 비판에도 불구하고, 이종성은 에큐메니칼 운동을 "하나님의 명령과 시대적 요청"으로 파악한다. "우리가 생각하기로는 그러한 문제가 있다 해도 에큐메니칼 운동은 하나님의 명령과 시대적 요청에 의한 것이므로 계속해서 추진되어야 한다."[111] 왜냐하면 "오늘에 있어서 에큐메니칼 운동은 선교와 교회일치와 교회갱신"이기 때문이다.[112] 이종성은 '선교하기 위해 교회가 있는가?'라는 명제와 '교회를 위해 선교가 있는가?'라는 명제가 상호 분리적으로 또는 상호 우월적으로 이해되어서는 안 되고, 상호 보완적으로 이해되어야 함을 강조한다. "어느 한편이 다른 한편에 앞설 수가 없다. 교회는 그리스도의 몸이기 때문에 어디든지 교회가 있는 곳에 그리스도가 임재한다. 그리스도가 임재하는 곳에 선교현상이 나타난다. 그러므로 양자를 분리하거나 선후 우열을 가려서는 안 된다. 교회의 현존이 그리스도의 임재요, 그리스도의 임재가 곧 선교의 꽃이다."[113]

---

110 위의 책, 290-301.

111 위의 책, 302.

112 위의 책, 290-301.

113 위의 책, 302.

4.
교회의 기능과 사명

이종성은 교회의 기능과 사명과 관련하여 교회사에서 나타난 세 가지 견해를 소개한다. 로마 천주교회는 교황을 정점으로 사제(司祭)가 신도들의 신앙과 관계없는 문제까지 간섭했고, 종교개혁자들과 그들의 전통을 이어받은 개신교는 정교분리원칙에 입각하여 신언선포와 예전집행에만 국한함으로써 교인들의 신앙생활의 심화에만 중점을 두었다. 위와 같은 전통적인 두 가지 교회관에 대해 일부 현대 신학자들(정치신학, 해방신학, 민중신학 등 - 몰트만)은 정치적 차원에서 현실적 부조리와 비참으로부터의 해방을 주장했다. 그러므로 이종성은 미래를 향한 교회가 해야 할 기능과 사명을 보다 더 폭넓게 고찰함으로써 교회의 과오를 예방하고자 한다.[114]

이종성은 "루터나 칼빈은 교회의 기능과 사명을 신언 선포와 예전 집행에 둠으로써 사회에 대한 교회의 기능과 사명이 왜소화되고 마는

---

[114] 위의 책, 429-432.

결과를 초래했다"라고 비판하지만,[115] 사실은 그가 주장하는 교회의 두 가지 기능은 정확하게 루터와 칼뱅으로부터 물려받았다. 비록 칼뱅이 교회의 제3의 표지로서 치리(권징)를 인정하지 않았지만, 그는 제네바 교회와 제네바시의 협조하에 "당회"(consistorium, consistoir)를 통한 제네바 교회와 시민의 성화(聖化)의 문제와, "제네바 아카데미"(1559)를 통한 제네바 교회와 시민의 교육 문제와, "종합 구빈원"을 통한 제네바 교회와 시민의 복지 문제에 깊이 관여하고, 탁월하게 실천했다. 더구나 이미 『참된 목회학』(Von der wahren Seelsorge, 1538)에서 교회의 세 가지 표지를 말하면서 교회의 목회 기능을 특별히 강조한 마르틴 부처(Martin Bucer)를 비롯하여,[116] 세계의 모든 개혁교회와 장로교회는 치리(권징)를 교회의 제3의 표지로 넣어 교회의 목양의 기능을 강화하고 실천했다. 그러므로 이종성이 주장하는 교회의 세 가지 기능, 즉 신언선포 기능, 예전집행 기능, 목양 기능은 이미 마르틴 부처와 칼뱅에게 뿌리를 두고 있는 개혁교회와 장로교회가 주장하고 실천했던 교회의 중요한 세 가지 기능을 그대로 계승했다고 볼 수 있다.

---

115 위의 책, 431.

116 최윤배, 『잊혀진 종교개혁자 마르틴 부처』, 420-443, 참고 M. Bucer, *Von der waren Seelsorge*, 1538, 최윤배 역, 『참된 목회학』(용인: 킹덤북스, 2014).

1) 교회의 기능

(1) 교회의 신언선포 기능: 설교론

이종성은 칼 바르트가 주장한 하나님의 삼중적 말씀론, 즉 선포된 말씀으로서의 설교, 기록된 말씀으로서의 성서, 계시된 말씀으로서의 예수 그리스도의 내용을 그대로 수용하여 순서만 바꾸어 그리스도-성서-설교 순으로 논의한다. "성서는 그리스도에 대한 증거요 설교는 성서를 토대로 그리스도에 대한 증거를 현실화하는 것이기 때문에 시간적 순서로 본다 해도 그리스도-성서-설교의 순서가 더 타당하다고 판단된다."[117]

"말씀으로서의 그리스도는 교회의 전부요 신학의 전부요 세계의 전부다. 그리스도를 증거하는 것이 곧 말씀을 선포하는 것이며, 그것이 교회가 하는 신언선포이다."[118] 이종성에 의하면, 성서는 자유주의 학파의 주장처럼 단순한 종교적 문헌이 아니라, "성서 기자들은 하나님의 명령에 의해서 쓴 것이며 쓸 때에는 성령의 도움으로 썼다고 확신했다".[119] 루터와 칼뱅의 성서관이 개신교의 신학 방향과 목적을 제공하여 현재에 이르고 있으며, 개신교의 표준적 성서관이 되고 있다.[120] 성서 없이는 교회가 성장할 수 없으며 영(靈)의 양식을 계속 보급받을 수 없다.[121]

---

117 이종성, 『교회론(I)』, 434.

118 위의 책, 436.

119 위의 책, 437.

120 위의 책, 439.

121 위의 책, 440.

종교개혁자들은 설교가 없이 교도권을 위주로 한 로마 천주교회와, 역시 설교 없이 사크라멘트를 위주로 한 동방 정통교회에 반대하는 동시에 교회의 생명은 신언선포와 예전집행에 있다고 하면서 설교의 중요성을 강조했다.[122] 『제2 스위스신조』(1564)나 20세기에 칼 바르트나 포사이스(P. T. Forsyth) 등은 설교를 매우 강조했지만, 20세기에 접어들면서 설교에 중점을 두지 않는 경향을 이종성은 안타깝게 생각한다. 또한 이종성은 사람의 주장이나 이데올로기 등의 내용이 많이 담긴 설교 형식을 비판하고, 주해 설교 또는 주석 설교를 가장 바람직한 설교 형태로 생각하면서도 설교자의 자세를 매우 강조한다. "결론적으로 어떤 유형의 설교를 하든지 그것은 설교자의 결단에 있으나 설교자가 언제든지 기억해야 할 것은 자기가 성서를 통해서 선포된 하나님의 말씀의 대변자라는 의식이다."[123]

이종성은 인간의 언어로 기록된 성서의 문헌성과, 하나님의 말씀(신언, 神言)으로서의 성서의 신언성 또는 정전(正典, canon)성 사이에 존재하는 역설적 관계를 발견한다. "이러한 모든 예를 볼 때 성서는 그 문헌적 성격을 분명히 지니고 있다. 아무리 경건한 마음을 가진 사람이라도 이 사실을 부인해서는 안 된다."[124] 이종성은 성서의 역설적인 이중성을 그리스도론적으로, 성령론적으로, 그리고 삼위일체론적인 유비(喩比, analogia)로 이해하고자 한다. "그리스도 안에서 둘이 하나가 된다는 점이다."[125] "성령의 사역이 없이는 인간의 말로 기록된 성서는 신언도 정전도 될 수

---

122 위의 책, 440-441.

123 위의 책, 448.

124 위의 책, 450.

125 위의 책, 453.

I. 춘계 이종성 박사의 신학사상

없다. 설교자 또한 그러한 성령의 도움이 없이는 성서를 신언으로 교인들에게 대언할 수 없다. 이와 같이 성서의 인언성과 신언성이 그리스도 안에서 종합되어, 틀림이 없고 생명의 양식으로서 모든 독자에게 주어진다."[126] "그 세 가지 형태(말씀의 삼중 형태, 필자 주)를 삼위일체론적 유비의 견지에서 이해할 수도 있다."[127]

(2) 교회의 예전집행 기능: 예전론

이종성은 로마 천주교회나 동방 정통교회처럼 예전주의에 빠질 정도로 예전 또는 성례전을 지나치게 중요시해서는 안 되겠지만, 세례와 성찬을 1년에 2회 정도 시행하는 것은 문제가 있으며, 성례전에 대한 바른 신학적 이해를 가지고 신앙 훈련을 위해 유효하게 사용할 것을 촉구한다.[128]

이종성에 의하면, 로마 천주교회는 희생을 재현하는 미사 중심의 일곱 예전(미사, 세례/유아세례, 견신례, 고해, 종유, 결혼성사, 안수/서품성사)을 발전시키고, 동방 정통교회도 "신화(神化, deification)"개념을 중심으로 일곱 예전을 발전시켰다. 이와는 대조적으로 퀘이커 교도들은 외적 행위로 제정된 예전은 이교도로부터 차용한 것이라고 전적으로 거부한다.[129]

종교개혁자들과 그들의 전통을 따르는 모든 개신교는 두 가지 성례, 곧 세례와 성찬만을 성서적인 것으로 받아들인다. 침례교회나 일부

---

[126] 위의 책, 454.

[127] 위의 책.

[128] 위의 책, 455.

[129] 위의 책, 455-474.

신학자들(예, 칼 바르트)은 유아세례를 받아들이지 않지만, 대부분의 기독교회는 유아세례를 인정한다. 이종성은 성서가 가르치는 세례의 신학적 의미를 대체로 여섯 가지로 요약한다. 세례는 삶의 한 전환기를 가지며, 예수와 함께 죽고 사는 것이며, 삼위일체 하나님 이름으로만 받으며, 구속적 의미가 강하며, 교회와 하나님 나라에 가입하는 것이다. 그리고 할례를 대신하는 유아세례도 어른 세례와 함께 시행되어야 한다.[130]

"이렇게 주의 만찬을 그리스도의 몸의 실재와 영적 현존을 강조하는 방향으로 바울이 개발한 것을 요한이 완성한다."[131] 주의 만찬과 관련하여, 이종성은 로마 천주교회의 화체설, 루터의 공재설, 츠빙글리의 기념설(상징설), 칼뱅의 영적 임재설을 길게 논의한 후에, 칼뱅의 성찬 이해가 삼위일체론적이며, 성령론적 성찬 이해로서 훌륭하다고 판단한다. 그러나 애석하게도 개혁교회는 칼뱅의 성찬 이해를 수용하기보다는 츠빙글리 성찬 이해를 무비판적으로 수용하여 성찬에 대한 경시현상을 보여주었다고 올바르게 지적한다.

"우리는 위에서 네 가지 주의 만찬론을 고찰했다. 그중 칼빈은 다른 세 가지 해석과는 달리 삼위일체론적 견지에서 주의 만찬을 이해했다. … 주의 만찬의 실질적인 집행자는 사제도 감독도 목사도 아니다. 그 예전 전체를 주관하시는 분은 바로 성령이다. 성령에 의해서 그리스도가 물체 안에 임재하시고, 참여자에게 임재하시고, 그 공동체 안에 임재하신다. 이 점을 제2 스위스신조가 약간 언급하였

---

130 위의 책, 479-480.

131 위의 책, 487.

I. 춘계 이종성 박사의 신학사상

으나 그 후의 개혁교회는, 특히 장로교회는 츠빙글리의 상징설을 무비판적으로 받아들였기 때문에 결과적으로 주의 만찬 경시현상이 나타나게 되었다. 그리스도의 임재를 성령과 함께, 성령에 의해서 임재한다고 주장하는 것이 주님이 제정하신 주의 만찬의 참뜻을 이해하게 될 것이며, 우리의 신앙생활에 더욱 활력을 일으키는 방편이 될 것이다."[132]

마지막으로 이종성은 몰트만(J. Moltmann)의 예전에 대한 새로운 관심을 소개한다. 최근에 몰트만은 종말론적 공동체로서의 교회 안에서 이루어지는 예전적 사건을 단지 교회 안에서만 머물러 있지 않고, 종말론적 지평으로서의 세계사를 향해 교회가 선포하고, 세례를 주고, 기쁨의 잔치(Eucharist)를 차리는 열려 있는 예전을 강조한다.[133]

(3) 교회의 양 치는 일(목양 기능): 목회론

이종성은 목회자가 가지는 2대 임무를 "설교와 양육"으로 간주한다. 다시 말하면 목회자는 교인들에게 먼저 하나님의 말씀으로 영적으로 먹이는 일과, 그들을 찾아가고 만나고 의논하고 상담하고 동행하면서 그들이 지고 있는 인생의 무거운 짐을 벗겨주는 일을 한다.[134] 목회자의 설교 내용에는 하나님의 나라를 맞이할 준비, 하나님 나라의 백성이 될 자격, 그리고 하나님 나라의 시민이 갖추어야 할 품성의 내용이 있어야 한

---

132 위의 책, 499.
133 위의 책, 504.
134 위의 책, 507.

다.[135] 이종성은 목회의 위기로서 교회구조적 위기, 신학적 위기, 메시지의 위기를 제시한다. 로마 천주교회의 성직 중심의 구조와 무형교회의 양극단을 극복할 수 있는 구조가 필요하며, 목회는 신학과 종교학과 철학이 혼합되는 위기를 맞고 있고, 그리스도의 십자가와 부활을 비롯한 중요한 성서적 메시지가 간과되는 신학적 위기와 역사관의 방향 상실의 위기를 맞고 있다.[136] 이종성은 우리의 목회가 삼위일체 하나님의 목회에 동참하는 목회가 되어야 함을 역설한다.

> "예수는 하나님의 목회에 동참하면서 이 세상에서 직접 양들을 상대로 목회했다. … 우리의 목회는 전적으로 하나님의 목회와 그리스도의 목회에 의존하고 근거하고 유지된다. 인간이 인간을 결정적으로 도울 수 없다. 봉사를 해도 결정적 효과가 나타나지 않는다. 다만 그리스도가 성령을 통하여 우리에게 임재하고 (우리가, 필자 주) 무엇을 말할까 모를 때 (우리에게, 필자 주) 가르쳐주기 때문에 목회할 수 있다(롬8:26, 14:17, 18; 마10:20, 21). … 우리 자신이 독단적으로 하는 목회는 없다. 언제든지 하나님과 그리스도가 성령을 통하여 그의 목회에 동참하라는 초대를 받아, 그 초대에 전적으로 의존함으로써 우리의 목회의 가능성이 주어진다."[137]

목회자는 "신도들의 어머니"(mater fidelium)로서의 교회의 봉사자이므로, 신도들을 훌륭한 신도로 자랄 수 있도록, 복음과 말씀과 믿음 안에서

---

135 위의 책, 507-515.

136 위의 책, 515-525.

137 위의 책, 525-528.

성장하도록 도와주는 양육의 책임을 가진다.[138] 로마 천주교회의 성속(聖俗)의 2분법적 계층구조뿐만 아니라, 개인주의적이고도 평등주의의 극단을 벗어나 목회자와 신도 모두가 성령의 은사와 직분을 받아 그리스도와 서로에게 봉사하는 것이 가능한 새로운 목회 구조가 요청된다.[139]

2) 교회의 사명

이종성은 교회는 세 가지 행동 대상을 가지고 있는바, 그것은 바로 하나님에 대한 예배의 행동과, 자신에 대한 회개의 행동과, 사회에 대한 전도의 행동이다. 신앙생활에서 이 중에 어느 하나라도 없어서는 절대로 안 된다. 이종성은 교회의 사명과 관련하여 세 번째 행동으로서 전도(선교)에 대해서만 논의한다. 그러므로 우리도 이종성이 이해한 교회의 사명으로서 선교에 대해서만 논의할 것이다.[140]

선교 또는 전도에는 두 가지가 있다. 교회가 주동이 된 선교와 하나님이 주동이 된 선교다. 최근에 이르기까지 선교는 교회에 의해서만 수행되었으나 에큐메니칼 운동과 자연신학적 사고방식이 보편화됨에 따라 하나님의 선교(missio Dei) 사상이 대두되어 현대 선교신학의 중요한 분야를 차지하게 되었다.[141]

---

138 위의 책, 529.

139 위의 책, 532.

140 이종성, 『교회론(II)』(춘계이종성저작전집 8, 조직신학대계), 19.

141 위의 책.

(1) 교회의 선교

"전통적인 선교관"은 인간 개인의 구원을 위해 개인에게 그리스도의 복음을 전하여 신자로 만들고, 교회원으로 만드는 것이다. 이를 위해 대중전도 방법, 다원화 목회전도 방법 등이 도입되었다.[142] 그러나 20세기 후반부터 기독교회는 에큐메니칼 시대에 접어들어 전도와 개혁과 일치라는 3대 분야를 중심으로 에큐메니칼 선교에 관심을 갖게 되었다. 여기서는 인간화 등을 통한 사회적 활동이 복음 선교의 중추적 요소이다. 교회와 신학에서 전통적 선교 방법과 에큐메니칼 선교 방법은 상호 갈등하게 되었다. "전자는 교회를 중심으로 나가서 선교하여 다시 교회로 돌아오는 방법을 고수하는 데 대하여 후자는 교회의 울타리를 벗어나서 사람이 살고 있는 현장(사회)에 나가서, 그들에게 일방적으로 말로 하는 식의 전도가 아니라 그들과 하나가 되고(identification), 벗이 되고, 현존하고(presence), 대화를 통해서, 그가 생득적으로 갖고 있는 숨겨져 있는 보화를 발굴하여 이상적인 사회를 건설하려는 데 있다."[143]

이종성은 이 두 가지 방법은 각각 장점과 단점이 있다고 주장한다. 전통적인 방법에는 잘못이 없고, 도리어 칭찬받을 만하지만, 변화무쌍한 전도 대상에 적합한 새 방법을 시도할 용기를 가져야 한다. 에큐메니칼 선교 방법에는 두 가지 묵과할 수 없는 문제가 있는바, 여기서 선교의 내용이 예수 그리스도의 복음이 아니라, 인애주의(仁愛主義)라는 것과, 기성교회와 관계없이 교회 밖에서 선교운동을 한다는 점이다. 다시 말하면

---

[142] 위의 책, 20-25.

[143] 위의 책, 29.

여기에는 다른 복음(갈1:7, 8)으로 변질될 위험성이 있고, 복음운동이 아니라, 인본주의적 동기에서 사회운동이 될 위험성이 있다.[144] 현재 교회의 선교는 현시대에 적용이 힘들거나 대상을 너무 좁게 잡은 것이 문제이다. 그러므로 교회의 선교는 선교의 내용과 선교 방법을 정확하고 새롭게 이해하여 효과적인 선교운동을 전개할 것을 이종성은 촉구한다. 왜냐하면 교회가 사회문제나 문화문제나 정치문제를 도외시할 경우, 전도할 대상을 상실하게 되기 때문이다.[145]

화해의 모체로서의 교회는 특별히 화해와 화목의 사역에 집중해야 한다. 교회는 분열된 교회와 분열된 사회를 하나로 만드는 사역에 집중해야 한다. "화해의 역할이 교회 선교의 중요한 한 과제가 된다. 따라서 교회는 화해의 모체(母體)가 되어야 한다."[146]

이종성은 미래교회를 위한 새로운 교회 선교를 아홉 가지로 제시한 바, 요약하면 다음과 같다. 예수 그리스도의 삶과 십자가와 부활과 재림이 선교의 주제가 되어야 하며, 교회 선교는 언제든지 선포적이고, 전도적이어야 한다. 복음 선교와 사회봉사를 같은 것으로 생각해서는 안 된다. 복음화운동과 사회운동은 동일한 것이 아니다. 설교나 선교의 방편은 성서를 사용하는 것이 최선의 방법이다. 구원을 받은 자로서의 우리의 사회 활동은 결국 인간이 주가 되는 그럴듯한 사회주의적 또는 민주주의적 국가를 만드는 것이 그 목적이 아니라, 이 세상에서 이미 시작된 하나님 나라의 건설과 추진의 임무를 맡아 그 나라의 완성을 위해 일한다. 구원은 대등한 관계를 유지하는 인간화에 있는 것이 아니라, 죄를 용

---

144 위의 책, 29-30.
145 위의 책, 30.
146 위의 책, 35.

서받아 하나님과의 본래의 관계를 그리스도의 중보를 통해 회복하는 데 있다. 구원의 확실성은 성령이 보장해주는 것이다. 그 성령은 칼뱅이 말한 대로 내적으로 비밀리에 우리에게 가르쳐주는 것이다. 복음 선교는 듣는 자로 하여금 회개한 후 그리스도의 공동체 안으로 들어오도록 권유한다. 교회 선교는 사람으로 하여금 회개케 하고 신앙을 갖게 하고 교회의 회원이 되게 하여 성도의 교제 속으로 들어오게 해야 한다. 교회 선교는 시대의 문제를 신학적으로 대담하게 취급해야 한다. 교회는 시대적 문제에 대해 교회 밖에서 취급되기 전에 성서적으로 그리고 가능만 하다면 신학적으로 연구하고 강구하여 교인들과 사회를 향해 공표하고 선언해야 한다.[147]

(2) 하나님의 선교

하나님은 천지만물, 즉 우주 전체를 창조하시고 지배하시고 함께 계신다. 우주의 시작부터 끝까지 계시면서 그 안에서 일어나는 모든 것에 대해 절대적인 지배권을 가지고 통치하신다.[148] 최근에 에큐메니칼 운동가들에 의해 "복음을 위한 준비"(*praeparatio evangelica*)가 연구되어, 하나님의 선행(先行) 사역 또는 선행 현존을 학자들이 하나님의 선교(*missio Dei*)라고 부른다. 현대의 교회론은 반드시 하나님의 선교론을 취급해야 하며, 그 구조 속에서 중요한 위치를 차지해야 한다고 이종성은 주장한다.[149] 현대에 이르러 교회는 세계에 대한 우월권을 상실했을 뿐만 아니

---

147 위의 책, 36-39.

148 위의 책, 40.

149 위의 책.

I. 춘계 이종성 박사의 신학사상

라, 그에 대한 사명까지도 의문시되고 있다. 때로는 거절당하기도 한다. 전에는 하나님-교회-세계로 이해되던 것이 지금은 하나님-세계-교회로 대치되었으며, 다른 많은 사람들은 세계-교회-세계로 생각한다. 이런 삶의 정황(Sitz im Leben)에서 이종성은 다음과 같이 말하면서 "하나님의 선행적 구원사역"을 다각도에서 고찰한다.

> "교회는 예수 그리스도가 인류와 세계의 구주라고 믿기 때문에 가령 세계가 구주성을 부인한다 해도 후퇴하거나 주저하지 말고 성서의 사신을 담대하게, 쉬지 말고, 신권을 열심히 선포해야 한다. 하나님은 우리의 행동에 앞서 미리 복음의 터를 닦아 놓으시고 우리가 오는 것을 기다리고 계신다."[150] (행10:13-33)

이종성은 하나님의 선교에서 하나님의 선행적 구원 행위와 관련하여 여섯 가지 문제를 취급한다. 하나님의 형상과 인권과 휴머니즘과 관련하여 성서적 인권의 근거는 하나님의 형상과 그리스도의 십자가이다. 이 두 가지 은총이 없이는 인권을 말할 수가 없다.[151] 한국교회는 인권문제에 무관심해서는 안 된다. 고전적 휴머니즘과 마르크스주의의 휴머니즘과 현대 휴머니즘을 검토한 이종성은 이런 종류의 휴머니즘은 너무나도 상대적이고 타산적이라서 우리가 신뢰하여 받아들일 수가 없다고 단정 짓고, 진정한 휴머니즘으로서 그리스도 휴머니즘을 주장한다. "하나님은 그리스도를 모르는 사람이나 사회에 대하여 인간의 존엄성을 깨닫

---

150 위의 책, 44.
151 위의 책, 46.

게 하고, 그 인간이 하나님의 사랑과 지배의 대상임을 알게 하여, 그들이 예수 그리스도의 복음과 접촉하여 구원을 알게 되고 나아가서 참휴머니즘을 받아들임으로써 인간의 삶을 더 윤택하고, 유의미하고, 유목적적인 것으로 사역하신다."[152]

기독교는 아가페 윤리를 가지고 있다. "교회의 삶은 아가페요, 교인들의 삶도 아가페다. 따라서 교회는 아가페 윤리의 본산이요, 본부요, 사령부요, 근원지요, 표상이다."[153] 기독교 사랑은 하나님 사랑과 이웃 사랑이다. 이종성에 의하면, 기독교는 자연주의에서 연유된 효인(孝仁) 사상을 신령주의(神靈主義)로 승화시켜 더 양질의 효인 사상을 만들 수 있다. "돈독한 믿음과 살신적 효도는 공존할 수 있고, 양립할 수 있다. 효인 사상을 빨리 신학적으로 정립해야 한다."[154]

에큐메니칼 운동가들을 중심으로 인권(人權)과 정의(正義)가 강조되나 신본적 인권파와 인본적 인권파가 대립하고 있다. 자연법에 근거한 정의는 한계가 있다. 사회에 대한 참된 정의와 자유는 하나님과의 인격적인 관계에서 믿음을 가짐으로써 그리고 성령을 통해서 가능하다. 살아 있는 신앙에서 분출하는 현실적 사회주의를 통해서만 비로소 정의와 자유문제가 해결된다.[155] 교회는 모든 사람에게 정의를 공평하게 밝혀주는 정의의 등대가 되어야 한다.[156]

교육의 본질과 목적에 다양한 해석이 있지만, 이종성은 교육을 하

---

152 위의 책, 59.
153 위의 책, 65.
154 위의 책, 70.
155 위의 책, 75.
156 위의 책, 79.

I. 춘계 이종성 박사의 신학사상

나님께서 인간에게 형편에 따라 부여하신 "자연은사"로 이해한다. 그러므로 하나님의 형상을 가지신 예수 그리스도를 통해서 하나님의 형상이 재건되었기 때문에 우리는 여러 가지 측면의 은사를 개발하여 하나님의 일꾼이 되게 하는 것이 교육의 목적이다.[157] 그러므로 교회가 운영하는 교육기관이 가장 이상적인 교육을 실행한다.[158]

오늘날 공산국가는 물질적 빈곤과 정신적 빈곤이 지배하고, 자유주의 국가는 물질적 풍요와 자유의 과다로 도덕적 타락이 극에 달하고 있다. 우리는 예수가 가르친 대로 육신의 양식과 영의 양식을 풍부하게 줄 수 있는 복지사회를 건설해야 한다. 교회가 그것을 직접적으로 할 수는 없으나 개인적으로나 공동체적으로 그 사업을 하도록 영적으로 지도해야 한다.[159] 칼뱅과 칼뱅의 후예들은 문화의 중요성을 인식하고 발전시켰다. 인간 안에 있는 훼손된 하나님의 은사는 예수 그리스도를 통해서 회복된다. 회복된 은사를 개발하여 그리스도인이 즐길 수 있는 문화와 문명을 형성하고 발전시키는 것이 복음주의와 결코 모순되지 않는다. "특히 제3 세계에 있는 교회는 기독교 문화를 창조하는 것이 시급하다."[160]

하나님의 선교나 창조신학은 타협주의와 무관하며, 오히려 타협주의를 용납하지 않는다. 이종성에 의하면, 야훼 하나님의 야훼성과 예수 그리스도의 그리스도성을 고수하면서 기독교신학은 에큐메니칼 신학과 창조신학과 하나님의 선교신학을 훌륭하게 영위할 수 있다. 이제부터 신

---

157 위의 책, 83.

158 위의 책, 84.

159 위의 책, 86.

160 위의 책, 95.

학은 예수 그리스도의 복음 위에 든든한 기초를 두고 세계를 향해 신학 영위의 힘찬 발걸음을 옮겨야 한다. 교회의, 기독교의 성벽에 안주하고 있어서는 안 된다. 『마태복음』 28장 19절은 세계만방에 나가서 신학을 영위하라는 뜻이다. 에큐메니칼 시대란 바로 그러한 시대를 의미하며, 그 일을 교회가 주동이 되어서 해야 한다.[161]

---

161 위의 책, 99.

I. 춘계 이종성 박사의 신학사상

5.
교회 직제

1) 신약성서 안에서의 직제

원시교회, 즉 신약성서 안에서의 교회의 기본 틀과 관련하여, 이종성은 10가지를 제시한다. 즉, 교회의 구성원은 "부름받은 자"이며, 부름의 대상은 모든 인류이고, 교회 활동의 원동력은 성령이며, 교회의 본체는 그리스도의 몸이다.[162] 또한 교회는 이스라엘과의 관계에서 새 이스라엘에 해당되며, 교회의 목적은 증언을 통한 하나님 나라 건설에 동참하는 것이다.[163] 교회의 두 가지 사명은 땅끝까지 복음을 전파하는 것과 하나님의 약속의 성취에 대한 준비이기 때문에, 교회의 존재 기간은 계약의 성취 때까지이다. 교회 생활의 특징은 종말론적인 삶을 사는 것이며, 교회의 통치자는 삼위일체 하나님 자신이고, 교회의 실무자는 제직

---

[162]　위의 책, 104-111.

[163]　위의 책, 111-114.

으로서 봉사자로 일했다.[164]

신약성서에서의 직제에 관한 다양한 자료를 통해 직제를 논의한 이종성은 원시교회에 여덟 가지 "교직"이 있었다고 결론짓는다. 다시 말하면, 사도, 선지자(예언자), 전도자, 목사, 교사, 장로, 감독, 집사이다.[165] 이 여덟 가지 직제는 다음과 같은 특징을 갖는다. 비록 사람들에 의한 투표 과정을 거칠지라도, 교회의 모든 직제는 삼위일체 하나님의 선택을 받은 자들에게 주어진다. 모든 직제는 봉사직 또는 섬김의 직이며, 세상에 복음 증거와 하나님 나라를 확산하고, 그리스도의 몸인 교회를 견고하게 세우는 목적으로 세움 받았다. 모든 직제는 세습이 아니라, 그 직분자의 생애에만 국한된다. 또한 직제는 시대와 환경과 지역에 따라 변경될 수 있어서 가변적이다.[166]

2) 교회사 안에서 직제

(1) 교회 유형과 교회정치 형태

① 교회 유형

이종성은 트뢸치(E. Troeltsch)가 분류한 세 가지 교회 유형, 즉 교회형(Kirchentypus), 분파형(Sektentypus), 신비파(Mystik)를 소개한다.[167] 교회형 교

---

164 위의 책, 114-122.
165 위의 책, 122-134.
166 위의 책, 134-135.
167 위의 책, 137-139.

회는 로마 천주교회, 동방 정통교회, 성공회, 루터교회, 개혁교회, 감리교회 등과 같이 교리, 예전, 직제, 교회규정 등을 갖추어 조직과 제도를 중요시하는 교회이다.

분파형 교회는 위에서 언급한 교회형 교회로부터 분리되어 나간 종파들(몬타누스파, 아리우스파, 메노나이트파, 회중파 등 미국에서도 400개 이상 존재함)이다. 이들은 철저하게 만인 제사장직을 강조하고, 교회의 제도나 조직에 구애받지 않고, 믿음의 내용과 예배 형식을 자유롭게 갖고자 한다. 신비형 교회는 신앙생활을 개인의 영적 내면에 중점을 둔 신앙형이다. 현실정치와 기존 교회에 절대 배타적인 입장을 취한다. 여기에는 퀘이커 교도들이나 성령파들이 있다. 분파형 교회와 신비파 교회는 서로 유사한 면이 많이 있으나, 신비파 교회가 기성교회에 대해 더욱 비판적이다.

트뢸치의 교회 유형 분류 방법에 대해 이종성은 상당 부분 그 타당성을 인정하면서도, 교회 발전 단계나 교회 유형 특징에서 상호 겹치는 부분이 있기 때문에 세 교회 유형을 상호 유동적으로 보아야 한다고 주장한다.[168]

② 교회정치 형태

이종성은 "교회정치"를 "교회가 그리스도로부터 분부받은 임무와 사명을 수행하는 데 필요한 교회의 행정체제"로 정의(定義)한다.[169] 또한 교회정치 목적은 사도들이 가졌던 것과 같은 목적으로서 세계만방까지 가서 예수 그리스도의 삶과 십자가와 부활을 증거하여 이 땅에 하나님

---

[168] 위의 책, 139.
[169] 위의 책, 217.

나라를 건설하여, 모든 인류가 합하여 하나님을 중심한 새 하늘과 새 땅을 건설하는 데 있다. 이종성에 의하면, 역사적인 교회는 이 목적을 달성하기 위해 다섯 가지 제도, 즉 교황제도, 감독제도, 회중제도, 대의제도(장로제도), 그리고 무교직제도(無敎職制度)를 발전시켰다.[170]

교황제도

로마 천주교회는 교회를 위계제도(位階制度)에 의한 법국가(法國家)로 본다. 여기서 법국가는 신학적 의미로 이해되는 것이 아니라, 세상법을 따르는 의미에서 국가이다. "바티칸 시국(市國)"(State of the Vatican City)은 모든 국가와 조약을 맺거나 외교관계를 갖는 이유가 여기에 있다. 1910년 "현대주의자에 반대하는 서약"이라는 글에서 로마 천주교회는 "군주를 정점에 모시는 위계제도이다. 즉 교회는 사도적 위계제도의 군주인 베드로 위에, 그리고 그의 모든 후계자들 위에 기초를 두고 있다"라고 선언한다.[171]

이종성에 의하면, 제1 바티칸회의(1869-1870)에서 교황의 절대권을 강화하기 위해 교황무오설을 결정하여 감독의 특권에 대한 결정이 없었지만, 제2 바티칸회의(1963-1965)에서는 감독의 중요성을 유례없이 강조한바, 그 이유는 그 감독 위에 있는 교황권을 더욱 공고히 하기 위함이었다. "로마 교황은 사도의 머리이신 성 베드로의 후계자이며, 그리스도의 참대리인, 전교회의 머리, 모든 신도의 아버지요 교사다. 그리고 모든 교회를 양육하고 지배하고 통치하기 위한 완전한 권능이 성 베드로 안에

---

170 위의 책.

171 위의 책, 218.

서 우리 주 예수 그리스도로부터 그에게 주어졌다(제4기 헌장 제2장)."**172** 위의 내용은 교황이 법적 수위성, 즉 입법, 사법, 형법의 권력을 독점하고 있음을 보여주고 있다.

이종성은 교황제도의 특징을 다섯 가지로 제시한다.**173** 교황제도는 사도계승권의 대전제로서 베드로의 사도직이 세습적으로 후대 감독들에게 계승되며, 계승된 사도직의 총화 또는 정점으로서 교황이 있다. 로마 천주교회는 로마라는 특정 지역에 항구적으로 고정되어 있어서 로마시(市) 안의 바티칸 이외의 다른 곳에 교황청이 있을 수 없다. 교황무오설을 통해 교황제도는 철저한 독재주의(獨裁主義) 제도이며, 매우 위험한 제도다. 왜냐하면 절대화될 수 없는 한 인간이 신(神)의 대리(代理)의 자리에 앉아 있기 때문이다. 교황제도는 성직자 전제주의(專制主義)다. 최근에 로마 천주교 안에 평신도 운동이 강하게 일어나고 있지만, 성직자·평신도라는 이중구조에는 본질적 변동이 전혀 없고, 여기서 장로직은 감독직에 흡수되었다.

감독제도

현재 감독제도를 채택하고 있는 교회는, 영국교회(Anglican Church)를 위시하여 미국 내의 에피스코팔교회와 감리교회가 있으며, 유럽 대륙의 모든 루터교회와 모라비아파 등이 있고, 로마 천주교회도 감독제로 분류할 수 있으나 그 교회를 교황제도라고 부르는 것이 더 타당하며, 동방 정통교회도 성직자 독재주의이므로 역시 감독제도의 범주 안에 넣은 것이

---

172 위의 책, 219.

173 위의 책, 220-221.

타당하다. 감독제도 하에서도 초대교회에서 감독과 동등한 위치에 있던 장로직은 없어지게 되었다.[174]

영국교회는 에큐메니칼적인 많은 집회에서 주의 만찬을 함께 할 수 없었다. 왜냐하면 영국교회는 그들이 인정하는 감독이 집례하지 않는 주의 만찬은 무효라고 믿기 때문이다. 감독직은 사도직 계승과 직접 관련되어 있으며, 행정적으로 감독제도는 로마 천주교회를 포함하여 성직자로 안수받은 사제 이상의 교직자들이 교회에 관한 모든 것을 관장한다. 이것은 곧 평신도에게는 교회의 핵심적이고도 중요한 사항에 대해서는 발언권이나 관여권이 일절 주어지지 않는다는 것을 의미한다.[175]

회중제도

회중교회는 감독들이 교회의 모든 운영권을 독점한 데 반대하고 개교회(지교회)의 자주권을 주장함으로써 감독제도와 정반대되는 교회정치 체제를 발전시켰다. 그리스도의 이름으로 모인 곳에 그리스도가 임재하는 것으로 믿고, 그리스도를 중심한 신도들이 모여 구성한 교회는 정치적으로 자유교회라고 주장한다. 정치적으로 자유인 교회는 자주적으로 모든 문제를 해결할 권리와 능력을 보유하므로 상회(上繪)를 만들어서 지도나 간섭을 받을 필요가 없다고 생각한다.

영국교회로부터 탈퇴한 회중파(Congregationalism) 또는 분리파(separatists)는 영국에서 일어난 청교도들과 침례교도들과 함께 영국에서 자리를 굳히지 못하고 네덜란드로 이주했다. 청교도이면서 회중파 지도자였던 브

---

174 위의 책, 225.

175 위의 책, 222-224.

I. 춘계 이종성 박사의 신학사상

라운(R. Browne, 1550-1633)은 여러 곳에서 독립파 교회를 세웠다고 해서 투옥되었다. 이들이 기성교회의 제도를 부인한 이유로 영국교회와 장로교회로부터 강한 반대를 받았다. 회중교회 제도를 채택하고 있는 교파는 회중교회를 위시하여 침례교회와 미국에 있는 그리스도교회와 형제단교회 등이 있다.

회중교회 제도의 특징은 다음과 같다. 상회권(上繪權)을 인정하지 않고, 각 교회의 자주권을 기본 구조로 삼는다. 사도계승권을 인정하지 않고, 개 교회의 회중의 결정에 의해 목사나 집사를 세운다. 장로교회가 가지고 있는 것과 같은 장로직은 없다. 감독제나 장로제를 거부한 결과 교회 지도력의 약화를 초래했다. 에큐메니칼 운동에 관심을 가지고 있으나 그 결과 회중교회의 자주권에 위협을 느낀다. 현재 추세는 다른 교단과 합병을 많이 하고 있으나 침례교회는 타 교단과 합동을 하지 않는다.[176]

대의제도(장로제도)

교회제도의 제3유형으로서 개혁교회 또는 장로교회가 있다. 이 제도는 한쪽으로는 감독제도에 반대하고, 다른 한쪽으로는 개교회주의인 회중제도를 반대한다. 감독제도는 평신도-신도의 존재를 경시하는 단점이 있는가 하면, 회중제도는 상회와 성도의 교제를 경시하는 단점을 가지고 있다.

비록 루터의 만인 제사장직이 있었지만, 루터교회에서조차 평신도의 위치가 무시당했다. 이종성에 의하면, 이런 심각한 문제를 발견한 칼뱅이 제네바에서 목사와 장로가 회원이 되어 제네바시(市)의 모든 종교

---

[176] 위의 책, 225-227.

적 문제를 관장하는 "종무원"(consistorium; consistory, 당회)을 만들었다. 여기서 처음으로 평신도 대표와 성직자 대표가 함께 "교회위원회"(당회)를 만들어 교회의 일을 대의적으로 그리고 민주적으로 처리하게 되었다. 이 제도를 "대의제도 또는 장로제도"라 한다.[177]

장로제도의 특징은 다음과 같다. 칼뱅이 채택한 네 가지 교직은 목사, 교사(신학대학교 교수), 장로, 집사이다. 이종성은 칼뱅이 성서 시대의 교직을 참작하여 이 네 직을 만들었다고 주장하지만, 사실은 스트라스부르의 마르틴 부처에게로부터 그가 직접 계승한 것이다.[178] 여기서 장로직이 부활되다. 개교회 위에 대표로 파송된 목사와 장로가 회원이 된 노회가 있다. 일정 수의 당회가 모여 노회가 조직된다. 교회 간에 지배와 피지배라는 경향은 없다. 양심의 자유에 따라 자의적이고 자발적으로 협력한다. 교회가 정상적으로 세 직무, 즉 하나님의 말씀 선포와 가르침과 성례전을 관장하는 목사, 신도의 훈련 책임을 맡은 장로, 자선사업과 봉사와 간호와 재정을 맡은 집사가 있어 각자의 임무를 통해 상호 간의 협조를 증진한다. 장로교회 제도는 입헌적이고, 대의적이고, 민주적이다.[179]

무교직제도

기성교회의 복잡하고도 신비스럽게 꾸며진 예전과 제도와 같은 외형적인 것보다 내적이고도 영적인 것을 추구하는 운동이 교회역사에서 여러 번 일어났다(멘노나이트파, 퀘이커파, 독일의 경건주의 등). 여기에는 퀘이커 교

---

177 위의 책, 228.

178 최윤배, 『잊혀진 종교개혁자 마르틴 부처』, 443.

179 이종성, 『교회론(II)』, 228-230.

I. 춘계 이종성 박사의 신학사상

도들과 같은 무교직주의(無敎職主義)가 있는가 하면 일본의 내촌감산(內村鑑三)과 같은 무형교회주의가 있다.[180]

이종성은 로마 천주교회의 직제와 회중교회의 직제가 가지는 문제 속에서 개혁교회가 고안한 장로제도가 가장 성서적인 것으로 간주하면서도,[181] 시대에 맞는 계속적인 직제 개혁을 주장한다.[182]

(2) 교회사 안에서 직제

① 초대교회(A.D.125-A.D.450)

원시교회에는 현재 우리가 말하는 성직자와 평신도의 구별은 없었다. 사도직도 한 번만 가지는 직책으로서 그의 생애 동안 예수 그리스도의 십자가와 부활을 증언함으로써 끝나는 직책이었다. 원시교회는 주님의 만찬을 중심으로 모였기 때문에 주님의 만찬 집례는 대체로 장로(감독) 중 한 명이 담당했는데, 다른 장로나 집사보다 더 존경받았다.

1세기 말경에 각 교회 안에는 세 가지 종류의 교직이 생겼다. 제사를 위주로 하는 감독, 치리하는 장로, 예전을 돕고 자선사업을 맡아 보는 집사였다. 그 후 얼마 안 되어 감독과 장로가 합하여 성직자단(kleros-clergy)을 만들었는데, 이것이 교회 안에서 성직자의 개념이 생긴 첫 사례이다. 그러나 니케아공의회(A.D.325) 이전까지 성직자와 평신도의 구별이 뚜렷하게 나타나지는 않았다.[183]

---

180 위의 책, 230-234.

181 위의 책, 229.

182 위의 책, 234.

183 위의 책, 140.

교회가 로마제국 안에서 어느 정도 위치를 갖게 됨에 따라 하급 교직(lower orders)과 상급 교직(감독, 사제) 사이가 벌어지게 되었다. 소명에 의해서 교직을 맡는 것이 아니라 직접적으로 직책을 맡게 되어, 교부시대가 끝날 무렵 세 가지 종류의 성직, 즉 감독, 수도원장(abbot), 개 교회의 목회자가 생겼다. 3세기 중반의 관례는 사도권을 이어받은 감독을 전통의 감독이라 부르고, 이들은 장로보다 위에 있는 것으로 간주되었다. 감독은 매일 아침에 집사와 장로와 함께 모여 기도하고 그 자리에서 평교인이 있으면 교리를 가르쳤고, 그 후에 집사와 장로와 평교인은 직장으로 향했다.

기독교 공인 이후(서방 414년, 동방 324년) 교인 수가 급증하여 교직에 큰 변화가 일어났다. 다가오는 중세 천년 동안 사용될 복잡하고도 큰 위력을 발휘할 교직제도가 314년(The Council of Arles, 314)부터 451년(The Coulcil of Chalcedon, 451) 사이에 그 기초 작업이 끝났다. 325년 니케아 회의 때까지 있었던 합동적이며 치리를 위주로 했던 장로회(presbytery)는 해체 기미를 보였고, 도시에 있는 교구(proikia)는 큰 교구(diocese)로 변했다. 이때 장로들은 사제가 되고, 감독은 주재판관이 되었다. 세 가지 직책 대신에 세 가지 제도가 생겼다. 그것은 감독직(episcopate)과 사제직(priesthood)과 부제직(diaconate)이며, 이 세 직책은 성직자단(clergy)을 구성했다. 이제 성직자와 평신도를 구별하는 안수는 제2세례의 의의를 갖게 되었다.[184]

성직자들의 수가 급증함에 따라 제5세기에는 일곱 가지 직제, 곧 묘지지기(gravedigger), 문지기(doorkeepers), 독경자(lector), 시제(subdeacon), 부제(deacon), 장로(presbyter), 감독(bishop)이라는 직이 제정되었다. 이 일곱 직책

---

184 위의 책, 145.

I. 춘계 이종성 박사의 신학사상

은 일곱 가지 성령의 은사와 연결된다고 생각했다. 반드시 밑에서 위에까지 고정된 순서로 진급하는 것은 아니며, 시대에 따라 제마사(exorcist)나 조수(acolyte)가 대체되기도 하고, 동방교회에서는 성가대가 배속되기도 하고, 지방에 따라 통역자가 설교자에게 배속되기도 했다.[185]

동방교회에서 크리소스톰이 가장 뛰어난 감독이었다면, 서방교회에서는 암브로시우스가 밀라노에서 큰 덕망을 얻었다. 또한 서방교회 감독 아우구스티누스의 시대를 전환점으로 교회 직제와 직무는 새로운 방향으로 변하게 되었다. 로마제국의 붕괴로 이 일이 더욱 촉진되었다. 수도사들은 주로 선교사가 되고, 감독들은 큰 교구 행정가가 되고, 성당과 작은 교구의 사제들은 지역사회와 새로운 관계를 맺게 되었다.[186] 서방교회에서는 성직자가 일곱 가지로 정해진 반면, 동방교회에는 감독, 사제, 부제(核司祭, Chorepiskopos) 및 여성 사제 제도가 있었다.[187]

② 중세교회

크리소스톰의 글에서는 성직자와 평신도의 구별이 분명치는 않으나 암시되어 있었다. 그 구별은 콘스탄티누스 황제 때, 호시우스 감독(Bishop Hosius)은 황제라 할지라도 제단에서 향을 피울 수 없다고 거절했다. 암브로시우스도 데오도시우스(Theodosius) 황제가 두 번이나 사제들의 자리에 앉는 것을 거절했다.[188]

외부로부터 침략을 받아 정부의 통솔이 약화되었을 때, 교황이 황

---

185 위의 책, 147.
186 위의 책, 151.
187 위의 책, 151-152.
188 위의 책, 153.

제를 겸했다. 그레고리 1세(Gregory I)는 막대한 자원을 동원하여 황제가 하던 일을 맡았다. 감독과 수도원장이 그 지역의 장이 되어 세금과 군비 징수를 단행하여, 군주감독(Prince-bishop)과 군주원장(Prince-abbot)이 되었다. 이런 일은 11세기 이전까지는 바람직하지 못하다고 생각했으나 11세기 이후 감독과 수도원장이 평화를 확보하기 위해 어떤 군사적 행동을 취할 수밖에 없었다. 십자군 전쟁 시 감독과 수도원장도 수차례 가담했다. 특히 헨리 4세가 카노사(Canossa)의 굴욕을 통해 교황 그레고리 7세에게 굴복함으로써 교황권을 통한 성직자의 대승리가 이루어졌다.

③ 종교개혁교회

종교개혁자 루터는 만인 제사장직을 주장했지만, 실제로 감독이 말씀 선포권과 성례집행권을 갖게 되고, 국가교회를 성립시켰다. 루터 당시 독일 교회는 지역에 따라 지방 교회와 도시 교회로 나누어 두 가지 교회 제도가 실시되었다.[189] 마르틴 부처는 교회의 사중직분을 주장했고, "임시안"(Interim, 1548)으로 인해 스트라스부르교회가 어려움에 봉착했을 때 "그리스도인 공동체" 또는 "신우회"(Gemeinschaften)의 구성을 제안했다.[190] 츠빙글리는 취리히의 국가교회 속에서 목사직을 수행했다. 칼뱅은 제네바시와의 긴밀한 협조하에 "당회"(consistory)를 중심으로 마르틴 부처로부터 물려받은 교회의 사중직분(목사, 교사/신학대학교 교수, 장로, 집사)을 충실하게 시행했다.[191]

---

189 위의 책, 168.

190 위의 책, 170. 이 개념은 경건주의에서의 "교회 안에 있는 작은 교회"(*ecclesiola in ecclesia*) 개념과는 다르다. 참고, 최윤배, 『잊혀진 종교개혁자 마르틴 부처』, 362.

191 이종성, 『교회론(II)』, 175-197.

I. 춘계 이종성 박사의 신학사상

④ 프로테스탄트 교회의 교직제도

대체로 개혁교회와 장로교회는 교사직(doctor)이 있는 경우와 없는 경우를 제외하고, 목사, 장로, 집사직을 통해 교회를 운영하고, 목사와 치리 장로(때로는 집사도)가 당회와 노회와 대회와 총회의 회원이 되어 운영된다.[192]

영국교회는 감독을 사도직 계승권자로 이해한다. 특히 캔터베리 대주교가 절대적인 권위를 가지고, 교회의 수장은 정치 최고지도자인 국왕이다.[193] 감리교회는 루터의 만인 제사장직을 인정하면서도 감독제도를 도입했다. 그러나 영국교회와는 달리 감리교회의 감독직은 사도직의 계승이 아니다.[194] 경건주의와 청교도 운동에서는 만인 제사장직이 강조되고, 개교회의 자유와 독립성이 강조되고 있다.[195]

현대 미국교회에서는 전통적인 교회구조와 목회론과 교직론에 구애받지 않고, 평신도 목회자의 활동의 중요성이 인정되고(YMCA, YWCA 등), 여성 목회자의 지위와 활동에 대한 연구도 활발하다.[196]

---

192 위의 책, 197-202.
193 위의 책, 202-205.
194 위의 책, 205-208.
195 위의 책, 208-213.
196 위의 책, 213-216.

3) 교회의 권위

이종성은 "일반 권위"를 "인간이나 조직체의 한편이, 우월한 가치나 힘을 가지고 있어서, 다른 편의 사람이나 기관에 복종과 승인을 요구하는 관계"라고 정의한다.[197] 권력과 권위의 근원에 대한 여러 가지 해석이 있는데, 한 인격자의 카리스마적 권위, 제도와 전통을 신성시하는 데서 오는 권위, 체제를 절대화한 데서 오는 권위, 이데올로기의 "도그마"(독단적 교의, 獨斷的 敎義)에서 오는 권위 등이 있다.[198] 이종성은 교회의 권위를 세 가지 차원, 즉 근원적 권위, 응답적 권위, 응용적 권위로 나누어 기술한다.

(1) 근원적 권위

"근원적 권위는 성삼위일체 하나님이시다. 기독교의 신학적 입장이나 신앙적 체험에 있어서 삼위일체 하나님 이외에 권위가 있다면 그것은 전부 이차적 권위밖에 없다."[199] 하나님 아버지는 절대적 권위를 소유하시고, 권위 자체이시다. 그는 창조주로서 존재의 근원이시며, 행동의 근원이시며, 타자와의 관계를 가지심으로써 그 관계의 주체자가 되시고, 절대주체자이시다.

하나님의 아들로서 예수 그리스도도 권위 자체이시며, 아버지와 동체(同體, homoousion)이시다. 칼뱅은 성령의 내적 사역을 강조했고, 개신교

---

197 위의 책, 236.

198 위의 책.

199 위의 책, 239.

정통주의는 성령을 약화시켰지만, 하나님의 성령은 성부와 성자와 동일한 본질과 권위를 소유하신다. "교회가 말하거나 교회 안에서 발견되거나 신학이 말하는 권위는 하나도 빠짐없이 이 삼위일체가 주는 근원적 권위에 의존한다. 이 근원적 권위를 떠난 권위는 허상이요 허위요 허언(虛言)이다."[200]

(2) 응답적 권위

근원적 권위에 근거하여 인간의 손과 입을 통해서 현실화된 작품에 세 가지, 즉 성서, 사도신경, 신앙고백서가 있다. 신앙과 신학에 있어서 어떤 문제나 불투명한 것이 있을 때, 성서와 사도신경과 다양한 신앙고백서들에 의존하여 그 지시를 받을 것이다. 그중에서도 성서는 가장 큰 신적 권위를 가지고 있으므로 우리의 신앙생활의 최고 권위로 인정해야 하며, 성서의 지시에 따를 것이다.[201]

(3) 응용적 권위

응용적 권위는 직접 가질 수 있고, 만날 수 있고, 연구의 대상으로 할 수 있는 응답적 권위와, 그 권위를 가능케 해주는 근원적 권위를 동시적으로 우리의 신앙생활에 활용할 수 있는 권위를 말한다. 응답적 권위가 객관적 권위라고 한다면 근원적 권위는 주관적 권위라고 할 수 있

---

[200] 위의 책, 243.
[201] 위의 책, 243-248.

다. 이 두 권위가 응용적 권위에서 하나가 되어 교회의 실생활에 큰 도움을 준다. 그러한 응용적 권위에는 설교와 신학적 선언과 교회 회의가 있다.[202]

세 가지 권위를 논의한 이종성은 다음과 같이 권위의 성격과 우열 관계를 다음과 같이 정리한다. "삼위일체 하나님이 가지시는 권위와 이 권위에 응답하는 권위와, 상기한 두 권위의 공동사역으로 교회에 주어진 응용적 권위를 다루었다. 이 고찰에서 밝혀진 것은 교회의 권위는 전적으로 근원적 권위에 의존한다는 점이다. 그 외의 모든 권위는 이 근원적 권위에 대한 응답으로서의 권위요 그 권위를 교회생활에 응용하는 권위다. 교회 회의도 교회법(로마 천주교회의 Canon Law)도 이 범위를 넘어설 수 없다."[203]

이종성은 교회사에서 교회의 권위와 신앙의 자유의 관계 문제에서, 교회의 권위라는 미명하에 신앙의 자유를 억압한 경우와, 그 반대로 신앙의 자유라는 미명하에 교회의 정당한 권위까지도 무시한 경우에 대해 논의한다. 전자의 경우가 중세 로마 천주교회에 해당되고, 후자의 경우가 퀘이커 교도들의 무교직제도주의나 무교회주의에 해당된다. 칼뱅의 경우, 어머니로서의 교회 개념에서 어머니가 없는 자식이 없는 것처럼, 교회가 없는 신자가 없다. 그러므로 "교회의 권위와 신앙의 자유는 상호 보완적이고 협조적이어야 한다".[204]

---

202 위의 책, 249.

203 위의 책, 255.

204 위의 책, 263.

4) 새로운 교회구조에 대한 대안적 고찰

이종성은 새 시대의 요청과 성직자·교역자 중심의 교직론의 문제가 새로운 교회구조의 개혁을 요청한다고 전제한다.[205] 이종성은 오늘날 세속화된 시대정신의 특징과 성직자·평신도 이중구조의 철폐에 대한 실패를 가진 교회역사를 언급한 후에 네덜란드 크래머(H. Kraemer)의 평신도신학을 소개한다. 이종성은 평신도신학이 교회 안에서 종종 무시되었던 평신도의 역할을 부각하는 공헌을 했을지라도, "역사적인 사실을 통해서 판단할 때 평신도만으로는 교회가 존립하기 어렵다"고 판단한다. 왜냐하면 교회가 지상에서 몰려오는 신도를 상대하거나 교회 본래의 임무인 선교와 봉사를 수행하려면 최소한 어떤 조직과 기구가 있어야 하기 때문이다.[206]

교회가 역사적으로 왕성하게 실천해오던 교회의 대외활동이 최근에 와서 위축되고 있다는 점을 지적한 이종성은 "대외활동을 위주로 한 교회구조"를 중심으로 몰트만이 제시한 네 가지 관점(예수 그리스도의 교회, 선교하는 교회, 에큐메니칼 교회, 정치적 교회) 중에 앞의 세 가지 관점들에는 동의하고, 마지막 한 가지 관점에는 동의하지 않는다.[207]

교회가 예수 그리스도의 교회가 되어야 한다는 교회의 본질적 내용이 항상 고백되고 실천되기를 이종성은 촉구한다. 현대교회는 새로 얻은 것도 많지만, 잃은 것도 많다. 현대교회는 교회성을 회복해야 하는바, 지방이나 인맥이나 정당이나 계급이나 피부색에 의해 영향을 받는 그런

---

205 위의 책, 264.

206 위의 책, 276.

207 위의 책, 278.

교회가 아니라, 예수 그리스도의 우주적 위치(Cosmic Christ)를 본받아 교회도 우주적 교회(Cosmic Church)가 되어야 한다. 교회의 보편성을 회복하고 그리스도를 주인으로 섬기는 교회가 되어야 한다.[208] 교회는 선교이며, 그러한 선교의 본체에서 선교의 열이 타올라 선교운동으로 전개된다. 교회는 선교하는 교회가 되어야 한다. 전 교회가 힘을 합하여 교회 선교와 하나님의 선교를 동시적으로 추진해야 한다.[209] 또한 교회는 성서에 충실하고 그리스도에게 충성하려면 반드시 에큐메니칼 정신을 받아들여 에큐메니칼 교회가 되어야 한다.[210]

이종성은 몰트만이 주장한 위의 세 가지 관점에는 동의하나 네 번째 관점인 "정치적 교회로서의 교회" 개념에는 동의하지 않는다. "위의 세 가지 문제에 대해서는 생각을 같이할 수 있으나 '정치적 교회'에 대해서는 많은 위험성을 느끼는 동시에 과연 예수 그리스도의 사신과 교회의 사명을 정치적 분야에까지 확대할 필요가 있는지 반문하지 않을 수 없다. 역사적 교회는 정치적 무관심에서가 아니라 정치와는 적당한 거리를 둠으로써 오히려 그들에 대한 문제성을 더 정확하게 판단할 수 있으며, 그들에 대한 회개와 반성을 촉구할 수 있었다. 교회는 전 인류와 역사에 대한 관심과 사명이 있다. … 정치신학이나 해방신학은 그 대상선택을 일부 계층에 국한하므로 교회와 신학의 보편성을 부인하게 된다. 그리스도의 교회는 일부인을 위한 것이 아니라 모든 사람을 위한 교회이다."[211]

---

208 위의 책, 280.

209 위의 책, 280-283.

210 위의 책, 283-285.

211 위의 책, 288-289.

이종성은 교회의 바람직하며 새로운 구조를 형성하기 위해 네 가지 개혁과 변화를 역설한다. 이종성은 "문화적 교회"로부터 "복음적 교회"에로의 전환을 촉구한다. "농촌 교회나 소도시 교회보다 큰 도시에 있는 교회는 문화적 교회로 변질해가고 있다. 교회는, 그 지역에 있어서 매우 어려움에 처해 있는, 도움이 필요한 사람에게 구제의 손을 펴다기보다는 그 지역의 문화적 프로그램에 더 관심을 갖는다."[212] "우리가 바라는 교회는 문화적 교회가 아니라 복음적 교회다. 교회가 본래의 사명인 신언 선포와 예전집행과 신앙배양에 전력을 하지 않고 교인들을 위하거나 지역을 위한 문화 창달과 향상에 관심을 두어서는 안 된다."[213]

교회구조는 지역적·교파적 교회구조에서 세계 교회구조로 바뀌어야 한다. 교회 특징 중에 하나는 교회의 보편성이다. 전(全) 세계 어디에 있는 교회라도 예수 그리스도를 믿고 그가 전해준 복음을 선포한다면 그 교회는 세계교회의 일원이 된다. 전 세계를 향한 효과적인 선교활동을 전개하려면 교회도 그만한 실력을 가져야 한다.

성직자 위주의 교회에서 전(全) 교회 위주의 교회로 재조직되어야 한다. 교회는 하나님의 모든 백성에 의해 구성된다. 교회 안에 있는 교직은 교회 전체가 해야 할 임무를 효과적으로 수행하기 위한 직무분담이다. 성서적 견지에서 볼 때, 목사는 말씀의 봉사자요, 장로는 무리를 안전하게 살 수 있도록 하는 감독이요, 성령은 모든 교인들의 영적 삶을 윤택하게 해주는 영의 양식의 총책임자다. "모두 다 목사가 되고 장로가 되는 것이 아니라, 공동체가 공동체로 잘 운영되게 하기 위하여 초대교회

---

212 위의 책, 289.
213 위의 책, 290.

와 종교개혁을 통해서 정해준 그 제도를 따라서 조직되어 직무를 분담해야 한다. 교역자 지배교회도, 평신도 지배교회도 아니다."[214]

교회는 현실지향교회에서 미래지향교회로 재조직되어야 한다. 교회는 대체로 두 가지 잘못된 시간관을 가지고 있다. 하나는 교회의 현시성을 강조하는 교회와, 다른 하나는 현시성의 의의를 부인하고 예수의 재림만을 기다리는 교회이다. 전자의 예는 자유주의 신학에서, 후자의 예는 극단 보수주의자들 중에서 발견된다. 교회의 머리가 예수 그리스도이시고, 우리는 그의 지체들이다. 예수 그리스도가 3 시제(時制)를 사시기 때문에, 교회도 3 시제를 살아간다. 교회는 과거, 현재, 미래를 동시적으로 살아간다. 교회의 방향은 미래로 고정하고, 오늘의 삶은 과거를 회상하면서 살아간다. 미래지향적 교회일수록 오늘의 삶에 충성을 다한다.[215]

성속(聖俗) 이중구조의 교회로부터 하나님의 백성의 교회로 재조직되어야 한다. 루터는 로마 천주교회의 성속 이중구조를 만인 제사장직을 통해서 비판했으나, 그 원리를 완전히 실천하지는 못했다. 그러나 칼뱅은 성속 이중구조를 제3의 구조로 변경하여 당회(consistory)를 통해 실현한 바, 그것이 가장 이상적인 제도이다. 개혁교회와 장로교회 내에서 목사와 장로 상호 간의 긴장 속에서 성속 이중구조가 살아나기도 한다. 교회의 모든 직은 봉사직이며, 장로는 목사에게만 봉사하는 것이 아니라 교인들에게도 봉사해야 한다. 목사는 먼저 하나님의 말씀에 봉사해야 한다(*Ministerium verbi divini-diakonia*). 하나님의 말씀에 대한 봉사는 눈에 보이는 형제들에게 봉사함으로써 그의 봉사직이 입증된다. 목사와 장로가 서

---

214 위의 책, 292.

215 위의 책, 293.

I. 춘계 이종성 박사의 신학사상

로 봉사해야 하는 것은 당연한 말이다. 한국교회의 목사와 장로 간의 알력(軋轢)은 성서의 가르침에 전적으로 모순된 행동이다. "교회는 성·속 이중구조를 없이하고 모든 교인이 동등한 자격으로 교회의 직무를 분담하는 그러한 구조로 개정해야 한다."[216]

---

[216] 위의 책, 294.

6.
교회와 하나님 나라의 관계

1) 하나님의 나라의 뜻

이종성에 의하면, 구약성서는 "하나님의 나라"라는 용어를 사용하고 있지는 않지만, 하나님의 나라에 대한 사상은 구약성서에서 강하게 나타난다.[217] 예수님의 가르침의 중심 테마가 하나님의 나라의 복음이라는 사실이 신약성서 속에서 분명하게 발견된다. "예수 그리스도의 삶 전체를 통하여 하나님의 나라가 이 땅에 도래했으며 그와 함께 성장하고 확산되어 간다."[218]

이종성은 '바실레이아'(나라)의 뜻을 구약성서, 랍비문헌, 희랍화한 유대교와 신약성서 안에서 고찰한다. "바실레이아"라는 말의 본뜻은 왕의 "존재", "본성", "상태" 등을 의미했다. 이에 따라 왕의 위엄 또는 권능

---

217 이종성, 『교회론(I)』, 311.

218 위의 책, 313.

을 의미하기도 했다. 이 말이 자연적으로 왕이 그 일을 수행하기 위한 장소의 필요성이 결부되어 "바실레이아"는 "왕국"을 의미하게 되었다.

지상의 왕국 중에는 하나님의 택함을 받은 나라도 있다. 이 왕국에 속한 백성은 옛 계약과 새 계약의 백성으로서의 이스라엘만 속한다. 또한 교회와 그리스도인은 새 계약에 속한 백성이다.[219] 복음서는 예수 그리스도를 의미하는 인자(人子)의 왕국에 대해 설명한다. 그리스도의 나라는 하나님의 나라와 동일하며, 그리스도의 왕권은 하나님의 왕권과 동일한바, 예수는 그의 왕권을 아버지로부터 받았다.[220] "바실레이아는 영역(realm)이 아니라 통치(reign)를 의미한다."[221] 예수 그리스도는 그의 설교와 삶 전체를 통해 하나님의 나라가 인간 역사 안에 들어와 현재 자라고 있음을 강조하고, 인간이 이 하나님의 나라를 맞이할 준비를 촉구했다. 하나님의 나라는 하나님께서 하나님의 방법으로 통치하신다. 교회를 그리스도의 몸이라고 믿는 그리스도인들에게는 그리스도가 현재도 교회와 함께 지상에 계신다. 그렇다면 예수 그리스도와 동일한 하나님의 나라는 현재도 교회와 함께 우리 사이에 현존한다고 볼 수 있다.[222]

하나님의 "통치"는 현재와 미래를 모두 아우르는 통치이며, 하나님의 통치는 정치적 통치와 영적 통치 모두를 아우르는 통치로서 우주 만물을 포괄하며, 모든 자연을 초월하면서 하나님의 본성적인 영(靈)의 방법에 따라 사역하신다. "하나님의 통치는 예수 그리스도의 총체(totus Christus)에서 이미 표명되었다고 생각된다. 그의 성육신, 지상생활, 십자

---

219 위의 책, 318-319.

220 위의 책, 319.

221 위의 책, 320.

222 위의 책, 323.

가, 부활 사건이 곧 하나님이 하시는 통치의 실상이다."[223]

예수 그리스도가 전한 하나님 나라의 복음의 특징은 독특하다. 하나님의 나라는 위로부터 내려오며, 믿음을 가지고 회개한 새사람이 하나님의 나라의 시민이 된다. "모든 사람이 믿음에 의해서 절대적인 하나님과 그 하나님의 사랑의 실천자였던 예수 그리스도와 성령의 매는 줄로 형성되는 사랑의 공동체가 곧 하나님의 나라였다."[224]

2) 하나님의 나라와 이스라엘의 관계

하나님의 나라와 이스라엘의 관계에서 하나님께서 하나님의 나라를 건설하시기 위해 이스라엘 민족을 선택했다. 이스라엘 민족이 하나님의 선택의 목적을 이루지 못했으나 하나님께서 여기서 멈추지 않으시고, 이방인에게까지 구원의 손길을 펴셨다. "어느 민족도 어느 권세도 하나님의 통치권을 벗어날 수 없다. 그렇다면 그의 나라는 이방국에 대해서도 통치권을 가지신다."[225] 하나님께서는 교회를 새 이스라엘로 받아주셨다.

"하나님의 나라의 시민은 누가 될 것인가? 가능성은 세 가지다. 이스라엘 민족 전체와 이스라엘인 중 '남은 자'와 모든 그리스도인이다."[226]

---

223 위의 책, 336-337.

224 위의 책, 341-343.

225 위의 책, 356.

226 위의 책, 357.

I. 춘계 이종성 박사의 신학사상

3) 하나님의 나라와 인간역사

이종성은 신약성서와 예수 그리스도의 신국관(神國觀)에 대한 다양한 견해를 주로 세 가지 관점, 즉 묵시문학적 신국관, 현존적 신국관, 현미적(現未的) 신국관으로 소개한다. 특히 요하네스 바이스(Johannes Weiss)는 예수 그리스도께서 묵시문학적 신국관을 가지고 있다고 주장했고, 도드(C. H. Dodd)는 현존적 신국관을 주장했다. 그러나 이종성은 신약성서와 예수 그리스도의 말씀 속에 하나님의 나라의 현재성과 미래성이 함께 발견된다고 주장한다. "묵시문학적 신국론과 현존적 신국론과 현미적 신국론이다. 그런데 현재는 대체로 현미적 신국론의 해석을 받아들이는 상태에 있다. 그것이 가장 성서의 가르침에 정직하다고 느껴진다."[227]

현미적 신국론을 받아들인 이종성은 하나님의 나라를 반드시 현실교회와 역사 안에 있는 인간과 밀접하게 관계시켜 이해하기를 촉구한다. 그렇지 않을 경우, 우리는 추상적인 말장난으로 빠질 위험성이 있기 때문이다. "우리가 이때까지 연구해서 얻은 결론은 교회는 그리스도의 몸이요 하나님의 구원 사역은 예수 그리스도를 통해서 추진되며, 그리스도의 현실체는 교회 외에 없으며, 하나님의 나라는 역사 안에서 살고 있는 인간과 관계된 것이라는 것이다. 이 점을 인정한다면 하나님의 나라와 현실교회가 불가분리의 관계에 있음도 시인해야 한다. 현실교회와 관계가 없는 하나님의 나라는 현실의 관념에 지나지 않는다. 예수 그리스도 밖에 구원이 없다는 것이 성서의 가르침이요 우리의 견해라면, 예수 그

---

[227] 위의 책, 373.

리스도의 몸인 교회 밖에서 어떤 구원 사역도 수행될 수 없다.”[228]

또한 모든 피조물은 시간 안에서 존재한다. “카이로스”라는 시간과 “크로노스”라는 시간의 배타성은 그리스도의 성육신과 부활 속에서 해결된다. 카이로스가 크로노스를 이겼다. 하나님의 나라는 매우 구체적인 실상이다. 하나님이 택하신 백성과 그의 남은 자와 그와 계약을 맺은 자와 이스라엘 민족과 구체적인 관계를 맺은 실상이다. 하나님의 나라는 무엇보다도 예수 그리스도와 본질적인 관계를 가지며, 예수 그리스도가 곧 하나님의 나라이며, 교회는 그의 몸이기 때문에 하나님의 나라는 교회와 함께, 교회 안에서, 교회를 통해서 사역한다.[229]

4) 교회와 하나님의 나라

이종성은 기독교 역사 속에서 교회와 하나님의 나라의 관계를 완전히 동일시하거나 완전히 분리시키는 견해에 반대하여, 교회와 하나님의 나라는 상호 구별되나, 상호 불가분리의 관계에 있다고 주장한다. “성서에는 하나님의 나라와 교회가 동일하다는 관계 규정이 없다. 그러나 양자가 불가분리의 관계에 있으며, 한쪽이 다른 쪽이 없이 단독적으로 존재한다고 할 수 없을 정도로 양자 간에는 긴밀한 관계를 갖고 있음을 말하는 구절이 많이 있다.”[230]

이종성은 교회와 하나님 나라의 공통점을 몇 가지 측면에서 제시한

---

228 위의 책, 374.

229 위의 책, 378.

230 위의 책, 379.

I. 춘계 이종성 박사의 신학사상

다. 교회는 하나님의 나라의 백성인 동시에 그리스도의 몸과 지체이기 때문에, 교회와 하나님의 나라는 동일한 시민으로 구성된다. 그러므로 그리스도인은 하나님 나라의 시민인 동시에 교회의 회원이다. 예루살렘은 하나님 나라의 수도인 동시에 그리스도 교회의 수도이다. 또한 하나님의 나라와 교회는 삼위일체 하나님이 거하시는 성전이다. 교회는 하나님의 나라의 목적에 따라 삼위일체 하나님께 찬양과 감사와 봉헌을 통해 예배를 드린다.[231]

이종성은 교회와 하나님의 나라 사이의 기능적인 관계로서 하나님의 나라의 장(場)으로서의 교회, 하나님 나라의 유형체(有形體)로서의 교회, 하나님 나라와 인간 역사의 중보자로서의 교회, 하나님 나라의 선험적(先驗的) 공동체로서의 교회, 하나님 나라의 향연장(饗宴場)으로서의 교회를 제시한다.[232]

하나님의 나라는 지상에서의 사역의 장으로서 교회를 택했으므로 교회를 통해 사역한다. "저자(이종성 자신, 필자 주)는 하나님 나라의 지상적 구체성을 교회에서 찾으려 한다. 그러한 이유에서 먼저 교회가 하나님의 나라의 지상적 장이라는 것을 밝힌다."[233] 하나님 나라의 유형체로서의 교회는 말씀 중심의 교회, 이적이 일어나는 교회, 모든 교인이 제사장이 되는 교회, 사랑의 동기에서 활동하는 교회가 되어야 한다.

하나님의 나라는 아가페(agape)에 의해서 그리고 인간 역사는 에로스(eros)에 의해서 움직이는 일적인 실상을 각각 가지고 있다. 교회는 신적 질서인 동시에 세상 질서 속에 있기 때문에, 교회는 하나님의 나라와

---

231 위의 책, 379-383.
232 위의 책, 389-405.
233 위의 책, 391.

인간 역사를 중보해야 한다. 교회는 하나님의 나라의 선험적 공동체이기 때문에, 교회 안에서 하나님의 나라는 미래적 내용 그대로 현재화된다. 그리스도인들은 그것을 체험한다. 하늘나라에서의 삶은 무한한 기쁨의 생활이요, 거룩한 잔치의 생활이다. 이러한 하늘나라의 잔치의 생활을 선험(先驗)하고 선취(先取)하는 생활이 교회의 생활이기 때문에 교회의 생활은 중생한 자들의 기쁨의 생활이 아닐 수 없다. 그러므로 교회는 하나님 나라의 향연장이다.

5) 하나님의 종교와 세계종교

이종성은 제2차 세계대전 이후 시대 특징을 세계화(globalization)의 시대와 다원화 사회(Pluralistic Society)로 진단한다. 지구상에 있는 종교가 배타적인 자세를 가지고 상호 충돌하고 갈등하는가 하면, 비교종교학이나 종교 간의 대화를 통해 상호 타협과 공존과 상호 대화와 이해를 추구하기도 한다. 이런 상황에서 이종성은 기독교가 취해야 할 입장을 결정하기 위해 먼저 교회사에서 교회가 취해온 태도를 성서 내용이나 학자들의 견해를 통해 얻은 몇 가지 유형을 제시하고 자신의 결론에 이르고자 한다.[234]

갈멜산 유형(왕상18:20-24)을 받아들인 기독교는 야훼와 바알 사이의 양자택일을 요구하여, 종교 간의 1대1 대화를 거부한다. 보수주의자들과 제3세계에 속하는 대다수의 교회가 이 유형을 취한다고 이종성은 판

---

[234] 위의 책, 406-409.

단한다.[235]

　베드로의 보자기 유형(행10:9-16; 11:1-8)은 세상의 모든 사람과 종교가 다 같이 복음의 대상이 되나 그들이 하나님의 나라의 시민이 될 수 있는 결정권은 하나님의 종교인 기독교가 가지고 있다. 기독교의 보편성을 말하면서도 종교의 영도권을 기독교가 가지고 있다는 주장이다.[236]

　바울의 유형(롬11:36; 갈1:7-8)에서 바울은 그리스도 유일주의(Christomonism)를 주장하는바, 헬라주의와 유대주의를 그리스도 안에서 완전히 변혁시켜 다시 그리스도 안에서 그리고 그리스도의 빛을 통해 사용될 문화는 하나님의 나라를 위한 봉사의 기능을 발휘하게 된다고 믿었다. 하나님의 종교와 세계종교의 관계도 바울의 헬라주의와 유대주의와의 관계논리를 적용할 수 있다. 하나님의 종교인 기독교가 세계종교인 당시의 다른 종교와 1대1의 관계라든가 항시 투쟁해야 하거나 또는 종합해서 다른 어떤 종교를 형성하려는 것이 아니라, 종교의 본래의 목적인 인간구원에 관한 사신(使信)은 예수 그리스도밖에 없다는 점을 고수하면서, 이 복음을 통해 세계종교가 변화되어 그리스도에게 봉사하는 그러한 사고구조 안에서만 세계종교의 가치를 인정하려 했다.[237]

　니버(Richard H. Niebhur)의 문화에 대한 제5유형은 "변혁자로서의 그리스도"(Christ as Transformer of Culture)이다. 이 관계에서 그리스도는 하나님의 창조세계에서 적극적으로 참여하여 아직도 죄적인, 하나님의 진노의 대상인 인간에 대해 그리스도가 현존하고 사역하고 있기 때문에 그 인간은 파멸되지 않고 생존하고 있다고 본다. 문화 안에서 그리스도는 속죄

235　위의 책, 409-411.

236　위의 책, 411-413.

237　위의 책, 414-416.

사역을 한다. 창조와 타락을 연속으로 보지 않고, 양자 간의 단절 또는 역전(逆轉) 또는 전도(顚倒)로 본다.[238]

교회사 속에서 야훼종교와 세계종교의 관계에 대한 교회의 다양한 입장을 소개한 이종성은 교회의 잘못된 폐쇄성과 관계하여 교리적 폐쇄성, 교파적 폐쇄성, 인종적 폐쇄성, 신앙적 폐쇄성을 지적한다. 이종성은 "복음은 만민에게 개방되어 있다"라는 논지를 가지고, 복음은 만민에게 골고루 주어진 것이며, 복음은 모든 지역에 선포되어야 하며, 교회는 모든 종교에 대해 문을 열어야 한다고 주장한다.[239]

"복음 앞에는 백인도 흑인도 황인도 홍인도 아무 차이가 없다."[240] 선교에는 교회선교와 사회선교와 하나님의 선교가 있다고 하나, 우리가 하나님의 선교를 만들 수는 없다. 그 선교에 참여하는 것뿐이다. 사회선교는 교회선교를 떠나서는 할 수 없다. 선교의 내용은 사회의 실정에 따라 다양하게 택할 수 있으나 예수 그리스도의 구주성과 현존성을 삭제하거나 언급지 않는 사회선교는 있을 수 없다. 하나님이 원하시는 에큐메니칼 운동이 되려면 세계만방에 가서 먼저 복음을 전해야 한다. 교회는 세계를 향해 열려 있다.[241]

이종성은 "교회는 모든 종교에 대해서 문을 열어야 한다"라는 논지로 비교종교학적 관점이나 혼합신학적 관점에서 접근하는 대화 방법을 거부하고, 기독교의 절대성이라는 신앙을 포기하지 말고, 하나님의 종

---

238 위의 책, 416-419.

239 위의 책, 420-426.

240 위의 책, 423.

241 위의 책, 424. 이종성의 "칼빈이나 루터는 해외선교에 관심이 없었다"라는 지적은 오늘날에는 종교개혁자들의 선교 연구를 통해 완전히 설득력을 잃었다. 참고, 최윤배, 『깔뱅신학 입문』, 839-867.

교가 세계종교가 되기 위해 야훼의 절대성과 예수 그리스도의 구주성을 유지해야 한다고 주장한다.[242]

"교회는 모든 종교에 대하여 개방해야 한다. 개방한다는 것이 그들을 일방적으로 설득시켜 회개케 하거나 참고로 삼기 위하여 그들의 신관, 인생관, 우주관을 알아보려는 그러한 태도에서 개방한다면 별 효과를 거두지 못할 것이다. 우리가 택해야 할 대화와 개방의 목적은 우리가 알고 믿고 있는 것 외에도 구원에 관한 다른 진리가 있는지 먼저 알아볼 것과, 기성교회 밖에서도 그리스도가 계시되고 사역하고 있는지를 확인할 것과 대화를 통하여 그들에게 그리스도를 증거함으로써 그들의 신앙을 우리의 신앙과 대조해 볼 기회를 제공하기 위한 것이다. 몰트만이 한 말 '그때 문제 되는 것은 교회 밖에 기독교적인 것의 교회적 기독교에로의 통합이 아니라, 교회에 약속된 그리스도의 현존에로의 통합이기 때문이다'라는 말은 교회가 대외관계를 가질 때 가져야 할 목적 규정에 도움이 되는 말이다. 타종교와의 대화의 하나의 중요한 목적은 타종교에도 그리스도가 현존하는가를 확인하는 일이다."[243]

---

242 이종성, 『교회론(I)』, 425-426.

243 위의 책, 426.

7.
교회와 국가의 관계

1) 국가에 대한 다양한 이해

철학자들과 신학자들이 이해한 다양한 국가관을 이종성은 광범위하게 논의한다.[244] 국가가 순전히 자연법에 따라 생성된 것으로 이해하는 실증주의 국가관, 국가의 생성 원인에서 찾지 않고, 목적에서 찾는 이상주의 국가관, 실증주의 국가관과 이상주의 국가관의 중간 입장에 서 있는 낭만주의 국가관이 있다. 또한 이종성은 로마 천주교회의 국가관과 종교개혁자들의 국가관을 논의한다.[245] 국가의 형태와 특징과 관련하여, 이종성은 민주주의국가, 자본주의국가, 제국주의국가, 사회주의국가에 대해서도 심도 있게 논의한다.[246]

이종성은 국가 형성에 영향을 준 철학자들로서 플라톤의 이상국(理

---

244 이종성, 『교회론(II)』, 299-388.

245 위의 책, 300-306.

246 위의 책, 306-322.

想國), 토마스 아퀴나스의 국가관, 헤겔의 국가관, 칸트의 국가관, 마리탱의 국가관을 논의하고,[247] 현대 신학자들의 국가관으로서 바르트, 브루너, 니버의 국가관을 다루었다.[248] 교의학적(조직신학적) 입장에서 본 바르트의 국가관과, 교회와 국가의 중간에서 국가를 이해하려는 브루너의 국가관, 문명의 접촉점에서 보는 동시에 국가의 본질을 적응신학적 견지에서 분석한 니버의 국가관에서 나타난 공통점을 이종성은 다음과 같이 정리한다.

국가는 죄적인 현실에 속하지만, 하나님의 통치섭리 안에서 허용된 제도이다. 국가의 노력은 인간에 의해서 인간을 위해 만들어진, 즉 상대적 필요성에 의해서 만들어졌다. 상례적으로 국가는 하나님의 뜻에서 이탈해 있다. 하나님의 공의(원의)를 따르지 않고, 지배자의 욕망에 의해 불의가 자행되고 있다. 국가의 목적은 하나님의 창조질서를 본래의 목적대로 유지되도록 하는 데 있다. 국가는 자아 추구를 주목적으로 하고 있기 때문에 교회의 지도를 받는 것이 가장 바람직하다. 국가가 교회를 박해하므로 하나님에 대한 반항행동을 할 때, 교회는 단연코 국가를 버리고 하나님의 말씀을 택해야 한다.[249]

---

247 위의 책, 323-350.

248 위의 책, 351-387.

249 위의 책, 387-388.

2) 교회와 국가의 관계

(1) 교회와 국가의 투쟁사

원시교회와 초대교회 초기에는 교회의 황제숭배 거절이라는 이유로, 교회는 국가로부터 박해를 받았다. 그러나 콘스탄틴 황제의 기독교 개종 이후부터 교회와 황제(국가)의 관계는 상호 협력적 관계로 들어갔다. 중세교회에서 교회와 국가의 관계는 상호 지배의 관계였다. 교황권이 강할 때는 교황이 황제를 지배했고, 그 반대의 경우에는 황제가 교황을 지배하기도 했다. 독일 왕 하인히리 4세의 힐데브란트(그레고리 7세) 황제에 대한 카노사의굴욕으로 교황과 성직자가 황제나 왕을 지배할 수 있는 절대적인 권력을 갖게 되었다.[250]

종교개혁자 루터나 칼뱅이나 츠빙글리의 경우, 국가교회의 관점에서 교회와 국가는 대체로 상호협력 관계를 유지했다.[251] 18세기 계몽주의 시대 로마 천주교회는 국가와 갈등관계에 들어갔고, 러시아 정통교회가 국가에 대해 충성함으로써 교회재산이 국유화되었고, 개신교회의 경우, 국가 사정에 따라 국가교회의 형태를 띠는가 하면, 정교분리를 추구한 곳도 있었다.[252]

독일 나치시대에는 교회가 국가에 전적으로 귀속되었다. 현대에는 미국처럼 정교분리가 시행되는 곳이 있는가 하면, 구소련에서처럼 교회가 국가에 의해 박해를 받는 곳이 있고, 영국에서처럼 교회가 자유를 가

---

250 위의 책, 390-401.
251 위의 책, 401-409.
252 위의 책, 401-414.

I. 춘계 이종성 박사의 신학사상

지면서도 국가에 종속되어 국가의 보호를 받는가 하면, 독일처럼 교회가 자유를 가지면서도 종교세를 관습적으로 국가에 바치는 경우도 있다.[253]

(2) 교회와 국가의 이상적 관계 모색

근본적으로 교회와 국가의 분리관계는 침례교회에서, 양자협력 관계는 바르트와 노이만(Neumann)에게서 찾아볼 수 있다고 이종성은 주장하고, 교회와 국가 관계에 대한 마리탱의 제언을 참고하라고 제의한다.[254]

이종성은 교회가 국가에 대해 항상 예언자와 대제사장으로서의 교회로 남아 있기를 촉구하고, 국가에 대한 자신의 입장을 주로 칼뱅, 에밀 브루너, 바르트, 쿨만과 본회퍼의 국가론을 취사선택하여 정리하는바, 특히 칼뱅과 바르트의 견해를 중요한 전거 자료로 삼는다.[255] 이종성은 무엇보다도 교회와 국가는 상호 공존해야 함을 역설한다.

"국가와 교회는 다 같이 인류 역사 안에서 없어질 수 없는 실체다. 전자는 하나님의 죄적인 인간의 공동체적 삶의 질서와 안전을 공여해 주신 최선의 조직체요, 후자는 하나님이 인류 역사 안에서 그의 모든 사역을 수행하기 위하여 예수 그리스도를 중심으로 만들어진 인류 역사에서 가장 기본적이고 이상적인 공동체이다. 역사는 교회 없이 그 의의를

---

253 위의 책, 423-430.

254 위의 책, 432-444.

255 위의 책, 444-463.

상실할 것이다. … 그러므로 국가는 반드시 교회를 가져야 한다."[256]

이종성에 의하면, 객관적 사실로서의 국가는 하나님께서 주신 질서이며, 죄 된 질서이고, 권력 추구의 질서이고, 자연법과 도덕법을 파괴하는 국가이다.[257] 그럼에도 불구하고, 국가의 본질적인 의무는 예수 그리스도에 대한 봉사, 자유·정의·평화 수립, 공생주의 확립, 두 주인(국민과 하나님/교회)을 섬기는 일, 신국(神國)을 준비(praeparatio Regmum Dei)하는 일이다.[258]

이종성은 역사의 과거 경험을 토대로 교회와 국가 사이의 관계를 대체로 네 가지로 분류한다. 교회와 국가 중 어느 한쪽이 다른 쪽을 지배하는 경우와, 양자가 상호 협력하는 경우와, 양자가 서로 무관심하게 지내는 경우와, 양자가 서로 적대(敵對)관계를 가지는 경우이다. 이종성은, 할 수만 있다면, 양자가 서로 협력하는 관계가 가장 바람직한 관계라고 결론짓는다.[259]

또한 이종성은 교회와 국가의 관계를 역사적·현실적·이상적 측면에서 논의한 후에 다음과 같은 결론을 내린다.[260] ① 교회와 국가라는 두 제도는 하나님께서 허용하신 제도다. 전자는 직접적으로, 후자는 간접적으로 하나님의 창조와 구속사역을 완성하기 위해 하나님께서 만드신 제도다. 그러므로 이 두 제도를 무시하거나 그 순서를 전도(顚倒)해서

---

256 위의 책, 431.

257 위의 책, 444-447.

258 위의 책, 448-454.

259 위의 책, 297-298.

260 위의 책, 463-464.

I. 춘계 이종성 박사의 신학사상

는 안 된다. ② 양 제도를 하나님이 동시적으로 통솔하신다. 교회는 은 총의 수단으로, 국가는 자연법의 수단으로 통솔하신다. 따라서 세계에 있는 모든 개인적 존재나 공동체적 존재는 다 하나님의 통치하에 있다. ③ 따라서 신적인 것과 세속적인 것이 따로 있는 것이 아니다. 다 같이 구속섭리에 봉사하는 종이다. 다만 그들이 담당한 기능과 임무가 다를 뿐이다. 교회는 복음을 담당하고, 국가는 질서를 담당한다. ④ 가끔 서로 의 영역을 침범하여 갈등한 교회와 국가는 서로 싸우기 전에 대주재자(大 主宰者)이신 야훼의 뜻과 계획이 무엇인지 알아보아야 한다. ⑤ 양자는 자 체의 근본적인 임무를 재확인해야 한다. 국가는 간접적으로 하나님의 구 속질서에 봉사하는 종이며, 교회는 직접적으로 하나님의 구속사역에 봉 사하는 종이다. ⑥ 교회의 국가에 대한 불변적인 역할은 예언자적 기능 과 제사장적 기능이다. 국가는 교회의 이런 기능을 이해하고 순종해야 한다. 국가가 자기의 본질을 오해하여 교회를 지배할 때 국가는 사탄의 주구(走狗, 잘 달리는 사냥개)가 된다. ⑦ 국가는 두 주인, 즉 국민과 하나님(교 회)을 봉사의 대상으로 섬겨야 한다.

8.
결론

1) 요약

첫째, 서론에서 이종성의 생애 개요와 "절간의 종소리"가 아니라, "한국교회의 종소리"로서의 그의 신학적 회심이 다루어지고, 이종성의 신학적 특징(성서적·복음적·개혁신학적·에큐메니칼적·통전적 신학)과 그의 교회론의 집필 동기와 교회론 구성이 취급되었다.

둘째, 성서적 교회라는 제목으로 구약성서에서의 교회관, 신약성서에서의 교회관, 신약과 구약의 배경사에서 본 사회학적 교회관이 취급됐다.

셋째, 고대교회의 신조에도 나타난 교회의 네 가지 특성, 광범위한 비교교회론이 비판적으로 기술되었고, 에큐메니칼 교회운동의 당위성과 함께 그 운동의 장점과 최근에 표출되고 있는 몇 가지 문제점이 논의되었다.

넷째, 교회의 기능과 사명이 취급된바, 교회의 기능에는 신언선포,

예전집행, 목양(牧羊)이 있고, 교회의 사명으로는 세 가지, 곧 예배, 성도의 삶과 선교가 있다.

다섯째, 성서적 관점과 교회사적 관점에서 직제가 기술되었고, 교회의 세 가지 권위(근원적 권위, 응답적 권위, 응용적 권위)가 기술되었고, 새로운 교회구조에 대한 대안이 제시되었다.

여섯째, 교회와 하나님의 나라의 관계를 논의하기 위해, 하나님 나라의 뜻, 하나님의 나라와 이스라엘, 하나님 나라와 인간역사, 하나님의 나라와 교회의 관계에 관해 논의되었고, 특이한 사항으로는 하나님의 종교와 세계종교의 관계에 대한 논의다. 일곱 번째, 교회와 국가의 관계를 논의하기 위해 국가에 대한 다양한 철학적 · 신학적 의미, 교회와 국가의 투쟁사, 교회와 국가의 바람직한 관계에 대한 모색이 진행되었다.

2) 평가

이종성의 교회론을 다음과 같이 평가할 수 있을 것이다.

첫째, 이종성의 교회론은 영국의 『브리태니커 백과사전』(*Encyclopaedia Britannica*)에 비교될 만큼의 내용과 분량을 담고 있어, 한국교회 140년 역사에서 방대하고도 탁월한 교회론 학술도서로 평가되고 기억될 것이다.

둘째, 이종성의 교회론 저변에는 "오직 성서"(*sola Scriptura*), "오직 그리스도"(*souls Christus*), "오직 믿음"(*sola fide*), "오직 은혜"(*sola gratia*), "오직 하나님께만 영광"(*soli Deo gloria*)이라는 종교개혁자들의 핵심 신앙과 신학사상이 강력하고도 일관되게 흐르고 있다.

셋째, 그의 교회론을 구성하고 있는 신학 자료는 성서 본문 주석에서부터 사회학적·철학적 자료에 이르기까지, 고대 신학 자료에서부터 현대신학 자료에 이르기까지, 동양 자료에서부터 서양 자료에 이르기까지, 광범위한 자료로 구성되어 있으며, 성서적·개혁신학적·복음주의적·에큐메니칼적 입장에서 균형 잡힌 일관성과 명료성을 유지함으로써 소위 "통전적 교회론"(holistic ecclesiology)을 성공적으로 집대성했다.

넷째, 그의 교회론에서 특이한 것은 교회론을 신약과 구약의 배경, 즉 사회학적 관점에서 당대 사회에 대해 "이질적 공동체"인 동시에 "이상적 사회를 추구한 공동체"로서의 교회론을 전개했다는 점과, 또한 국가론을 철학적 관점에서도 논의했다는 점이다. 이런 시도는 흔하지 않은 시도로서 목회와 선교의 사회와 세계에 대한 관계 적절성을 위해 매우 필요한 시도로 사료된다.

다섯째, 그의 교회론은 교회의 대외적(對外的) 사명에 대한 강조와, 선교와 에큐메니칼 운동을 통한 교회의 세계교회화에 대한 비전과, 교회의 사회와 세계에 대한 봉사의 주도권 문제를 부각하여 지금 국내외적으로 위축된 교회의 위상(位相)에 새로운 비전과 희망과 자신감을 불어넣어 주는 진취적이고도, 미래지향적이며, 선교적인 교회론이다.

여섯째, 그의 교회론은 교회의 기능 중에 목양(牧羊)의 기능을 강조함으로써 종교개혁자 마르틴 부처[『참된 목회학(Von der wahren Seelsorge)』, 1538]나 칼뱅이나 츠빙글리로부터 시작하여 바르트와 투르나이젠에 이르는 전통이지만, 최근에 약해져 가는 개혁신학과 개혁교회의 훌륭한 목양과 목회 전통을 다시 계승해주고 있다.

일곱째, 그의 교회론에는 균형 잡힌 종말론적 시각이 매우 크게 부각되고 있다. 하나님의 나라의 전조(前兆)로서의 교회가 이 "현미적"(現未的) 종말 시각을 잃어버릴 경우 교회는 신앙과 사랑과 소망에서 치명상

　　　　　　　　I. 춘계 이종성 박사의 신학사상

을 입게 되는 것은 자명한 사실이다.

여덟째, 그의 교회론에는 하나님의 창조섭리 역사와 구속역사가 상호 분리되거나 상호 동일시되지 않고, 상호 구별되면서도 하나님 나라의 관점에서, 훌륭하게 통합되어 나타나고 있다. 이 문제에 대한 그의 신학적 고민의 흔적(루터, 칼뱅, 츠빙글리, 니버, 바르트, 브루너, 본회퍼에 대한 수용 비판들)을 엿볼 수가 있다.

아홉째, 무엇보다도 그의 교회론에는 성 삼위일체 하나님의 사역의 절대 통치와 절대 주권에 대한 강조가 강력하게 나타난다. 교회는 삼위일체 하나님으로부터 시작되고, 삼위일체 하나님의 사역을 통해 이룩되고 성장된다는 자명한 원리가 의도적으로 강조되고 있다.

열째, 이종성은 직제절대론과 직제무용론을 동시에 비판하면서 개혁교회와 장로교회가 실천하고, 추구하고 있는 균형 잡힌 직제유용론을 제시한다.

열한째, 그의 교회론에서 발견되는 몇 가지 옥에 티들을 열거해보고자 한다. 곳곳에 인용된 일본어 번역(飜譯)자료보다는 현재 국내 독자들의 상황을 배려하여 국내 독자들의 접근이 가능한 언어(한글, 영어, 독어, 불어 등)로 된 자료가 인용되었다면 더 좋았을 것이다. 이종성은 에큐메니칼 운동을 강조하면서도, 로마 천주교회나 동방 정통교회에 대한 비판에서 적대(敵對)관계에 있는 것 같은 분위기를 반영하여 16세기 종교개혁자들이 중세 로마 천주교회에 대한 비판의 상황을 재현하는 것 같다. 에큐메니칼 운동에서 로마 천주교를 제외하는 듯한 인상을 받는다.

자료 인용에서 국내 학자의 신학적 자료와 개혁파 정통주의에 대한 신학 자료가 거의 사용되지 않고 있으며, 교부학 전공자(아우구스티누스)로서 그의 교부에 대한 논의의 심도나 분량이 적다. 종교개혁 신학 전문가로서 필자가 보기에, 일부 전거 자료 없이 일방적으로 이루어지고 있는 종교개혁자들(루터, 칼뱅, 부처, 츠빙글리)에 대한 그의 부정적인 평가들은 자칫 여기에 대한 비판 능력이 없는 후학들에게 오해를 불러일으킬 소지가 있다.

존경하는 은사님, 존경하는 스승님이시며, "한국교회의 교부"로 칭할 수 있는 이종성의 1,000쪽(page)이 넘는 『교회론』 두 권을 읽어가는 과정에서 오대양(五大洋)을 항해하고, 백두대간과 로키산맥을 횡단하고, 에베레스트산(山)을 등정하는 사람들의 감동이 이런 것일까 하고 상상하고 느끼면서 행복을 만끽했다. 그러나 학문에 미천한 제자가 이 걸작과 대작에서 미처 발견하지 못한 수많은 보배들이 뒤의 연구자들에 의해 계속적으로 발굴되고, 필자가 잘못 평가하여 은사님께 누를 끼쳐드린 내용이 정확하게 수정되기를 기대하면서 필자의 졸고가 이종성의 교회론에 대한 첫 걸음마라는 역사적 사실에 큰 의의를 두고자 한다.

참고문헌

김도훈. "故 이종성 명예학장님을 추모하며⋯". 『신학춘추』 통합 80호(2011.10.25), A3.

김명용. "故 이종성 명예학장님을 추모하며⋯". 『신학춘추』 통합 80호(2011.10.25), A3.

이종성. 『춘계이종성저작전집 1-40』. 서울: 한국기독교학술원, 2001.

최윤배. 『깔뱅신학 입문』. 서울: 장로회신학대학교출판부, 2012.

_____. 『잊혀진 종교개혁자 마르틴 부처』. 서울: 대한기독교서회, 2012.

춘계 이종성 박사 고희기념논문집 간행위원회(편). 『교회와 신학: 춘계 이종성 박사 고희기념논문집』. 서울: 대한기독교서회, 1992.

국가론

1.
서론[1]

고(故) 춘계(春溪) 이종성 박사께서 하나님의 품에 안긴 지 2019년에 8주년을 맞이했다. 그의 신앙과 신학사상을 계승·발전시키기 위해 "춘계 이종성 신학강좌"가 이미 14회나 개최되었고,[2] 지금 제15회 강좌를 갖고 있다. 그의 신학사상에 대한 다양한 전공과 관점과 주제를 중심으로 지금까지 상당하게 연구되고 발표되었지만, 그의 국가론에 대한 연구, 특히 그의 국가론에 대한 조직신학적 연구는 거의 전무한바, 다만 필자가 이종성의 교회론을 다룬 논문의 "VII. 교회와 국가의 관계"라는 장(章)에서 이종성의 국가론을 교회론의 관점에서 간략하게 다룬 적이

---

1 이 논문은 2020년 장로회신학대학교의 지원을 받아 수행된 연구논문이며, "제15회 춘계 이종성 신학강좌"(2019.09.25)에서 발표되었고, 다음에 게재됨. 최윤배, "춘계(春溪) 이종성의 국가론에 대한 연구", 『장신논단』 Vol. 51, No. 1(52-1집, 2020.03), 65-91.

2 참고, 최윤배·박성규·백충현(책임편집), 『춘계(春溪) 이종성 박사의 통전적 신학과 한국신학』(서울: 장로회신학대학교출판부, 2018), 264-266의 "부록_I"은 제13회 대회까지의 주제, 발표자, 발표논문에 대한 상세한 정보를 도표로 제시하고, "부록_II"는 제1회부터 제9회까지 발표된 논문이 네 권의 책으로 편집·출판되었음을 알려주고, 위의 책은 제10회부터 12회까지의 발표논문이 편집되어 있다.

I. 춘계 이종성 박사의 신학사상

있을 뿐이다.[3]

이종성의 국가론에 대한 연구 목적과 연구 필요성은 다음과 같다. 이종성의 신학사상을 전반적으로 이해하기 위해 연구가 거의 전무한 그의 국가론에 대한 연구가 일차적으로 필요하다. 또한, 오늘날 통일한국을 위해 남북대화가 한창 진행되는 가운데, 그리고 3 · 1 독립운동 100주년을 맞이한 역사적 시점에서 국가의 본질과 실천적 함의 등에 대한 성서적 · 기독교적 이해가 그 어느 때보다 절실하게 요구된다. 더구나 이종성은 개혁전통에 서 있는 국가 이해를 지향하고 있기 때문에, 그의 국가론에 대한 연구는 개혁신학의 발전에 크게 기여할 것은 물론 한국 기독교(개신교) 안에서 차지하고 있는 한국 장로교회의 큰 비중을 고려할 때, 한국 기독교적 국가론 연구와 윤리적 실천에도 크게 기여할 것임에 틀림없다. 다시 말하면, 이 글은 첫째, 이종성 신학사상에 대한 연구발전에 기여하고, 둘째, 한국신학 발전에 기여하며, 셋째, 세계개혁교회와 한국 장로교 신학 발전에 기여하여, 넷째, 현재 직면한 통일한국 시대에 형성될 바람직한 국가론에 대한 이론적 통찰과 실천적 지혜를 확실하게 제공할 것이다.

연구방법은 역사신학적 방법을 전적으로 배제하지 않으면서도, 주로 조직신학적 관점에서 이종성의 국가론이 담긴 제1차 자료인 『춘계이종성 저작 전집』 40권들을 사용할 것이다. 이종성의 국가에 대한 사상은 그의 소논문,[4] 설교, 수상문 등에서 광범위하게 단편적으로 나타나

---

3 최윤배, "춘계(春溪) 이종성 박사의 교회론", 김도훈 · 박성규(책임편집), 『춘계 이종성 박사의 생애와 사상』(서울: 장로회신학대학교출판부, 2014), 256-261.

4 이종성, "교회와 국가(1)", "교회와 국가(2)", 『신학으로 본 문화와 철학』(춘계이종성저작전집 26, 소논문), 89-106; 이종성, "바르트의 국가와 교회", 『아우구스티누스와 신학자들』(춘계이종성저작전집 20, 소논문집), 272-284.

고 있지만, 특히 그의 조직신학 작품들 속에서 집중적으로 나타난다. 그의 국가론에 대한 『춘계이종성저작전집』이 발간된 2001년 이전의 사상은 주로 그의 『조직신학 개론』(1984)[5]과, 그의 논문 "교회와 국가(1)"(1978)[6], "교회와 국가의 관계에 대한 현대 신학적 이해"(1988)[7], "교회와 국가(2)"(1997)[8] 등에서 나타난다. 그리고 2001년 이후의 그의 국가론에 대한 사상은 그의 교회론과 윤리학에서 나타난다. 그는 교회론을 두 권에 할애했는데, 그의 『교회론』(2권)의 마지막 부분인 "제7부 교회와 국가"라는 장(章)에서 교회론과 관련하여 국가론을 집중적으로 다룬다.[9] 또한 그는 윤리학을 3권에 할애했는데, 그의 『윤리학』(1권)[10]과, 윤리학(3권)[11]에서 그의 국가론을 윤리학적으로 취급하고 있다.

---

5 이종성, 『조직신학개론 외』(춘계이종성저작전집 16, 단행본집), 389-398. 참고, 이종성, 『조직신학개론』(서울: 종로서적, 초판 1984, 10쇄 1994), 178-195.

6 이종성, "교회와 국가(1)", 『신학으로 본 문화와 철학』, 89-97.

7 이종성, "교회와 국가의 관계에 대한 현대 신학적 이해", 한국기독교문화진흥원 편, 『기독교와 문화 제1집: 교회와 국가』(서울: 한국기독교문화진흥원, 1988), 21-57.

8 이종성, "교회와 국가(2)", 『신학으로 본 문화와 철학』, 98-105.

9 이종성, 『교회론(2)』(춘계이종성저작전집 9, 조직신학대계), 295-465.

10 이종성, 『윤리학(1)』(춘계이종성저작전집 10, 조직신학대계), 390-413.

11 이종성, 『윤리학(3)』(춘계이종성저작전집 12, 조직신학대계), 184-187.

2.
이종성의 생애와 신학사상

이종성은 1922년 4월 8일 경상북도 문경군 동로면 거산에서 이규봉 선생님과 김성연 여사 사이의 2남 4녀 중 차남으로 태어났다. 그는 경상북도 의성군 춘산면 빙계동에서 자라났고, 어릴 때부터 빙계교회 주일학교에 다녔다.[12] 그의 호 "춘계"는 면소재지와 마을 이름을 따서 지은 것이라고 고인이 생전에 제자들에게 직접 전했다. 그는 2011년 10월 2일 서울에서 하나님의 부르심을 받았다.[13] 김도훈은 "한국 교회의 종소리"로써 이종성의 "사람을 살리는 공부"에로의 "신학적 회심"을 다음과 같이 소개한다.

"1922년 암울한 시대의 어느 봄날에, 자유 없는 가난한 나라에 태

---

12 춘계 이종성 박사 고희기념논문집 간행위원회(편), 『교회와 신학: 춘계 이종성 박사 고희기념 논문집』(서울: 대한기독교서회, 1992), 825.

13 이종성 박사의 자세한 생애와 사역에 대한 자료는 다음을 참고. 김도훈, "고(故) 이종성 박사의 생애"; 이종성, 『고(故) 춘계 이종성 박사 회고록: 미완성의 완성』(서울: 장로회신학대학교 출판부, 2012).

어나 한국 강산을 울리는 절의 종소리가 되라는 뜻으로 종성이라
는 이름을 가지셨다는 학장님의 회고를 보면서, 참으로 묘한 하나
님의 섭리를 느낍니다. 학장님은 한국 절간의 종소리가 아니라 한국
교회의 종소리로 살다 하나님의 품으로 가셨으니 말입니다. … 전
쟁의 와중에 수많은 사람들이 죽어가는 현장을 목격하면서 가지신
회한, … 무엇보다도 감동적인 것은 '이제는 사람을 죽이는 학문이
아니라 사람을 살리는 공부를 하리라'는 학장님의 신학적 회심이었
습니다."**14**

김명용은 이종성은 신사(紳士)로서 그의 제자들을 신사로 키운 결과
그의 제자들은 폭넓은 신학을 함으로써 "모나지 아니하고 싸우지 아니
하고 넓은 가슴으로 받아들이고 사랑할 줄 아는" 사람들이 되었다고 그
를 추모했다.**15** 이종성은 "한국에서 가장 성서적이고 가장 개혁신학적이
고, 가장 복음적이고 가장 에큐메니칼적인 신학자"였다.**16**

우리는 한국교회의 "교부"(敎父)로 불릴 수 있는**17** 이종성의 신학적
특징을 개괄적으로 살펴보고자 한다.**18** 이종성은 1966년 3월 1일부로

---

14 김도훈, "故 이종성 명예학장님을 추모하며…", 『신학춘추』 통합 80호(2011.10.25), A03.

15 김명용, "故 이종성 명예학장님을 추모하며…", 『신학춘추』 통합 80호(2011.10.25), A03.

16 위의 글.

17 최윤배, "붙잡지 못한 사랑하는 제자와 존경하는 스승님", 『신학춘추』 통합 80호(2011.10.25), A10. "우리가 고 이종성 명예학장님을 120년의 한국교회가 배출한 '교부'(敎父)로 불러도 조금도 지나친 말은 아닐 것이다." 참고, 최윤배, 『성경적・개혁적・복음주의적・에큐메니칼적・기독교적 조직신학 입문』(서울: 장로회신학대학교출판부, 2013), 814.

18 참고, 최윤배, "대한예수교장로회 총회 100년: 조직신학의 어제와 오늘과 내일", 장로회신학대학교출판부(편), 『장신논단』 44-2집(2012), 53-55; 최윤배, "故 이종성 명예학장의 신학", 『신학춘추』 통합 80호(2011.10.25), A03.

조직신학을 가르치는 장로회신학대학교 교수 겸 학감으로 임용된 후, 1971년 5월부터 1983년까지 제10, 11, 12대 학장을 역임했고, 1987년 8월 31일에 정년퇴임 했다. 그가 1975년부터 1993년까지 18년 동안 완간한 『조직신학대계』 14권이 포함된 『춘계이종성저작전집』 40권이 2001년에 발간되었다.[19] 40권의 각 권 서두 "저작전집 40권을 내면서"에서 이종성은 자신이 지금까지 추구하고 노력했던 신학은 "통전적이고 열린 복음주의와 열린 보수주의 신학"임을 다음과 같이 시적(詩的)이면서도 변증법적(辨證法的)으로 표현한다. "필자는 성서적이고 복음적이며, 자유하면서도 자유주의 신신학(新神學)에 물들지 않으며, 보수적이면서도 폐쇄적이 아닌 통전적이고 열린 복음주의와 열린 보수주의 신학을 강조하고 그러한 신학을 형성하여 교육하려고 최선의 노력을 다해왔다."[20]

그는 1900년의 기독교 역사에서는 물론 자신에게 가장 큰 영향을 미친 세 신학자로서 아우구스티누스와 칼뱅과 바르트를 손꼽았다. 이종성이 위의 세 신학자를 가장 선호하는 이유는 그들의 신학이 "성서적이고 복음적이며 은총주의"적인 신학이기 때문이다. 그러므로 이종성은 아우구스티누스의 고대 교부전통과, 칼뱅과 바르트의 개혁신학 전통을 사랑하지 않을 수 없었다. "그러한 세 번의 (혁명적, 필자 주) 사건은 아우구스티누스와 칼빈과 바르트에 의해서 일어났다. ⋯ 현재 기독교 신학이 성서적이고 복음적이며 은총주의에 머물러 있다면, 이는 상기한 세 사람의 혁명적 결과라고 할 수 있다. 그래서 나는 이 세 사람의 신학을 좋아하고, 많은 신학자 중에서도 이 세 사람의 책을 가장 많이 읽었으며, 이

---

19 이종성, 『춘계이종성저작전집 1-40권』(서울: 한국기독교학술원, 2001).

20 위의 책, 6.

세 사람의 수많은 책들이 나의 서재를 장식하고 있다."[21]

1979년 제64회 총회가 이종성에게 "귀하가 신정통주의를 장로회신학대학교의 신학노선으로 삼겠다는 뜻입니까?"라고 질문하자 그는 "그 말의 뜻은 현대사조에 대한 신정통주의의 태도가 보수주의나 자유주의보다 대화가 더 잘된다는 뜻입니다. 본 대학의 신학 노선과 방향은 본 교단의 노선인 웨스트민스터 신앙고백의 노선과 에큐메니칼 운동 노선에 근거하여 성서적 복음주의 신학을 영위해 나가는 것입니다"라고 대답했다.[22] 또한 그는 "칼빈의 성서적 복음주의 신학"은 그리스도 중심적인 신학인 동시에, 모든 신자와 교회에 의해서 지지받는 "에큐메니칼적 신학"이라고 밝혔다.[23] 이종성이 교부 전통과 개혁신학 전통을 선호하면서도 폐쇄적이거나 독단적이지 않고, 모든 시대의 다른 신학자들 및 사상들과 폭넓고도 개방적인 대화를 가능케 했던 것은 바로 그의 신학이 "성서적 복음주의 신학"인 동시에, "통전적 신학"이라는 점에 있다.

김명용은 한국장로교회의 신학을 크게 세 가지로 분류할 때, 박형룡은 대한예수교장로회총회 "합동 측"의 신학을, 이종성은 대한예수교장로회총회 "통합 측"의 신학을, 김재준은 한국기독교장로회총회의 신학을 대변할 수 있다고 말한다. "박형룡의 신학은 옛 프린스턴의 신학자들(C. Hodge, A. A. Hodge, B. B. Warfield)과 메이첸(Machen)과 벌코프(L. Berkhof)로 연결되는 신학 선상에 있는 개혁교회의 신학 가운데 근본주의 성향이 아

---

21 이종성, "나를 신학자로 만들어 준 신학자들", 『산을 보고 바다를 보고』(춘계이종성저작전집 38, 수상집)(서울: 한국기독교학술원, 2001), 40-41.

22 장로회신학대학교 100년사 편찬위원회, 『장로회신학대학교 100년사』(서울: 장로회신학대학교출판부, 2002), 474.

23 이종성, "우리가 지향하는 신학", 『한국교회와 세계교회의 신학』(춘계이종성저작전집 22, 소논문집), 172-180.

I. 춘계 이종성 박사의 신학사상

주 강한 극단적으로 보수주의적인 개혁신학"이며, "김재준의 신학은 바르트의 신학적 영향을" 많이 받은 신학이지만, "이종성의 신학은 대체로 칼빈의 신학과 바르트의 신학 양쪽에 뿌리를 두고 있는 개혁교회의 신학의 중심부에 가까이 존재하고 있는 신학"이며, "한편으로는 근본주의 성향의 개혁신학을 반대하고 또 한편으로는 자유주의 성향의 개혁신학을 반대하는 특성을" 가진 신학으로 평가한다.[24] 이종성의 신학은 "성서적 복음주의 신학"이다. "이종성은 자신의 신학을 성서적 복음주의 신학이라고 언급했다. … 이종성의 신학은 성서에 기초한 성서적 신학이었다."[25] 이종성은 "성서적 복음주의 신학" 형성의 당위성을 주장하면서 종교개혁자들의 신학을 "성서적 복음주의 신학"이라고 주장했다.[26] 무엇보다도 이종성의 신학의 가장 큰 특징은 바로 그의 신학이 "통전적 신학"이라는 데 있다. "이종성은 2001년 『조직신학대계』 14권을 비롯해서 40권의 자신의 신학전집을 출간한, 한국신학계에 큰 영향을 미친 대단히 중요한 신학자이다. 그런데 이종성은 한국의 통전적 신학의 아버지인 동시에 통전적 신학의 대표적인 신학자이다. 한국의 통전적 신학이 무엇인지 알기 위해서 이종성의 통전적 신학 연구는 필수적이다."[27]

---

24 김명용, 『열린신학 바른 교회론』(서울: 장로회신학대학교출판부, 1997), 177-179.

25 이종성 외 3인, 『통전적 신학』(서울: 장로회신학대학교출판부, 2004), 110.

26 이종성, "성서적 복음주의 신학", 『종교개혁에서 현대신학까지』(춘계이종성저작전집 25, 소논문집), 382.

27 이종성 외 3인, 『통전적 신학』, 83.

3.
철학자들의 국가론에 대한 이종성의 이해

이종성은 철학자들의 국가사상과 관련하여, 플라톤(Plato), 토마스 아퀴나스(Thomas Aquinas), 헤겔(G. W. F. Hegel), 칸트(I. Kant), 마리탱(Jacques Maritain, 1882-1973)을 차례대로 취급한다.[28]

1) 플라톤의 이상국가론(理想國家論)

이종성은 소크라테스와 함께 플라톤이 아카데미아를 세워 철학적 탐구생활을 한 것은 그들 자신이 단순한 명상과 사색생활을 위한 것이 아니라, 당시 "도시국가"(πόλις)의 부패와 부정과 불의에 맞서서 올바른 정치지도자들을 양성하여 "국가에 질서와 확실한 이념을 주어 새로운 나라를 건설하려는 데 그 목적이 있었다"고 플라톤의 이상국가론(Politeia)

---

28 이종성, 『교회론(2)』, 323-350.

의 역사적 저술배경을 밝힌다.[29] 이종성에 의하면, 비록 플라톤의 대화편(對話篇)에 그의 국가론이 집중되어 있을지라도, 그의 대부분의 작품들은 국가론과 긴밀하게 연결되어 있어 "정치적 국가의 문제가 그의 철학사상의 핵심이 되고 있다".[30]

플라톤이 추구한 철학을 중심한 국가는 최고의 지혜를 가진 "철인적(哲人的) 왕(王)", 곧 철학자에 의해 지배되고, 여기서 우주와 국가와 인간은 일대 조화를 이루며, 국가는 그 중간에서 매개 역할을 하여 결국 신정정치(神政政治)에 이른다. "플라톤에 있어서 선(善)과 미(美)의 이데아는 동시에 성(聖)의 이데아와 같은 것이다. 그러므로 선과 미를 이념으로 하는 국가는 곧 윤리적 공동체가 되며 동시에 그 자체가 종교적 국가 이념, 즉 신의 나라의 이념이 된다."[31] 플라톤의 국가론의 기독교적 영향사와 관련하여, 이종성은 플라톤이 추구한 국가는 신과 인간 사이에 있으면서 인간과 사회를 구원(救援)하는 사명을 갖고 있다는 점에서 후대 기독교 신학자들은 플라톤의 국가사상과 하나님의 나라 사상 사이의 연결의 가능성을 보았다고 평가한다.[32]

---

29 위의 책, 323-324.

30 위의 책, 324.

31 위의 책, 325.

32 위의 책, 328.

2) 토마스 아퀴나스의 국가론

이종성은 중세 로마 천주교회의 국가론은 토마스 아퀴나스의 국가 사상을 전적으로 반영하는 것으로 이해한다. "교회의 주(lord)는 세계의 주다. 아우구스티누스와 아리스토텔레스, 안셀름과 버나르드, 휴고와 아벨라르, 그레고리 7세와 아시시의 프란시스 등 이러한 모든 사람들의 사상이 토마스 아퀴나스의 사상 안에 녹아 들어가서 하나로 주조되었다."[33] 이종성이 이해한 중세 로마 천주교회의 국가는 교회에 절대적으로 종속되었다. 곧, 국가는 사람들의 욕구에 의해 만들어진 것이며, 자연법에 따라 결성된 것이므로 그 자체 안에는 어떤 항구적이거나 신적인 권위는 없고, 다만 하나님의 권위에 의해서 승인될 때 비로소 국가로서의 권력을 가질 수 있다. "이 말은 국가는 이 세상에서 한층 낮은 권위의 질서에 속해 있어, 그보다 더 높은 질서인 교회에(하나님의 나라) 봉사하고, 그의 지도를 받아야 한다는 것을 의미한다."[34]

3) 헤겔의 국가론

이종성에 의하면, 헤겔이 주장한 국가는 단지 인간의 자유를 보장하는 외적 기구일 뿐만 아니라, 그 자체가 정신의 실체로서 국가 안에서 자유가 실현되고, 국가는 정신의 객관적 형태로서 최고도의 차원에 있

---

33 위의 책, 330-331.

34 위의 책, 331.

I. 춘계 이종성 박사의 신학사상

다. "이런 의미에서 국가는 신적이면서 절대적 정신의 구체적 실현체로서 지상에 있는 하나님의 나라다. 국가는 근본적으로 종교적이다. 따라서 정치와 종교의 종합적 총체가 곧 국가이다."[35] 이종성은 "독일의 게르만 민족정신이 시대의 최고봉의 자리를 참칭(僭稱)(자기 분수에 맞지 않게 스스로 일컬음, 필자 주)했을 때 그에 대한 대법관자(大法官者)가 없었다"라고 헤겔의 절대국가론을 비판한다.[36]

4) 칸트의 국가론

이종성에 의하면, 칸트는 인간 자체의 본질을 도덕과 자유로 이해함으로써 인간은 도덕 생활을 하게 되고, 그 도덕에 기초한 종교가 가능해지고, 또한 그 종교가 도덕국가를 요청하게 된다.[37] 도덕은 인간행위의 동기와 마음과 의지의 내적 자유를 문제시하므로, 결국 종교 문제로 연결되며, 종교는 하나님의 나라를 요청하게 되며, 내적 자유는 외적 자유를 요구하고, 외적 자유는 도덕의 나라를 요구하고, 그 도덕의 나라는 법률을 요구하고, 그 법률의 나라는 국가의 관념으로 연결된다.[38] "도덕의 나라는 내적 자유의 공동체요 국가는 그 자유의 외적 형식으로서의 법적 공동체다. 도덕의 중점이 내부관계에 있다면 법은 외적 문제에 그 중

---

35 위의 책, 334.
36 위의 책, 336.
37 위의 책, 338.
38 위의 책.

점을 둔다."**39**

이종성은 "교회가 지향하는 나라는 하나님의 나라인 데 대하여 칸트가 지향한 나라는 세계의 보편적 정치질서 확립이다. 그러나 이 두 질서는 본질적으로 동일하지 않다는 것을 말함에 있어서 그의 '국가'는 '하나님의 나라'가 아니라 플라톤의 이상국에 더 가깝다"고 칸트의 국가론을 평가한다.**40**

5) 마리탱의 국가론

이종성에 의하면, 로마 천주교도인 마리탱은 민족과 국가 사이의 혼동으로 인해 생긴 민족국가나 민족자결주의라는 신화(神話)를 비판한다.**41** 마리탱은 사회를 "정치단체"의 범주에 넣고, "정치단체"는 공공의 복지와 전반적인 법질서 확립이라는 공동선을 추구하는 것으로 이해한다. 마리탱이 이해한 국가는 정치단체의 일부, 즉 특히 법의 유지, 공동의 복지와 공공질서의 촉진과 공무의 처리를 담당하는 부분에 지나지 않기 때문에, 국가는 전체로서의 정치단체보다 열등(劣等)하며, 전체로서의 정치단체에 봉사하는 의무를 가진다.**42** 결국 마리탱은 전체 국민을 위한 도구로서의 국가론을 주장한 셈이다.

이종성은 마리탱의 국가론의 두 가지 특징, 곧 ① 국가 도구론과, 정

---

39 위의 책, 339.

40 위의 책, 341.

41 위의 책, 344.

42 위의 책, 346.

치단체가 국가를 통제해야 한다는 국민주권사상, ② 국민의 복지와 정의 구현을 우선적으로 하는 의미에서의 사회주의 사상의 장점을 지적하면서도, 로마 천주교회의 잘못된 국가론을 비교하지도 비판하지도 않은 점을 단점으로 지적한다.[43]

---

[43] 위의 책, 350.

4.
대표적 현대 신학자들의
국가론에 대한 이종성의 이해

이종성은 대표적 현대 신학자들의 국가 이해와 관련하여, 바르트(K. Barth), 브루너(E. Brunner), 니버(R. Niebuhr)를 순서대로 취급한다.[44]

1) 바르트의 국가론[45]

이종성은 바르트의 국가론을 1918년, 1933-1934년, 1938년, 1945년 이후 등으로 시대별로 구분하여 논의한다. 이종성은 1918년의 바르트의 국가론 연구를 그의 『로마서 주석』(1918: 1919)의 로마서 13장 1-7절에 대한 주석을 중심으로 연구했다. 여기서 바르트는 "무혁명이

---

44 위의 책, 323-350.
45 참고, 위의 책, 351-361; 이종성, 『아우구스티누스와 신학자들』, 272-284.

참된 혁명의 최선의 준비"라고 주장함으로써, 혁명적 행동에 대해 매우 소극적 · 부정적 태도를 취한다.[46]

1932년 이전까지 국가권력에 대한 혁명이나 반역을 부정적으로 이해하던 바르트의 국가론은 히틀러가 1933년 독일의 총통이 되면서 『오늘의 신학적 실존』, 『바르멘 신학선언』(1934) 등을 통해 큰 변화를 가져온다. 『바르멘 신학선언』(1934)의 제II장 22-24항에 잘못된 정부에 대한 제동과 저항사상이 강하게 나타난다.[47] 1938년의 바르트의 국가론은 『의인과 법』(1938), 『스코틀랜드 신앙고백 강연』 등에서 나타난다. 이종성은 『스코틀랜드 신앙고백 강연』의 제24조에서 바르트의 국가론의 급격한 변화를 발견한다. "국가가 돌아오지 않을 때에는 최후의 수단으로 힘에 의한 저항은 피하면서, 끝까지 기도하면서 그들의 시정을 위하여 노력해야 한다."[48]

1945년 이후의 바르트의 국가론은 국가에 대한 투쟁을 별로 느끼지는 않았으나 국가 안에서의 그리스도인의 공동체, 곧 교회에 대한 새로운 인식의 중요성이 특히 『기독교공동체와 시민공동체』(1946)에서 나타난다. 바르트의 국가론을 시대별로 취급한 이종성은 바르트의 국가론의 특징을 "근본적으로는 로마서의 바울의 국가관과 칼빈의 국가와 교회관을 벗어나지 않았다. 즉 위에 있는 권세는 신권(神權)하에 있으며 언제든지 신에게 봉사하며, 교회를 보호해야 한다. 여기에서 이탈하는 국가는 신권의 심판을 받는다는 것이다"라고 요약한다.[49] 국가를 창조질서

---

46 이종성, 『아우구스티누스와 신학자들』, 274-275.

47 위의 책, 278.

48 위의 책, 282.

49 위의 책, 284.

로 간주하는 브루너와는 달리 바르트는 비록 현실국가에 반신적(反神的)이고, 반(反)그리스도적인 문제가 있을지라도, 그것은 어디까지나 그리스도의 지배권하에 있는, 한계선 상에 있는 현실로서 교회가 선교를 통해서 "구제"(救贖)할 수 있는 대상으로 봄으로써 국가를 구속질서에 속한 것으로 이해한다고 이종성은 바르트의 그리스도론적 국가론을 주장한다.[50]

2) 브루너의 국가론

이종성은 브루너의 국가론의 이중적·역설적·양면적 성격을 발견한다. 곧, 국가는 "신적 질서"에 속하는 동시에 "죄적 질서"에도 속한다. "국가는 이중적 성격을 가진다. 한 국가는 이 복종을 강요하는 힘으로써 다른 국가들로부터 존경을 받게 된다. 동시에 개인과 그룹의 반대에 대항하여 국가는 통일을 유지한다. 이런 점에서 국가는 사랑의 법에 어긋난다. 이로 인해 도덕문제가 생긴다. 강요는 사랑에 어긋난다. 그것은 죄적이다."[51] "국가는 하나님이 주신, 죄적 현실의 질서"이다.[52] 이종성은 브루너는 "국가를 하나님이 설정해 주신 제도이기는 하나 죄 많은 사람이 만든 국가라고 함으로써 국가의 양면성을 절절하게 표현했다"라고 브루너의 국가론을 평가한다.[53]

---

50   이종성, 『교회론(2)』, 361.

51   위의 책, 362.

52   위의 책, 364.

53   위의 책, 371.

3) 니버의 국가론

이종성에 의하면, 니버는 기독교 교리를 인류사회와 문명에 폭넓게 연관시키려고 노력하는 소위 "적용신학"(適用神學, Applied Theology)을 추구했다.[54] 이종성은 니버의 『국가와 제국』(*Nations and Empires. Recurring Patterns in the Political Order*, 1959)을 중심으로 서양에서의 로마제국의 발전과 동양에서의 "중화민국 제국"의 발전의 특징을 살폈다.

로마제국은 철학적으로 두 가지 조류의 대립을 처음부터 알고 있었다. 그 대립은 지배권에 대한 종교적 · 도덕적 정당성과 우주적 공동체를 자처하는 그 주장 사이에서 일어났다. 다시 말하면, 스토아주의와 로마제국주의이다.[55] 서양의 여러 제국의 역사가 고도로 발달된 철학과 종교의 보편주의와 실재한 제국의 돌발적이고 역사적인 성격과의 항구적 긴장관계를 계시하는 것이라면, 중국의 유교적 제국주의 개념과 구조를 분석해볼 때 거기에는 보편주의가 한 황제의 궁극적 주장에서 온다는 사실이 밝혀진다.[56] 동양에서 중앙집권적 전제주의가 가능했던 것은 바로 수리제도(水利制度)를 통한 "수리국가"(水利國家, hydraulic state)의 형성에 있으며, 서양제국과 중국제국 사이의 큰 차이점에도 불구하고, 양자 사이의 공통점은 과거의 "성현인"(聖賢人)들의 시대를 이상화(理想化)하는 것이다.[57]

이종성은 바르트, 브루너와 니버로부터 발견한 국가 이해에 대한

---

54 위의 책.
55 위의 책, 378.
56 위의 책, 384.
57 위의 책, 386.

공통점을 일곱 가지로 요약한다. 첫째, 국가는 죄적인 현실이지만, 하나님의 통치섭리 안에서 허용된 제도이다. 둘째, 국가의 노력은 인간에 의해서 인간을 위해 만들어진, 즉 상대적 필요성에 의해서 만들어진 것이다. 셋째, 상례적(常例的)으로 국가는 하나님의 뜻에서 이탈해 있다. 넷째, 하나님의 공의(원의)에 따르지 않고, 지배자의 욕망에 의해서 불의가 자행된다. 다섯째, 국가의 목적은 하나님의 창조질서를 본래의 목적대로 유지하는 데 있다. 여섯째, 국가는 자아추구를 주목적으로 하고 있기 때문에 교회의 지도를 받는 것이 가장 바람직하다. 일곱째, 국가가 교회를 박해함으로 하나님에 대한 반항행동을 할 때, 교회는 단연코 국가를 버리고 하나님의 말씀을 선택해야 할 것이다.[58]

---

58 위의 책, 387-389.

5.
교회와 국가의 투쟁사적(鬪爭史的) 관점에서 본 이종성의 국가 이해

이종성은 교회와 국가 사이의 대립과 투쟁의 역사(歷史)를 여섯 가지, 곧 초대교회와 로마제국 시대, 중세시대, 종교개혁 시대, 계몽주의시대, 나치스주의(Nazism) 시대, 현대시대로 나누어 논의한다.

1) 초대교회와 로마제국 시대

이종성은 원시교회를 예수 그리스도의 승천부터 신약성경의 완료시점까지(A.D.120), 초대교회를 기원후 120년경부터 6세기경까지로 파악한다. 초대교회가 로마제국으로부터 박해받은 가장 근본적 이유는 국가를 대표하는 황제를 숭배하지도 않고, 국가를 보호해주는 신(神)들을 숭배하지도 않았기 때문이었다. 로마제국의 첫 황제가 된 아우구스투스(B.C.64-A.D.14)는 대신관(Pontifex Maximus)의 직을 얻어 로마제국의 정치적 권력과 종교적 권위를 한 몸에 지니게 되어, 이 세계에 있어서 최고의 국가권력의 소유자가 되었다. 데키우스(Decius, 200-251), 디오클레티아누스(Diocletianus, 230-316) 등이 행한 기독교에 대한 조직적인 박해 이유는 다음과 같다. "기독교도들은 로마제국 안에서 일반적으로 인정된 신들을 전연 경배하지 않는다. 기독교도들이 강화되는 황제숭배를 거절했을 때 반역죄라는 죄명이 첨가되었다."[59]

기독교로 개종한 콘스탄티누스 황제(A.D.274-337, 재위기간 306-337)는 311년에 기독교 관용령을 시작으로 313년에는 기독교를 공인하는 밀라노칙령을 반포했으며, 326년에는 기독교를 동로마제국의 국교로 선포했고, 테오도시우스 황제(346-395, 재위기간 379-395)는 380년 2월 28일에 기독교가 로마제국의 국교라는 칙령을 선포했다. 이종성은 "이때부터 교회와 황제의 관계는 상호 협조의 관계로 들어갔다"고 주장한다.[60]

밀라노의 감독 암브로시우스(Ambrosius, 337-397)가 강력한 지도력을 발휘하고 있을 때, 테오도시우스 황제가 기독교를 로마제국의 국교로 선포한 것이다. 암브로시우스는 아리우스파 아욱센티우스 문제로 일어난 발렌티니아누스(Valentinianus) 황제와의 갈등을 주도적으로 잘 해결했다. "즉 황제는 교회 안에 있는 분이로되 교회 위에 있는 분은 아니다. 훌륭한 황제는 교회 돕기를 노력해야 하되 교회를 탄압하려고 하지 않는다"라는 암브로시우스의 설교의 내용을 전해 들은 발렌티니아누스 황제는 자신의 주장을 철회했다.[61]

이종성에 의하면, 아우구스티누스(354-430)는 교회와 국가의 관계에 대한 구체적인 글을 남기지 않았으나, 410년 로마가 고트족에게 함락된

---

59 위의 책, 390-391.

60 위의 책, 393.

61 위의 책, 395.

I. 춘계 이종성 박사의 신학사상

후에 쓴 그의 『신국론』(De civitate Dei, 426)에 그의 핵심 사상이 나타난다. 이종성에 의하면, 아우구스티누스도 암브로시우스처럼 교회와 국가에 대한 한 원칙을 지키고 있는바, 그 원칙은 인간적인 것에 대한 신적인 것의 우위와 무상한 것에 대한 불멸적인 것의 우위라는 것이다. 육체는 황제나 국왕에게 복종하나 영혼은 복종하지 않는다. 하나님의 법에는 국가의 법이 침범치 못할 한계가 있다. 아우구스티누스는 교회가 국가에 종속되거나 국가가 교회에 종속되는 것을 원치 않았다. 그러나 국가는 교회를 보호할 의무를 가지고 있고, 그리스도인으로서의 통치자는 어머니인 교회에 대해 평화를 보장하고, 그리스도를 위해 법률을 공포하고, 그리스도에게 봉사해야 한다.[62]

2) 중세시대

이종성에 의하면, 아우구스티누스에 의해서 확정된 교회와 국가의 등거리 관계는 로마제국이 약화되고, 교회재산이 확대되고, 성직자들의 수가 증가됨에 따라 위태롭게 되었다. 하인리히 2세(1002-1024)는 교회와 밀접한 관계를 잘 유지했으나, 하인리히 3세는 교황을 세 사람이나 파면하고, 독일 성직자를 교황의 자리에 임명했다.[63] 레오(Leo) 교황이 샤를마뉴(Charlemagne) 왕에게 왕관을 씌워줌으로써 교회 안에 국가가 들어오게 되었다. 교회와 국가 사이의 가장 극단적인 대립과 투쟁은 황제 하인리

---

62   위의 책, 396.

63   위의 책, 397-398.

히 4세와 교황 힐데브란트 그레고리 7세 사이에서 일어난 카노사(Canossa) 사건이다. 처음에는 황제 하인리히 4세가 카노사성(城)에서 교황 그레고리 7세에게 항복하여 무릎을 꿇었지만, 그 반대로 나중에는 황제 하인리히 4세가 군대를 로마에 보내어 그레고리 7세를 교황 자리에서 추방하고, 다른 사람을 교황 자리에 앉혔다.[64]

3) 종교개혁 시대

이종성에 의하면, 종교개혁자들의 대립과 투쟁의 대상은 지상의 국가가 아니라, 중세 로마 천주교회였기 때문에, 그들이 이해한 교회와 국가 사이의 관계 문제는 중세시대와는 다른 차원에서 전개되었다.[65] 중세 로마 천주교회는 교회가 세속권력을 소유하려 함으로써, 황제냐 교황이냐라는 양자택일의 관계가 형성된다. 루터는 교회와 국가를 별개의 실체로 보고, 상호독립권과 자립권을 인정하면서 상호불가침의 원칙을 지키되 상대방에 대한 의무와 협조는 원활하게 할 것을 원했다. 칼뱅은 교회를 하나님의 기관으로 이해하여 지상에 있는 어떤 단체나 실체와 비교하지 않고, 오히려 모든 권세와 단체 위에 위치하여 하나님의 경세사역(經世使役)을 수행하는 모임으로 이해한다. 따라서 교회와 국가는 1대 1의 관계에서 상호수수작용(相互收受作用)을 하는 것이 아니라, 국가는 교회를 통해 통고된 하나님의 뜻과 명령에 복종해야 하는 실체로 이해한

---

64 위의 책, 400-401.

65 위의 책, 401.

I. 춘계 이종성 박사의 신학사상

다. 국가는 교회에 대해 복종하는 것이 아니라 하나님의 명령에 복종하고 봉사하는 것이다.[66]

4) 계몽주의 시대

이종성은 "계몽주의"(啓蒙主義, Aufklärung)의 근본성격을 봉건적 구습과 종교적 전통에 의한 무지, 미신, 독단의 지배로부터 민중을 해방시켜, 그들이 자연의 빛, 즉 이성(理性)에 의해 마음이 열려, 자유사상, 과학적 지식, 비판적 정신 등을 취득함으로써 인간 자신의 존엄성을 자각케 한 것으로 이해한다.[67]

이종성은 18세기 계몽주의 운동 시기에 교회와 국가의 관계의 양상(樣相)이 세계기독교에서도 세 기독교 교파, 곧 로마 천주교회, 개신교회, 러시아정교회에서 각각 다르게 나타난 사실을 지적한다.[68] 네덜란드의 주교이자 신학자인 얀센(Cornelius Jansen, 1585-1638)에 의해서 시작된 얀센주의 운동과 계몽주의 운동이 로마 천주교회 안에서 개혁운동을 시도했으나, 트리엔트공의회와 예수회 등의 반대에 직면하여 큰 영향을 미치지 못했다. 러시아정교회는 계몽주의 영향을 거의 받지 않았다. 카타리나 2세는 교회재산을 국유화했지만 성직자들은 전혀 피해를 입지 않았다. 1815년 이후 러시아정교회는 국가로부터 심한 평가절하를 받았고, 교회는 국가와의 대등한 위치가 아니라, 국가의 시민들을 가르치는 교사의

---

66 위의 책, 408-409.

67 위의 책, 409.

68 위의 책, 410-414.

위치로 전락했다.[69]

로마 천주교회와 러시아정교회와는 거의 정반대 현상이 개신교가 지배적인 국가에서 나타났다. 개신교가 강한 국가에서는 반(反)로마 천주교회 운동이 일어났다. 네덜란드의 스페인으로부터의 독립전쟁, 영국에서의 크롬웰 청교도혁명과 친로마 천주교회적인 스튜어트 왕조에 대한 반항운동이 전개되었다. 18세기에 교회와 국가의 분리라는 사상이 먼저 네덜란드에서, 나중에 영국에서 실현되었고, 마침내 로마 천주교회가 지배적이던 국가에까지 영향을 미쳤고, 이런 사상이 1776년 미국의 독립선언문 속에서도 강하게 반영되어 있다.[70]

5) 마르크스주의의 국가관과 나치스주의의 국가관

이종성은 종교를 부정한 마르크스주의(Marxism)의 국가관과, 종교를 인정한 나치스주의(Nazism)의 국가관을 차례로 취급한다.[71] 이종성에 의하면, 마르크스주의는 종교를 하나의 "이데올로기"(ideology, idéologie)로 이해하고, 사회적 경제관계를 투영하는 "자아의식"으로 간주한다. 마르크스주의가 이해한 국가는 사회질서를 유지할 필요성에 의해 생긴 권력구조이며, 사회생활에서 인간의 힘을 합한 것 이상(以上)이 아니며, 근본적으로 개인 또는 단수의 이익과 행복을 보호하고 증진하기 위한 사회적 형성물로서, 부르주아(bourgeois)의 자본적 생산방법의 조건을 유지하기 위

---

69 위의 책, 414.

70 위의 책, 412.

71 위의 책, 416-423.

I. 춘계 이종성 박사의 신학사상

해 만든 조직에 불과하다.[72] 이 같은 마르크스주의의 국가 이해에 대해 이종성은 다음과 같이 평가한다. 이것은 사회 안에서 국가가 완전히 소멸되는 것을 의미하며, 공산주의자들이 인류를 이끌어가는 곳은 일체의 민족적 · 국민적 개별성이 없어진 공산주의적 국제사회 또는 세계사회이다. 거기에서 종교는 국가와 함께 완전히 소멸되고 만다. 이러한 공산주의의 종교관은 기독교 자체 안에서 일어나고 있던 자유주의와 함께 근대 기독교를 궁지에 몰아넣었다.[73]

나치스주의의 국가론과 종교론을 심도 있게 논의한 이종성은 자신의 결론을 다섯 가지로 다음과 같이 집약해준다. 첫째, 나치스주의의 국가관은 시민들의 공익을 보장하고 증진하기 위해서 만들어진 공동체적 총화가 아니라, 게르만(아리안)족이라는 민족혼을 핵심으로 하는 민족의 통일적 조직형태이다. 둘째, 이렇게 조직된 국가는 국가 안에 있는 모든 것에 대해 절대권한을 소유한다. 셋째, 교회는 하나님과 직접 관계를 가지는 공동체가 아니라, 인간 안에 있는 독립된 고귀한 영혼을 그 존재 근원으로 삼아야 한다. 넷째, 교회(기독교)는 사랑이나 은총이라는 "약자적, 노예적 신앙"을 버리고, "영웅적, 주적(主的), 동적, 창조적 신앙"을 가져야 한다. 다섯째, 교회는 인류의 공동의 적(敵)인 유대인을 박멸하는 데 동참해야 한다.[74]

이 같은 나치스주의에 대한 독일 고백교회의 저항운동을 이종성은 다음과 같이 평가한다. "이러한 너무나도 이질적이고 악마적인 정치단체인 나치스 정권에 대하여 독일 고백교회는 교회로서의 큰 위기를 느

---

72 위의 책, 416.

73 위의 책.

74 위의 책, 422.

끼고 1934년에 발멘(Barmen) 신학선언을 발표했다. 그 선언문을 통하여 나치스 정부(국가)가 현재와 같은 반신적 입장을 고치지 않는 한 교회는 하나님의 말씀에 따르겠다고 선포했다. 나치스 정부에 대한 선전포고였다."[75]

6) 현대시대

현대는 과거 어느 때보다도 종교적으로나 정치적으로 다원화 양상을 보이고, 여기에 따라 교회와 국가의 관계에 대한 정책도 다양하기 때문에, 이 같은 다양한 정책을 개별적으로 고찰하지 않고, 대표적 국가들, 곧 미국, 영국, 구(舊)소련(蘇聯), 독일, 일본의 경우를 살핀 이종성은 그 특징들을 여섯 가지로 요약한다.[76]

첫째, 교회와 국가가 완전히 분리되어 있는 나라에서는 종교적 자유가 일반적으로 가장 확실하게 보장되어 있다. 둘째, 국가가 교회를 국가정책을 가동시키기 위해 이용하거나, 교회가 국가의 권력에 편승할 때, 종교적 자유가 어려워진다. 이 사실은 독재정권 하에 있는 국가에서나 민주주의국가에서 다 같이 발견되는 현상이다. 셋째, 반종교적(反宗敎的)이고 무신론적(無神論的)인 국가가 교회와 협력관계를 가지는 데 계속해서 어려움을 당하고 있다. 넷째, 국가로부터 혜택을 받는 교회일수록 종교적 자유를 잃고 있다. 다섯째, 교회가 강한 정치력을 갖고 착취계급

---

[75] 위의 책, 423.
[76] 위의 책.

과 밀접한 관계를 가지고 있는 나라의 혁명정부는 강한 반종교적 경향을 가지고 있으며, 종교적 자유에 심한 규제를 강요한다. 여섯째, 미국에 크게 영향을 받아 형성된 민주주의국가는 완전한 종교적 자유와 교회와 국가의 분리를 헌법적으로 보장하고 있다.[77]

유럽에서 종교적 핍박을 받아 종교적 자유를 위해 미국으로 건너온 개신교 신자들은 1776년 영국으로부터 독립한 독립선언서에 종교와 정치, 교회와 국가의 상호 간의 독자적 존립성이 인정되고, 교회가 국가로부터 분리된다는 헌법 규정이 삽입된 예는 미국이 처음이며, 1791년 제1 수정안은 "국회는 종교를 세우거나 자유로운 활동을 금지하는 어떠한 법도 만들지 않는다"라고 규정하고 있다. 이 같은 미국의 종교분리의 정책은 현재 전(全) 세계 각국에서 종교와 국가의 관계 문제에서 하나의 표준이 되고 있다.[78]

"아마 옛날에는 영국교회는 완전한 자유를 한 번도 가져보지 못했다. 중세기에는 교황에 의해서 지배되었고, 그 후에는 왕에 의해서 지배되었고, 그리고 지금은 국회에 의해서 지배되고 있다"라는 요크(York)의 대주교 갈베트(Cyril Forster Garbett, 1875-1955)의 주장은, 영국에는 종교의 자유가 있다고는 하나, 교회는 사실상 국가의 보호를 받으면서 국가 밑에 있다는 사실을 증명하고 있다.[79]

이종성에 의하면, 공산주의를 대성한 마르크스는 "종교를 민중의 아편", 레닌은 "종교를 영적 압박의 한 측면", 스탈린은 "모든 종교는 과

---

77 위의 책, 430.

78 위의 책, 423-424.

79 위의 책, 424-425.

학에 반대된다"라고 했다.[80] 이 같은 철저한 반종교적 이데올로기 위에
세워진 러시아의 전신인 구(舊)"소련(蘇聯)"은 종교를 인정하거나 그것에
자유를 부여한다는 것은 생각도 할 수 없는 일이었다. 그러나 초기에 종
교, 곧 기독교 말살정책의 실효를 거두지 못한 소련 정부가 1947년 헌법
에 종교적 자유를 허락하는 조항을 삽입했지만, 제한적인 종교의 자유를
허용했기 때문에, 그 당시 교회는 마땅히 누려야 할 종교의 자유를 충분
하게 누리지 못했다.[81]

　　1949년에 새로 통과된 독일 헌법에 따르면, 로마 천주교회는 바티
칸 교황청과 협약에 의해서 지배받으며, 국가는 종교의 자유와 자치를
허락하며, 지방 교구 유지를 위해 헌금할 수 있으며, 학교에서 교회의 교
육방침에 따라 교육할 수 있으며, 대학에서 성직자 양성을 위한 신학부
를 설치할 수 있다. 이에 대해 교회는 정부가 교회의 교직자를 선정하는
것을 받아들여야 한다. 로마 천주교회와는 달리, 독일 안에 있는 개혁교
회와 루터교회는 교회가 국가의 감독을 받는 대신 월급을 국가로부터
받는다. 교인들은 교회를 통해서 종교세를 내야 한다. 침례교회와 감리
교회는 자기들이 직접 헌금을 받아 자치제를 시행하고 있다.[82]

　　일본은 제2차 세계대전(World War II)이 끝날 때까지 제정일치의 헌법
아래 국민생활을 지도했으며, 불교와 신도(神道)가 살아 있는 한, 인간인
천황에게 종합 승화되어 그가 현인신(現人神)이 되어 일본의 전체 생활을
지배했다. 제2차 세계대전에서 일본이 패배하기 이전의 헌법은 천황을
신적 존재로 간주한다. "천황은 일본 안에서 최고의 존재요 신이다. 그로

80　위의 책, 425.

81　위의 책, 426.

82　위의 책, 427.

　　　　　　　　　　　　I. 춘계 이종성 박사의 신학사상

부터 모든 것이 나온다. 그분 안에 모든 것이 존재한다."[83] 그러나 제2차 세계대전 이후의 일본의 새 헌법은 "모든 사람에게 종교의 자유가 보장된다. 어느 종교 단체도 정부로부터 특별대우를 받을 수 없다. 또 어떤 정치적 권위를 행사할 수도 없다. 아무도 어떤 종교적 행사나 축제나 예전이나 실천에 참석토록 강요당하지 않는다. 국가와 그 기관은 종교교육이나 다른 종교적 행동을 해서는 안 된다"고 규정함으로써, 종교의 자유와 제정분리의 원칙을 보장하고 있다.[84] 그러나 1947년부터 일본에서 전몰자유족회가 조직되어 해마다 대회를 가지면서 "야스쿠니신사"(靖國神社) 재건 의도를 나타내고, 1956년에는 "야스쿠니신사법"(靖國神社法) 초안이 작성되어 공식 발표가 있었지만 아직까지 이 법안이 통과되지 않았다.[85] 지금도 수상 등을 비롯하여 일본 일부 정치인들이 개인 자격으로 야스쿠니신사에 참배함으로써 특히 한국과 중국의 항의와 반발에 직면하고 있다.

---

83   위의 책, 428.

84   위의 책.

85   위의 책, 428-430.

6.
국가의 다양한 본질에 대한 이종성의 이해

　국가의 본질과 관련하여 이종성은 여섯 가지, 곧 실증주의 국가관, 이상주의 국가관, 낭만주의 국가관, 자연발생설적 국가관, 로마 천주교회의 국가관, 종교개혁자들의 국가관을 차례대로 취급한다.[86]

　실증주의 국가관에 따르면, 국가는 특정 장소 안에 있는 힘의 역동으로 생긴, 순전히 자연법에 따르는 현상이다. 힘이 존재하면 거기에서는 어떤 사건이 나타나게 된다. 그 힘이 복수일 경우에는 투쟁이 전개된다. 어떤 학자는 "사회적 공리주의"라고도 하고, "자연법에 의하여 나타난 사회의 구성요소를 통해 생기는 사회현상"이라고도 한다. 이 같은 "실증주의적(자연법적)" 국가관은 현실적으로 사회 안의 힘이 자연의 법칙에 따라 다소 알력이나 투쟁이 있다 해도 균형이 잡힐 때 국가가 형성된다고 한다.[87]

86　위의 책, 299-306.

87　위의 책, 300-301.

　　　　　　　　　I. 춘계 이종성 박사의 신학사상

이상주의 국가관은 실증주의 국가관과는 정반대의 현상을 말한다. 이런 견해를 가진 사람들은 국가를 그 원인에서 보지 않고, 목적에서 본다. 국가가 지향하는 목적이 무엇인가에 따라 국가의 성격이 결정된다. 나타나는 현실을 두고 판단하는 것이 아니라, 그 국가가 지향하는 관념에서 판단한다. 국가는 사람의 관념의 소산물이며, 객관화된 마음이며, 역사 안에서 열린 마음의 종합적 표현이다.[88]

낭만주의 국가관은 위에서 언급한 두 가지 국가관의 중간적 입장에 있다. 국가가 잠재적 박력을 가지고 있거나 개별화에 강조점을 두거나 비합리적 측면을 강조하는 원칙에서는 실증주의 국가관에 가깝다. 다른 한편 국가의 영적 본질과 전체적 또는 보편적 측면을 강조하는 데 있어서는 이상주의적 국가관에 가깝다. 이 낭만적 국가관은 유기체(organism)라는 관념으로써 둘을 연결시킨다. 영적으로 해석된 국가는 유기적 원칙에 의해서 조직된 살아 있는 유기체이다.[89]

자연발생설적 국가는 어떤 관념에 의해서 의도적으로 조직되거나 무슨 원인에 의해서 불가피하게 만들어지는 것이 아니라, 사람이 모여 공동생활을 하면 자연적으로 힘이 집합되고 자아 보호의 충동에 따라 집단적 행동을 취하게 된다. 이같이 국가는 자연적으로 발생하는 것이어서 반드시 어떤 원인에 의해서 산출되는 제도는 아니라고 생각한다.[90]

로마 천주교회의 국가 이해에는 두 가지 특징이 있다. 하나는 국가를 자연법(lex naturae)의 관념에서 이해하는바, 하나님이 국가에 대해 가지는 목적에서 국가를 이해한다. 다른 하나의 특징은 국가라는 개념과 관

---

88 위의 책, 301.

89 위의 책, 301-302.

90 위의 책, 302.

념을 완전히 동일시하는 국가관이다. 곧 국가의 본질은 국가의 목적에서 이해할 때 가장 분명하게 된다. 아리스토텔레스적으로 말한다면, 그 목적이란 "내적 관념(an immanent Idea)"이다. 이 내적 관념은 로마 천주교회의 교회관과 밀접한 관계를 가진다. 중세부터 로마 천주교회의 전통적인 견해는 교회가 참국가요, 따라서 교회의 권위가 국가를 지배하는 것이 자연법이요, 하나님의 뜻에 따르는 것이라고 한다. "로마 천주교회의 참국가관은 곧 교회의 관념이다. 교회에 세속적 권한이 종속한다."[91]

이종성에 의하면, 종교개혁자들은 로마 천주교회처럼 뚜렷한 국가 이념을 가지지 않았다. 종교개혁자들은 국가를 하나님께서 정해주신 자연법(jus naturae)으로 이해했다. 그리고 현실적으로 교회와 국가가 공존하고 있는 사실에 관심을 두지 않을 수 없었다. 결국 종교개혁자들은 국가가 교회의 이념 위에 세워졌다는 생각을 포기하고, 교회와 세속정부 사이의 분명한 구분이 있음을 인정했다. 그들은 국가를 교회와는 관계없이 독자적으로 존재하는 질서요, 제도라고 이해하기는 했으나, 그렇다고 해서 국가가 교회와 하등의 관계를 가지지 않는다고 생각지 않았다. 그러나 그들이 분명하게 이해하고 강조한 것은 하나님이 국가에 대해, 교회에 주신 기능과 다른 기능을 주셨다는 것이다. 이종성은 국가론에 대한 종교개혁자들 사이의 차이점에도 불구하고, 그 차이점은 이차적이며, 강조점에서의 차이로 이해한다.[92]

---

91   위의 책, 303-304.

92   위의 책, 304-306.

7.
국가의 다양한 형태의 특징에 대한 이종성의 이해

이종성이 국가의 형태와 특징을 논의할 때, 정치학자들이나 법학자들의 전문적인 분류법에서 출발하지 않고, 교회와의 관계에서 국가의 형태를 추구한 결과 비전문적으로 편의상 크게 두 종류, 첫 부류에는 민주주의, 자본주의, 제국주의를 포함시키고, 둘째 부류에는 사회주의, 전체주의(전제주의, 과두제도)를 포함시킨다.

1) 민주주의국가

민주주의(democracy = Demos + cratos)가 일반적으로 고대 그리스에서 발달되기 시작했다고 하나, 오늘날 우리가 생각하는 민주주의는 14세기 르네상스를 기점으로 18세기에 영국, 미국, 프랑스 등에서 독립전쟁과 자유사상과 혁명을 통해 발전되었다. 부르주아 민주주의와 사회주의적 민주주의에 대한 논쟁이 있지만, 이종성은 민주주의는 "각 개인이 가지는 자유, 평등, 주권재민, 저항권 등을 토대로 최대 다수의 의견이 반영되는 정치제도"이며, 개인의 인권과 다수의 의견이 지배력을 가지는 체제로 이해한다.[93]

2) 자본주의국가

자본주의는 현재 공산주의자들에 의해 격렬한 비판을 받고 있음에도 불구하고, 세계경제를 지배하고 있는 강력한 경제제도이다. 이종성은 베버(Max Weber), 좀바르트(Werner Sombart), 마르크스(K. Marx), 홉슨(A. Hobson), 브루너(Emil Brunner)의 입장을 통해서 자본주의 이해에 접근한다.

베버는 근대 자본주의의 특징이 자유노동의 합리적 조직을 수반하는 시민적 경영 자본주의에 있다고 본다. 그는 그것의 관념적(사상적) 특징을 개신교적 · 시민적 합리주의에서 찾는다. 베버는 하나님으로부터 받은 소명인 강한 직업의식에 의한 근면절약의 생활의식이 개신교 윤리에서 왔다고 봄으로써, 근대 자본주의는 개신교 중에서도 칼뱅주의의 영향을 받아서 발전되었다고 주장한다.[94] 좀바르트는 베버와는 달리 자본주의 발전의 배후에 개신교 윤리관이 있다고 보지 않고, 두 개의 별개의 인간 집단, 즉 생산수단의 소유자인 경제주체와 경제활동의 객체인 노동자가 시장(市場)을 통해 결합하여 더 많은 이득을 취하려는 경제적 합리주의가 지배하는 유통경제 조직이라고 한다. 이종성은 베버가 자본주의의

---

93 위의 책, 307-308. 참고, 이종성, 『윤리학(1)』, 390-413.

94 이종성, 『교회론(2)』, 309.

I. 춘계 이종성 박사의 신학사상

정신 추구에 중점을 두었다면, 좀바르트는 자본주의 사회적 구조에 더 관심을 가졌다고 평가한다.[95]

　자본주의에 대해 누구보다도 과학적이면서도 비판적인 분석을 내린 마르크스는 자본주의의 본질과 특징을 세 가지로 보았다. 첫째, 모든 생산 활동은 이윤 획득을 위한 방법이다. 둘째, 노동력을 이윤 증가를 위해 이용하므로 노동력을 상품화하여 그 본래의 가치를 저하하는 동시에 노동자의 인권과 인격을 무시하고 상품화한다. 셋째, 이윤추구에 더 큰 관심을 가지기 때문에 무계획적으로 생산한다. 그 결과 수요공급에 불균형이 생겨 그 피해는 노동자들에게 지워진다. 이같이 마르크스는 자본주의를 악한 제도로 보았다. 영국 태생인 흡슨은 마르크스처럼 자본주의를 부정적으로만 보지 않았다. 흡슨은 자본주의를 원료와 도구를 매입하고, 노동자를 고용하여 부를 생산하는 기업가들의 경제제도로 보았다. ① 시장, ② 노동자계급, ③ 집단노동자에 대해 유리한 고용을 가능케 하는 생산방법의 발전, ④ 생산품을 소화할 수 있는 시장확보, ⑤ 축적된 자본을 생산적 기업의 이윤추구까지 적용할 수 있는 욕망과 능력, 이러한 조건이 구비될 때, 자본주의는 성립된다고 한다.[96]

　브루너는 자본주의의 기초를 스토아철학 같은 자유주의 철학에서 찾으려 한다. 스토아 철학은 인간에게 이성적 존재라는 의식을 가지게 했고, 그 의식을 토대로 자연적 충동에서 해방되어 주위 환경으로부터 독립하는 자신의 삶을 가지게 했다. 브루너는 "경제생활은 개개의 활동체가 자유롭게 결합함으로써 결성된다. 하나의 경제생활은 마치 개개의

95　위의 책.

96　위의 책, 310.

원자가 결합한 것같이 되어 있다"고 주장한다.[97] 마르크스가 국가를 필요로 하는 사회를 만들고자 했지만, 공사주의 사회가 언제든지 전체주의 국가 될 수 있다는 사실을 몰랐다고 브루너는 비판한다.[98] 이종성은 자본주의 경제체제를 기초로 하는 대부분의 국가가 공산주의 국가보다도 경제적으로 앞서고 있다고 평가한다.[99]

3) 제국주의국가

이종성은 레닌이 1917년 그의 책 『자본주의의 최고단계로서의 제국주의』에서 비판한 제국주의에 대해서 설명한다. 자본주의의 최종단계가 제국주의라는 레닌의 주장은 적중되지 않았다. 이종성에 의하면, 개인의 자유를 최고도로 인정하는 민주주의가 자본주의를 낳고, 그 자본주의의 잘못된 방향으로의 발전이 제국주의를 낳았으나, 현재 대부분의 자본주의국가는 수정자본주의를 채택하여 자신의 약점을 극복함으로써, 반자본주의국가들이 자본주의 경제정책을 채택하는 단계에까지 이르게 되었다.[100]

---

97 위의 책.

98 위의 책, 311.

99 위의 책.

100 위의 책, 312-313.

I. 춘계 이종성 박사의 신학사상

4) 사회주의국가

이종성에 의하면, "사회주의"(Sozialismus)는 보통 개인주의적 자본주의 세계관에 반대되는 사상으로서, 사회 총체를 근거한 사회체제에 대한 말이며, 자본주의나 개인주의나 민주주의는 개인에 관한 모든 이해관계를 주로 관심의 대상으로 삼는 데 대해 사회주의는 개인 전부를 포함한 사회 총체의 이해관계에 더 큰 관심을 둔다.[101] 사회주의라는 사상은 인류정신사(人類精神史)에서 비교적 최근에 나타난 사상으로서 극단적인 유물주의와 무신론적 사회주의로부터 사회복지를 위주로 하는 유신론적 사회주의가 있다. 전자는 공산주의와 동의어로 사용되나 후자는 기독교 민주주의와 유사한 내용을 가지고 있다.[102]

사회주의는 다양하여 봉건적 사회주의, 기독교적 사회주의, 소시민적 사회주의, 부르주아 사회주의, 공상적 사회주의, 마르크스주의(과학적 사회주의) 등이 있다. 앞의 네 가지 사회주의는 대체로 중산층 계급을 중심으로 한 사회주의이지만, 마지막 두 개, 곧 공상적 사회주의와 마르크스주의는 프롤레타리아(proletariat, 노동자) 계급만을 위한 사회주의이다. 노동자들만을 위한 사회주의를 표출시키기 위해 마르크스는 1848년『공산당선언』(Manifest der Kommunistischen Partei)을 발표했고, 이때부터 마르크스와 엥겔스가 주장하던 사회주의를 "공산주의"라고 부르게 되었다.[103]

---

101 위의 책, 314.

102 위의 책, 313-314.

103 위의 책.

5) 전체주의국가

이종성은 전체주의를 두 가지, 곧 공산주의적 전체주의와 비공산주의적 전체주의로 나눈다. 이상의 두 전체주의는 민주주의의 대원칙인 개인의 인권을 전체, 곧 국가나 민족이나 계급이나 이데올로기에 종속시켜 개(個)를 전체의 희생제물로 만드는 특징이 있다.[104] 비공산주의적 전체주의는 게르만 민족의 우월성을 주장한 나치즘이나 로마인의 우월성을 주장한 파시즘에서 나타났고, 전체주의와 유사한 고대의 과두정치(寡頭政治, oligarchy, 귀족정)나 전제주의(專制主義)에서 나타난다. 전제주의는 전체주의와 매우 유사한 정치형태로서 국가의 전 권력이 1인(전제군주제)이나 유일계급이나(부르주아 전제), 유일정당(나치당, 공산당)에 집중되어 있다.[105] 마르크스는 이상적 공산주의가 실현되면, 국가가 사라질 것이라고 생각하여, 이상적 공산주의가 전체주의로 변화될 것을 예측하지 못했다. 그러나 레닌은 마르크스와 달리 공산주의 혁명을 달성하고, 공산주의가 정착되려면 전체국가주의가 형성되어야 한다고 생각했다.[106]

이종성은 공산주의를 비롯하여 전체주의의 특징을 다음과 같이 네 가지로 요약한다. 첫째, 공산주의적 전체주의는 자유의 배제를 의미하는 바, 개인의 자유는 국가의 절대권과 공존할 수 없기 때문이다. 둘째, 공산주의적 전체주의는 사적인 모든 것의 소멸을 의미한다. 개인은 국가의 기능이기 때문에 국가에 대항하는 권력 주장도 있을 수 없다. 자작농, 민간상업, 노동과업 등은 완전히 금지되어 있다. 셋째, 개인의 머릿속에 있

---

104 위의 책, 317.

105 위의 책, 318-319.

106 위의 책, 319-321.

는 자유나 행복이나 이상이라는 생각을 없애기 위해 공산주의적 전체국가주의는 인간의 세뇌를 통해서 공산주의 인간을 만들려고 한다. 그 목적을 달성하기 위해 모든 교육기관, 매스컴을 통해서 개인이 생각하고 판단하고 움직이고 목적을 선택하는 것까지 국가가 지시한다. 넷째, 공산주의적 전체주의는 기독교를 제1의 적(敵)으로 보고, 그것의 섬멸을 시도한다. 모든 전체주의국가는 기독교를 멸절시키려 했으나 한 사람도 한 나라도 성공하지 못했다.[107] 공산주의적 전체주의나 비공산주의적 전체주의는 모두 개인의 근본적 인권을 부정하고, 개인을 국가나 어떤 이데올로기의 도구로 삼기 때문에, 이종성에 의하면, 전체주의 사상은 "예수 그리스도의 성육신 사건과 그의 삶과 십자가 사건과 부활사건의 뜻과는 전연 반대되는 사상이어서 우리로서는 도저히 용인하거나 받아들일 수 없다."[108]

---

[107] 위의 책, 321-322.
[108] 위의 책, 322.

8.
이종성의 국가 이해

1) 객관적 사실로서의 국가

　이종성에게서 국가는 "객관적 사실"로서의 국가이다. "국가는 가정과 사회와 함께 그 안에서 우리가 태어난 객관적 제한성이다. 그러므로 우리가 그것을 파괴하거나 무화(無化)할 수 없다. 무정부주의는 이러한 자연질서를 파괴하는 것이기 때문에 인정될 수 없는 허황한 하나의 설에 지나지 않는다."[109]

　첫째, 이종성은 국가를 "하나님이 주신 질서"로서 창조질서와 구속질서에 속하는 것으로 이해한다. 만약 국가를 창조질서로 이해한 칼뱅과, 국가를 보존질서(orders of preservation)로 이해한 브루너의 견해에 동의하지 않을 경우, 국가는 하나님의 우주통치 영역 밖으로 축출되어 이원론에 빠지기 때문에 칼뱅과 브루너의 견해를 수용해야 하며, 이원론은 성

---

[109] 위의 책, 444.

서적으로나 신학적으로 수용될 수 없다고 이종성은 강하게 주장한다. "비록 국가가 불완전한 것이기는 하나, 하나님의 우주통치의 범위 안에 있으며, 하나님이 자연질서를 통해서 그리스도를 통한 구속질서 속에(바르트) 묶어 두었다."[110]

둘째, 이종성은 국가를 "죄 된 질서"로 이해한다. 국가가 아무리 좋은 목적을 가지고, 좋은 통치자에 의해 다스려져도, 국가는 불완전하며, 죄적이며, 악마의 도구가 될 위험성을 가지고 있는 제도이다. 브루너는 국가의 죄성의 근원을 원죄에 두었다. 플라톤의 이상국가도 죄적인 본질을 가지고 있다. 이종성은 바르트가 국가를 구속질서에 속한다고 주장한 것은 국가의 죄성을 인정했기 때문이라고 주장한다. 이종성은 중세 로마 천주교회가 "'신성(神聖)' 로마제국"(*Sacrum Romanum Imperium*)이라고 부른 것은 신학적으로나 현실적으로 용인할 수 없다고 비판한다. "국가가 죄적인 인간에 의해서 구성된 죄적인 질서임은 객관적 사실이다."[111]

셋째, 국가는 권력추구의 질서이다. "국가는 지배를 위한 권력 추구를 그 본질로 가지고 있다. 그 목적을 달성하기 위하여 국가는 두 가지 도구를 사용한다. 법과 권력이다. 권력이 없는 국가는 무능한 국가이다. 권력을 가진 국가는 그 권력을 독점하려고 한다. … 그러므로 국가로부터 법과 권력을 제거할 수 없다. 국가가 존립하기 위한 기초적 조건이 권력과 법이다."[112] 국가는 본질상 타자(他者)를 지배하기 위한 권력을 가지고 있고, 일단 권력을 가지면 그 권력은 반드시 자연법과 도덕법을 부인하거나 약화시키거나 파괴하려고 하고, 하나님이나 시민이나 정의에 대

---

110 위의 책, 445.

111 위의 책, 446.

112 위의 책, 446-447.

한 봉사자가 아니라 독재자의 시녀가 되고 만다.[113]

2) 국가의 본질적 임무

이종성이 주장한 국가의 본질적인 임무는 다섯 가지, 곧 예수 그리스도에 대한 봉사, 자유 · 정의 · 평화 확립, 공생주의 확립, 두 주인을 섬기는 봉사, 신국(神國)의 준비(Praeparatio Regnum Dei)이다.

첫째, "국가의 첫째 되고 반드시 실행되어야 할 임무는 주 예수 그리스도의 복음이, 인간에 의해서 방해되지 않고 자유롭게, 정당하게, 정직하게 그리고 복음 그대로 설교되고 전달되고 선포되도록 분위기를 조성해 주는 데 있다"고 주장한 이종성은 기독교 국가는 물론 비기독교 국가에도 동일한 임무를 부과한다.[114] 이종성은 "국가가 명심해야 할 것은 국가 존재의 목적이 국민들을 참진리로 질서 있게 인도하여 그들에게 평화와 행복을 가져다주는 데 있다면, 그 길은 복음을 지키고 자유롭게 선포하는 데 있다"고 국가의 임무를 상기시킨다.[115]

둘째, "국가는 자유와 정의와 평화가 그 영토 안에서 언제든지 충만하도록 해야 한다. 예수 그리스도의 복음은 진리인 동시에 자유와 정의와 평화의 어머니이다"라고 주장한 이종성은 "국가는 국민과 국가의 번영을 위하여 봉사하는 일을 해야 한다. 번영의 기초는 자유와 정의와 평화에 있기 때문에 국가는 이 일을 위하여 전력을 기울여야 한다"고 국가

---

113 위의 책, 447-448.

114 위의 책, 448.

115 위의 책.

I. 춘계 이종성 박사의 신학사상

의 임무를 힘주어 강조한다.[116]

셋째, 국가는 공생주의(共生主義)를 추구하고 확립해야 한다. 개인의 능력에 기초를 둔 자본주의와 무계급에 최대의 중요성을 둔 공산주의의 양극단을 피하고, 최대 다수의 국민에게 최대한의 이익을 가장 공평하게 나누어주어, 성서가 말하는 공생주의(고전12:26)의 체제를 가지는 것이 가장 바람직하다. 이종성은 하나님께서 최대 다수의 국민이 최대한의 기쁨과 행복을 누릴 수 있는 그러한 국가를 원하시는바, 그러한 국가를 사회복지 국가라고 부른다.[117]

넷째, 국가는 두 주인, 곧 하나님과 국민을 잘 섬겨야 한다. "국가는 두 주인을 섬기고 있다. 하나는 국민이요 다른 하나는 하나님이다. 이 사실은 로마제국인들도 알고 있었다. '백성의 소리가 신의 소리'(*Vox populi vox Dei*)라는 말이 만들어져 있는 것을 보라."[118] "민심(民心)은 천심(天心)"이라는 우리말도 있다. "국가는 독존적인 존재가 아니라 국민에게 의존해 있으며, 하나님 없이 존립하는 것이 아니라, 하나님의 지시에 의해서 국민들이 뽑은 결과로 앉혀진 일시적 영광이다."[119]

다섯째, 이종성은 국가가 "신국(神國)의 준비(*Praeparatio Regnum Dei*)"의 임무가 있다고 주장한다. "지상에서의 모든 국가는 하나님의 나라를 위한 예비적 성격을 띠고 있다. 그것이 하나님의 나라라는 뜻이 아니라 그것이 하나님의 나라의 완전 실현을 위한 봉사자로서의 의의를 가진다는 뜻이다. 마치 희랍문명이 기독교문명을 위하여 예비적 역할을 한 것처

---

116 위의 책, 449.

117 위의 책, 450.

118 위의 책, 451.

119 위의 책, 452.

럼(*Praeparatio evangelica*) 지상의 국가는 그에게 주어진 권력과 법을 통해서 하나님의 나라의 성취를 위한 봉사를 하고 있다는 뜻이다. ··· 그리스도인들이 국가의 권위에 복종하는 이유는 ··· 국가가 복음과 교회를 위하여 봉사하는 본질을 가지고 있고 하나님의 나라의 예비적 기능"을 가지고 있기 때문이다.[120]

3) 국가와 교회의 이상적 관계

(1) 국가와 교회의 관계 유형

이종성은 과거의 경험에 비추어 교회와 국가의 관계를 네 가지로 제시하면서 두 번째의 경우가 가장 바람직한 관계라고 주장한다. 첫째, 교회와 국가 중에 어느 한쪽이 다른 쪽을 지배한다. 둘째, 양자가 상호협력을 가진다. 셋째, 양자가 서로 무관심하게 지낸다. 넷째, 양자가 적대관계를 가진다.[121]

---

120 위의 책, 452-454.

121 위의 책, 297. 이종성은 교회와 국가의 관계 유형을 다섯 가지로 나누기도 했다. 이종성, 『신학으로 본 문화와 철학』, 96-97. ① 동일관계(교회국가/신정정치형, 국가교회/황제교황주의), ② 중립관계(국가 안에 있는 여러 가지 종교를 동등하게 취급하거나 무관심한 태도를 보인다), ③ 비판관계[국가가 교회를 탄압하고(1945년까지 일본의 군국주의는 국가 이데올로기를 신화화함), 교회는 국가를 거절한다(1640년의 영국혁명/England Revolution, 1934년의 독일의 고백교회)], ④ 상호 이익관계(국가가 교회에 특권을 주는 대신 교회는 국가의 권한을 적극적으로 인정한다), ⑤ 대화의 관계(교회와 국가는 상호 보충적이다. 정신적 물질 면에 걸쳐서 그렇다. 국가는 교회에 의해서 인정받고 한정(check)되어야 한다. 교회가 본래의 기능을 발휘하면 할수록 국가에는 도움이 된다. 다른 한편 교회는 국가로부터 설교와 전도의 자유를 보장받아야 한다).

주로 침례교회가 주장하는 견해를 가진 베넷(John C. Bennett)은 교회와 국가 사이의 "근본적인 분리"를 주장한다. 그는 이 유형을 가장 좋은 유형으로 간주하고, 이 유형의 세 가지 장점을 열거하는바, 첫째, 양자의 분리가 교회의 완전한 자유를 보장하며, 둘째, 국가가 교회의 지배로부터 자유를 보유할 수 있으며, 셋째, 국가로부터 분리되어야 교회는 교회로서의 본분을 가지게 된다.[122]

이종성은 국가와 교회 사이의 협력관계에 대한 바르트의 주장을 다음과 같이 요약한다. 첫째, 국가가 갖는 모든 권한은 하나님으로부터 온 것이며, 그리스도의 권위 안에 포함된다. 둘째, 교회는 국가의 본질과 그것이 하나님과 가지는 관계를 가장 정확하게 이해하고 있다. 셋째, 국가는 하나님의 의인(義認)의 선교장(宣敎場)이다. 넷째, 교회는 국가의 권위를 존경하고 복종한다. 다섯째, 교회는 국가에 대해 제사장적 사명을 가지고 있기 때문에 교회가 국가에 대해 대항하거나 투쟁할 필요가 없다. 여섯째, 따라서 국가와 교회의 관계는 협력관계를 가져야 한다.[123] 노이만(S. Neumann)은 1949년 5월 23일에 재정된 "독일연방공화국 기본법"에서 규정된 국가와 교회의 관계가 매우 긍정적이고 희망적인 것으로 이해하고, 정치와 사회에 대한 교회의 비판 기능, 사회의 한 요소로서의 봉사적 기능과 문화적 기능을 요구한다.[124]

이종성에 의하면, 칼뱅은 그리스도의 영적 왕국으로서의 교회와 시정부(civil government)를 구별했지만 국가를 무조건적으로 죄적이라고 정죄하지 않고, 시정부나 국가가 그들이 가지고 있는 법으로써 교회의 기능

---

122 이종성, 『교회론(2)』, 432-297.

123 위의 책, 434-438.

124 위의 책, 438-440.

을 도와줄 것으로 기대했다. 칼뱅이 원한 교회와 국가의 관계는 하나님의 절대권을 인정하면서 위정자나 국가가 교회와 함께 인류 국가와 역사를 하나님의 뜻에 맞는 하나님의 나라로 만들려는 데 있었다.[125]

(2) 국가와 교회의 이상적 관계의 특징

"국가와 교회는 다 같이 인류 역사 안에서 없어질 수 없는 실체다. 전자는 하나님의 죄적인 인간의 공동체적 삶의 질서와 안전을 공여해 주신 최선의 조직체요, 후자는 하나님이 인류 역사 안에서 그의 모든 사역을 수행하기 위하여 예수 그리스도를 중심으로 만들어진 인류 역사에서 가장 기본적이고 이상적인 공동체이다. 역사는 교회 없이는 그 의의를 상실할 것이다. 교회 없는 역사는 악의 난무장이 될 것이므로 불의의 광장이 된다. 그러므로 국가는 반드시 교회를 가져야 한다"[126]라고 주장한 이종성은 교회와 국가의 관계를 역사적 · 현실적 · 이상적 측면에서 검토한 후에 교회와 국가가 각자의 사명을 수행할 것을 촉구하면서, 상호 간의 바람직한 관계를 위한 통찰을 일곱 가지 내용으로 결론짓는다.[127]

첫째, 교회와 국가라는 두 제도는 모두 하나님이 허용하신 제도이다. 전자는 직접적으로, 후자는 간접적으로 하나님의 창조와 구속사역을 완성하기 위해 만드신 제도다. 그러므로 이 두 제도를 무시하거나 그 순서를 전도(顚倒)해서는 안 된다.

---

125 위의 책, 456-457.

126 위의 책, 431.

127 위의 책, 464.

둘째, 양 제도를 하나님은 동시적으로 통솔하신다. 교회는 은총의 수단으로, 국가는 자연법의 수단으로써 통솔하신다. 따라서 세계에 있는 모든 개인적 존재나 공동체적 존재는 다 하나님의 통치하에 있다.

셋째, 따라서 신적인 것과 세속적인 것이 따로 있는 것이 아니다. 교회라고 해서 그 영역을 따로 가지거나 국가라고 해서 그 통치령이 따로 정해져 있는 것은 아니다. 다 같이 하나님의 구속섭리에 봉사하는 종이다. 다만 그들이 담당하는 기능과 임무가 다를 뿐이다. 교회는 복음을 담당하고 국가는 질서를 담당한다. 그러므로 양자의 영역이 겹쳐져 있다.

넷째, 과거의 모든 싸움은 이 근본적인 내용과 순서를 오해하고 자체의 우월성과 지배권을 주장한 데서 일어났다. 종종 양자는 상대방의 생존권(生存權)을 침범했다. 양편에 똑같은 잘못이 있다. 양자는 서로 싸우기 전에 우주의 대주재자(大主宰者)인 야훼의 뜻과 계획이 무엇인지 알아보아야 한다.

다섯째, 양자는 자체의 근본적인 임무를 재확인해야 한다. 국가는 간접적으로 하나님의 구속질서에 봉사하는 종이며, 교회는 직접적으로 하나님의 구속사역에 봉사하는 종이다. 이러한 근본적 위치와 임무를 상실해서는 안 된다.

여섯째, 교회가 국가에 대해 가지는 불변적인 임무와 역할은 예언자적 기능과 제사장적 사명이다. 이 두 가지 중 어느 하나라도 잃으면 교회는 기초부터 무너진다. 그리고 국가는 교회의 이러한 기능을 이해하고 순종해야 한다. 만약 국가가 그의 본질을 오해하고 교회를 지배하려고 할 때 국가는 사탄의 주구(走狗, 잘 달리는 사냥개)가 된다.

일곱째, 국가는 두 주인을 잘 섬겨야 한다. 바로 국민과 교회(하나님)이다. 이 두 실체는 봉사하는 대상이로되 지배하고 착취할 대상은 아니다. 교회와 국가는 이종성의 다음의 말에 절대적으로 귀를 기울일 필요가 있다.

"교회와 국가는 오랫동안 탄압과 지배와 전쟁의 불행한 역사를 거듭했다. 이러한 투쟁을 통하여 밝혀진 한 가지 분명한 역사적 사실이 있다. 그것은 교회에 대항한 모든 국가세력은 패배를 당했다는 사실이다. 인간은 '진리를 거슬러 아무것도 할 수 없고 오직 진리를 위할 뿐이다'(고후13:8). 그 진리가 곧 예수 그리스도다. 모든 그리스도인과 세속권세자들이 분명히 알아두어야 할 것은, 그리스도를 위한 자는 승리할 것이요 그리스도를 대항하는 자는 패배할 것이라는 점이다."[128]

4) 국가에 대한 윤리적 · 실존적 이해

이종성은 "하나님의 명령"으로서 일곱 가지를 제시한다. 그중에 하나가 바로 국가의 윤리적 책임으로서의 질서와 정의 유지이다. "개인은 자신의 실존에 대하여 성실하고, 하나님에 대해서는 충실하며, 교회 안에서는 화목을 조성하고, 이웃에 대해서는 사랑을, 사회에 대해서는 공의를, 국가에 대해서는 질서와 정의 유지를, 그리고 궁극적 명령으로서는 하나님의 나라를 건설하도록 명령을 받고" 있다.[129]

---

128 위의 책, 464-465.

129 이종성, 『윤리학(3)』(춘계이종성저작전집 12, 조직신학대계), 186.

이종성은 국가의 윤리적 의의와 관련하여 개인중심적 국가관의 국가윤리와 전체중심적 국가관의 국가윤리에 대해서 언급한다. 개인중심적 국가관은 국가의 목적을 개인의 이익을 보호하는 것에 초점을 맞춰서 생각하고, 어디까지나 시민 개개인의 생명과 재산을 보호하며 그들이 평화롭게, 그리고 행복하게 살게 하는 데 국가의 목적을 둔다.[130] 전체중심적 국가관은, 국가가 국민 개개인과는 다른 전체적 실재로서 그 자체의 활동과 의지와 목적을 가지고 있으므로, 국가 안에 있는 모든 국민이나 단체나 집단은 국가에 절대적으로 복종해야 한다는 국가관이며, 개인중심적 국가관과는 정반대되는 국가관이다.[131] 이종성은 민주주의 국가관에서 국가와 정부는 국가 고유의 권위와 목적을 가지고 국민을 윤리적으로 가르치거나 지도해서는 안 된다고 주장하고 상명하달식의 전체주의적 교육관을 비판한다. 국가가 국민교육에 대해서 윤리적 의무를 가지고 있다면, 그것은 좋은 교육을 위한 뒷바라지를 충분하게 해주는 것이지 교육을 지배하는 것이 교육에 대한 윤리적 책임은 아니라고 하면서, 한국의 국민교육 속에 전체주의적 교육 경향이 나타나고 있다고 비판한다.[132]

일제강점기와 6·25 한국전쟁을 경험한 이종성의 국가에 대한 애국심과 충성심은 현충일, 3·1 독립운동, 8·15 광복절, 6·25 한국전쟁 등의 절기 때 행한 이종성의 설교나 강연, 수상 곧 "기독교와 애국정신"[133],

---

130 이종성, 『윤리학(1)』(춘계이종성저작전집 10, 조직신학대계), 410.

131 위의 책, 411.

132 위의 책, 412-413.

133 이종성, 『신학으로 본 문화와 철학』, 166-167.

"신자와 국가"[134], "애국심의 근거"[135], "그리스도인들이 가져야 할 애국심"[136], "대한민국의 부활"[137], "대한민국만세"[138], "3.1운동"[139], "투표 한 장의 무게"[140], "나의 비전 나라의 비전"[141] 등에서 잘 나타난다.

이종성은 기독교와 공산주의(유물주의)는 공존할 수 없다고 다음과 같이 강력하게 주장한다.

"이 두 가지는 공존할 수가 없다. 왜냐하면, 기독교는 정신계를 믿으나 공산주의자들은 믿지 않기 때문이다. 기독교는 하나님을 믿으나 공산주의자들은 믿지 않는다. 기독교는 성부, 성자, 성령의 세계지배를 믿으나 공산주의자들은 물질이 세계를 지배한다고 한다. 기독교는 인격, 도덕, 양심, 사랑의 우위성을 강조하나, 공산주의자들은 혁명적 계급투쟁의 우위성을 강조한다. 기독교는 각국의 애국주의를 인정하나 공산주의는 세계공산주의를 강조한다. 기독교는 절대자이신 하나님이 인류를 구원하신다고 하나 공산주의자는 상대자인 스탈린, 모택동, 김일성을 자기들의 구주(救主)로 생각한다. 이

---

134 이종성, "신자와 국가", 『여호와의 다림줄』(춘계이종성저작전집 31, 설교집), 281-287.

135 이종성, 『산을 보고 바다를 보고』, "누가 나라를 제일 사랑할까"(147-148), "국가중흥론"(332-334), "투표 한 장의 무게"(339).

136 이종성, 『조국과 동족과 나』(춘계이종성저작전집 35, 수상집), "그리스도인들이 가져야 할 애국심"(57-60).

137 이종성, 『꿈꾸는 늙은이들』(춘계이종성저작전집 34, 설교집), 31-36, "국경을 정한 자"(58-63).

138 이종성, 『이 사람을 보라』(춘계이종성저작전집 33, 설교집), 215-219.

139 이종성, 『힘의 시대』(춘계이종성저작전집 32, 설교집), 402.

140 이종성, 『산을 보고 바다를 보고』(춘계이종성저작전집 38, 수상집), 339. 참고, 최윤배, "한국교회의 정치신학과 2007년 대선 참여", 『교회와 신학』(2007, 제71호 겨울호), 59-67.

141 이종성, 『조국과 동족과 나』(춘계이종성저작전집 35, 수상집), 54-56.

와 같이 기독교와 공산주의는 도저히 공존할 수가 없다."[142]

---

142   이종성, 『신학으로 본 문화와 철학』, 166.

9.
결론

우리는 고(故) 춘계(春溪) 이종성의 국가론에 대한 연구 필요성을 네 가지로 제시하면서 이 글을 시작했다. 그는 아우구스티누스, 칼뱅, 바르트의 신학을 가장 선호하면서 성서적·복음주의적·개혁신학적·에큐메니칼적 신학에 기초하여 통전적 신학을 추구했다.

우리는 철학자들(플라톤, 토마스 아퀴나스, 헤겔, 칸트, 마리탱)과 대표적 현대신학자들(바르트, 브루너, 니버)의 국가론에 대한 이종성의 이해를 살핀 후에, 교회와 국가의 투쟁사적 관점에서 본 이종성의 이해를 논의했다. 그리고 우리는 국가의 다양한 본질과 형태와 특징에 대한 이종성의 이해를 다루었다. 마지막으로 이종성의 국가 이해와 관련하여 국가의 본질, 임무, 교회와 국가의 이상적 관계, 국가의 윤리적·실존적 의의에 대해서 논의했다. 이종성의 국가 이해를 다음과 같이 요약하고 평가할 수 있을 것이다.

첫째, 이종성에게서 국가는 창조질서인 동시에 구속질서에 속한다. "비록 국가가 불완전한 것이기는 하나, 하나님의 우주통치의 범위 안에 있으며, 하나님이 자연 질서를 통해서 그리스도를 통한 구속질서 속에(바르트) 묶어 두었다."[143]

둘째, 국가의 임무와 관련하여, 국가는 예수 그리스도의 복음 선교에 긍정적인 기여를 해야 하며, 자유·정의·평화를 추구하고, 공생주의(共生主義)를 추구하고, 하나님과 국민을 섬기고, "신국(神國)의 준비(Praeparatio Regnum Dei)"의 임무를 가진다.

셋째, 교회와 국가는 구별되나 하나님 나라를 위해 각자의 기능을 가지고 상호 협력해야 하며, 특히 교회는 제사장과 예언자 기능을 통해 국가에 대한 협력과 비판을 동시에 수행해야 한다.

넷째, 국가에 대한 윤리적·실존적 이해와 관련하여 그리스도인으로서의 이종성은 하나님의 명령으로서 국가에 대해 질서와 정의 유지를 강조하고, 기독교와 양립할 수 없는 공산주의를 강하게 비판하면서, 애국심을 강조하고, 자유민주주의에 기반을 둔 복지국가(공생주의)를 지향한다.

다섯째, 이종성은 그의 국가론을 전개하기 위해 많은 분량의 다양한 자료들을 활용하고 있지만, 칼뱅과 바르트의 국가이해를 가장 선호하고 있다. 칼뱅의 신정론(神政論)적 국가론과 바르트의 기독(그리스도)론적 국가론의 통합이 그의 국가론에서 분명하게 발견된다.

---

[143] 이종성, 『교회론(2)』, 445.

참고문헌

김도훈. "故 이종성 명예학장님을 추모하며…".『신학춘추』통합 80호(2011. 10. 25), A03.

———. "영원한 지리를 탐구하는 순례자".『춘계 이종성 박사의 생애와 사상』. 서울:
　　　장로회신학대학교출판부, 2014.

김도훈 · 박성규(책임편집).『춘계 이종성 박사의 생애와 사상』. 서울: 장로회신학대학교출판부,
　　　2014.

김명용.『열린신학 바른 교회론』. 서울: 장로회신학대학교출판부, 1997.

———. "故 이종성 명예학장님을 추모하며…".『신학춘추』통합 80호(2011.10.25), A03.

김지훈. "이종성 박사의 섭리론과 예정론에 대한 이해".『한국개혁신학』제47권(2015), 128-157.

낙운해. "춘계(春溪) 이종성 박사의 종말론".『춘계 이종성 박사의 생애와 사상』. 서울:
　　　장로회신학대학교출판부, 2014, 272-311.

박경수. "16세기 제네바의 약혼, 결혼, 이혼에 관한 법령에 대한 연구".『장신논단』제47-
　　　2권(2015), 43-68.

박성규. "춘계(春溪) 이종성 박사의 그리스도론".『춘계 이종성 박사의 생애와 사상』. 서울:
　　　장로회신학대학교출판부, 2014, 74-127.

———. "한국칼빈연구에 끼친 춘계(春溪) 이종성의 신학적 기여".『한국개혁신학』제54권(2017),
　　　8-44.

배요한. "춘계(春溪) 이종성 박사의 사상에 나타난 타문화와 타종교 이해".『춘계 이종성 박사의
　　　생애와 사상』. 서울: 장로회신학대학교출판부, 2014, 312-336.

소기천. "춘계 이종성 박사의 통전적 신학에 관한 연구".『한국개혁신학』제47권(2015), 68-91.

신옥수. "춘계(春溪) 이종성 박사의 삼위일체론".『춘계 이종성 박사의 생애와 사상』. 서울:
　　　장로회신학대학교출판부, 2014, 153-183.

윤철호. "춘계(春溪) 이종성 박사의『신학적 인간학』에 대한 고찰".『춘계 이종성 박사의 생애와
　　　사상』. 서울: 장로회신학대학교출판부, 2014, 50-73.

이종성.『춘계이종성저작전집』(1-40권). 서울: 한국기독교학술원, 2001.

———(김도훈 · 박성규 책임편집).『미완성의 완성』. 서울: 장로회신학대학교출판부, 2012.

임희국. "루터 종교개혁의 유산인 '오직 성경'에 대한 성찰: '성경의 부활'을 기다림".『장신논단』

제48-4권(2016), 13-35.

춘계 이종성 박사 고희기념논문집간행위원회(편). 『교회와 신학: 춘계 이종성 박사 고희기념논문집』. 서울: 대한기독교서회, 1992.

최윤배. 『깔뱅신학 입문』. 서울: 장로회신학대학교출판부, 2012.

_____. 『잊혀진 종교개혁자 마르틴 부처』. 서울: 대한기독교서회, 2012.

_____. "춘계(春溪) 이종성 박사의 교회론". 『춘계 이종성 박사의 생애와 사상』. 서울: 장로회신학대학교출판부, 2014, 184-271.

_____. "춘계 이종성 박사의 구원론에 관한 연구". 『한국개혁신학』 제47권(2015), 158-183.

최윤배 외 7인. 『제8·9회 춘계신학강좌: 춘계이종성 박사의 생애와 사상』. 서울: 장로회신학대학교출판부, 2014.

Aland, Kurt. *Die Reformation: Luther · Melanchthon · Zwingli · Calvin*. Gütersloher Verlagshaus Gerd Mohn, 1980[2].

Niesel, Wilhelm. *Die Theologie Calvins*. München: Chr. Kaiser Verlag, 1957[2].

Wendel, François. *Calvin: Sources et évolution de sa pensée religieuse*. Paris: Presses Universitaires de France, 1950.

II

(Sam-whan Kim, 1945. 1. 7 -)

은파 김삼환 박사의 신학사상

6장

은파 김삼환 박사의
연보와 저서 목록*

---

* 참고, 은파 김삼환 목사 성역50주년기념논문집 출판위원회(편), 『은파 김삼환 성역50주년기념논문집』(서울: 도서출판 실로암, 2016), 7-15.

1.
은파 김삼환 박사의 연보

1) 출생

은파(恩波) 김삼환(金森煥, 1945. 1. 7, Rev. Dr. Kim, Sam-Whan) 박사는 1945년 1월 7일에 경상북도 영양군 청기면 상청리 603번지에서 태어났다.

2) 학력

1974. 2. 25 평택대학교(피어선신학교) 졸업

1978. 2. 23 장로회신학대학교 신학대학원 졸업

2001. 5. 16 휘트워스대학교(Whiteworth College) 명예신학박사(D.D.)

2003. 5. 13 장로회신학대학교 명예신학박사(D.D.)

2004. 9. 3 서울여자대학교 명예신학박사(D.D.)

2008. 2. 15 숭실대학교 명예철학박사(Ph.D.)

2009. 5. 16 뉴브런스윅신학교(New Brunswick Theological College) 명예신학
박사(D.D.)

2012. 10. 15 평택대학교 명예신학박사(D.D.)

2014. 5. 16 샌프란시스코신학교(San Francisco Theological Seminary) 명예신
학박사(D.D.)

2014. 8. 29 연세대학교 명예신학박사(D.D.)

2023   헝가리 드브레첸개혁신학대학교 명예신학박사(D.D.)

3) 목회 약력

1971. 2 - 1980. 6. 30 광주군 해양교회

1979. 11. 6 대한예수교장로회총회(통합) 서울동남노회에서 목사안수

1980. 7. 6 명성교회 개척

1980. 7. 6 - 2015. 12. 31 명성교회 담임목사

1984. 7. 6 명성교회 목사 위임

2016. 1. 1 - 현재 명성교회 원로목사

4) 수상경력

(1) 국내

1992. 10. 24 제3회 한국기독교선교대상(목회자 부문)

1997. 2. 4. 영양군민상

1998. 12. 7 평택대학교 자랑스런 동문상(평택대학교 총동문회)

2001. 12. 27 대한민국 국민훈장 목련장

2002. 5. 21 제4회 한국교회군선교대상(한국기독교군선교연합회)

2003. 9. 2 제9회 유집상(전도부문 특별대상)

2010. 1. 20 제19회 장로회신학대학교 장한동문상(장로회신학대학교 총동
문회)

(2) 국외

2006. 10 캄보디아 최고훈장 금메달(캄보디아 정부)

2007. 9. 30 몽골건국800주년기념 훈장(몽골 정부)

2009. 4. 3 캄보디아 왕국 국가재건공로 최고훈장(캄보디아 정부)

2011. 9. 13 캄보디아 최고훈장(캄보디아 정부)

2013. 5 프린스턴신학교 200주년특별상(프린스턴신학교)

2014. 3. 2 에티오피아 최고 1등 훈장(에티오피아 정부)

2014. 3. 22 MCM건립감사 정부훈장(에티오피아 정부)

5) 주요 대외경력

(1) 총회

1988. 11. 7 – 1989. 11. 6 대한예수교장로회총회(통합) 서울동남노
회장

1992. 9. 28 – 2008. 8. 7 대한예수교장로회총회(통합) 해양의료선교
회 이사장

2001. 8 – 2008. 8 총회순교자기념선교회 회장

2008. 9. 22 – 2009. 9. 21 대한예수교장로회총회(통합) 총회장

2009. 11. 27 – 2013. 11. 26 총회 유지재단 이사장

(2) 연합사업 분야

1988. 10- 2014 한국기독교선교연합회 부이사장/이사장(2024년 현제)

1994. 4 – 2011. 4 한국기독교백주년기념사업회 이사

2006 한국교회부활절연합예배위원회 대회장

2008. 9. 24 제주선교100주년기념 장로교(예장통합, 합동, 합신, 기장) 연합
감사예배(제주컨벤션센터)

2008. 11. 17 – 2009. 11. 16 한국기독교교회협의회(NCCK) 회장

2009. 12. 23 – 2013. 12. 30 세계교회협의회(WCC) 제10회 총회(부산
벡스코) 준비위원장

2010 한국교회8·15대성회 조직위원회 대표대회장

2015. 5. 29 – 8. 27 광복70년 한국교회평화통일기도회 준비위원회

대표대회장

2016. 1. 7 - 현재 한국세계선교협의회(KWMA) 회장

(3) 병원 선교 분야

1994. 7. 14 - 1996. 1. 12, 1996. 1. 13 - 현재 안동성소병원 이사장
　　및 명예이사장

1996. 3. 16 - 현재 영양병원 명예이사장

2004. 11. 25 - 현재 에티오피아명성크리스천메디칼센터(MCM) 설
　　립자

2012. 3. 7 - 현재 청송의료원(수탁운영)

(4) 사회봉사 분야

1999 자녀안심하고학교보내기운동 전국기독교협의회 대표회장

2000. 9. 28 - 현재 거리의 천사들 이사장

2000. 11 - 현재 신망애육원 이사

2004. 4 - 현재 국제옥수수재단 이사

2004. 10. 8 - 현재 (사)국제사랑재단 총재

2007. 12. 15 - 2010. 1. 28 서해안살리기한국교회봉사단 대표

2010. 1. 29 - 현재 한국교회봉사단 대표회장

(5) 교정선교 분야

1996. 5 – 현재 기독교세진회 이사

1996. 5. 1 – 현재 세계교화갱보협의회 법인회장

2001. 8. 7 – 현재 재단법인 아가페(아가페소망교도소) 이사장

(6) 기독교집회 선교 분야

1992. 2. 22 – 2010. 1, 2 – 한국외항선교회법인 회장 및 이사장

1994. 12 – 현재 동북아선교회 회장

1995. 8. 12 광복50주년기념평화통일희년대회 운영대회장

1996. 1 – 현재 세계성령운동중앙협의회 고문

2007. 7. 8 한국교회대부흥100주년기념대회 실무대표 대회장(상암월드컵경기장)

2007. 8. 16 PPP(부산-판문점-평양)십자가 대행진 상임대회장

2012. 4. 20 – 현재 한국기독교공공정책협의회 총재

2014. 8. 12 한국교회 치유와 회복을 위한 예장통합·합동연합기도회(사랑의교회) 증경총회장

2014. 11. 29 – 현재 한국교회평화통일기도회 대표회장

(7) 언론·문화 분야

1994. 12. 24 – 2014. 12. 24 한국기독교문화예술총엽합회 이사장

1997. 12 – 기독교복음방송(Goodtv) 이사

1998. 5. 12 – 1999. 5. 11, 2006. 12. 12 – 2010. 12. 11 국민일보 운영이사 및 국민문화재단 이사

2003. 2. 24 – 한국기독교방송문화원(KCMC) 이사장

2007. 5 – 월간목회 운영이사장

2008. 9. 22 – 2009. 9. 21 한국기독공보 이사장

2009. 8. 24 – 2013. 8. 23 재단법인 기독방송(CBS) 이사

2010. 11. 19 – 재단법인 아가페문화재단 이사장

2010. 11. 19 – C채널방송 이사

2015. 12. 12 – 2016. 1. 10 제1회 서울크리마스페스티벌조직위원회 대회장

(8) 교육 분야

1991. 5. 1 – 1999. 8. 30 학교법인 명성학원(영주 영광 중·고등학교) 이사장

1992. 8. 5 – 2000. 8. 4, 2015. 12 – 피어선기념학원(평택대학교) 이사 및 이사장

1993. 6. 2 – 1997. 6. 1 장로회신학대학교 이사

1993. 7 – 2003. 6 샌프란시스코신학교 이사

1994. 9. 21 – 1999. 1. 21, 2003. 1. 22 – 2006. 6. 9 한동대학교 이사

1996. 6. 26 – 2011. 6. 27 숭실대학교 이사

2001. 1. 27 – 2008. 12. 23 한남대학교 이사 및 이사장

2001. 3. 1 – 2005. 2. 28 연세대학교 신학과 객원교수

2006. 1 – 현재 필리핀 마닐라한국아카데미 이사장

2008. 3. 26 - 2015. 11. 15 경안신학원(경안신학대학원대학교) 이사

2009 모스크바장로회신학대학교 객원교수

2009. 4. 14 사학법 폐지 및 사학진흥법제정 국민운동본부 고문

2012. 9. 1 - 현재 에티오피아명성의과대학(MCM) 설립자

2016. 6 - 2018 숭실대학교 이사장

2.
은파 김삼환 박사의 저서 목록

1) 주일설교집

『가까이 계실 때 부르라1』. 서울: 생명의말씀사, 1993. 6. 30.

『장막터를 넓혀라2』. 서울: 생명의말씀사, 1993. 6. 30(개정판 1997. 9. 20).

『바로 바라보라3』. 서울: 생명의말씀사, 1993. 6. 30(개정판 1997. 9. 20).

『하늘의 별을 보라4』. 서울: 생명의말씀사, 1993. 6. 30(개정판 1997. 9. 10).

『네 마음을 지키라5』. 서울: 생명의말씀사, 1993. 6. 30(개정판 1997. 6. 20).

『꿀을 먹으라6』. 서울: 도서출판 오직주님, 1997. 12. 7.

『꿀을 먹으라6(상)』. 서울: 도서출판 실로암, 2002. 5. 11.

『꿀을 먹으라6(하)』. 서울: 도서출판 실로암, 2002. 5. 11.

『예수께로 가라7』. 서울: 도서출판 실로암, 1998. 2. 20.

『여호와를 기뻐하라8』. 서울: 도서출판 실로암, 2000. 1. 31.

『올라가자, 벧엘로! 9(상)』. 서울: 도서출판 실로암, 2002. 9. 13.

『올라가자, 벧엘로! 9(하)』. 서울: 도서출판 실로암, 2002. 9. 13.

『주님의 옷자락 잡고10(상)』. 서울: 도서출판 실로암, 2003. 7. 15.

『주님의 옷자락 잡고10(중)』. 서울: 도서출판 실로암, 2003. 7. 15.

『주님의 옷자락 잡고10(하)』. 서울: 도서출판 실로암, 2003. 7. 15.

『주님보다 귀한 것은 없네11』. 서울: 도서출판 실로암, 2004. 8. 14.

『교회보다 귀한 것은 없네12』. 서울: 도서출판 실로암, 2004. 12. 30.

『말씀보다 귀한 것은 없네13』. 서울: 도서출판 실로암, 2007. 8. 13.

『명성교회 창립 29주년: 갈급합니다14』. 서울: 도서출판 실로암, 2009. 7. 3.

『주님을 사랑해야 행복합니다15』. 서울: 도서출판 실로암. 2009. 10.

『예수님을 잘 믿는 길16』. 서울: 도서출판 실로암, 2010. 4.

2) 새벽설교집

『시편강해1』. 서울: 도서출판 오직주님, 1998. 3. 26.

『시편강해2』. 서울: 도서출판 오직주님, 1999. 5. 26.

『시편강해3』. 서울: 도서출판 오직주님, 1999. 9. 2(개정판 도서출판 실로암 2002. 9. 13).

『시편강해4』. 서울: 도서출판 실로암, 2000. 4. 15(개정판 2006. 3. 20).

『칠년을 하루같이』. 서울: 도서출판 실로암, 2000. 6. 30.

3) 특별새벽집회 설교집

『특별새벽집회1: 팔복강해』. 서울: 도서출판 오직주님, 1998. 4.
17(개정판 도서출판 실로암 2004. 12. 10).

『특별새벽집회2: 세상을 이기는 삶』. 서울: 도서출판 오직주님,
1998. 7. 4(개정판 도서출판 실로암 2002. 3. 23).

『특별새벽집회3: 오, 사도행전』. 서울: 도서출판 실로암, 2005. 9. 15.

『특별새벽집회4: 새 시대 새 사명』. 서울: 도서출판 실로암, 2008.
7. 20.

『특별새벽집회5: 주님의 마음에 합한 자』. 서울: 도서출판 실로암,
2008. 8. 30.

『특별새벽집회6: 사랑』. 서울: 도서출판 실로암, 2009. 2. 20.

『특별새벽집회7: 문을 두드리는 주님』. 서울: 도서출판 실로암,
2009. 4. 20.

『특별새벽집회8: 새 시대 새 영 새사람』. 서울: 도서출판 실로암,
2010. 1. 10.

4) 강해설교집

『강해설교집1: 룻기』. 서울: 도서출판 오직주님, 1998. 9. 30.

『강해설교집2: 사무엘(상)』. 서울: 도서출판 오직주님, 1999.

『강해설교집3: 사무엘(하)』. 서울: 도서출판 실로암, 2002. 12. 30.

5) 구역장교육

『명성교회 구역장교육1』. 서울: 도서출판 오직주님, 1998. 8. 20.
『명성교회 구역장교육2』. 서울: 도서출판 실로암, 2000. 9. 22.

6) 설교예화모음집

『김삼환 목사 목회 칼럼: 이삭줍는 사람1』. 서울: 도서출판 실로암,
　　2001. 9. 29.
『김삼환 목사 목회 칼럼: 이삭줍는 사람2』. 서울: 도서출판 실로암,
　　2001. 9. 29.

7) 명성교회 창립30주년 기념설교집

『아버지, 아비지 집』(명성교회 창립30주년기념설교집 제1권 주일설교). 서울: 도
　　서출판 실로암, 2010. 7. 6.
『넘치는 감사』(명성교회 창립30주년기념설교집 제2권 절기설교). 서울: 도서출판
　　실로암, 2010. 10. 16.
『하나님께 목적을 두는 삶』(명성교회 창립30주년기념설교집 제3권 새벽설교). 서
　　울: 도서출판 실로암, 2011. 3. 1.
『섬겨야 합니다(국내편)』(명성교회 창립30주년기념설교집 제4-1권 외부설교). 서울:
　　도서출판 실로암, 2011. 7. 10.

『섬겨야 합니다(해외편)』(명성교회 창립30주년기념설교집 제4-2권). 서울: 도서
출판 실로암, 2011. 7. 10.

8) 주제설교집

『교회주제설교: 교회가 살면 다 삽니다』. 서울: 도서출판 실로암,
2013. 3. 1.
『기도주제설교: 새벽을 깨워야 새벽이 옵니다』. 서울: 도서출판 실
로암, 2013. 9. 1.

9) 기타

『새벽눈물』. 서울: 교회성장연구소, 2006. 2. 25.
『오직 주님만 알아가는 삶1』. 서울: 주 넥서스, 2014. 2. 25.
『오직 주님만 닮아가는 삶2』. 서울: 주 넥서스, 2014. 2. 25.
『오직 주님만 동행하는 삶3』. 서울: 주 넥서스, 2014. 2. 25.
『오직 주님만 예배하는 삶4』. 서울: 주 넥서스, 2014. 2. 25.

10) 김삼환 박사님의 편

『명성교회창립30주년 학술세미나』. 서울: 명성교회, 2009.

『명성교회 창립30주년기념 새벽기도 국제 컨퍼러스』. 서울: 명성교
　　회 명성신학연구소, 2010. 3.

『오직주님』(주님의 옷자락 잡고: 글로 읽는 명성교회 30년, 제1권). 서울: 명성교회,
　　2010. 7.

『칠년을 하루같이』(주님의 옷자락 잡고: 글로 읽는 명성교회 30년, 제2권). 서울: 명
　　성교회, 2010. 7.

『은혜목회』(주님의 옷자락 잡고: 사진으로 보는 명성교회 30년, 제1권). 서울: 명성교
　　회, 2010. 7.

『섬김목회』(주님의 옷자락 잡고: 사진으로 보는 명성교회 30년, 제2권). 서울: 명성교
　　회, 2010. 7.

『새벽기도백서』(명성교회 창립 30주년기념 백서시리즈 5). 서울: 대한예수교장
　　로회 명성교회, 2011. 1.

『2011 명성교회 새벽기도 목회자 컨퍼런스』. 서울: 명성교회 명성
　　신학연구소, 2011.3.

『2012 새벽기도 목회자 국제 컨퍼런스 평가보고서』. 서울: 대한예
　　수교장로회 명성교회 명성신학연구소, 2012. 5.

『2012 명성교회 새벽기도 목회자 컨퍼런스』. 서울: 명성교회 · 명성
　　신학연구소, 2012. 3.

『제3회 2012 새벽기도 목회자 국제컨퍼런스』. 서울: 명성교회,
　　2012. 3.

『제4회 2013 새벽기도 목회자 국제컨퍼런스』. 서울: 명성교회, 2013. 3.

『2014 새벽기도 목회자 국제컨퍼러스 평가보고서』. 서울: 명성교회, 2014. 9.

『명성교회 새벽기도 화보집: 새벽기도 새벽눈물』. 서울: 도서출판 실로암, 2014. 9.

『제5회 2014 새벽기도 목회자 국제컨퍼런스』. 서울: 명성교회, 2014. 12.

『제6회 2015 새벽기도 목회자 국제컨퍼런스』. 서울: 명성교회, 2015. 3.

II. 은파 김삼환 박사의 신학사상

7장

기독(그리스도)론

1.
"오직 주님"

은파(恩波) 김삼환(金森煥, 1945. 1. 7, Rev. Dr. Kim, Sam-Whan) 목사의 인격과
삶의 중심에는 "오직 주님"(Only the Lord)이라는 신앙과 목회와 신학사상이
굳게 자리하고 있다. 우리는 그의 "오직 주님" 사상을 중심으로 그의 기
독(그리스도)론을 연구하고자 한다.

"오직 주님" 사상은 그의 개인적 삶의 목표이며, 그가 개척한 명성
교회의 변함없는 표어이다. "그래서 저는 '오직 주님'을 저의 개인적인
삶의 목표이자 제가 섬기는 명성교회의 표어로 삼았습니다. 매년 교회의
표어를 바꾸는 경우도 있지만 명성교회는 개척할 때부터 지금까지 변함
없이 '오직 주님'입니다. '오직 주님' 외에는 다른 길이 없기 때문입니다.
저는 예전이나 지금이나 '오직 주님'의 믿음만이 저와 여러분, 우리 가정
과 우리나라, 그리고 온 세계와 인류가 사는 길이라고 확신합니다."[1] "우
리 교회의 표어는 '오직 주님'과 '칠 년을 하루같이'입니다. 많은 사람들

---

[1] 김삼환, 『오직 주님만 알아가는 삶』(서울: 넥서스, 2014), 7.

II. 은파 김삼환 박사의 신학사상

이 '칠 년을 하루같이'에 대해 묻습니다. 창세기 28장에 보면, 야곱이 고향을 떠나 외삼촌 집에서 고생을 많이 하는 것이 나옵니다. … 그런데 라헬을 사랑하게 된 것입니다. … 야곱은 라헬을 진정으로 사랑했기 때문에 혹독한 추위도, 더위도, 외로움도, 배고픔도 다 이길 수 있었습니다. … 그래서 어떤 어려움 속에서도 야곱이 라헬을 사랑하여 칠 년을 하루같이 보낼 수 있었던 것을 본받자는 뜻에서 우리 교회의 표어를 '칠 년을 하루같이'라고 정했습니다. … 야곱에게 무엇이 있었습니까? 사랑이 있었습니다. 라헬을 사랑하는 사랑이 있었습니다. 그래서 그는 '칠 년을 하루같이' 살 수 있었습니다."[2] "저에게는 오직 주님밖에 없습니다. 저 같은 사람을 찾아주시고, 불러 주시고, 죄를 사하여 주시고, 구원해 주시고, 주의 몸 된 교회를 위하여 일할 수 있게 해 주신 주님을 사랑합니다. 주님을 사랑하지 않을 수 없습니다. 저의 소원은 오직 하나입니다. '주님, 제가 주님을 더욱 사랑하기 원합니다. 주님을 더욱 사랑할 수 있게 해 주시옵소서.'"[3]

김삼환은 유아 시절부터 지금까지 일생 동안 믿음의 훈련을 통해서 "오직 주님"이라는 신앙과 신학사상을 직접 깨닫고, 체득하고, 실천했다고 주장한다. 그가 말하는 "오직 주님"은 곧, "오직 하나님"을 가리키는 것으로 이해된다. 그에 의하면, 기독교는 종교다원주의나 이원론을 인정하지 않고, "기독교는 한 분이 우리를 도우시며, 한 분만 믿으면 그로 말미암아 부족해도 없어도 우리는 부요함에 이를 수 있습니다."[4] "하나님은 믿음의 훈련을 통해 '오직 주님'밖에 없다는 사실을 깨닫길 원하십니

---

2   김삼환, 『사랑』(서울: 도서출판 실로암, 2009), 17-19.

3   김삼환, 『주님을 사랑해야 행복합니다』(서울: 도서출판 실로암, 2009), 5.

4   김삼환, 『오직 주님만 알아가는 삶』, 31.

다. 철저히 하나님만을 바라보고, 하나님만을 신뢰하기를 원하십니다. 저의 신앙여정도 마찬가지였습니다. 저는 어려서부터 믿을 분이 주님밖에 없었습니다. 여러 가지 어려움이 많았지만 제 주변에는 도와줄 분이 단 한 분도 없었습니다. 그저 새벽에 일어나 주님에게 나가는 것 외에는 길이 없었습니다. 하나님은 이 모든 훈련을 통해 철저하게 하나님만 바라보게 하셨고, 저에게 '오직 주님'이라는 삶의 길을 보여주셨습니다."[5]

김삼환은 하나님의 사역을 크게 두 가지, 곧 창조자로서의 창조사역과 구속자로서의 구속사역을 주장한다. "성경은 우리 하나님의 위대하심을 크게 두 가지로 가르쳐 주고 있습니다. 첫째, 천지만물을 창조하신 하나님의 위대하심입니다. 만물 속에는 무한하신 하나님의 지혜와 능력, 권세와 권능을 볼 수가 있습니다. 모든 것을 하실 수 있는 능력의 하나님을 우리는 찬양하지 않을 수 없습니다. 둘째, 하나님이 그분의 아들, 예수 그리스도를 이 땅에 보내 주신 것입니다. 골고다 십자가 위에 그분의 아들을 못 박히게 하면서 우리를 구해 주신 그 은혜는 골고다 작은 언덕 위에 못 박힌 그 하나의 장면이지만 거기에는 하나님의 무한한 사랑이 있습니다. 골고다 위 십자가의 사랑은 우리가 형언할 수 없습니다. 그 사랑이 얼마나 큰지 온 인류의 사랑을 합해도 하나님의 사랑과 비교할 수 없습니다. … 예수 그리스도는 망가진 우리를 완전히 회복시키셨습니다. 하나님이 그 아들을 우리에게 보내 주셔서 회복시키셨습니다. 하나님이 그 아들을 우리에게 보내 주셔서 회복하신 것입니다. 하나님의 처음 자녀로 만들어 주셔서 새것이 되게 하신 것입니다. 주님의 보혈의 은혜입니다. 주님의 십자가 능력인 것입니다. 그 아들의 피로 우리의 모든

---

[5] 위의 책, 7.

II. 은파 김삼환 박사의 신학사상

더러움을 정결하게 하셔서 우리를 하나님의 자녀로 만들어 주시고 영생을 얻게 해 주신 것입니다."[6]

김삼환이 믿는 "오직 주님"이신 하나님은 창조자이신 동시에 섭리자이다. "우리는 온 우주를 창조하시고, 다스리시며, 역사하시고, 섭리하시는 창조자, 하나님이 계심을 믿기만 하면 됩니다."[7] 그에 의하면, "오직 주님"이신 하나님은 아버지 하나님이다. 온 우주 만물은 하나님 아버지로부터 나왔으며, 유일하신 아버지는 절대 주권자이다. "우리가 의지해야 할 분은 오직 하나님 한 분뿐입니다. 인간은 하나님 아버지를 만나 그 품에 안겨야 합니다. 인간이 필요로 하는 모든 것이 다 아버지에게서 나왔기 때문입니다. 빛, 공기뿐만 아니라 이 땅을 비롯하여 온 우주 만물이 하나님 아버지로부터 나왔습니다. 그러므로 우리 인간은 유일하신 아버지를 떠나서는 살 수 없습니다. 이 세상 어디를 가도 아버지 외에는 의미가 없습니다. 절대 주권자이신 아버지 없이는 그 무엇도 이룰 수 없습니다."[8] "하나님은 우주 만물의 지휘자요, 통치자이십니다. 하늘과 땅의 권세를 가지시고 온 우주 만물을 다스리시는 왕의 왕이신 하나님께 우리는 늘 물어야 합니다."[9] "우리의 아버지는 하나님이십니다. 전능하신 하나님, 천지만물을 창조하신 하나님께서 우리의 보호자이십니다. 다윗이

---

6 위의 책.

7 위의 책, 111-112.

8 위의 책, 17; 김삼환, 『아버지, 아버지 집』(서울: 도서출판 실로암, 2010), 27. "우리가 의지해야 할 분은 오로지 하나님 한 분뿐입니다. … 한 분이신 하나님이 유일한 나의 아버지라는 의미입니다. 아버지가 둘일 수는 없습니다. 우리가 믿는 야훼 하나님이 바로 한 분뿐이신 전능하신 창조주 하나님이십니다." "전능하사 천지를 만드신 하나님 아버지와 함께해야 합니다. … 하나님 아버지께서는 우리를 모든 악에서 구원하십니다. … 인간의 본래 모습을 회복시켜 주시는 분은 하나님 아버지이십니다."(30)

9 김삼환, 『새벽을 깨워야 새벽이 옵니다』(서울: 도서출판 실로암, 2015), 151.

말한 대로 그는 우리의 요새시며, 힘이시며, 능력이시며, 우리의 피할 바위시며, 산성이십니다(시18-2). 하나님께서 지켜주십니다."[10]

　"우리 인간의 모든 것은 하나님께서 주신 것입니다. 내 것은 없습니다. 내 재산이 아닙니다. 내 교회가 아닙니다. 하나님의 물질이요, 교회입니다. 내 몸도 내 몸이 아닙니다. 하나님께서 주신 몸입니다. 모든 것은 하나님께서 주신 선물입니다. 이 모든 것을 주신 이는 살아계신 전능한 하나님이십니다. … 모든 것이 내 것이 아닙니다. 하나님께서 주신 땅에서, 하나님의 것을 사용하며, 하나님의 은혜 아래 살아가는 하나님의 백성임을 잊어서는 안 될 것입니다."[11] "기독교는 나무나 돌이나 태양에 기도하지 않습니다. 나무도 창조하시고, 돌도 창조하시고, 태양도 창조하신 전능하신 하나님께 기도합니다. 하늘에 계신 전능하신 하나님만이 우리의 기도에 응답하시는 분이십니다."[12] "전능하사 천지만물을 창조하신 하나님 아버지께서는 우리를 버리지 아니하십니다. 모든 환난에서 건져주시고 지켜 주십니다. 우리의 가는 길에 어떤 일이 일어날지라도 하나님께서 지켜 주실 것을 믿어야 합니다."[13] "기독교는 주님이 주시는 은혜입니다. 값없이 주시는 은혜입니다. 그래서 복음입니다."[14]

　"우주 만물의 주인은 누구입니까? 우주 만물의 주인은 하나님이시며, 그의 아들 예수 그리스도는 우주 만물을 다스리시는 왕이십니다. … 이 세상 만물에도 주인이 있습니다. 하나님의 말씀에도 주역이 있습니

10　김삼환, 『예수님을 잘 믿는 길』(서울: 도서출판 실로암, 2010), 154.

11　김삼환, 『아버지, 아버지 집』(서울: 도서출판 실로암, 2010), 13.

12　위의 책, 107.

13　김삼환, 『예수님을 잘 믿는 길』, 163.

14　위의 책, 165.

다. 누가 주역입니까? 이 모든 일에는 하나님의 아들 예수 그리스도가 주역이십니다. 그분이 주역이시고, 중심이시고, 핵심이십니다."[15] "우리 예수님께서는 무(無)나 공(空)이 아니라 온 우주의 창조자로 실재하고 계십니다. 이 땅에서는 삶 가운데서 도와주시며 은혜 주시는 분이시고, 이 땅을 떠날 때는 하나님 나라로 인도하시는 실재(實在)자이십니다."[16] "하나님을 잘 믿어야 합니다. 오직 주님만 의지해야 합니다. 주님은 우리의 목자이시며 우리의 양식이십니다."[17] "이스라엘의 하나님이 오늘 우리의 하나님이십니다. 이스라엘을 애굽에서 구원하신 하나님이 오늘 우리를 죄악에서 구원하시는 하나님이십니다. 그 하나님께서 예수 그리스도의 보혈로 우리를 구원하시고 여기까지 인도해 주셨습니다."[18] "하나님은 창조자이십니다. 온 우주 만물을 창조하신 분이십니다. 지구도 만들고, 해와 달도 만들고, 빛과 어두움과 모든 생명체를 만드셨습니다. 없는 데서도 있게 하시는 능력자이시며, 우리를 이끌어 주시는 선한 목자이십니다. 부유하신 하나님께서 모든 생명을 주관하십니다."[19] "예수님은 우주 만물보다 귀하십니다. 우주 만물을 창조하신 분이시기 때문입니다. 예수님을 믿는 자는 하늘과 땅과 우주를 다 가진 자입니다. 그러므로 교인이 되면 천하제일의 부자로 사는 것입니다. 왜 그렇습니까? 만물을 창조하신 예수님을 모시고 살기 때문입니다."[20] "창조주 되시는 예수 그리

---

15   김삼환, 『섬겨야 합니다』(서울: 도서출판 실로암, 2013), 77-78.

16   김삼환, 『예수님을 잘 믿는 길』, 86.

17   위의 책, 88.

18   위의 책, 157.

19   김삼환, 『섬겨야 합니다』, 293.

20   위의 책, 148.

스도만이 바른 답을 주실 수 있습니다. 그러므로 주님이 길이요, 진리요, 생명이라고 말씀하고 있습니다. … 이 땅에 오셔서 우리를 위해 죽으시고, 죄의 짐을 벗겨 주시고, 하나님의 자녀 삼아 주시고, 구원하여 주시고, 영생을 주신 구원의 주님, 생명의 주님, 진리의 주님이십니다."[21] "예수님만이 우리의 구세주이시며 승리자이시고 복의 근원이 되시기 때문입니다."[22]

둘째, 김삼환은 하나님을 구원자와 구속자로 고백한다. "인간의 본래 모습을 회복시켜주시는 분이 하나님 아버지"이고,[23] 인간의 모든 문제를 해결하시는 분은 하나님 아버지이시다.[24] 김삼환은 교인과 교회가 해야 할 가장 중요한 일은 복음 전도인바, 인간에게 필요한 것은 아버지요, 복음이기 때문이다. "더 이상 방황하지 말고 아버지께로 나아가야 개인이 살고, 가정이 살고, 나라가 사는 축복이 임하는 것"이다.[25] "기독교의 영성을 한마디로 말하면 '하나님 아버지'라고 어떤 신학자가 말했습니다. 아버지를 떠났던 죄인이 '아버지!' 하고 부르짖으며 아버지께로 돌아오는 것입니다. 그리고 아버지의 집에서 아버지께 예배드리고 아버지께 기도하며, 아버지를 사랑하고 아버지와 함께하는 데 기독교의 영성이 다 숨어 있다는 것입니다."[26] "예수님은 우리를 구원하러 오셨습니다. 하나님의 아들이 오셨습니다. 생명의 주님, 진리의 주님이 오셨습니다. 우

---

21 김삼환, 『예수님을 잘 믿는 길』, 52.

22 위의 책, 3.

23 김삼환, 『오직 주님만 알아가는 삶』, 18.

24 위의 책, 17.

25 위의 책, 19.

26 김삼환, 『아버지, 아버지 집』, 35.

II. 은파 김삼환 박사의 신학사상

리 주 예수 그리스도로 말미암아 생명을 얻고, 진리 안에서 이 세상을 승리하는 복된 성도가 되시기를 축원합니다."[27]

김삼환은 "오직 주님"이라는 용어를 "오직 하나님"에게 적용한 데이어, "오직 예수"[28], "오직 성령님"[29]에게도 적용한 것을 미루어볼 때, 우리는 그가 사용한 "오직 주님"은 "오직 삼위일체 하나님"으로 대체하여 표현할 수 있을 것이다. "삼위일체 하나님께서 여러 면에서 역사하셔서 우리를 인도해 주시는 것입니다."[30]

---

27 김삼환, 『예수님을 잘 믿는 길』, 54-55.

28 김삼환, 『오직 주님만 알아가는 삶』, 45.

29 위의 책, 102.

30 김삼환, 『문을 두드리시는 주님』(특별새벽집회 제7권)(서울: 도서출판 실로암, 2009), 102.

2.
"오직 예수"

1) "오직 예수"의 인격: "참하나님이신 동시에 참인간"
(vere Deus et vere homo)

　　"오직 예수"의 인격(Person)에 대한 진술은 "오직 예수는 누구(who)인
가?"라는 질문에 대한 대답과 동일하다. 예수 그리스도의 인격과 관련하
여, 「칼케돈 신조」(A.D.451)는 예수 그리스도는 "참하나님이신 동시에 참
인간"(vere Deus et vere homo)이라고 고백하고 있는바,[31] 지금도 모든 세계교회
는 이 신조가 고백한 예수 그리스도의 "양성론"(兩性論) 또는 "두 본성론"
을 고백하고 있다.

　　우리는 먼저 예수 그리스도에게 부여된 다양한 호칭들을 중심으로
예수 그리스도가 지닌 신성(神性)을 검토한 후에, 그의 인성(人性)에 대해
서도 살펴보고자 한다. "오직 예수"께서 누구인지 알기 위해서 김삼환이

---

[31]　최윤배 외, 『개혁교회의 신앙고백』(서울: 한국장로교출판사, 2007), 73.

"오직 예수" 자신에게 부여한 다양한 호칭들을 검토하고자 한다. 왜냐하면, 성서와 기독교의 신앙고백 속에서 발견되는 예수 그리스도에 대한 이름들은 "계시의 이름으로써 이름들"이기 때문이다.[32]

아버지 하나님이 "오직 주님"으로 호칭 되는 것과 똑같이, "오직 예수"도 "오직 주님"으로 호칭 되는 것은 "오직 예수"가 아버지 하나님과 동일한 하나님이신 것을 말한다. "70인경(Septuaginta) 속에서 헬라어 '주(κύριος)'는 히브리어 '아도나이(אֲדֹנָי)'의 번역과 '야훼'(יהוה)의 보통 표현이다. 이 이름은 '힘', '권위', '전권'을 뜻한다. … '그리스도가 우리의 주'라는 신앙고백은 이방에 대한 선교적 · 변증적 율조를 띤다. 예수는 '우리의 주'이시고 다른 분이 아니시다. … 그리스도인들은 예수를 주라고 부를 때, 하나님에 대한 구약성서적 이름을 사용했다. 이를 통해서 그리스도인들은 그리스도의 신성(神性)을 고백했다."[33] 김삼환이 "오직 예수"를 "오직 주님"으로 고백한 것은 하나님으로서 "신성(神性)"을 가진 "오직 예수"만이 아버지 하나님과 동등한 하나님으로 고백한 것으로 판단된다.

성서에서 "하나님의 아들"은 다양한 의미를 가지고 있지만, 신약성서는 예수 그리스도를 "하나님의 아들"로 간주한다. 신약성서에서 하나님 아버지와 영원 전부터 선재(先在)하셨던 그의 독생자, 곧 하나님의 아들의 관계는 존재상으로 하나이며, "아버지와 아들의 하나 됨과 아들의 신성 역시 이 성서 속에 분명히 나타나고 있다."[34] 김삼환은 영의 눈과 믿음의 눈으로 보면, 예수는 하나님의 아들이요, 구세주라고 주장한다. "영의 눈, 믿음의 눈으로 예수 그리스도를 보면, 하나님의 아들이요, 우리의

---

32 최윤배, 『그리스도론 입문』(서울: 장로회신학대학교출판부, 2009), 23-24.

33 위의 책, 31-32.

34 위의 책, 30.

구세주입니다."[35] "예수 그리스도를 사귀며 호산나의 삶을 살도록 그분의 아들을 보내 주셨습니다."[36] "성경은 하나님의 아들이시며 천지만물을 창조하신 무한한 능력의 예수 그리스도께서 우리의 모퉁잇돌이라고 말씀하고 있습니다. 지혜와 영광이 무한하시고, 한없이 부유하신 생명의 예수 그리스도께서 우리의 모퉁잇돌이 되신다는 것입니다."[37] "예수님께서 모퉁잇돌이 되시면, 창조주가 나의 모퉁잇돌이 되시면 지혜도 주어지고, 능력도 주어지고, 풍요로움도 주어집니다."[38] "성탄절은 하나님의 아들 예수 그리스도께서 이 땅에 태어나신 거룩한 날입니다. 온 인류를 위한 소망의 날이며, 기쁨의 날입니다. 예수님께서 죄와 사망에서 우리 인간을 구원하시고 영생을 주시기 위하여 오셨습니다. 예수를 믿는다는 것은 그분을 구주로 영접하고, 그분을 믿고, 그분의 가르침대로 살아간다는 것입니다. … 주님께서 이 땅에 오신 가장 근본적인 이유는 죽음의 문제를 해결하시기 위해서입니다. 주님은 우리에게 생명을 주시기 위해 오셨습니다. 우리는 주님으로 말미암아 영생을 얻었습니다."[39]

"예수"는 "예수아"의 헬라화된 형태로서 "여호수아"를 축소한 말인데, 여기서 "야훼"의 이름과 "돕다", "구원하다", "구속하다", "구원을 창조하다"의 의미를 가진 동사의 형태를 읽을 수 있다. "'예수'라는 이름 속에 '주께서 구원하신다'는 의미가 들어 있다. … 주께서는 예수라는 이름을 받으셨다. 왜냐하면 그는 그의 백성을 그들의 죄에서 구원할 자이시

---

35   김삼환, 『오직 주님만 알아가는 삶』, 59.

36   위의 책.

37   김삼환, 『예수님을 잘 믿는 길』, 212.

38   위의 책, 222-223.

39   위의 책, 226-227.

기 때문이다."⁴⁰ 김삼환은 신앙의 모든 행위는 예수 그리스도를 자신의 구주로 영접하는 데 있다고 주장한다. "신앙의 모든 행위는 예수 그리스도를 나의 구주로 영접하는 데서 출발합니다. 예수님이 나의 구주가 될 때 모든 신앙의 행위가 이루어집니다. … 예수님이 나의 구주가 되시는 이 믿음 하나가 생명을 바치게 하고, 충성하게 하고, 사랑하게 하고, 일 평생 주님을 위하여 살도록 하는 것입니다."⁴¹ "예수 그리스도가 나의 구주가 되는 것 외에는 어떤 것도 대단한 것이 아닙니다. 하나님의 아들이 죄와 멸망에서 우리를 건져 주신 그 은혜만이 날마다 우리를 새롭게 합니다."⁴² "주님은 우리에게 구원과 영생의 은혜를 주십니다. 죄 사함 받고 주 안에서 영원한 생명을 얻게 하십니다. 하나님은 우리의 공로나 노력에 상관없이 구원받을 자를 이미 예정하시고 천국 백성으로 기르십니다. 우리를 구원받을 자로 예정하셨습니다."⁴³

　　예수 그리스도는 그를 믿는 자의 구주인 동시에 구세주가 되신다. "예수 그리스도의 십자가의 은혜는 지난날의 모든 죄를 용서합니다. 그뿐만 아니라 예수님은 우리의 구세주가 되셔서 우리 삶을 인도하시고, 돌보시며, 동행하여 주신다고 성경은 말합니다. 늘 우리에게 기쁨과 평안, 안정을 주시고, 형통함과 머리털 하나 상함이 없도록 보호해주십니다."⁴⁴ "우리는 언제나 주님의 이름을 사용해야 됩니다. '주여' 하고 예수의 이름을 부르는 것이 하나님 앞에서 사는 길입니다. 예수의 이름으로

40　최윤배, 『그리스도론 입문』, 51.

41　김삼환, 『오직 주님만 알아가는 삶』, 47-48.

42　위의 책.

43　김삼환, 『문을 두드리시는 주님』, 66.

44　김삼환, 『오직 주님만 알아가는 삶』, 49.

나아갈 때에 승리의 주님께서 승리하십니다."[45] "예수 그리스도는 온 인류의 구세주이십니다. 아브라함과 다윗과 모세는 우리의 구원이 될 수 없습니다."[46] "프랑스의 종교개혁자 칼뱅(Jean Calvin, 1509-1564)은 '전적 타락'이라고 말했습니다. 인간은 타락하여 선한 일을 단 하나도 행할 수 없다는 것입니다. 머리부터 발끝까지 타락했다는 것입니다."[47] "주님은 빛이십니다. 생명의 빛, 구원의 빛, 거룩한 빛, 인간을 비추시는 참빛으로 이 땅에 오셨습니다. 주님께서 우리를 어둠에서 건져 주셨습니다."[48] "주님과 함께하면 풍랑은 물러가고 모든 악의 세력도 물러갑니다. 우리 가정과 내 마음에 있는 원수 마귀, 더러운 귀신, 악한 영, 모든 죄악들이 물러갑니다. 환난과 걱정, 근심과 미움, 사고와 재난들이 주님 오시는 것과 함께 다 사라집니다."[49]

히브리어 "메시아"는 "기름 부음을 받은 자"라는 뜻인바, 헬라어로는 "그리스도"로 번역되었다. 예수님께서 가야바에게 대답한 것처럼(마 26:63-64), 예수는 자신을 메시아로 생각했다.[50] 김삼환은 예수 그리스도를 메시아, 곧 그리스도로 이해했다. "예수님은 온 인류의 메시아, 구원자, 왕 중의 왕이십니다. 그러나 고향 사람들은 예수님을 가난하고 헐벗고 어려웠던 목수의 아들로만 보았기 때문에 메시아로 환영하고 받아들일 수 없었습니다."[51] 김삼환은 예수 그리스도를 온 인류의 메시아로 이해

---

45   김삼환, 『문을 두드리시는 주님』, 51.

46   김삼환, 『오직 주님만 알아가는 삶』, 70.

47   김삼환, 『예수님을 잘 믿는 길』, 235.

48   위의 책, 447-448.

49   김삼환, 『문을 두드리시는 주님』, 23.

50   최윤배, 『그리스도론 입문』, 25-26.

51   김삼환, 『오직 주님만 알아가는 삶』, 60.

한다.[52] "예수 그리스도는 온 인류의 메시아이십니다. 성경에 나오는 위대한 인물들을 다 모아도 예수 그리스도 한 분을 따를 수 없으며, 성경에 나오는 어떤 인물도 메시아라고 할 수 없습니다. 메시아는 하나님의 아들, 예수 그리스도 한 분뿐입니다. 우리 인간을 구원하실 이는 예수님밖에 없습니다."[53] "우리 모두 왕의 왕이신 메시아께로 나아가야 합니다. 예수 그리스도께로 가면 살 수 있습니다. 늘 주님을 귀하게 여기며, 하나님의 아들을 나의 구주로 믿게 된 놀라운 사실에 감사해야 합니다."[54] 김삼환에 의하면, 예수 그리스도는 "유일한 길 예수님"이고, "가장 귀한 분"이고, "영원한 생명수"이고, "오직 예수뿐"이다.[55]

우리는 지금까지 김삼환이 이해한 예수 그리스도에게 부여된 다양한 호칭들을 중심으로 그의 참하나님 되심, 곧 그의 신성(神性)에 대해 살펴보았다. 이제부터는 김삼환이 이해한 예수 그리스도의 참인간 되심, 곧 그의 인성(人性)에 대해 살펴보고자 한다. 김삼환에 의하면, 영의 눈으로, 믿음의 눈으로 보면, 예수 그리스도는 하나님의 아들인 동시에 구세주이시지만, "육의 눈으로 보면 예수님은 마구간에서 태어난 가난한 목수의 아들일 뿐입니다. 더구나 죄인으로 십자가에 못 박혀 죽은 미천한 예수님을 누가 믿고 따를 수 있겠습니까? … 예수님은 공생애를 시작하면서 제일 먼저 고향을 찾으셨습니다. 누구보다도 고향을 사랑하셨고, 고향 사람들이 복을 받기 원하셨습니다. … 예수님은 예루살렘을 바라보시면서 영적 눈이 어두운 백성이 하나님을 멀리함으로써 받을 미래의

---

52 위의 책, 74.
53 위의 책, 71.
54 위의 책, 75.
55 위의 책, 52-56.

고난을 생각하시면서 심히 통곡하셨습니다."[56] 〈누가복음〉 4장을 보면 주님은 눈먼 자와 병든 자를 찾아가셨습니다. 늘 가난하고 어려운 자들, 약한 자들을 찾아가서 위로해 주시고 치료해 주셨습니다."[57]

김삼환에 의하면, 예수 그리스도의 인격은 무엇이며, 예수 그리스도는 누구이신가? 그에 의하면, 「칼케돈 신조」(A.D.451)의 고백대로 예수 그리스도는 "참하나님이신 동시에 참인간"이시며, 100% 하나님이신 동시에 죄가 없으신 100% 인간이신 하나님과 인간 사이의 유일한 "중보자"(Mediator)이다. 예수 그리스도는 창조자이신 동시에 구속자이다.

2) "오직 예수"의 사역

칼뱅을 출발점으로 개혁교회는 예수 그리스도의 핵심사역을 그의 "삼중직"(munus triplex), 곧 예언자(선지자)직(prophetia munus), 왕직(regium munus), 제사장직(sacerdotium munus)으로 이해해왔다. 믿음의 중요한 원리를 예수 그리스도의 삼중직(三重職)이라고 이해하고, 기독교 역사상 최초로 삼중직을 조직신학적으로 체계화한 칼뱅은 다음같이 주장한다. "그러므로, 믿음이 그리스도 안에 있는 구원을 위한 확고한 기반을 찾고 그리스도 안에서 안식을 누리기 위해서는, 다음과 같은 원리를 반드시 세워야 한다. 곧, 아버지께서 그리스도께 명하신 직분이 세 부분으로 되어 있다는 것이 그것이다. 그리스도께서는 선지자와 왕과 제사장으로 주어지셨기 때

---

56 위의 책, 59-60.

57 위의 책, 62.

                  II. 은파 김삼환 박사의 신학사상

문이다."**58**

(1) 예언자로서의 예수 그리스도

　김삼환에 의하면, 예수 그리스도는 "예언자"(선지자)이시다. 예수 그리스도는 대부분의 선지자들처럼 고향에서 환대받지 못했다. "성경에 나오는 대부분의 선지자도 고향에서 환영받지 못했습니다."**59** 김삼환은 성령께서 주는 성령의 은사들 중에서 가르치는 은사를 "최고의 은사"라고 주장한다. "교사, 사도, 선지자, 이 세 가지는 가장 귀한 일인데 다 가르치는 일을 했습니다. 이 직분은 가장 큰 은혜요, 최고의 은사입니다. … 가르치는 일과 복음을 증거하는 일과 영혼을 돌보는 일, 이 세 가지는 사도들과 특별히 은혜받은 사람들이 감당했습니다. … 예수님도 많은 사람들을 가르치셨습니다."**60** "말씀은 곧 하나님이십니다. … 성경은 하나님께서 천지만물을 말씀으로 창조하셨다고 말합니다. … 하나님은 지금도 늘 말씀하십니다. 예수님께서도 일생 동안 말씀을 전하셨습니다. … 말씀이 하나님이라고 했습니다. 하나님이 태초에 말씀으로 계셨고, 그 말씀이 이천 년 전 유대 땅에 육신이 되어 오셨습니다. 예수님도 말씀하시고 성령께서도 항상 말씀하십니다. 그러므로 우리가 하나님의 말씀을 전하고 가르치는 것이 얼마나 귀한 일인지 모릅니다. 가르치는 은사가

58　최윤배, 『깔뱅신학 입문』(서울: 장로회신학대학교출판부, 2012), 157. 참고, 칼빈, 『기독교 강요』(1559), II xv 1. "Ut sciamus quorsum missus fuerit Christus a Patre et quid nobis attulerit, tria potissimum spectanda in eo esse, munus propheticum, regnum, regnum et sacerdotium."

59　김삼환, 『오직 주님만 알아가는 삶』, 60.

60　김삼환, 『명성교회 구역장교육 2』(서울: 도서출판 실로암, 2000), 32.

제일 귀하고 어려운 일입니다."**61**

(2) 왕으로서의 예수 그리스도

김삼환에 의하면, 예수 그리스도는 "왕"이시다. 그는 "호산나 예수
님"이라는 제목으로 예수 그리스도가 "왕의 왕"임을 강조한다. 히브리
어 "호산나"의 뜻은 "지금 나를 구원하소서!"(save now!)이다. "호산나, 나의
왕을 찬양하는 이유가 바로 여기에 있습니다. 예수님은 왕이십니다. 예
수님은 모든 죄에서 우리를 건져 주시고, 마귀에게서 구원해 주신 왕의
왕이십니다."**62** "왕의 왕이신 예수님을 영접하므로 우리 모두 죄수의 옷
에서 왕자의 옷으로 갈아입게 되고, 슬픔이 변하여 기쁨이 되는 것입니
다."**63** 김삼환은 예수님의 왕 되심을 찬양의 기도를 통해 다음과 같이 말
한다. "분명한 신앙으로 나의 주님, 나의 왕께 호산나를 외치시기를 바랍
니다. 주님을 나의 주님으로 나의 구주로 나의 왕으로 찬양하며 섬기며
자손만대에 하나님의 백성이자 자녀로 살게 하여 주옵소서!"**64** "예수님
을 나의 구주로 영접하고, 늘 예수님의 사람으로 충만해야 합니다. 예수
님이 제일입니다. 예수님만이 나의 왕이 되시고, 나의 빛이 되시고, 나의
목자가 되십니다."**65**

한 걸음 더 나아가 김삼환은 예수 그리스도는 "영원한 왕"임을 우리

---

61 위의 책, 40-41.

62 김삼환, 『오직 주님만 알아가는 삶』, 47.

63 위의 책.

64 위의 책, 46.

65 김삼환, 『섬겨야 합니다』, 278.

에게 확신시킨다. "예수님은 우리의 앞날에 동행해 주시는 영원한 왕이십니다. 그러므로 성도는 앞날에 대해 어떤 두려움도 갖지 말고 언제나 주님을 찬양해야 합니다. 그렇게 우리가 주님을 찬양하고 영화롭게 할 때에 하늘 문이 열리고 우리를 축복하실 것입니다."[66] "주 예수 그리스도는 영원하신 왕이십니다. 그는 평화의 왕이시요, 의의 왕이시며, 능력과 진실과 사랑의 왕이십니다. 그의 탄생은 바로 왕의 탄생을 의미합니다. 만왕의 왕께서 이 땅에 오신 것입니다. 예수 그리스도의 탄생을 알고 멀리서 찾아와 그에게 경배한 이들은 동방박사들입니다. 그들은 어떻게 머나먼 곳으로부터 왕의 탄생을 알고 그에게 와서 경배했을까요? 그들은 별을 보고 왕에게로 찾아온 것입니다. … 이러한 동방박사들이야말로 왕이 누구신지, 예수 그리스도가 어떤 분이신지를 아는 깨어 있는 성도들인 것입니다."[67]

앞에서 우리를 "왕자"로 호칭한 김삼환은 예수 그리스도가 우리의 왕이라면, 예수 그리스도를 믿는 모든 사람을 "왕족"으로 칭한다. "우리는 왕족입니다. 아버지와 사귀고, 아버지와 함께하는 시간은 가치가 있습니다. 땀 흘리고 수고하고 애쓴다고 잘사는 것이 아닙니다. 우리는 인간의 방법으로 잘사는 것이 아니라 하나님의 복으로 우리의 길이 열리는 것입니다."[68]

66　김삼환, 『오직 주님만 알아가는 삶』, 49-50.
67　김삼환, 『교회가 살면 다 삽니다』(서울: 도서출판 실로암, 2013), 257.
68　김삼환, 『오직 주님만 알아가는 삶』, 50.

(3) 제사장으로서 예수 그리스도

김삼환에 의하면, 예수 그리스도는 "제사장"이시다. 그는 히브리서 10장 20절과 로마서 5장 10절을 인용하면서 예수 그리스도가 제사장이심을 강조한다. 예수 그리스도께서 십자가에서 보혈을 흘리심으로써 죄와 죽음의 문제를 해결하고, 하나님과 인간 사이의 화해의 길을 여셨다. "참자유와 참평안은 예수 그리스도로 말미암아 주어집니다. 인간은 죄와 사망을 이길 수 없습니다. 저주와 멸망, 죽음을 해결하고 마귀를 이겨야만 평안이 찾아옵니다. 저주와 멸망에 빠진 인류를 건지기 위해 하나님의 아들이 오신 것입니다. 이 세상 끝날까지 우리에게 평안을 주실 이는 예수 그리스도밖에 없기 때문이다. 우리는 예수 그리스도 보혈의 은혜로 저주와 멸망에서 건짐을 받았습니다. 그리하여 우리와 하나님의 길이 열릴 것입니다. 위를 향한 길이 열림으로써 하나님이 항상 우리와 함께하시며 도와주시는 것입니다. ⋯ 예수님이 십자가를 지심으로써 하나님과 우리 사이를 영원히 구별하고 가로막았던 휘장이 찢어졌으며, 하나님과 우리와의 만남이 이루어진 것입니다. 즉 우리와 만나는 하나님은 사랑의 하나님, 좋으신 하나님이십니다. 〈로마서〉 5장 10절을 봅시다. '곧 우리가 원수 되었을 때에 그의 아들의 죽으심으로 말미암아 하나님과 화목하게 되었은즉 화목하게 된 자로서는 더욱 그의 살아나심으로 말미암아 구원을 받을 것이니라'."**69** "늘 말씀드리지만, 구약은 그림자와 같습니다. 참이 아닙니다. 구약의 제사장은 장차 오실 예수님의 그림자입니다. 그러므로 구약의 예배는 완전한 예배가 아닙니다. 양의 피는 완

---

69 위의 책, 74-75.

II. 은파 김삼환 박사의 신학사상

전한 예배가 아닙니다. 앞으로 하나님의 아들 예수님이 흘릴 보혈의 그림자이지, 참피가 아닙니다."[70]

　"십자가는 복음이다"라고 주장한 김삼환은 "기독교는 구원과 생명의 종교, 십자가의 종교"이며, "인간에게 중요한 것은 구원, 구속"이라고 주장했다.[71] "생명은 오직 예수 그리스도뿐이십니다. 우리의 죄를 사하시기 위하여 십자가에 못 박혀 돌아가신 그리스도만이 생명의 주님이십니다."[72] "따라서 우리는 십자가에 못 박히신 예수 그리스도를 늘 바라보고 자랑해야 합니다. 십자가는 무한한 능력입니다. 이 세상에 어떠한 저주와 멸망에서도 십자가는 우리를 지켜 줍니다. 그러므로 모든 교회는 항상 무장해야 합니다. 십자가 없는 선교, 십자가 없는 기도, 십자가 없는 봉사, 십자가 없는 충성, 십자가 없는 설교, 십자가 없는 부흥은 아무 의미가 없습니다. 기독교 2천 년 동안 이 모든 세력을 딛고 끝까지 승리할 수 있었던 것은, 바로 십자가 때문입니다. 십자가는 아무도 넘어뜨릴 수 없습니다."[73]

　"성도의 능력은 예수 그리스도의 십자가로 말미암아 오는 것입니다. … 참 위대한 하나님 자녀의 능력은 예수 그리스도의 십자가를 바라볼 때만이 주어지는 것입니다."[74] 김삼환에 의하면, 예수 그리스도의 십자가는 그 모양이 아름다운 것이 아니라, "꾸밈이 없는 십자가"이다. "예수님의 십자가는 흉한 것임에 틀림없습니다. … 사람들은 십자가를 우습

70　김삼환, 『새 시대, 새 영, 새사람』(특별새벽집회 8)(서울: 도서출판 실로암, 2010), 117.

71　김삼환, 『오직 주님만 알아가는 삶』, 114.

72　김삼환, 『예수님을 잘 믿는 길』, 181.

73　김삼환, 『오직 주님만 알아가는 삶』, 115.

74　위의 책, 118.

게 여길지 몰라도 구원을 얻은 우리에게는 이 길밖에 없습니다."[75] "마귀는 십자가를 못 보게 합니다. … 마귀 앞에서는 예수 그리스도의 십자가를 바라볼 때만이 그 능력이 언제나 나와 함께 하여 하나님이 원하시는 자녀의 길을 걸어갈 수 있습니다. 십자가를 사랑하고, 십자가를 의지하는 성도는 상상할 수 없을 정도로 능력 있는 삶을 살게 됩니다."[76]

김삼환은 예수 그리스도의 보혈을 강조하는 기도를 다음과 같이 한다. "피가 없이 속죄함이 없습니다. 오직 예수 그리스도의 보혈만이 우리를 죄에서 깨끗하게 하고, 사망에서 생명으로 옮깁니다. 예수 그리스도의 보혈로써 승리하는 성도가 되게 하여 주옵소서."[77] 그는 "보혈의 힘"을 강조한다. "기독교는 용서의 종교입니다. 기독교만이 용서할 수 있고 사랑할 수 있습니다. 하나님의 아들 예수 그리스도의 보혈만이 내 모든 죄를 깨끗이 씻어 낼 수 있습니다. 보혈을 통해 정결해지는 경험을 해보아야만 나의 죄에 대해서도 긍휼을 베풀고 원수까지 용서하게 됩니다."[78] "십자가 보혈의 피, 이것이 보배입니다. 이것이 능력입니다. 무한한 능력, 은혜입니다. 측량할 수 없는 하나님의 은혜는 십자가 보혈의 피에 있습니다. 말로 다할 수 없는 하나님의 사랑입니다. … 우리는 십자가에 못 박힌 그리스도입니다. 많은 사람이 표적으로 찾고, 지혜를 찾고, 지식을 찾고, 학문을 찾지만 우리는 십자가의 능력을 찾아야 합니다. 이보다 더 놀라운 지혜, 능력, 구원도 없고, 이보다도 더 귀한 보배도 이 세상에 없

---

75 위의 책, 119.

76 위의 책, 121.

77 위의 책, 122.

78 김삼환, 『아버지, 아버지 집』, 163.

습니다."**79** "죄와 사탄, 하나님을 떠나서 오는 것입니다. 하지만 예수 그리스도로 말미암아 마귀, 죄, 사망에서 떠나 우리가 구원함을 받은 것이, 인간의 문제를 풀어 주신 주님의 십자가요, 보혈인 것입니다."**80**

"하나님은 그분의 아들을 이 땅에 보내 주셔서 십자가를 짊어지고, 십자가 위에서 물과 피를 다 쏟으시며 우리를 위하여 죽게 하셨습니다. 그분의 피가 아니면 할 수가 없기 때문에 하나님의 아들의 거룩한 피로 우리를 씻기 위하여 그는 십자가에 죽으셨습니다. 그가 죽지 아니하면 우리가 영영 죽을 수밖에 없기 때문입니다. 하나님의 아들의 죽음으로 우리가 영원한 생명을 얻게 된 것입니다."**81** "양손 양발에 못 박히고, 머리에 가시관을 쓰시고, 옆구리에 창을 맞으면서 '엘리 엘리 라마 사박다니'라고 우시면서 괴로워하는 주님 때문에 우리의 모든 인간적인 욕망과 정욕에서 해방되고, 치료받고, 새사람이 된 것입니다."**82** "여러분에게 성령이 역사하셔서서 갖가지 은혜로 채워주시고, 여러분이 갖고 있는 문제가 모두 해결되기를 바랍니다. 저는 예전에는 병에 관한 것이라면 하나님보다 현대 의학을 더 믿었습니다. 그런데도 저뿐만 아니라 온 가족에게 없는 병이 없었습니다. … 좋은 약 다 먹어보고 온갖 주사 다 맞아 보았지만 도무지 나을 길이 없었는데 결국 고친 것은 현대 의학이 아니라 하나님의 은혜였습니다."**83**

"교회는 십자가 사람이 모인 곳입니다. 십자가를 사랑하는 사람이

---

79   김삼환, 『오직 주님만 알아가는 삶』, 125.

80   위의 책, 127.

81   위의 책, 129.

82   위의 책, 130.

83   김삼환, 『주님의 마음에 합한 자』(서울: 도서출판 실로암, 2008), 214-215.

모인 곳이 교회입니다. 십자가를 자랑하고, 십자가를 전도하고, 십자가를 증거하고, 십자가를 높이고, 사도 바울이 말한 대로 내 몸에는 그리스도의 십자가가 흔적이 있는, 십자가의 사인(sign)이 있는 성도입니다. 십자가를 지고 가는 사람들입니다. 십자가의 은혜와 능력을 한없이 경험한 하나님의 자녀들인 것입니다."[84]

김삼환은 제사장으로서 예수 그리스도의 죽음을 화목제물로 이해한다. "하나님이 그 아들을 보내주셔서 십자가로 말미암아 화목제물이 되어 우리로 화목하게 하시고, 십자가로 하나님의 사랑을 회복하게 하셨다."[85] 김삼환은 『고린도전서』 2장 2절과 『갈라디아서』 6장 14절을 인용하면서 십자가만을 알고, 십자가만을 자랑하라고 주장한다. "하나님의 아들 예수 그리스도의 십자가, 우리 모두를 살리는 구원의 십자가, 은혜, 축복, 승리의 십자가만이 가능합니다."[86]

"하나님의 아들, 예수님이 오셔서 십자가 보혈의 피를 흘려주셨습니다. 이 독에 능력이 무한하지만 보혈의 능력은 억만 배 더 큰 힘이 있어서 컵에 붉은색을 한 방울 떨어뜨리면 온 물이 붉게 변하듯이 예수님의 보혈로 모든 죄의 균이 떠나고, 우리는 주님의 보혈로 정결하게 되는 것입니다. 죄는 마귀가 지배합니다. 죄인은 마귀의 종입니다. 마귀의 아들이 된 우리를 예수님이 오셔서 하나님의 자녀로 만들어 주셨습니다."[87] "십자가 위에서 돌아가신 예수 그리스도의 보혈의 강물을 마시며 살아가는 사람은 사망과 저주에서 구원을 얻습니다. 기독교는 행위의 종교가

---

84   김삼환, 『오직 주님만 알아가는 삶』, 130.

85   위의 책, 133.

86   위의 책, 131-132.

87   위의 책, 169.

아닙니다. 오직 예수 그리스도를 믿는 믿음으로 살아납니다. 죽음의 땅에 생수이신 예수 그리스도께서 오심으로 영원히 살게 되었습니다. 기독교는 생명의 종교입니다. 아버지께로 돌아와야 합니다. 온갖 저주에서 벗어나는 길은 주 예수 그리스도뿐입니다."[88] "하나님께서는 죄와 멸망에서 인류를 구원하시려고 예수 그리스도를 보내어 주셨습니다. 그리고 모든 사람에게 거저 구원을 주셨습니다. … 우리는 하나님의 자녀가 되어 죄와 저주와 사망에서 구원받았습니다."[89] "하나님의 사랑이 나타났습니다. 나의 죄를 위하여 십자가에 피 흘려 돌아가신 주님의 사랑입니다."[90] "하나님 앞에서 사랑은 크게 두 가지로 볼 수 있습니다. 하나는 하나님을 사랑하는 것이고, 또 하나는 이웃을 사랑하는 것입니다. 이것이 바로 십자가입니다. 하나님을 사랑하는 수직적인 사랑, 이웃을 사랑하는 수평적인 사랑, 이것이 바로 십자가의 사랑인 것입니다. 하나님을 사랑하는 사람은 하나님을 사랑하고 이웃을 사랑하는 데 적극적입니다. 무엇을 해도 적극적입니다."[91]

김삼환에게서 우리의 구원과 구속을 위해 중요한 것은 예수 그리스도의 십자가뿐만 아니라, 그의 부활이다. "예수님은 부활이요, 생명입니다. 사망에서 생명으로 옮겨졌습니다. 주님은 생명의 첫 열매가 되셔서 나를 위해 죽으심으로 죽음이 없어지는 것입니다. 사람이 한 번 태어나는 것과 한 번 죽는 것은 정한 일인데 예수님은 나를 위해 죽으심으로 이제는 죽음이 없어진 것입니다. 주님이 나를 위해 죽으셨고, 내 죗값으로

---

88   김삼환, 『아버지, 아버지 집』, 47.

89   위의 책, 86.

90   김삼환, 『사랑』(서울: 도서출판 실로암, 2009), 36.

91   위의 책, 106.

죽으셨기 때문입니다."⁹²

김삼환은 십자가의 승리를 예수 그리스도의 부활로 이해하면서 부활의 열매에 대해 다음과 같이 기도한다. "거룩한 부활의 기쁨, 부활의 큰 축복, 그리스도와 함께 영원히 사는 복된 성도 만들어 주옵소서. 부활의 주님과 함께 모든 성도가 이 세상 끝날까지 의인의 길을 걸어가게 하시기를 원하옵나이다."⁹³ "우리 주 예수 그리스도만이 사망 권세 이기시고 2천 년 전 생명의 부활로 사흘 만에 부활하셔서 교회를 인도하시고 우리 모든 성도의 기도를 들으시며 예배를 받으십니다. 우리와 함께하시며 날마다 우리를 도우시고 다스리시는 왕의 왕으로 주님은 살아 계시는 것입니다. 우리는 그리스도와 함께 영원히 살 수 있습니다. 그리스도 밖에서는 살 수가 없습니다. 그리스도가 없는 곳에는 생명이 없습니다. 인간은 죽으면 끝입니다. … 그리스도는 생명이기 때문입니다. 죽음의 문을 박차고 승리하신 살아 계신 주님이기 때문입니다. 3일의 전쟁은 예수 그리스도의 승리로 끝났습니다. 싸움은 승리가 있습니다. 온 인류를 사로잡고 있던 모든 저주와 죽음에서 주님은 승리하셨습니다. 대로마 총독 빌라도는 예수 그리스도를 십자가에 못 박는 일에 사형 언도를 내리고 사인(sign)을 했습니다."⁹⁴

김삼환은 예수 그리스도의 십자가의 의를 그의 부활과 직접 연결시킨다. "주님은 살아나셨습니다. 왜 살아나셨습니까? 바로 하나님의 의 때문입니다. 하나님의 뜻, 하나님의 섭리인 의는 절대로 죽지 않습니다. … 제사장과 빌라도가 제아무리 군중이 많을지라도 의인의 생명을 해칠

---

92 김삼환, 『오직 주님만 알아가는 삶』, 126.

93 위의 책, 134.

94 위의 책, 136.

수는 없습니다. 의인의 생명은 하나님의 손에 있기 때문입니다."[95] "하늘 문은 하나님의 의, 그리스도로 말미암아 열리고, 그곳으로 들어가는 자들만이 영생을 얻을 것입니다."[96]

"사망의 지배를 받으며 죽음을 피할 수 없었던 우리 인간에게 주님은 오셔서 영원한 생명을 주셨습니다. 예수님께서 무덤에서 사망 권세 이기시고 부활하심으로 우리를 사망에서 건지셨습니다. 이제 우리의 할 일은 천국의 소망을 가지고 말씀과 빛 가운데서 사는 것입니다. 우리는 죽음에 대한 두려움이 없습니다. 예수님께서 다시 살아나셨기 때문입니다. 고린도전서 15장을 보면 부활에 대해서 잘 말씀해 주고 있습니다. 예수님께서 부활하셨으니 우리도 따라 부활하는 것입니다. 아담 한 사람으로 인해 사망이 들어왔습니다(롬5:12-121). 아담의 후손인 우리는 태어날 때 사망을 안고 태어났습니다. … 생명도 한 사람으로부터 시작됩니다. 예수께서 부활하심으로 우리가 생명을 얻었습니다. 누구든지 예수 믿는 그 순간부터 그리스도로 말미암아 사망에서 생명으로 옮겨지게 되는 것입니다. 이제 사망은 끝났습니다. 예수로 말미암아 사망을 이기고 승리하였습니다."[97]

김삼환은 예수 그리스도의 재림 시에 일어날 "이중부활"을 주장한다. "믿음으로 선한 일을 한 사람은 생명의 부활로 하나님 나라에 갈 것이고, 불신앙으로 악한 일을 한 사람은 심판의 형벌로 지옥에 가게 될 것입니다."[98] 김삼환은 신앙생활에서 주일성수와 십일조 생활을 강조한다.

---

95   위의 책, 137.

96   위의 책, 139.

97   김삼환, 『문을 두드리시는 주님』, 159-160.

98   김삼환, 『예수님을 잘 믿는 길』, 89-90.

"성도는 주일을 잘 지켜야 자라납니다. … 십일조를 하면 성도의 생활이 발전합니다."[99]

---

99 김삼환, 『문을 두드리시는 주님』, 217-218.

II. 은파 김삼환 박사의 신학사상

3.
결론

    우리는 은파(恩波) 김삼환 목사의 "오직 주님"의 사상을 중심으로 그의 기독(그리스도)론을 살펴보았다. 김삼환은 예수 그리스도를 누구로 이해하고, 그의 사역을 무엇으로 이해하는가? 김삼환에 의하면, 예수 그리스도는 하나님 아버지와 성령과 함께 창조주이시며 섭리자이시다. 하나님의 영원한 말씀이시고, 하나님의 영원한 독생자이신 예수 그리스도께서 성육신하여 우리의 구세주와 하나님과 인간 사이의 유일한 중보자(Mediator)가 되셨다. 그가 우리의 유일한 중보자가 되시기 위해 "참하나님이신 동시에 참인간"(*vere Deus et vere homo*)이 되셨다.

    김삼환은 예수 그리스도의 사역과 관련하여 그의 삼중직(*munus triplex*)을 강조한다. 성령으로 기름 부음을 받은 그리스도는 예언자로서 하나님의 말씀을 전하시며, 제사장으로서 십자가를 통해 우리의 죄를 대속하시고, 왕으로서 교회를 중심으로 교회의 복음 전파를 통해 자신의 재림 시까지 하나님의 나라를 완성하는 사역을 하신다. 특히 김삼환은 예수 그리스도의 제사장직과 관련하여 예수 그리스도의 보혈을 매우 강조한다.

8장

기도론

1.
"새벽종치기 소년"에서
"특별새벽기도의 창시자와 운동가"로[1]

은파(恩波, wave of grace) 김삼환은 경상북도 영양군 청기면 상청2리에서 태어나, 1980년에 명성교회를 세웠으며, 현재 10만여 명의 교인들이 출석하고 있다. "경상북도 영양군 깊은 산골에 한 소년이 있었습니다. 일찍이 어머니를 통해 복음을 받아들인 소년은 아버지의 집요한 반대와 지속적인 매질을 견뎌내며 새벽을 깨웠습니다. 새벽마다 교회로 달려 나와 종을 쳤습니다."[2] "새벽종을 치러 가야 하는데 사발시계 소리에 아버지의 잠이 깰세라 혼자만 들을 수 있도록 시계를 헝겊으로 감아 손목에 맨 채 그곳에 귀를 대고 새우잠을 잤습니다."[3] "아버지 몰래 이불을 벗어나기까지는 시간이 한참이나 걸렸고, 잠든 아버지를 깨울까 봐 살을 에는 한겨울에도 밖에 나와 옷을 입었습니다. 그리고 힘겹게 깊은 산골의

1   김삼환(편), 『제6회 2015 새벽기도 목회자 국제 컨퍼런스』(서울: 명성교회, 2015), 97-118.
2   김삼환, 『새벽기도 새벽눈물』(명성교회 새벽기도 화보집)(서울: 도서출판 실로암, 2014), 29.
3   위의 책, 31.

II. 은파 김삼환 박사의 신학사상

새벽을 깨웠던 새벽 종소리가 이제는 온 세계를 깨우고 있습니다."[4] 작은 산골 마을의 새벽을 깨우고, 울리던 "새벽종치기 소년"이 성장하여 마침내 "특별새벽기도의 창시자와 운동가"가 되어, 그의 '은파'라는 호(號)처럼 새벽기도운동의 "은혜의 파도"를 한국교회는 물론 세계교회에 힘차게 일으키고 있다.

명성교회 새벽기도회는 1980년 7월 6일에 교회창립과 함께 시작되었다. 첫 특별새벽기도집회(9월 1-30일) 첫날인 9월 1일에 25명이 참석한 이래 34년 동안 3월과 9월에 특별새벽기도집회가 계속되고 있다. 2012년 3월 특별새벽집회에는 매일 7만여 명이 참석했고, 2014년 9월에는 약 20만 명(196,276명)이 참석했고, 기네스북에 2014년 7월 6일자로 등록된 일천번제 숫자는 32,144명이다. 2014년 8월 29일에 마침내 34년간 진행되어온 명성교회 특별새벽기도 집회의 모든 정보를 담은 새벽기도전시관이 명성교회 샬롬관 지하 1층에 개관했다.

그는 일생 동안 새벽기도에 목숨을 걸었다. "저는 새벽기도를 강조하는 목회자이지만, 쉽지 않다는 것 또한 잘 알고 있습니다. … 새벽기도에 목숨을 걸었다고 말해도 과언이 아닙니다."[5] "지금까지 이 책에서도 내내 강조해 왔고, 또 제가 지금까지 목회하면서 강조했던 것은 결국 두 가지입니다. 하나는 '새벽기도'를 통해 하나님의 거룩함을 체험해야 한다는 것입니다. 그리고 다른 하나는 새벽기도를 통해 훈련받은 후엔 남을 위해 봉사하고 섬겨야 한다는 것입니다."(『새벽눈물』, 148)

일찍이 생전 한경직 목사께서 명성교회의 새벽기도 운동의 국내외

---

4 위의 책, 32.

5 김삼환, 『새벽눈물』(서울: 교회성장연구소, 2007), 22.

에 끼친 지대한 영향에 대해 아주 기쁜 마음으로 다음과 같이 기술한 적이 있다. "김삼환 목사님은 30여 년 동안 주의 일에 몸담아 왔습니다. 그 중에서 명성교회는 13년 전에 몸소 개척하였으며, 지금은 한국뿐만 아니라 전 세계적으로 알려진 교회입니다. 특히 김 목사님께서 한국 교회와 세계 교회에 끼친 영향 중 가장 귀중한 것은 다름 아닌 '새벽기도 운동'입니다. 그로 인해 한국 교회는 물론 세계 각처에서 명성교회의 새벽기도를 배우기 위해 방문하고 있음을 볼 때 큰 기쁨이 아닐 수 없습니다."[6] 몇 년 전에 한국을 방문한 전(全) 프린스턴신학교 총장 이안 토랜스(Iain R. Torrance)는 명성교회가 국내외에 끼친 놀라운 영향 때문에 감사의 글을 썼다. "우리는 비단 한국뿐만 아니라 전 세계에 이르기까지 선교에 대한 사명과 예수 그리스도를 통한 평화와 화해의 역사를 이루어가는 명성교회의 영향력에 대해 하나님께 감사를 드립니다."[7]

"제7차 세계칼빈학술대회"가 1998년에 서울에서 개최되었을 때, 이 학회에 참석한 칼빈학자들이 명성교회 9월 특별새벽기도 집회에 초청되었다. 그들이 새벽기도 집회에 참석하기 위해 6시 바로 직전에 교회에 도착하여 제일 앞자리에 마련된 내빈석에 앉았을 때, 이미 단상에는 어린이들과 청소년들로 가득 채워졌고, 칼빈학자들은 교회 안의 입추의 여지가 없는 광경을 일평생 처음으로 목격했다. 이 광경을 목도한 서양에서 온 한 유명한 칼빈학자가 다음과 같이 고백했다고 한다. "명성교회의 새벽기도회의 광경을 보는 순간, 마치 수만 피트 상공에서 비행하던 비행기가 수직으로 땅에 순식간에 추락하듯이, 그동안 가지고 있던 나의

---

6 한경직, "추천의 말", 김삼환, 『가까이 계실 때 부르라1』(서울: 생명의말씀사, 1993), 6.

7 김삼환, 『오직주님』, 21.

신학적 오만(傲慢)과 지적 교만(驕慢)이 여지없이 추락하는 것을 경험했습니다."[8]

우리는 이 장에서 은파 김삼환의 새벽기도신학을 기술하기 위해, 그의 기도신학, 새벽기도신학, 그리고 특별새벽기도신학 순서로 기술하고자 한다.

---

[8] 최윤배, 『깔뱅신학 입문』, 100.

2.
기도신학

1) 기도의 정의: 인격적 사귐과 쌍방적 대화와
영적 만남으로서의 기도

김삼환이 이해한 기도는 삼위일체 하나님과 그리스도인들 사이에서 일어나는 인격적·상호적·영적 대화와 사귐과 만남과 커뮤니케이션(communication)이다. "새벽기도, 철야기도, 금식기도, 침묵기도, 강청기도 등 많은 기도가 있지만 기도의 가장 중요한 본질은 '사귐'입니다. 기도는 하나님 앞에서 하는 대화입니다. … 내가 영적으로 하나님과 만나는 것입니다. 다른 종교에서는 인격적인 만남이 없고, 커뮤니케이션이 있지 않습니다. 일방적일 뿐입니다."⁹

---

9   김삼환, 『새벽눈물』, 44-45

II. 은파 김삼환 박사의 신학사상

2) 기도의 필요성과 이유: 하나님의 명령과 약속

김삼환은 우리가 기도해야 할 두 가지 주요 필요성과 이유를 제시하는데, 곧 기도에 대한 하나님의 명령과 하나님의 약속이라는 성경말씀이 있기 때문이다(시50:15). "하나님은 우리에게 기도하라고 명령하시기 때문에 우리가 기도하기를 기다리시는 것입니다. '정말 하나님도 그렇게까지 원하실까요?' 하는 질문을 받을 때도 있습니다. 그러나 중요한 사실 하나가 있습니다. 하나님께서 당신을 몹시도 기다리고 계신다는 것입니다."[10] "새벽에 부르신 주님을 저는 지금도 기억합니다. 또한 새벽 첫 시간에 교회에, 주의 전에 나와서 느끼는 사랑, 그 사랑을 새벽예배를 통해서 저는 지금까지 계속 경험하고 있습니다."[11]

믿음이 성숙한 교인들은 하나님께서 기도를 명령하셨고, 하나님께서 기다리신다는 간단한 이유만으로도 기도의 자리에 즐거이 달려갈 것이다. 그러나 상당수의 교인들은 기도하라는 하나님의 단순한 명령에 순종하지 않을 수 있다. 그러므로 하나님은 교육적인 배려와 격려와 사랑으로 연약한 믿음을 가지거나 문제들을 만난 상당한 교인들을 위해 우리의 기도에 반드시 응답하시겠다는 약속을 하셨기 때문에 우리가 기도하는 것이다. "하나님은 전능하십니다. 위대한 분이십니다. 그분은 우리의 삶의 해결책을 가지고 계시며 못하실 것이 없으십니다. 그래서 하나님 한 분만 믿으라는 것입니다. 단 하나가 전부 다 해결하는 것입니다."[12] 우리의 문제를 짊어지신 예수님도 우리에게 기도를 통한 확실한 약속을

---

10 위의 책, 58.

11 위의 책, 25.

12 위의 책, 35.

주셨다. "기독교는 오직 한 분 예수님께서 천만 가지, 억만 가지 모든 문제를 다 짊어지셨다는 종교입니다."[13]

3) 기도의 내용 구성: 하나님에 관한 것과 우리에 관한 것

김삼환은 기도의 내용을 크게 두 가지, 곧 하나님의 영광에 관한 내용과 우리의 필요에 관한 내용으로 구분한다. 모든 기도들의 모범과 규범이 되는 "주기도문"에는 이 두 가지 내용이 조화와 균형을 이루어 번갈아가면서 상호적으로 나타난다. "주기도문을 봐도, 하늘에 계신 우리 아버지를 부르고, 아버지 영광을 받으시도록, 하나님의 뜻이 이뤄지도록, 아버지의 나라가 잘되도록 기도합니다. 우리가 하나님의 나라를 위해서 먼저 기도하고 대화식으로 기도하지, 일방적으로 '아들 주세요, 딸 주세요, 대학입시 붙여주세요' 하지 않습니다."[14]

"기도에는 순서가 있습니다. 하나님 나라를 위해 기도하고, 세상을 위해 기도하고, 교회와 목사님을 위해 기도하고, 이웃과 세계를 위해 기도해야 합니다. 다른 모든 기도를 마친 후 내 자녀와 가정을 위해 기도하는 것입니다. 넓게 기도하면 넓게 응답하십니다."[15] 우리와 관계된 것과 관련하여, 김삼환은 기도의 12가지 장점들을 언급한 바, 가령 기도는 승리를 가져오며, 은혜의 통로이며, 시험을 이기게 하며, 나를 이기게

---

13   위의 책, 41.

14   위의 책, 45.

15   김삼환, 『새벽을 깨워내 새벽이 옵니다』(기도주제설교)(서울: 도서출판 실로암, 2013), 49.

288

II. 은파 김삼환 박사의 신학사상

한다.[16]

4) 기도의 방법: 삼위일체 하나님 중심성과 우리의 집중성

김삼환의 기도 방법에서 특히 강조되는 것은 "오직"(only, sola) 주님 중
심, "오직" 예수 그리스도 중심, "오직" 교회 중심, "오직" 말씀과 성령 중
심, "오직" 하나님 중심으로 대표될 수 있는 "중심성(中心性)"이 있고, 또
신앙인으로서의 교인들의 자세와 관련하여 "집중성(集中性)"과 "절대성(絶
對性)"이 있다. "새벽기도에 나오는 가장 중요한 이유, 새벽기도의 주근(主
根)은 바로 예수 그리스도이기 때문입니다."[17] 우리가 기도, 특별히 새벽
기도나 특별새벽기도에 참석하는 것은 선택 사항이 아니라, 순교적인 각
오를 가지고 실천해야 할 절대적이고도 필수적인 사항이다. 왜냐하면
우리는 새벽기도의 집중적이고도 특수한 훈련을 통해 새벽기도를 체질
화(體質化)하여 거룩하고도 위대한 사명감을 가지고 우리에게 주어진 영
적 · 역사적 사명을 수행해야 하기 때문이다.[18]

---

16 위의 책, 93-103.

17 김삼환, 『새벽눈물』, 129.

18 위의 책, 133-158.

3.
새벽기도신학

1) 새벽기도의 정의

"'새벽기도'는 새날의 시작과 더불어 최초의 생각을 하나님께 향하여 집중(集中)하는 일이다. 그것은 하나님이 주시는 능력을 얻어 하루의 삶을 그분의 뜻대로 살아가려는 순종의 기도요, 중보의 기도요, 헌신의 기도인 것이다. 새벽기도에 나오는 성도들은 그만큼 정성과 희생을 바칠 수 있는 사람이며 하나님을 신뢰하는 사람이다."[19] "'새벽기도'는 하루의 첫걸음을 하나님께 드리는 행위입니다. 당신의 첫 시간, 하루의 시작을 주님께 드리는 것입니다. 하루의 첫 시간을 하나님 앞에 나와 기도하며 무릎으로 꿇어앉는다면, 하나님께서는 우리의 그 마음을, 기도와 찬양을 얼마나 기뻐하시겠습니까?"[20] "새벽기도는 하루의 첫 시간을 하나님 앞

---

19 위의 책, 67.

20 위의 책, 71.

에 드리는 것이므로 하나님께서 그 시간을 통하여 특별히 큰 은혜를 주시고 하루를 승리하게 하시는 것입니다. 새벽은 하루 24시간 가운데 제일 귀한 황금 시간입니다."[21]

한걸음 더 나아가 '새벽기도'는 눈물이다. "제가 어디엔가 가서 새벽기도에 대해서 막 설명하고 있는데, 누군가가 제게 물었습니다. '목사님, 기도는 한마디로 이것이다라고 말씀하실 수 있나요?' 하는 것입니다. 그래서 제가 대답했습니다. '기도는 눈물입니다'라고 말입니다. 기도는 하나님 앞에서 눈물을 흘리는 것입니다. 이렇게 이야기하는 지금도 눈물이 흐릅니다."[22] 흘리는 눈물의 특징과 성격은 때에 따라 다르게 이해되고 경험된다. "또 새벽은 눈물의 단비가 내리는 시간이었습니다. 그 눈물을 돌아보면 10대의 눈물은 회개의 눈물이었고, 20대에는 감사의 눈물, 30대에는 고난의 눈물, 40대에는 성령께서 눈물샘을 열어주셔서 울려고 하지 않아도 눈물이 저절로 솟아나는 눈물의 홍수 속에서 살았습니다."[23]

---

21 위의 책, 73.

22 위의 책, 234.

23 위의 책, 232.

2) 새벽기도에 대한 성경적·교회사적·목회적 근거

(1) 새벽기도의 성경적 근거

신학이나 목회와 선교 현장에서 새벽기도를 부정적으로 생각하는 회의론(懷疑論)이 종종 발견된다. "많은 사람들이 제게 와서 질문합니다. 기도가 중요한 것은 알겠는데, 왜 꼭 새벽기도냐는 것입니다."[24] 여기에 대해 우리는 다음과 같이 분명하게 답변할 수 있어야 한다. "'나는 충분히 신앙생활 잘하는데, 새벽기도까지? 너무 과도한 것 아닌가?' 하는 생각을 하지 않기 바랍니다. 반복되는 고통, 반복되는 신앙적 회의감 이런 것을 더 이상 갖지 않도록 하자는 것입니다."[25]

무엇보다도 중요한 것은 일반기도와 마찬가지로 새벽기도는 성경에 근거해 있다는 사실이다. 구약성경에서 위대한 인물들은 모두 새벽기도의 사람들이었다(시5:3). "우리는 성경 속에서 많은 믿음의 조상들이 새벽제단을 쌓은 흔적을 찾아볼 수 있습니다. 성경에는 새벽기도를 실행했던 많은 사람들이 있었습니다."[26] 신약성경에서도 모든 위대한 사람들은 새벽기도의 사람들이었지만, 예수님은 새벽기도의 전형적인 모델이셨다(막1:35). "그중 가장 잘 나타나는 새벽기도의 전형적인 모델은 예수님께서 이른 새벽 조용한 장소에서 하나님과 깊이 교제하시는 모습입니다. 예수님의 새벽기도는 새벽기도의 완벽한 형태입니다. 예수님은 늘 깨어

---

24 위의 책, 69.
25 위의 책, 58.
26 위의 책, 67.

기도하셨습니다."[27]

(2) 새벽기도의 교회사적 근거

새벽기도는 교회사적 근거를 가진다. 초대교회의 사도들이 새벽기
도를 했고, 고대교부들을 비롯하여 수도원을 중심으로 기독교에서도 새
벽기도의 흐름은 간헐적(間歇的)으로 지속되었다.[28] 그러므로 새벽기도는
세계교회사적 근거를 가진다.

한국교회의 새벽기도에 대한 정확한 기원은 아직도 한국교회사적
으로 의견일치(consensus)에 이르지 못하고 있다. 한국교회 새벽기도의 시
작 연대는 1898년 겨울, 황해도 수안에서 그래함 리 선교사와 노먼 위트
모어 선교사의 성경공부 모임에서부터 시작되었다는 견해가 있는가 하
면,[29] 1907년 1월 평양 장대현교회(길선주 목사)에서 시작되었다는 견해도
있고,[30] 1909년에서 1904년까지 거슬러 올라갈 수 있다는 견해도 있다.[31]
여기서 우리에게 중요한 것은 새벽기도 시작의 정확한 시점과 연대가
아니라, 새벽기도가 한국교회사적 근거를 분명하게 갖고 있다는 사실
이다.

---

27 위의 책, 68.

28 김삼환, "명성교회의 새벽기도의 뿌리와 특성", 『명성교회 창립30주년기념 새벽기도 국제컨
퍼런스』, 18-20.

29 위의 글, 18-20.

30 김삼환, 『새벽기도 새벽눈물』, 25; 박아론, 『새벽기도의 문화와 새벽기도의 신학: 새벽기도 이
야기』(서울: 기독교문서선교회, 2010), 53.

31 임희국, "한국교회 새벽기도에 대한 역사적 고찰", 김삼환, 『2011 명성교회 새벽기도 목회자
컨퍼런스』(서울: 명성교회 명성신학 연구소, 2011), 14.

오방식은 새벽기도의 성경적·교회사적 근거를 다음과 같이 훌륭하게 요약한다. "새벽기도는 예수님이 본을 보여주신 기도이며, 성경에 나오는 믿음의 선진들이 실천한 기도이다. 무엇보다도 새벽기도는 교회사 속에서 희미해져버린 소중한 영적 전통이 한국교회 안에서 부활하여 우리 한국교회의 대표적인 영성훈련으로 확고하게 자리 잡은 너무나 소중한 영적 유산이다."[32]

(3) 새벽기도의 목회신학적·신앙체험적 근거

비록 우리가 어떤 매체를 통해 새벽기도의 성경적·교회사적 근거를 잘 알고 있을지라도, 새벽기도에 대한 목회신학적 확신과 신앙체험과 실천을 통해 우리 자신에게 새벽기도의 큰 능력과 다양한 유익이 철저하게 경험되고, 실존적으로 체험되지 않는다면, 새벽기도 자체는 우리에게 실존적 의미가 그렇게 크지 않을 것이다.

한국교회는 새벽기도 전통을 지속적으로 유지해왔지만, 1980년대 이후 여러 가지 요인으로 교회성장 둔화와 함께 새벽기도 운동도 약화될 시점에 이르렀을 때, 명성교회는 역사적 사명을 가지고 새벽기도운동과 함께 특별새벽기도 운동을 통해 한국교회의 새벽기도 운동에 소중한 불씨를 다시 지폈다.[33]

세계기독교와 한국교회가 새벽기도 전통을 가지고 있었음에도, 김삼환이 유일하게 최초로 특별새벽기도 운동을 시작한 것은 그가 새벽기

---

32 오방식, "새벽기도의 훈련", 『2011년 명성교회 새벽기도 목회자 컨퍼런스』, 111.

33 김삼환, "명성교회의 새벽기도의 뿌리와 특성", 21.

도에 대한 자신의 특별한 목회신학적·신앙체험적 근거를 가지고 있었기 때문이다. "제가 이제까지 목회하면서 강조한 것은 두 가지였습니다. 먼저 '새벽기도'를 통해 하나님의 거룩함을 체험해야 한다는 것입니다. 그리고 다른 하나는 새벽기도를 통해 훈련받아서 '머슴정신'을 가지고 봉사하고 섬겨야 한다는 것입니다. 제가 이렇게나 '새벽'을 강조하는 데는 저 자신이 깊이 신앙적으로 체험한 것이 있기 때문입니다. 저 스스로도 새벽기도를 통해 하나님과의 관계가 아주 깊어졌음을 고백할 수 있습니다."[34] "새벽기도는 성경적, 신학적, 실천적으로 볼 때 개인의 영적 성장에 필수적인 요소이며 개인의 영적 성장은 교회 성장의 뿌리입니다."[35]

3) 새벽기도의 독특성

새벽기도를 강조하다 보면 다음과 같은 질문이 종종 제기되는 것을 본다. "많은 사람들이 와서 제게 질문합니다. 기도가 중요한 것은 알겠는데, 왜 꼭 새벽기도냐는 것입니다. 얼마든지 더 좋은 시간을 낼 수도 있는데, 왜 그토록 새벽을 강조하느냐고 말합니다."[36] 새벽기도는 왜 특별한가? 새벽기도의 독특성(獨特性)은 무엇인가?

첫째, 새벽은 하루의 첫 마음이다. 새벽은 우리가 하나님께 첫 것을 드리는 귀한 시간이다. 둘째, 새벽은 육의 생각을 버리는 시간이다. 셋째,

---

34　김삼환, 『새벽눈물』, 10.

35　이성희, "교회를 성장시키는 새벽기도의 능력과 비밀", 83.

36　김삼환, 『새벽눈물』, 67.

새벽은 신비롭고도 놀라운 시간이다. 새벽은 영적으로 신비한 시간이며, 능력의 시간이며, 개인적으로 좋은 체험을 할 수 있는 시간이며, 성결한 삶의 시작 시간이며, 아이디어와 지혜가 샘솟는 시간이며, 치유받는 시간이며, 하루를 출발하면서 신선한 생명을 공급받는 시간이다.[37] 그러므로 새벽기도는 특별한 것이다.

4) 새벽기도의 사명과 비전(vision)

(1) 새벽기도의 총체적(總體的)·다차원적(多次元的) 사명(使命)

김삼환은 유학의 4대 경전 중에 하나인 『대학』(大學)에 나오는 "수신제가치국평천하(修身齊家治國平天下)"라는 원리를 새벽기도의 사명에 훌륭하게 적용시킨다. "과거 우리 조상들이 이야기하던 '수신제가치국평천하(修身齊家治國平天下)'라는 말이 있습니다. 이것은 유교적인 배경에서 나온 말이지만, 새벽기도에 얼마나 잘 들어맞는 말인지 모릅니다. 먼저 자신이 은혜받고, 그 은혜를 가정과 교회와 사회와 온 세상을 위해서 사용해야 한다는 것은 참진리입니다. 이것이 우리 모두가 추구해야 하는 새벽기도의 이상(理想)입니다."[38]

일반 종교나 심지어 기독교에서조차 공동체의 문제를 무시하면서 개인의 문제만을 중요시하는가 하면, 개인의 문제를 등한시하면서 공동

위의 책, 69-80.
38 위의 책, 146.

II. 은파 김삼환 박사의 신학사상

체의 문제만을 중요시하기도 한다. 그러나 김삼환이 주장하는 새벽기도의 사명은 개인의 회복은 물론 가정과 사회와 국가와 세계의 회복 모두를 총체적(總體的)으로 지향하고 있다. "새벽기도는 내가 받은 은혜를 가정과 교회와 사회를 위해서 전해주는 통로가 되어야 합니다. 그러기 위해서 먼저 개인이 하나님의 주권 아래 바로 서야 합니다. 그다음에는 가정을 사랑하고 회복시켜야 합니다. 나아가 교회를 사랑하고 세워야 합니다. 마지막으로 사회, 문화의 변혁을 일으켜 민족과 세계를 일깨워야 합니다. 이것이 우리가 새벽기도뿐만 아니라 늘 기도해야 할 거룩한 사명입니다."[39]

노영상은 명성교회의 특별새벽기도에 대한 심도 있는 연구에서 하나님과의 개인적인 만남에서부터 시작한 경건과 영성이 다양한 공동체들에게까지 연속적으로 확산되어 지속적으로 영향을 미쳐 발전된다는 사실을 발견했다. "명성교회의 교인들은 특별 새벽기도라는 영적 훈련의 장을 통하여 하나님과의 만남, 자기와의 만남, 그리고 이웃과의 만남으로 다차원적인 영적 성장을 이루었다."[40]

(2) 새벽기도의 거룩한 사명감으로서의 "머슴정신"

우리가 이미 김삼환의 새벽기도의 목회신학적 · 신앙체험적 근거에 대해 논의한 바 있지만, 김삼환은 새벽기도를 '하면 좋고 아니면 말고' 식의 선택의 문제로 이해하지 않고, 새벽기도에 목숨을 걸었다. 그는 새

---

39 위의 책, 147.

40 노영상, "리처드 포스터(Richard Foster)의 영성훈련의 구조에서 본 명성교회 특별새벽기도회(특새)의 이론과 실제", 김삼환, 『2011년 명성교회 새벽기도 목회자 컨퍼런스』, 38.

벽기도를 거룩하고도 철두철미한 사명감을 가지고 실천해야 할 절체절명의 사명으로 이해한다. 그는 이런 사명감과 사명의식을 '머슴정신'으로 표현한다. 그러면 그가 이해한 머슴의 정신과 머슴의 자세, 곧 "머슴론(論)"은 어떤 것인가? 김삼환은 머슴론을 아주 쉽게 설명하기 위해 어릴 적 시골에서 머슴 일을 하던 동네 친구의 정신과 자세 다섯 가지, 즉 절대복종, 기쁨, 전문성, 간편성, 충성심을 예화와 적용의 방법으로 아주 쉽게 소개한다.[41]

첫째, 머슴은 집주인에게 절대복종한다. "이 절대복종이 제가 말하는 머슴론의 첫 번째 원리입니다."[42] 둘째, 머슴은 항상 즐거운 삶을 산다. 머슴은 자신이 머슴이어도 즐겁고, 근심하지 않고, 걱정하지 않는다. "주님의 일을 하면서 즐겁지 않은 것은 뭔가 잘못된 것입니다."[43] 셋째, 머슴은 농사에 대해서는 전문가이다. 머슴은 어려운 수학과 영어를 전혀 모르지만, 밭 갈고, 씨 뿌리고, 거두는 것을 너무나도 잘한다. "우리도 기도에, 말씀에, 봉사에, 학교에, 직장에, 가정에 있어서 전문가가 되어야 하지 않겠습니까?"[44] 넷째, 머슴의 삶은 간편하고, 복잡하지 않다. "우리는 머슴처럼 검소하게 살아야 한다고 본다. 삶이 간편해야 한다고 생각한다."[45] 다섯째, 머슴은 주인에게만 충성하는 것이 아니라, 주인의 자녀들에게도 충성한다. "우리가 하나님에게만 잘하는 것이 아니라 하나님께서 사랑하시는 자녀들, 세상의 영혼들에게도 우리가 잘해야 하는 것입

41　김삼환, 『새벽눈물』, 150-153.

42　위의 책, 151.

43　위의 책.

44　위의 책, 151-152.

45　위의 책, 152.

니다. … 철저하게 종의 모습으로 겸손하게 낮아지는 것이 우리에게 필요합니다."[46]

(3) 새벽기도의 구속사적·종말론적 비전

교회사적으로 볼 때, 기도운동은 때로는 특정한 개인의 경건과 영성을 완성하기 위한 성자적(聖者的)이고도 도사적(道士的)인 목적으로 일어나기도 하고, 때로는 특정 단체나 공동체를 특성화하기 위한 목적으로 일어나기도 했다. 이런 종류의 기도운동은 폐쇄적이고도 배타적인 경향이 있어서, 특정 당사자 개인과 특정 단체와 공동체에서는 소기의 목적을 달성할 수 있었을지라도, 개인과 가정과 보편 교회와 사회와 국가발전과 인류공영에 자칫 충동하는 경향을 보여줄 수 있다. 그러나 김삼환의 새벽기도 운동은 예수 그리스도 중심, 교회 중심에 서서 말씀과 성령을 통해 삶과 세상의 모든 분야들 속에서 하나님의 뜻과 주권과 통치를 실현하고, 하나님 나라를 확장시키기 위해 구속사적(救贖史的) 전망과 종말론적(終末論的) 비전에 기초하여 매우 바람직하게 진행되고 있다.

"새벽기도는 구속(救贖)의 역사(歷史)를 이루는 데 중요한 역할을 합니다. 역사는 두 가지로 볼 수 있지 않습니까? 하나는 세상의 역사, 하나는 하나님의 역사, 곧 구속의 역사입니다. 새벽기도는 하나님께서 이 땅 위에 하나님의 나라를 건설하고, 우리 사람을 구원하시고자 하시는 하나님의 나라에 큰 중심이 되는 구속의 역사에 큰 공헌을 합니다. 이 일을 잘 감당할 수 있는 하나의 그릇으로서의 역할을 한다고 볼 수 있습니다.

---

46 위의 책, 153.

우리가 이렇게 보면, 하나님 앞에 매달려 기도하는 사람이 무슨 일을 하느냐 이런 생각을 하지만, 그렇지 않습니다. 그분이야말로 진짜 큰일을 하는 하나님 나라의 역사의 주인공들이고, 건설자들이고, 하나님 나라의 역사의 주역들이라고 성경은 우리에게 말하고 있습니다."[47]

그러므로 김삼환은 새벽기도를 구속사적 파장(波長)에 비유하여 설명하는데, 하나님 앞에 바로 선 자신에서부터 시작된 하나님 은혜의 파장(은파. 恩波)이 온 가정적으로, 온 교회적으로, 온 사회와 온 국가적으로, 온 세계적으로 퍼져나가게 하는 꿈과 비전을 가지고 있다. 우리는 새벽기도를 통해서 하나님 앞에서 먼저 자신을 바로 세우고, 가정과 교회와 사회와 국가와 세계를 바로 세우는 데까지 나아가야 한다. 김삼환은 새벽기도에 대한 이같이 광대하고도 원대한 세계적이고도 우주적인 비전을 자세하게 진술한다.[48] 바로 여기에 칼빈의 사상을 이어받은 네덜란드의 신칼빈주의자(Neo-Calvinist) 아브라함 카이퍼가 주장한 "모든 영역에서의 하나님의 주권"(souvereiniteit in eigen kring) 사상이 발견된다.[49]

새벽기도의 원대한 종말론적 비전에 대한 구체적인 구조(構造)와 틀은 다음의 그의 글 속에서도 분명하게 나타난다. 이 비전은 바로 우리가 가져야 할 비전인 동시에 하나님의 궁극적인 비전이다. "여러분, 새벽기도를 통한 하나님의 궁극적인 비전은 무엇입니까? 결국 우리의 삶에서 변화가, 혁명이 일어나는 것입니다. 개인만을 위해서 살던 우리가 나의 가정, 국가, 한민족, 나아가 전 세계를 품고 기도하는 것입니다. 그게 참다운 변화입니다. '수신제가치국평천하(修身齊家治國平天下)'라는 말처럼 새

---

47 위의 책, 157-158.

48 위의 책, 163-234.

49 A. Kuyper, *Souvereiniteit in eigen kring* (Kampen: J. H. Kok, 1930), 24-26.

벽기도를 통해 내가 먼저 은혜 받고, 그다음에는 가정, 교회, 사회, 국가, 세계를 향해 나아가는 것입니다. 이것은 하나님이 새벽을 통해 주실 변화들을 기대하는 마음으로 내 안에 지경을 넓혀가는 것입니다. 이기적(利己的)인 기도가 아닌 이타적(利他的)인 기도가 세계를 바꾸는 것입니다. 여러분은 새벽기도를 통해 세계를 변화시키는 주인공이 될 수 있습니다."[50]

---

50 김삼환, 『새벽눈물』, 158.

4.
특별새벽기도 신학

1) '특별'새벽기도의 정의와 기원

국어사전은 '특별'(特別)이란 말을 "보통보다 훨씬 뛰어남"으로 정의
한다.[51] 명성교회의 "특별새벽기도 집회"는 '특별' 부흥회나 '특별' 프로
그램이 있는 행사가 아니다. "특별새벽기도 집회"는 정해진 기간과 정해
진 말씀 주제에 따라 어린이들로부터 어른들에 이르기까지 많은 평범한
교인들이 참여하여 "성경공부식으로, 아주 순리적으로" 진행되는 새벽
기도회이기 때문에, '특별한' 것이 전혀 없다. 역설적이게도 특별새벽기
도회는 평범함 속에 특별함이 있는 셈이다. 김삼환이 '특별한 것'이 없는
특별새벽기도회를 한국교회 최초(最初)로 고안(考案)하여, 그의 목회 초기
부터 지금까지 지속적으로, 계획적으로 진행하고 있다.

"제가 1980년도에 특별새벽집회를 시작할 때는 '특별새벽집회'는

---

51 국어국문학회 감수, 『새로나온 국어대사전』(서울: 민중서관, 2007), 2595.

II. 은파 김삼환 박사의 신학사상

없다. 새벽집회를 '특별'로 할 필요도 없었고, 새벽기도에 교인들의 십분의 일이 참석하면 괜찮다고 생각했습니다. 그리고 그 정도의 교회면 상당히 안정된 경우였습니다. 그러나 저는 조금 다르게 생각했습니다. 참여를 많이 할수록 좋다고 말입니다. 그래서 특별 운동을 시작한 것입니다. ⋯ 그러나 이렇다고 해서 새벽기도를 특별한 프로그램이다, 굉장한 은사 집회다 해서 만들면, 얼마 모이지 않습니다. 특별한 사람들이 모이는 집회니까 그렇습니다. 그리고 저는 새벽기도를 평범한 성경공부식으로, 아주 순리적으로 이끌었습니다. 그러면 아이들도 많이 나오고 다 참여할 수 있는 것입니다. 그래서 특별한 계층, 특별한 방법, 특별한 메시지, 특별한 은사로는 새벽집회가 잘 안 됩니다. 예수님처럼 모든 계층을 사거리에 가서 다 모으면 차고 넘치는 것입니다."[52]

그러나 김삼환이 시작한 특별새벽기도회는 단순한 기도가 아니다. 특별새벽기도회는 김삼환의 실존적 절박함에서 시작되었고, 삶과 영혼의 절박함 속에 있는 교인들을 위한 특별한 영적 훈련이다. 새벽기도를 체질화할 때, 우리는 하나님께서 사용하시는 교인이 될 수 있다.[53] 그러므로 특별새벽기도회는 실존적 절박감과 특별 훈련이라는 점에서 특별한 것이다. 특별새벽기도회를 최초로 창안한 김삼환은 그 공로를 하나님의 은혜로 돌린다. "이것은 결코 자랑이 아닙니다. 우리는 주님의 머슴이요, 이 모든 것은 하나님의 은혜입니다. 제가 말씀드리고자 하는 것은 우리 조상들이 100년 이상 해온 새벽기도를 다른 눈으로 보고 개발하니까 새벽기도의 발전이 전국으로 퍼졌다는 점입니다."[54]

---

52   김삼환, 『새벽눈물』, 137.

53   위의 책, 133-135.

54   위의 책, 139-140.

명성교회의 특별새벽기도회는 태동기(1980-1985), 발전기(1986-1990), 정착기(1991-2010)를 거치면서 발전해왔다.[55] 다시 말하면, 명성교회는 "홍우상가 시절"(1980. 7. 6 - 1983. 12. 25), "제1차 성전 시절"(1982. 2. 25 - 1987. 10. 16), "피닉상가 임시성전 시절"(1987. 10. 18 - 1989. 4. 16), "제2차 성전 시절"(1989. 4. 16 - 현재)을 거쳤다. 명성교회 새벽기도회는 1980년 7월 6일에 교회창립과 함께 시작되었고, 첫 특별새벽기도 집회(9월 1-30일) 첫날인 9월 1일에 25명이 참석한 이래 34년 동안 3월과 9월에 특별새벽기도집회가 계속되고 있다. 1985년에는 700명이 참석했고, 1989년에는 예배를 3부로, 1990년에는 4부로, 1995년에는 5부로 늘려 지금에 이르고 있다. 1995년에는 16,189명, 1997년에는 20,854명, 2003년 9월에는 36,000명, 2005년 3월에는 42,000명, 2006년 3월에는 49,568명이 참석했다. 2007년 3월에는 5만여 명의 참여와 총 770만 명의 시청으로 기독교 방송 및 위성 채널 중 1위권에 올랐다. 2008년 3월에도 5만여 명이 참여했고, 세계화를 이루기 위해 영어, 중국어, 일어 및 수화 통역을 하여 전 세계에서 생방송 및 인터넷으로 시청할 수 있도록 했다.[56] 2012년 3월 특별새벽 집회에는 매일 7만여 명이 참여했다.[57]

[55] 김삼환, 『새벽기도백서』(명성교회 창립30주년기념백서 시리즈 5)(서울: 명성교회, 2011), 17-18.

[56] 위의 책, 17-18, 23.

[57] 김삼환, 『2012 새벽기도 목회자 국제 컨퍼런스 평가보고서』, 220.

2) 특별새벽기도의 특징들

명성교회의 특별새벽기도 집회의 특징들은 셀 수 없이 많다. 그중에 대표적인 특징이 20가지나 되는데 간략하게 언급하면 다음과 같다.[58] ① 실내외 안내, 차량 안내, 헌금 등 기관별·부서별 준비위원회를 조직하고, 각 예배의 사회자와 대표기도자, 성경봉독자, 찬양대, 중창단 등 실무위원을 정한 후 특별새벽 집회 전부터 일정 기간 한자리에 모여 기도로 준비함. ② 준비위원 기도회와 기관별 연속기도회가 이어짐. ③ 해마다 3월과 9월에 각각 다른 주제로 진행됨. ④ 매일 새로운 교재가 주어짐. ⑤ 교구별·기관별 참여를 독려하는 상황실이 운영됨. ⑥ 포스터, 현수막, 안내지, 차량 스티커, 명찰 등을 제작하여 아파트 게시판이나 식당, 자영업을 하는 교인들의 가게 등에 부착하고 홍보함. ⑦ 특별새벽 집회 기간에는 모든 교역자와 핵심준비위원들이 교회에서 합숙하며 한마음으로 참여함. ⑧ 특별새벽 집회의 주 강사는 김삼환 목사임. ⑨ 1부부터 5부까지 예배가 이어지므로 각자 형편에 따라 예배시간을 선택하여 참석할 수 있음. ⑩ 사회자와 준비기도자, 성경봉독자, 성가대, 중창단 등은 미리 기도를 준비하여 더 큰 은혜를 경험함. ⑪ 헌금은 자유롭게 하며, 장학금이나 수재의연금 등 재난지역 및 장애시설 돕기에 사용됨. ⑫ 초·중·고교생과 직장인들을 위해 컵라면이 제공됨. ⑬ 각자 간절히 구하는 기도 제목을 적어 강단에 올림. ⑭ 교회학교에서는 새벽마다 출석 스티커를 붙이도록 권면함. ⑮ 본당과 멀리 떨어져 있는 각 기도실과 수양관, 학교, 병원, 군부대 그리고 특별히 요청한 타 교회에서도 위성생

58　김삼환, 『새벽기도 새벽눈물』, 54-63.

중계로 참여함. ⑯ 특별새벽 집회 기간 중 해외교회 지도자 및 전국 목회자들을 초청하여 새벽기도의 노하우를 전해줌(새벽기도 목회자 국제 컨퍼런스). ⑰ 개근자에게는 기념품을 증정한바, 2000년부터 개근자가 1만 명이 넘으면서 중지됨. ⑱ 개인전도상이나 특별봉사상 등을 시상하고 격려함. ⑲ 특별새벽 집회를 통해 받은 은혜나 기도 응답에 대한 간증의 기회 제공. ⑳ 집회를 마친 후 준비위원회 조직 및 진행사항, 행사 전반의 평가 등을 사진과 함께 자료집으로 발행하여 다음 집회 때 반영함.

3) 특별새벽기도의 성공 요인

명성교회 특별새벽기도회의 성공 요인을 주로 네 가지로 기술할 수 있다.[59]

첫째, 무엇보다도 김삼환의 새벽기도에 대한 확고한 목회신학과 목회신앙 체험이다. "저는 새벽기도를 강조하는 목회자이지만, 쉽지 않다는 것 또한 잘 알고 있습니다. … 새벽기도에 목숨을 걸었다고 말해도 과언이 아닙니다."[60] "'이만하면 된 것 아니냐?' 하지 않았으면 좋겠습니다. 늘 부족하고 죄인이라는 마음자세가 있기를 바랍니다. 눈물샘이 마르지 않는 그런 기도가 필요합니다."[61] "지금까지 이 책에서도 내내 강조해 왔고, 또 제가 지금까지 목회하면서 강조했던 것은 결국 두 가지입니다. 하나는 '새벽기도'를 통해 하나님의 거룩함을 체험해야 한다는 것입니다.

---

59 김삼환, 『새벽기도백서』, 22.

60 김삼환, 『새벽눈물』, 22.

61 위의 책, 57.

그리고 다른 하나는 새벽기도를 통해 훈련받은 후엔 남을 위해 봉사하고 섬겨야 한다는 것입니다."[62]

둘째, 예배중심으로 진행된 특별새벽기도회이다. 예배 속에 찬양과 기도와 헌신과 헌금과 함께 특별한 주제를 가지고 진행되는 성경공부식의 설교말씀이 중심을 이루고 있다. "이런 방식은 우리나라 초기 교회에서 행하던 연합성경공부집회인 도사경회(都査經會)를 연상하게 한다."[63] 명성교회의 특별새벽 집회는 "한국 교회의 사경회전통을 되살려 성경적 신앙을 계승하게 했습니다."[64]

셋째, 잘 조직되고 운영되는 시스템(system)과 행정이다. 특별새벽기도회를 위한 예산지원, 기획, 실행 평가 등을 실행하는 탁월한 시스템과 행정이 있을 뿐만 아니라, 시스템과 행정을 운영하는 데 자원하는 많은 사람들(목회자들과 교인들)의 전문성과 기도와 헌신과 열정이 있다. 넷째, 명성교회 전체 교인들의 강력한 공동체적 신앙과 헌신을 통한 적극적인 참여이다.

4) 특별새벽기도의 결과와 영향

임희국은 명성교회의 특별새벽기도 집회의 결과들을 여덟 가지로 잘 요약하고 있다. 그 결과들은 성경적 신앙계승, 신앙교육 현장, 기도의 체질화, 전도와 선교운동 촉진, 축제와 교제의 현장, 신앙의 차세대 전달

---

62 위의 책, 148.

63 김삼환, 『새벽기도백서』, 13.

64 임희국, "한국교회 새벽기도에 대한 역사적 고찰", 21.

과 화목하고도 건강한 가정공동체 회복 및 건설, 목회자들과 교인들의 동역, 한국교회와 세계교회에 대한 영적 각성운동의 일으킴 등이다.[65]

명성교회 특별새벽기도 집회가 끼친 영향은 셀 수 없을 정도로 많지만, 그중에 대표적인 것을 열거하면 다음과 같다.[66] 첫째, 교인들에게 미친 영향은 ① 교인들의 신앙 성장, ② 교인들에게 신앙훈련의 장(場) 제공, ③ 신앙 경험과 영적 체험, ④ 교회와 교인들의 세속화 방지, ⑤ 은혜와 축복의 통로, ⑥ 전인적 건강과 헌신적 삶의 회복 등이 있다. 둘째, 명성교회에 미친 영향은 ① 교회의 질적·양적 성장, ② 교회가 젊어짐, ③ 각종 예배의 회복과 활성화, ④ 교회가 건강해짐, ⑤ 교회의 연합과 일치 등이 있다. 셋째, 지역사회에 미친 영향은 ① 대사회적(對社會的) 선교 사명 실천, ② 밤에서 아침에로의 건전한 문화변혁 등이 있다. 넷째, 기독교계에 미친 영향은 ① 국내 기독교 안에서의 새벽기도운동 확산 기여, ② 세계기독교 안에서의 새벽기도운동 확산 기여 등이 있다. "명성교회의 특별새벽집회의 영향력이 나라 안팎으로 퍼져 나가고 있음에 눈물겹게 감사할 따름입니다. … 우리 교회의 특별새벽집회에 참여해서 은혜를 받은 미국과 프랑스의 교회들에서 새벽기도에 몇백 명이 모이는 역사가 일어났습니다. 특별새벽집회를 보고 도전을 받은 필리핀의 부츠 콘데(Butsch L. Conde) 목사님은 마닐라에 있는 생명의 떡(Bread of Life) 교회를 1만 명이 넘게 모이는 교회로 부흥시키기도 했습니다."[67]

---

65 위의 글.

66 김삼환, 『새벽기도백서』, 19-21; 김삼환, "새벽기도: 바른 목회의 지름길", 『명성교회창립 30주년기념 새벽기도국제컨퍼런스』, 68-72.

67 김삼환, 『새벽눈물』, 139.

II. 은파 김삼환 박사의 신학사상

박아론은 명성교회의 특별새벽기도회가 미국에 미친 대표적인 영향을 다음과 같이 기술한다. "'애논장막침례교회'의 알린 왈러(Dr. Alyn E. Waller, 필자 주) 목사가 서울의 '명성교회'를 방문하고, 새벽기도의 집회에 참석하여 감동과 은혜를 받고 돌아가서 '애논장막침례교회'에 '새벽기도의 집회'를 도입하여 전교인 출석을 이끌어 감으로써 당 교회의 '검은 영혼의 영성' 또는 '흑인영성'에 새롭게 불을 붙였다고 술회하였다."[68]

명성교회의 특별새벽기도집회의 영향은 국내외 교인들, 목회자들에게만 국한되지 않고, 국내외 신학자들에게도 영향과 충격을 주고 있다. "제7차 세계칼빈학술대회"가 1998년에 서울에서 개최되었을 때, 이 학회에 참석한 칼빈학자들이 명성교회 9월 특별새벽기도 집회에 초청되었는데, 서양에서 온 한 유명한 칼빈학자가 다음과 같이 고백했다고 한다. "명성교회 새벽기도회의 광경을 보는 순간, 마치 수만 피트 상공에서 비행하던 비행기가 수직으로 땅에 순식간에 추락하듯이, 그동안 가지고 있던 나의 신학적 오만과 지적 교만이 여지없이 추락하는 것을 경험했습니다."

68　박아론, 『새벽기도의 문화와 새벽기도의 신학: 새벽기도 이야기』, 95.

5.
결론

　"새벽종치기 소년이었고, 특별새벽기도의 창시자와 운동가"인 김
삼환께서 칠 년을 하루같이, 35년을 하루같이, '오직 주님'의 보혈이 묻
은 옷자락 붙잡고, '오직 새벽기도'에 목숨을 걸어 하나님의 은혜를 받아
하나님과 세계의 '머슴'으로 성공적으로 머슴목회와 은혜목회를 하고 있
다. 그가 하나님의 은혜의 파도를 한국과 세계 방방곡곡에 퍼뜨릴 수 있
는 것은 그의 삶과 영혼의 절박함이 배어 있는 새벽기도신학과 새벽기
도 목회 때문이다. 그것은 바로 "새벽기도로 하나님의 거룩성을 체험하
여 하나님과 세계를 섬긴다"이다. 우리가 살펴본 김삼환의 새벽기도 신
학을 다음과 같이 몇 가지로 평가할 수 있을 것이다.

　첫째, 김삼환의 기도신학(정의, 필요성, 내용, 방법 등)은 철저하게 칼빈(깔뱅)
신학과 개혁신학에 기초해 있다.[69]

　둘째, 김삼환의 새벽기도신학은 성경적, 세계교회사적, 한국교회사

69　참고, 최윤배, "제15장 깔뱅의 기도론", 『깔뱅신학 입문』, 762-792.

　　　　　　　　　　　　　II. 은파 김삼환 박사의 신학사상

적, 목회신학적, 신앙체험적 근거를 가진다. 그가 이룩한 특별새벽기도 운동은 올바른 신앙과 신학에 기초하여 최고(最高)의 신앙적 · 목회적 · 선교적 열매를 맺고 있다. 그는 기도신학과 기도실천 사이의 탁월한 균형과 조화를 실현했다.

셋째, 김삼환은 특별새벽기도의 창시자인 동시에 특별새벽기도 운동가이다. 그는 세계교회사에 면면히 흘러 내려오고, 한국교회에서 정착되었던 새벽기도 전통과 도사경회(都査經會) 전통을 이어받아 자신이 새롭게 창안한 특별새벽기도 운동을 통해 국내외의 교인들과 목회자들은 물론 신학자들에게까지 지대한 신학적 · 목회적 · 선교적 영향을 미쳤다. 그는 새벽기도 운동의 일상화와 대중화 및 국제화와 세계화에 기여했다. 명성교회의 특별새벽기도 집회는 김삼환이 만들어낸 최고의 세계적 '영적 브랜드'(spiritual brand)인 동시에 '영적 한류(韓流)'(spiritual Hallyu)이다.

넷째, 그는 기도신학을 연구하고, 새벽기도 실천 운동을 통해, 신학과 교회와 선교의 질적 · 양적 성장과 발전에 크게 공헌함으로써, 이 분야에 규범적인 모델이 되어, 앞으로 신학과 목회와 선교가 지향해야 할 이정표를 수립해주었다.

다섯째, 김심환의 새벽기도 신학과 실천에서 나타난 새벽기도의 총체적(總體的) · 다차원적(多次元的) 사명(使命)과 구속사적(救贖史的) · 종말론적 비전은 하나님 나라 운동을 지향하는 최고의 중심 가치와 최종 목적이 된다. 이런 사명과 비전은 기도 없이도 사회와 세계 구조개혁과 혁신의 절대적 가능성을 주장하는 일부 기독교 실천운동가들에게나, 사회와 정치 등의 구조개혁과 변혁에 대한 관심 없이 기도를 통한 개인의 경건과 유익만을 추구하는 일부 개인주의적 · 기복주의적(祈福主義的) 기독교 경건과 영성운동가들에게 신앙적 반성과 신학적 성찰을 제공할 것이다.

9장

설교론

1.
"새벽종치기 소년"에서
"특별새벽기도의 창시자와 운동가"로서의
김삼환 목사[1]

      은파 김삼환 목사는 경상북도 영양군 청기면 상청2리 603번지에서 태어나, 1980년 7월 6일에 명성교회를 창립하여, 현재 10만여 명의 교인들이 출석하여 대형 장로교회로 성장시켰다. 그는 기독교 신앙의 이유로 유소년 때부터 아버지로부터 심한 핍박을 받으면서 성장했다. "경상북도 영양군 깊은 산골에 한 소년이 있었습니다. 일찍이 어머니를 통해 복음을 받아들인 소년은 아버지의 집요한 반대와 지속적인 매질을 견뎌내며 새벽을 깨웠습니다. 새벽마다 교회로 달려 나와 종을 쳤습니다."[2] "새벽종을 치러 가야 하는데 사발시계 소리에 아버지의 잠이 깰세라 혼자만 들을 수 있도록 시계를 헝겊으로 감아 손목에 맨 채 그곳에 귀를 대고

---

1   참고, 최윤배, "김삼환 목사의 설교에 대한 연구", 안명준 · 박해령 편, 『한국 영적 거장들의 설교』(서울: 홀리북클럽, 2014), 45-68.

2   김삼환, 『새벽기도 새벽눈물』(명성교회 새벽기도 화보집)(서울: 도서출판 실로암, 2014), 29.

                                           II. 은파 김삼환 박사의 신학사상

새우잠을 잤습니다."³ "아버지 몰래 이불을 벗어나기까지는 시간이 한참이나 걸렸고, 잠든 아버지를 깨울까 봐 살을 에는 한겨울에도 밖에 나와 옷을 입었습니다. 그리고 힘겹게 깊은 산골의 새벽을 깨웠던 새벽 종소리가 이제는 온 세계를 깨우고 있습니다."⁴ 작은 산골 마을의 새벽을 깨우고, 종소리를 울리던 "새벽종치기 소년"이 성장하여 마침내 "특별새벽기도의 창시자와 운동가"가 되어,⁵ 그의 "은파"라는 호(號)처럼 새벽기도 운동의 "은혜의 파도"를 한국교회는 물론 세계교회에 힘차게 일으키고 있다.

그는 명성교회를 창립하기 전에 이미 1963년 홍구교회(경북 영양군 입암면)에서 전도사로서 목회사역을 시작하여, 월전교회(경북 청송군 진보면), 풍북교회(경북 안동시 풍산읍)에서 목회하다가, 상경하여 해양교회(1971.02-1980.06.30)에서 목회하던 중에 1979년 11월 6일에 목사안수를 받았다. 명성교회 특별새벽기도회는 1980년 7월 6일에 교회창립과 함께 시작되었다. 첫 특별새벽기도 집회기간(9월 1-30일) 첫날인 9월 1일에 25명이 참석한 이래 35년째 3월과 9월에 특별새벽기도 집회가 계속되고 있다. 2012년 3월 특별새벽집회에는 매일 7만여 명이 참석했고, 2014년 9월에는 약 20만 명(196,276명)이 참석했고, 기네스북에 2014년 7월 6일자로 등록된 일천번제 숫자는 32,144명이다. 2014년 8월 29일에 마침내 35년째 진행되고 있는 명성교회 특별새벽기도 집회의 모든 정보를 담은 새

---

3   위의 책, 31.

4   위의 책, 32.

5   김인수, "새벽기도회의 시원(始原) 길선주 목사와 1907년 평양 대부흥운동", 은파 김삼환 목사 성역50주년기념논문집 출판위원회 편, 『은파 김삼환 성역50주년기념논문집』(서울: 도서출판 실로암, 2016), 305-331. 참고, *Only the Lord: Festschrift in Honor of 'Eunpa' Rev. Dr. Samwhan Kim's 50 Years of Ministry* (Seoul: The Publication Committee of Eunpa, 2016) 287-319.

벽기도전시관이 명성교회 샬롬관 지하 1층에 개관했다.

그는 일생 동안 새벽기도에 목숨을 걸었다. "저는 새벽기도를 강조하는 목회자이지만, 쉽지 않다는 것 또한 잘 알고 있습니다. … 새벽기도에 목숨을 걸었다고 말해도 과언이 아닙니다."[6] "지금까지 이 책에서도 내내 강조해 왔고, 또 제가 지금까지 목회하면서 강조했던 것은 결국 두 가지입니다. 하나는 '새벽기도'를 통해 하나님의 거룩함을 체험해야 한다는 것입니다. 그리고 다른 하나는 새벽기도를 통해 훈련받은 후엔 남을 위해 봉사하고 섬겨야 한다는 것입니다."[7]

일찍이 생전 한경직 목사가 명성교회의 새벽기도 운동의 국내외에 끼친 지대한 영향에 대해 아주 기쁜 마음으로 다음과 같이 기술한 적이 있다. "김삼환 목사님은 30여 년 동안 주의 일에 몸담아 왔습니다. 그 중에서 명성교회는 13년 전에 몸소 개척하였으며, 지금은 한국뿐만 아니라 전 세계적으로 알려진 교회입니다. 특히 김 목사님께서 한국 교회와 세계교회에 끼친 영향 중 가장 귀중한 것은 다름 아닌 '새벽기도 운동'입니다. 그로 인해 한국 교회는 물론 세계 각처에서 명성교회의 새벽기도를 배우기 위해 방문하고 있음을 볼 때 큰 기쁨이 아닐 수 없습니다."[8] 몇 년 전 한국을 방문한 전(全) 프린스턴신학교 총장 이안 토랜스(Iain R. Torrance)는 명성교회가 국내외에 끼친 놀라운 영향 때문에 감사의 글을 썼다. "우리는 비단 한국뿐만 아니라 전 세계에 이르기까지 선교에 대한 사명과 예수 그리스도를 통한 평화와 화해의 역사를 이루어가는 명성교

---

6   김삼환, 『새벽눈물』(서울: 교회성장연구소, 2007), 22.

7   위의 책, 148.

8   한경직, "추천의 말", 김삼환, 『가까이 계실 때 부르라1』(서울: 생명의 말씀사, 1993), 6.

II. 은파 김삼환 박사의 신학사상

회의 영향력에 대해 하나님께 감사를 드린다."**9**

　"제7차 세계칼빈학술대회"가 1998년 서울에서 개최되었을 때, 이 학회에 참석한 칼빈학자들이 명성교회 9월 특별새벽기도 집회에 초청되었다. 그들이 특별새벽기도 집회에 참석하기 위해 6시 바로 직전에 교회에 도착하여 제일 앞자리에 마련된 내빈석에 앉았을 때, 이미 단상은 어린이들과 청소년들로 가득 채워졌고, 교회 안에는 이미 입추의 여지가 없는 광경을 일평생 처음으로 목격했다. 이 광경을 목격한 서양에서 온 한 유명한 칼빈학자는 다음과 같이 고백했다고 한다. "명성교회의 새벽기도회의 광경을 보는 순간, 마치 수만 피트 상공에서 비행하던 비행기가 수직으로 땅에 순식간에 추락하듯이, 그동안 가지고 있던 나의 신학적 오만(傲慢)과 지적 교만(驕慢)이 여지없이 추락하는 것을 경험했다."**10**

9　김삼환, 『오직주님』(명성교회 30년사 주님의 옷자락 잡고 제1권)(서울: 명성교회, 2010), 21.

10　최윤배, 『깔뱅신학 입문』(서울: 장로회신학대학교출판부, 2012), 100.

2.
개혁교회에서 설교의 절대 중요성

예배·설교학 전공이 아닌 조직신학 전공 신학자로서 필자는 최소한 성경과 개혁교회 전통에서 이해된 설교에 대해 먼저 간략하게 살펴보고자 한다. 설교보다는 예전(禮典)을 절대적으로 강조하는 로마 천주교회와는 정반대로 모든 개신교는 교파와 관계없이 예전보다는 설교를 강조하는 것은 주지의 사실이다. 칼뱅(Jean Calvin, 1509-1564)은 "교회의 표지(notae ecclesiae)"를 설교인 말씀 선포와 성례전(세례와 성찬) 집례로 이해했다.[11] 그러나 역사적으로 개혁교회와 장로교회는 마르틴 부처(Martin Bucer, 1491-1551)의 전통을 따라 교회의 표지로서 말씀 선포와 성례전 집례에 권징(치리, discipline) 시행을 첨가했다.[12] 세 가지 교회 표지를 고백하는 한국장로교의 모든 교단들과 똑같이 『대한예수교장로회 신앙고백서』(1986)는

---

11 위의 책, 409-419.

12 M. Bucer, *Von der waren Seelsorge und dem rechten Hirtendienst* (1538), 최윤배 역, 『참된 목회학』 (용인: 킹덤북스, 2014), 162-238; 최윤배, 『잊혀진 종교개혁자 마르틴 부처』(서울: 대한기독 서회, 2012), 415; 최윤배 외, 『조직신학개론』(서울: 한국장로교출판사, 2019), 208-209.

"그리스도인들은 한곳에 모여 … 세우심을 받은 자들로부터 하나님의 말씀을 듣고, 주님의 몸에 접붙임을 받기 위하여 세례를 받고, 주님의 구속적인 사역인 십자가의 사건을 기억하고, 영적으로 그 사건에 동참하기 위하여 성만찬에 참여한다. … 교회는 그리스도인의 신앙생활을 공고히 하기 위하여 말씀으로써 훈련하며, 필요에 따라서 권징을 시행한다"라고 고백하고 있다.[13]

원칙적으로 말씀 선포와 성례가 항상 균형을 이루어야 할지라도, 성례전 집례와 치리 시행은 하나님의 말씀에 근거한 것으로 간주되기 때문에, 말씀 선포는 성례전과 치리보다 더 우선적이고 더 큰 비중을 차지한다. 개혁교회의 원조와 창시자로 불리는 마르틴 부처와 칼뱅이 주장하는 예배의 네 가지 요소, 곧 말씀 선포, 성례전 집례, 기도(찬송), 헌금 중에서도 말씀 선포가 매우 중요하다.[14] "예배의 집례자는 단순한 사제(priest)의 역할을 감당하는 것이 아니다. 그는 그 예배의 현장에서 말씀의 종, 즉 선지자(prophet)로서 말씀의 전달을 수행해야 한다. 특별히 말씀을 강조하는 개혁교회에서는 설교자의 자기 인식과 그 임무를 가장 소중히 강조하고 있다. 그러므로 먼저 스스로 외쳐야 할 설교가 무엇인지를 깨달아야 하며 또한 성서 속의 설교자는 어떠했는지를 분명하게 이해할 필요가 있는 것이다."[15]

한국장로교회 목회자 임택진에 의하면, 설교하는 직분은 하나님이 주신 최고의 특권이며, "설교는 하나님의 말씀에 기초하고 사람을 구원

---

13 대한예수교장로회총회헌법개정위원회(편), 『대한예수교장로회총회 헌법』(서울: 한국장로 교출판사, 2011), 149.

14 최윤배, 『잊혀진 종교개혁자 마르틴 부처』, 414; 최윤배, 『깔뱅신학 입문』, 533.

15 정장복, 『예배학 개론』(서울: 종로서적, 1985), 215.

하려는 계획과 목적에서 사람을 감동하도록 권면하는 법 있는 종교적 강화"이다.[16] 스위스 현대개혁신학자 에드워드 투르나이젠은 다음과 같이 말했다. "목회는 교회 안에서 하나님의 말씀을 개개인에게 전달하는 데에 그 본질이 있다. 교회의 모든 전통 기능과 마찬가지로 목회도 교회에 주어진 살아 움직이는 하나님의 말씀에 바탕을 두고 있다. 그러므로 이 말씀이 여러 가지 모양으로 전달되어야 한다."[17]

구약성서에서 "설교는 하나님을 향한 인간의 말이 아니라 인간을 향한 하나님의 말씀이다. 그들은 하나님에 관한 인간의 생각이나 말을 구사한 것이 아니고 하나님께서 어떻게 구속의 역사를 이루어 가시는지를 알리는 것을 주 임무로 삼았다."[18] 구약의 선지자들은 하나님께서 그 안에서 활동하시는 사건들을 해석하고, 예기(豫期)된 사건들은 그들의 설명에 의해 하나님의 구속의 매개체가 되었다.[19] 신약성서에서 설교는 "하나님의 구속사의 실현을 증언하는 일이었다. 즉, 예수 그리스도의 오심과 그 생애와 교훈과 십자가의 수난과 부활과 승천을 선포하는 일을 주로 하게 된다(행4:12)."[20] "예수님의 선포와 초대교회의 설교는 그리스도교 모든 설교의 원형이며 모범이라고 할 것이다."[21]

"나의 유언은 성언운반일념(聖言運搬逸念)을 실천해 달라는 것입니다"

16   임택진, 『목회자가 쓴 목회학』(서울: 기독교문사, 1992), 118.

17   Eduard Thurneysen, *Die Lehre von der Seelsorge*, 박근원 역, 『목회학 원론』(서울: 성서교재간행사, 1979), 7.

18   정장복, 『예배학 개론』, 215-216.

19   William Dyrness, *Themes in Old Testament Theology*, 김지찬 역, 『주제별로 본 구약학』(서울: 생명의 말씀사, 2000), 244-245.

20   정장복, 『예배학 개론』, 216.

21   박수암, 『신약신학주제사전』(서울: 장로회신학대학교출판부, 2012), 184.

라고 항상 강조하는 정장복은 설교를 다음과 같이 정의한다. "설교란 택함받은 설교자가 당대의 커뮤니케이션을 통하여 회중에게 하나님의 말씀인 성경의 진리를 선포하고, 해석하고, 이 진리를 회중의 삶에 적용시키는 것이다. 그러나 이 말씀의 사역(preaching ministry)은 반드시 성령의 감화하심에 의해 이루어져야 한다."[22] 정장복에 의하면, 설교의 목적들은 구원, 찬양, 고백, 회개, 성례, 공동체 의식, 십자가, 하나님의 사랑 등 수없이 많지만, 광의적(廣義的)으로 네 가지로 분류할 경우, 곧 "선포적인(케뤼그마적) 설교"(kerygmatic preaching), "교훈적인 설교"(didactic preaching), "치유적인 설교"(therapeutic preaching), "예언적인 설교"(social-prophetic preaching)이다.[23] 정장복은 양들에게 필요한 양식을 적시적지(適時適地)에 먹여야 할 책임과 의무를 가진 설교자들은 회중이 좋아하고 흥미롭게 여기는 설교를 구사하기에 급급해하지 말고, "균형 잡힌 설교"를 하기를 설교자들에게 촉구한다.[24]

김운용은 한국교회의 설교문제로서 네 가지를 지적했는데, 곧 첫째, 기복주의(祈福主義)와 복음의 사사화(私事化, privatization)된 설교, 둘째, 번영신학에 기초한 설교, 셋째, 성공주의와 외형주의의 설교, 넷째, 하나님

---

22 정장복, 『예배학 개론』, 219.

23 위의 책, 232-237; 아스머[아스머, 김현애 · 김정형 역, 『실천신학의 네 가지 중심 과제』(서울: WPA, 2012), 59]는 실천신학의 네 가지 중심과제를 예수 그리스도의 삼중직(munus triplex)의 관점에서 논의하고(기술적-경험적 과제: 제사장적 청취, 해석적 과제: 현자적 지혜, 규범적 과제-예언자적 분별, 실용적 과제: 섬김의 리더십), 캠벨[찰스 캠벨, 김운용 역, 『실천과 저항의 설교학: 설교의 윤리』(서울: WPA, 2014)]은 사회윤리적 차원이 강조된 "예언적인 설교"를 주장하고, 조성태[(조성태, 『거시 설교자 예수』, 『설교자 예수』(서울: 도서출판 신학사, 2002)]는 거시적 설교와 귀납법적(이야기식) 설교를 소개하고, 하우[루울 하우, 『설교의 파아트너』(서울: 도서출판 양서각, 1982)]는 설교자와 회중 사이의 소통과 대화를 강조하는 "대화적(dialogical) 설교"의 중요성을 강조한다.

24 정장복, 『예배학 개론』, 231.

의 말씀인 성경에서 벗어난 설교이다.[25] 계속해서 김운용은 선교 2세기 한국교회의 설교사역을 위해 다섯 가지를 제시하는바, 곧 첫째, 설교의 주체와 객체 의식의 분명화, 둘째, 복음 중심성과 성경 중심성을 견지하는 설교, 셋째, 세상과 교회에 주시는 하나님의 말씀으로서의 설교, 넷째, 하나님의 다스리심과 통치하심, 곧 하나님의 나라를 선포하는 설교, 다섯째, 삶의 변화와 변혁을 목표로 하는 설교이다.[26]

25 김운용, "설교, 교회를 새롭게 세워가는 사역", 은파 김삼환 목사 성역50주년기념논문집 출판위원회 편, 『은파 김삼환 성역50주년기념논문집』, 652-658; 참고, *Only the Lord: Festschrift in Honor of 'Eunpa' Rev. Dr. Sam-whan Kim's 50 Years of Ministry*, 673-712.

26 김운용, "설교, 교회를 새롭게 세워가는 사역," 659-667.

II. 은파 김삼환 박사의 신학사상

3.
김삼환 목사의 설교 특징[27]

1) 성경과 초대교회와 16세기 종교개혁과 개혁교회의 기본과 원칙에 충실한 설교

일반적으로 짧은 기간에 부흥 성장한 교회는 성령과 은사 중심의 오순절 계통의 교회나 교회성장학에 근거한 교회로 생각하는 것이 우리의 일반 통념이다. 필자도 김삼환의 명성교회 목회와 설교를 진지하게 연구하고, 직접 목격하고, 경험하기 전에는 위와 같은 통념을 가지고 있었다. 그러나 장로교회에 속하면서도 명성교회처럼 짧은 기간에 부흥 성장한 일부 장로교회는 편향된 은사 중심의 성령운동 없이, 교회성장론에 근거하지 않고도 아주 기본적으로 하나님의 말씀인 성경 중심, 그리스도

---

27 참고, 김삼환 목사의 설교에 대한 연구들: 심광섭, "그리스도의 삶을 위한 설교와 신학: 김삼환 목사", 『기독교사상』 제48권(2004), 84-99; 정용섭, "예수성공, 불신실패 구도의 저력과 한계: 명성교회 김삼환 목사", 『기독교사상』 제51권(2007), 158-173; 김도훈, "새로운 소망을 향하여: 은파 김삼환 목사의 설교에 나타난 신학"(제6회 한국설교가연구소, 2001).

중심, 교회 중심, 기도 중심, 생활과 삶 중심을 통해 부흥 성장한 사례가 많다.[28]

필자는 김삼환의 명성교회 목회와 설교를 생각하면 현대개혁신학자 로흐만(J. M. Lochman)의 주장이 제일 먼저 떠오른다. "참된 교회는 자신의 가르침(Lehre, 교리)의 정통(Orthodoxie) 속에서 일어날 뿐만 아니라, 자신의 뒤따름(Nachfolge)의 정통실천(Orthopraxie) 속에서도 일어난다."[29] 김삼환은 "정통교리(이론, 가르침)"와 "정통실천" 사이의 통합과 조화를 이루고, 좌우 어느 쪽으로도 치우치지 않고, 종합적이며, 통합적이며, 통전적인 목회와 설교를 추구했다고 볼 수 있다.

김삼환이 모임 중에 한 말을 들어보면, 자신은 한국교회에서 한때 유행하던 교회성장학 세미나나 성령과 은사집회와 운동에 의도적으로 단 한 번도 동참하지 않고, 다만 기본에 충실하기 위해 기본에만 초지일관 집중했다고 회고한다. 김삼환이 추구하는 기본은 곧, 정통교리와 정통실천 사이의 온전한 결합이다. 그는 기본의 원형과 모델을 성경과 초대교회와 종교개혁 신앙과 개혁교회 전통과 한국장로교회 전통에서 찾고자 노력했다. 그는 성경으로부터 예수님과 초대교회의 모델을 발견하고, 교회사 속에서는 종교개혁과 개혁교회의 모델을 발견하고, 한국교회사 속에서 한국장로교회의 모델을 발견했다.

성종현은 신약시대 초기교회와 명성교회의 특징과 공통점을 세 가지, 곧 부흥의 원동력으로서의 기도와, 복음의 능력으로서의 말씀의 은

---

28 최윤배, "김삼환 목사의 성령론에 관한 연구", 은파 김삼환 목사 성역50주년기념논문집 출판위원회 편, 『은파 김삼환 성역50주년기념논문집』, 524, 467-528; 참고, *Only the Lord: Festschrift in Honor of 'Eunpa' Rev. Dr. Sam-whan Kim's 50 Years of Ministry*, 477-540.

29 J. M. Lochman, "Dogmatischen Gespräch über die Kirche," *Theologische Zeitschrift*, Jr. 28, Heft 1 (1972), 64f.

II. 은파 김삼환 박사의 신학사상

혜와, 섬김과 나눔으로서의 사랑의 실천이라는 사실을 설득력 있게 제시한다.[30] 오성춘은 김삼환의 설교를 "복음 중심의 패러다임" 설교로 정의하는바,[31] 우리는 이런 유형의 설교를 "선포적인(케뤼그마적) 설교"나 "구속사적인 설교"로 명명해본다.

명성교회의 표어는 "오직 주님"과 "칠 년을 하루같이"이다. 7년을 하루같이 오직 주님만을 변함없이 섬긴다는 교회 표어는 김삼환의 목회와 설교 중심에 자리하고 있는데, 이 표어는 16세기 종교개혁 운동의 모토인 "오직 은혜(sola gratia)", "오직 그리스도(sola Christus)", "오직 믿음(sola fide)", "오직 성경(sola scriptura)"과 일맥상통한다.[32] 이 같은 종교개혁 신앙과 맥을 같이하는 김삼환의 사상을 박상진은 교육학적으로 "신본주의 교육 사상"으로 요약한다. "김삼환 목사의 교육 이해를 하나의 개념으로 요약하여 설명한다면 '신본주의' 교육이다. 김삼환의 목회와 설교, 가르침의 핵심은 '하나님의 은혜'이다. 인간이 변화되는 것은 오직 하나님의 은혜로 말미암는 것임을 일관되게 강조한다."[33]

정장복은 명성교회의 5대 사역(특별새벽기도 운동, 명성장학관 설립, "신구원호"

---

30 성종현, "신약시대 초기교회와 명성교회: 그 특징과 공통점을 중심으로", 은파 김삼환 목사 성역50주년기념논문집 출판위원회 편, 『은파 김삼환 성역50주년기념논문집』, 149-179; 참고, *Only the Lord: Festschrift in Honor of 'Eunpa' Rev. Dr. Sam-whan Kim's 50 Years of Ministry*, 127-163.

31 오성춘, "복음 중심의 패러다임으로 한국 교회 성장에 새 지평을 연 김삼환 목사의 설교", 은파 김삼환 목사 성역50주년기념논문집 출판위원회 편, 『은파 김삼환 성역50주년기념논문집』, 619-644; 참고, *Only the Lord: Festschrift in Honor of 'Eunpa' Rev. Dr. Sam-whan Kim's 50 Years of Ministry*, 645-672.

32 최윤배, "잊혀진 종교개혁자 마르틴 부처에게서 설교의 중요성", 안명준 외, 『영적 거장들의 설교』(남양주: 홀리북클럽, 2023), 299-312.

33 박상진, "김삼환 목사의 신본주의 교육관 연구", 은파 김삼환 목사 성역50주년기념논문집 출판위원회 편, 『은파 김삼환 성역50주년기념논문집』, 842, 827-861; 참고, *Only the Lord: Festschrift in Honor of 'Eunpa' Rev. Dr. Sam-whan Kim's 50 Years of Ministry*, 889-931.

를 통한 도서(島嶼) 의료선교, 장로교회의 정체성 확립, 섬김과 봉사의 손길)을 제시했는데, 우리의 연구주제와 관련하여 특별히 관심을 끄는 사역은 바로 장로교회의 정체성 유지이다.[34] "명성교회는 장로교회의 예배와 설교의 맥을 이어가는 데 흔들리지 아니하였다. 명성교회의 예배변화를 보기 위하여 명성교회가 출발하면서 드렸던 제1권 1호의 예배순서부터 최근의 36권 9호까지의 예배순서와 그 내용을 살펴보면서 놀라지 않을 수 없다. 이들은 한결같은 장로교의 예전적 감각을 살리는 예배를 지속하였다. 그리고 그 안에서 충실한 말씀의 선포가 있었다. 장로교의 정체성을 지키는 데 으뜸가는 예배와 말씀의 사역을 위한 지조를 발휘하였다."[35]

김삼환은 방지일 목사와 함께 오랫동안 지속적으로 성경공부에 몰두했고, 특히 한경직 목사의 균형 잡힌 신앙과 목회, 곧 영락교회의 4대 신앙노선(복음주의 신앙, 청교도적 생활, 에큐메니칼 정신, 올바른 사회봉사와 참여)을 목회에 참고했다고 한다. 한경직 목사가 주일 낮 예배 설교는 불신자나 초신자도 잘 알아들을 수 있도록 아주 평범하고도 쉽게 구원과 복음 중심으로 설교하고, 주일 저녁 찬양예배와 수요기도회는 성경강해나 특별한 신앙과 신학 주제 차원에서 전문적으로, 그리고 새벽기도회에서는 이것을 더욱 전문적으로 설교한다는 말을 듣고 김삼환은 그것을 그의 목회와 설교에 참고했다고 한다.

---

34 정장복, "나의 가슴을 적시었던 명성교회의 5대 사역", 은파 김삼환 목사 성역50주년기념논문집 출판위원회 편, 『은파 김삼환 성역50주년기념논문집』, 611-618; 참고, *Only the Lord: Festschrift in Honor of 'Eunpa' Rev. Dr. Sam-whan Kim's 50 Years of Ministry*, 673-712.

35 정장복, "나의 가슴을 적시었던 명성교회의 5대 사역", 616-617.

2) 하나님의 말씀과 성령 안에서 기도(찬양)를 통해 체험되고 인격화된 설교

우리는 김삼환의 목회와 설교와 관련하여 다음과 같이 반문할 수 있을 것이다. "모든 기독교(개신교)가 공유하고 있는 성경과 초대교회와 16세기 종교개혁 신앙과, 장로교회가 공유하고 있는 개혁교회 신앙을 김삼환도 공유하고 있는데, 도대체 어떤 점에서 그의 독특성 내지 독창성이 있단 말인가?" 김삼환은 처음부터 "성령의 신학자와 성령의 목회자"가 된 것이 아니라, 실존적 신앙체험을 통했다.[36] 그는 자신이 앓고 있던 3기의 폐병을 하나님의 은혜와 성령의 능력을 통해서 치유받았다. "저는 예전에 병에 관한 것이라면 하나님보다 현대 의학을 더 믿었습니다. … 결국 병을 고친 것은 현대 의학이 아니라 하나님의 은혜였습니다. … 이처럼 제 장비를 가지고 하나님 앞에 일하려고 하면서 성령의 능력으로 일하려 하지 않았습니다. 바로 이것이 문제입니다. 하나님 앞에 영적인 교만입니다."[37]

김삼환은 그가 받아들인 중요한 신앙 전통을 자신의 개인적인 인격과 공동체적 삶 속에 신앙적으로, 목회적으로 철저하게 접목시키고 적용시켜서 체험되고 인격화된 설교, 곧 성경적으로 "성육신화된", "토착화된" 목회와 설교를 했다. 그가 성경과 성경적인 다양한 신앙전통을 성육신화하고, 토착화시키는 핵심 동력은 바로 하나님의 말씀과 하나님의 영

---

36 최윤배, "김삼환 목사의 성령론에 관한 연구", 은파 김삼환 목사 성역50주년기념논문집 출판위원회 편, 『은파 김삼환 성역50주년기념논문집』, 467-527. 참고, *Only the Lord: Festschrift in Honor of 'Eunpa' Rev. Dr. Sam-whan Kim's 50 Years of Ministry*, 477-539.

37 김삼환, 『주님의 마음에 합한 자』(특별새벽집회 5)(서울: 도서출판 실로암, 2008), 214-215.

이 동반되고, 추동된 기도, 특히 새벽기도, 특별새벽기도이다. 마르틴 부처와 칼뱅은 찬송을 기도의 범주에 포함시켰는데, 김삼환 목사는 기도와 함께 찬양(찬송)도 매우 강조한다.[38]

16세기 종교개혁자들은 「사도신경」, 「십계명」, 「주기도문」을 통해 기본적인 핵심 신앙 내용과 실천 원리를 발견했다. 그 결과 성경이 가르치는 올바른 신앙의 주요 교리 내용을 담고 있는 「사도신경」과, 우리의 모든 도덕과 윤리의 거울과 지침과 규범이 되는 「십계명」과, 우리의 일상적 삶의 경건과 영성의 보고(寶庫)인 「주기도문」을 선택하여, 어린 아동들에게도 교육하기 위해 만든 교육자료가 바로 「교리(요리)문답」(catechism)이었다. 사실상 칼뱅의 『기독교 강요』(1536, 초판)는 로마 천주교회의 7성례에 대한 비판이 담겨 있는 마지막 장(章)을 제외하면, 이 세 문서들에 대한 충실한 해설서이다. 결국, 우리 신앙의 주요 내용을 담고 있는 「사도신경」과, 우리가 실천해야 할 도덕과 규범이 담겨 있는 「십계명」 사이의 일치가 신행일치(信行一致)이며, 이 둘 사이의 괴리가 신행불일치(信行不一致)이다. 이 둘 사이를 직접 연결해주는 것이 바로 「주기도문」이라고 할 수 있다. 「주기도문」은 위로 하나님과 관계된 세 가지 내용과, 아래로 우리와 관계된 세 가지 내용을 담고 있지만(마6:9-13), 결국 「주기도문」의 시작과 끝의 방점은 "하나님의 나라"에 있다.[39]

김삼환은 하나님의 거룩함을 체험하는 우리의 신앙과, 머슴정신으로 봉사하고 섬기는 머슴의 삶을 연결시키는 끈과 동력이 바로 기도, 새

---

38 이상일, "김삼환 목사의 찬송신학과 명성교회의 예배찬송", 은파 김삼환 목사 성역50주년 기념논문집 출판위원회 편, 『은파 김삼환 성역50주년기념논문집』, 619-644. 참고, *Only the Lord: Festschrift in Honor of 'Eunpa' Rev. Dr. Sam-whan Kim's 50 Years of Ministry*, 934-961.

39 최윤배, "세례와 교리교육 4: 하나님 나라의 백성의 삶", 장로회신학대학교 기독교교육연구원 편, 『교육교회』 6월호(June 2013), 53-55.

벽기도, 특별새벽기도라고 주장한다. "제가 이제까지 목회하면서 강조한 것은 두 가지였습니다. 먼저 '새벽기도'를 통해 하나님의 거룩함을 체험해야 한다는 것입니다. 그리고 다른 하나는 새벽기도를 통해 훈련받아서 '머슴정신'을 가지고 봉사하고 섬겨야 한다는 것입니다. 제가 이렇게나 '새벽'을 강조하는 데는 저 자신이 깊이 신앙적으로 체험한 것이 있기 때문입니다. 저 스스로 새벽기도를 통해 하나님과의 관계가 아주 깊어졌음을 고백할 수 있습니다."[40]

일반적으로 소위 기도를 많이 한다는 사람을 만나보면, 그의 사고와 행동이 매우 개인주의적으로, 신비주의적으로 정향되어 있는 것을 가끔 경험한다. 그러나 김삼환이 말하는 기도는 하나님과 우리 사이의 균형, 개인인 우리 자신과 우리의 공동체들 사이의 균형을 강조한다.[41] "주기도문을 봐도, 하늘에 계신 우리 아버지를 부르고, 아버지 영광을 받으시도록, 하나님의 뜻이 이뤄지도록, 아버지의 나라가 잘되도록 기도합니다. 우리가 하나님의 나라를 위해서 먼저 기도하고 대화식으로 기도하지, 일방적으로 '아들 주세요, 딸 주세요, 대학입시 붙여주세요' 하지 않습니다."[42] "기도에는 순서가 있습니다. 하나님 나라를 위해 기도하고, 세상을 위해 기도하고, 교회와 목사님을 위해 기도하고, 이웃과 세계를 위해 기도해야 합니다. 다른 모든 기도를 마친 후 내 자녀와 가정을 위해 기도하는 것입니다. 넓게 기도하면 넓게 응답하십니다."[43] 마르틴 부처

40　김삼환, 『새벽눈물』, 22.

41　최윤배, "김삼환의 개혁신학(기도를 중심으로, 필자 주)," 최윤배, 『개혁신학』(서울: 한국장로교출판부, 2015), 966-989.

42　김삼환, 『새벽눈물』, 45.

43　김삼환, 『새벽을 깨워야 새벽이 옵니다』(기도주제설교)(서울: 도서출판 실로암, 2013), 49.

와 칼뱅도 예배시간에 목회자의 대표(목회)기도를 국가(정부)를 위한 기도, 모든 사람들을 위한 기도, 예배에 참석한 회중을 위한 기도의 순서로 항상 진행했다.[44]

김삼환의 목회와 설교 속에 토착화된 특별새벽기도 외에도[45] 그가 강조한 찬양과 찬송도 중요한 위치를 차지한다.[46] 그는 자신의 개인적 인성이나 성경적 또는 한국문화적·토속적·농경사회적 감성과 이미지(image)와 메타포(metaphor)들을 잘 개발하고 활용하여,[47] 추수감사절의 "국밥 나누기"나 "머슴"[48]과 "옷자락" 신앙과 목회에 접목시켰다. "그는 '오직 주님'만을 바라보며 보혈의 옷자락을 붙잡고, 7년을 하루같이, 35년을 하루같이, 하나님의 머슴으로, 성도들의 머슴으로, 한국사회의 머슴으로 섬겨 '착하고 충성된 종'이다."[49] 바로 이 점에서 그의 설교는 가마솥에서 진하게 우려낸 사골국물이나 구수한 누룽지나 된장과 김치

---

44 최윤배, 『잊혀진 종교개혁자 마르틴 부처』, 409.

45 이상은, "은파 김삼환 목사의 기도의 신학", 은파 김삼환 목사 성역50주년기념논문집 출판위원회 편, 『은파 김삼환 성역50주년기념논문집』, 529-556. 참고, *Only the Lord: Festschrift in Honor of 'Eunpa' Rev. Dr. Sam-whan Kim's 50 Years of Ministry*, 541-573.

46 이상일, "김삼환 목사의 찬송신학과 명성교회의 예배찬송", 은파 김삼환 목사 성역50주년기념논문집 출판위원회 편, 『은파 김삼환 성역50주년기념논문집』, 619-644. 참고, *Only the Lord: Festschrift in Honor of 'Eunpa' Rev. Dr. Sam-whan Kim's 50 Years of Ministry*, 934-961.

47 김도훈, "김삼환 목사의 차손신학과 명성교회의 예배찬송", 은파 김삼환 목사 성역50주년기념논문집 출판위원회 편, 『은파 김삼환 성역50주년기념논문집』, 428-440, 427-466. 참고, *Only the Lord: Festschrift in Honor of 'Eunpa' Rev. Dr. Sam-whan Kim's 50 Years of Ministry*, 431-475.

48 배재욱, "김삼환 목사의 머슴신학", 은파 김삼환 목사 성역50주년기념논문집 출판위원회 편, 『은파 김삼환 성역50주년기념논문집』, 201-229. 참고, *Only the Lord: Festschrift in Honor of 'Eunpa' Rev. Dr. Sam-whan Kim's 50 Years of Ministry*, 185-213.

49 장상, "옷자락의 목회", 은파 김삼환 목사 성역50주년기념논문집 출판위원회 편, 『은파 김삼환 성역50주년기념논문집』, 147, 128-147. 참고, *Only the Lord: Festschrift in Honor of 'Eunpa' Rev. Dr. Sam-whan Kim's 50 Years of Ministry*, 103-125.

찌개와 비빔밥같이 한국의 시골과 향토의 정서와 종교적 심성을 자극하는 공감적(共感的) 설교이고, 이야기식 설교이다.[50]

3) 머슴의 섬김 정신 속에서 통합적으로 실천하는 선교적 설교

신약성경과 초대교회에서 실천되었던 교회의 다양한 기능과 활동과 목적에는 예배의 "레이투르기아(λειτουργία)", 말씀 선포의 "케뤼그마(κήρυγμα)", 기도의 "프로스유케(προευχή)"와 찬송의 휨노스(ὕμνος, hymnos), 친교와 연합의 "코이노니아(κοινωνία)", 섬김과 봉사의 "디아코니아(διακονία)", 교육의 "디다케(διδαχή)" 등 매우 다양하다.

김삼환은 말씀 중심, 교회 중심, 예배 중심, 기도 중심으로 목회하면서도, 그의 선교적 반경과 영역은 매우 광범위하고 종합적이다.[51] 노영상은 김삼환의 명성교회의 선교를 3박자 선교(개인, 사회, 국가와 세계), 곧 통전적 선교로 이해한다. "김삼환 목사님은 우리의 믿음이 개인뿐만 아니라, 우리 사회와 민족을 살릴 수 있음을 강조하셨다. 김 목사님은 구원의 개

---

[50] 민경배, "김삼환 목사와 우리 시대", 은파 김삼환 목사 성역50주년기념논문집 출판위원회 편, 『은파 김삼환 성역50주년기념논문집』, 243-253, 233-258. 참고, *Only the Lord: Festschrift in Honor of 'Eunpa' Rev. Dr. Sam-whan Kim's 50 Years of Ministry*, 217-240.

[51] 변창욱, "은파 김삼환 목사의 선교관 연구: 명성교회의 디아코니아 사역을 중심으로", 은파 김삼환 목사 성역50주년기념논문집 출판위원회 편, 『은파 김삼환 성역50주년기념논문집』, 711-736; 김광선, "김삼환 목사의 인재양성에 관한 신학적 고찰: 명성교회 교육사업을 중심으로", 은파 김삼환 목사 성역50주년기념논문집 출판위원회 편, 『은파 김삼환 성역50주년기념논문집』, 737-760.

인주의화를 지양하고, 사회적 복음의 측면을 강조하셨던 것이다."[52] 조용훈에 의하면, 김삼환은 삶과 도덕 문제에 대해 설교하면서도, 복음과 은혜의 관점에서 설교함으로써 소위 율법주의나 도덕주의에 빠지지 않았다. 왜냐하면 "김삼환 목사의 설교에 나타나는 윤리는 '은혜의 윤리'요 '감사의 윤리'"이며,[53] 바울 사도에게 강하게 나타나는 직설법(indicative)이 전제된 명령법(imperative)이다.

황승룡은 김삼환의 교회론의 특징을 다섯 가지로 언급하는바, 곧 주님의 몸으로서의 교회, 말씀 위에 세워진 교회, 기도하는 교회, 섬기고 나누는 교회, 연합과 일치를 추구하는 교회이다.[54] 최재건은 명성교회의 성장과 발전 요인을 일곱 가지, 곧 기도에 전념하는 교회, 찬양으로 영광을 돌리는 교회, 나눔과 섬김의 교회, 선교에 주력하는 교회, 구역장 교육과 모임이 활성화된 교회, 교육에 힘쓰는 교회, 예배를 귀히 여기는 교회를 제시한다.[55] 이 같은 사실은 김삼환의 설교도 매우 종합적이고 통합적이라는 사실을 가리킨다. 고용수는 명성교회의 내적 구조로서 신앙공

---

52 노영상, "명성교회의 삼박자 선교", 은파 김삼환 목사 성역50주년기념논문집 출판위원회 편, 『은파 김삼환 성역50주년기념논문집』, 575, 561-584. 참고, *Only the Lord: Festschrift in Honor of 'Eunpa' Rev. Dr. Sam-whan Kim's 50 Years of Ministry*, 577-604.

53 조용훈, "김삼환 목사의 설교에 나타난 그리스도인의 윤리생활", 은파 김삼환 목사 성역50 주년기념논문집 출판위원회 편, 『은파 김삼환 성역50주년기념논문집』, 607, 585-607. 참고, *Only the Lord: Festschrift in Honor of 'Eunpa' Rev. Dr. Sam-whan Kim's 50 Years of Ministry*, 605-631.

54 황승룡, "김삼환 목사의 교회론에 관한 연구", 은파 김삼환 목사 성역50주년기념논문집 출판위원회 편, 『은파 김삼환 성역50주년기념논문집』, 365-386. 참고, *Only the Lord: Festschrift in Honor of 'Eunpa' Rev. Dr. Sam-whan Kim's 50 Years of Ministry*, 359-384.

55 최재건, "명성교회의 성장과 발전: 그 서설: 성장요인과 자료소개를 중심으로", 은파 김삼환 목사 성역50주년기념논문집 출판위원회 편, 『은파 김삼환 성역50주년기념논문집』, 259-304. 참고, *Only the Lord: Festschrift in Honor of 'Eunpa' Rev. Dr. Sam-whan Kim's 50 Years of Ministry*, 241-285; 최재건, 『한국교회사론』(서울: 기독교문서선교회, 2018), 1158-1203.

II. 은파 김삼환 박사의 신학사상

동체로, 외적 사역으로서 나눔과 섬김의 공동체로 분류했다. 그는 더욱 세분화하여, 신앙공동체로서의 내적 구조를 다섯 가지, 곧 예배공동체(말씀과 찬양), 기도하는 공동체(특별새벽기도회), 신앙-문화 공동체(절기집회 및 문화행사), 교육공동체(교회학교, 제자학교, 가정학교, 문화선교학교, 다윗아카데미), 교회 내 작은 공동체운동(구역과 교구별 동력화)으로 분류한다.

그리고 고용수는 나눔과 섬김의 공동체로서의 외적 사역으로서 13가지를 언급한다. ① 해외선교(아프리카 우물 사역, 마닐라 한국아카데미, 파키스탄 학원 선교, 캄보디아 기독대학 설립), ② 국내병원 선교(안동성소병원, 영양병원), ③ 해외병원 선교(에티오피아 MCM명성기독병원), ④ 교회교육(교회교육 엑스포), ⑤ 부속기관을 통한 사회봉사 선교[구원호(救援號)를 통한 총회도서(島嶼)의료선교회, 거리의 천사들, 치악산명성수양관, 제주명성수양관], ⑥ 문화지원사업(명성도서관, 월드글로리아센터), ⑦ 선교 지원사항(봉사선교 45개 기관, 학원선교 7개 기관, 병원선교 13개 기관, 교정선교 6개 기관, 군·경찰선교 11개 기관, 문서선교 13개 기관, 장애인 선교 57개 기관), ⑧ 지역복지(하남명성어린이집, 하남선교관, 복지관, 디아스포라의 집 쉼터(외국인 실직근로자 시설), ⑨ 방송선교(C채널), ⑩ 명성복지재단 사업(가나안의 집: 선교사 숙소, 서울장학관, 지역아동센터, 노인 무료 급식/시립강동노인종합복지관(부설)/강동치매단기보조센터), ⑪ 외부기관을 통한 사회봉사(한국외항선교회, 총회순교자기념선교회, 국제옥수수재단, 아가페기독교민영교도소), ⑫ 학원선교(영광여자중·고등학교, 지역장학관(서울, 광주, 대구, 전주, 순천, 부산), ⑬ 기타교육(선교대학, 선교사대회: 본 교회 파송·협력선교사 재교육, 디아스포라(외국인 선교, 각 나라별로 예배드림) 등이다.[56]

특히 김성영은 명성교회의 광범위하고 다양한 국내외 봉사활동을

---

56   고용수, "명성교회와 김삼환 목사의 리더십", 은파 김삼환 목사 성역50주년기념논문집 출판위원회 편, 『은파 김삼환 성역50주년기념논문집』, 774-781, 765-798. 참고, *Only the Lord: Festschrift in Honor of 'Eunpa' Rev. Dr. Sam-whan Kim's 50 Years of Ministry*, 819-857.

소개한다. 그는 국가적 재난봉사 극복(서해안 기름유출 사고와 한국교회봉사단 활동, 용산 참사 해결 협력 및 유족 위로, 세월호 침몰사고와 국가적 위기극복 지원, 국내 최초 민간교도소 설립과 사회 정화)과 국내외 의료봉사 및 다양한 활동(에티오피아 명성메디컬센터 설립운영, 에티오피아 우물 파기 및 르완다 프로젝트, 선교 초기에 설립된 안동성소병원의 위기와 희생, 파키스탄 교육봉사 및 명성장학관·은파장학회 설립)을 제시한다.**[57]**

윤철호는 명성교회의 선교를 사회를 통합하고, 서로 화해하고, 섬기는 사회적 책임과 공적 신학의 관점에서 높이 평가하면서, 병원 및 의료선교, 기독교 교도소(소망교도소)를 통한 교정선교, 소외계층을 위한 사회선교(장애인 선교, 농아인사역위원회, 사랑사역위원회, 거리의 천사들/노숙자 사역, 정신대, 글로벌 디아코니아센터), 교육 및 장학사업(영주 영광여자중·고등학교, 명성어린이집, 전국 7개 장학관, 장학금/은파, 해외, 국내), 그 외 각종 사회선교(농어촌 선교, 군 선교, 경찰 선교, 디아스포라 선교, C채널, 가나안의 집, 월드글로리아센터)를 언급한다.**[58]**

한국기독교회에는 다양한 교단과 교파가 존재한다. 대표적 기독교 연합기관으로서 복음주의적인 한국기독교총연합회(CCK)와 한국교회총연합회(UCCK)가 있고, 사회봉사와 정의와 평화와 화해에 중점을 두는 WCC와 밀접한 관계 속에 있는 한국기독교교회협의회(NCCK)가 있다. 김삼환 목사는 교회연합과 일치운동을 교단과 교파를 초월하여 한쪽으로 치우치지 않고 통합적으로 접근한다.**[59]** 그는 세계기독교미래포럼

---

57 김성영, "은파(恩波) 김삼환 목사의 국가관과 사회봉사", 은파 김삼환 목사 성역50주년기념논문집 출판위원회 편, 『은파 김삼환 성역50주년기념논문집』, 335-364. 참고, *Only the Lord: Festschrift in Honor of 'Eunpa' Rev. Dr. Sam-whan Kim's 50 Years of Ministry*, 323-358.

58 윤철호, "교회의 사회적 책임과 공적 신학: 명성교회를 중심으로", 은파 김삼환 목사 성역50주년기념논문집 출판위원회 편, 『은파 김삼환 성역50주년기념논문집』, 403-426. 참고, *Only the Lord: Festschrift in Honor of 'Eunpa' Rev. Dr. Sam-whan Kim's 50 Years of Ministry*, 403-429.

59 이승갑, "WCC 「신앙과 직제」의 일치추구에 조명해 본 교계 화해자 김삼환 목사의 에큐메니칼 신학사상", 은파 김삼환 목사 성역50주년기념논문집 출판위원회 편, 『은파 김삼환 성역50

을 창시하고,[60] 한국교회봉사단도 발족시키고,[61] 부활절이나 광복절 기념을 위해 한국기독교 전체 연합예배와 연합기도회를 주관하고, 2013년에 부산 WCC대회와 2023년 빌리그래함전도대회 50주년 기념대회도 유치했고, UCCK와 KNCC가 함께 참여한 8·15 광복절 연합기도회를 2010년 8월 15일에, 부활절 연합예배를 2024년 3월 30일에 개최했다.

주년기념논문집』, 909-936; 금주섭, "변화하는 지형속에서 에큐메니칼과 에반젤리칼 선교이해의 수렴", 은파 김삼환 목사 성역50주년기념논문집 출판위원회 편, 『은파 김삼환 성역50주년기념논문집』, 979-1005. 참고, *Only the Lord: Festschrift in Honor of 'Eunpa' Rev. Dr. Sam-whan Kim's 50 Years of Ministry*, 1039-1065.

60 정병준, "세계 에큐메니칼 운동의 미래와 한국교회," 은파 김삼환 목사 성역50주년기념논문집 출판위원회 편, 『은파 김삼환 성역50주년기념논문집』, 243-253, 233-258. 참고, *Only the Lord: Festschrift in Honor of 'Eunpa' Rev. Dr. Sam-whan Kim's 50 Years of Ministry*, 987-1021.

61 천영철, "디아코니아(봉사)를 통한 한국교회 연합운동에서의 김삼환 목사: 한국교회봉사단을 중심으로", 은파 김삼환 목사 성역50주년기념논문집 출판위원회 편, 『은파 김삼환 성역50주년기념논문집』, 965-978. 참고, *Only the Lord: Festschrift in Honor of 'Eunpa' Rev. Dr. Sam-whan Kim's 50 Years of Ministry*, 1023-1038.

4.
결론

우리는 특별새벽기도 창시자와 운동가로서의 김삼환에 대한 언급
으로부터 이 장을 시작했다. 그리고 성경과 초대교회와 기독교(개신교)와
특히, 개혁교회과 한국장로교회 전통에서 설교의 절대적 중요성을 간략
하게 살펴보았다.

우리는 김삼환의 설교 특징을 크게 세 가지 관점에서 살펴보았다.
그의 설교는 첫째, 성경과 초대교회와 16세기 종교개혁과 개혁교회의
기본과 원칙에 충실한 설교이며, 둘째, 하나님의 말씀과 성령 안에서 기
도(찬양)를 통해 체험되고 인격화된 설교이고, 셋째, 머슴의 섬김 정신 속
에서 통합적으로 실천하는 선교적 설교이다.

무엇보다도 그의 목회와 설교의 특징은 종합성과 통합성과 통전성
으로 표현될 수 있는 균형 잡힌 설교인바, 곧 로흐만의 표현대로 교회의
"정통교리"와 "정통실천"의 완전한 통합이다. 그의 설교는 정장복이 분
류한 대로 표현하면, "선포적인(케뤼그마적) 설교(kerygmatic preaching)", "교훈적
인 설교(didactic preaching)", "치유적인 설교(therapeutic preaching)", "예언적인 설

교(social-prophetic preaching)"가 말씀과 성령과 기도가 추동하는 구속사적인 설교와 이야기식 설교와 함께 결합되어 나타난다고 볼 수 있다.

10장

성령론

1.
서론[1]

1) "새벽종치기 소년"에서
"특별새벽기도의 창시자와 운동가"로서의 김삼환 목사

은파 김삼환은 경상북도 영양군 청기면 상청 2리에서 태어나, 1980년에 명성교회를 창립하여, 현재 10만여 명의 교인들이 출석하여 우리나라에서 가장 큰 장로교회로 성장시켰다. 그는 기독교 신앙의 이유로 유소년 때부터 아버지로부터 심한 핍박을 받으면서 성장했다. "경상북도 영양군 깊은 산골에 한 소년이 있었습니다. 일찍이 어머니를 통해 복음을 받아들인 소년은 아버지의 집요한 반대와 지속적인 매질을 견뎌내며 새벽을 깨웠습니다. 새벽마다 교회로 달려 나와 종을 쳤습니다."[2]

---

1 참고, 최윤배, "김삼환 목사의 성령론에 관한 연구", 은파 김삼환 목사 성역50주년기념논문집 출판위원회 편, 『은파 김삼환 성역50주년기념논문집』(서울: 도서출판 실로암, 2016), 467-528. 참고, *Only the Lord: Festschrift in Honor of 'Eunpa' Rev. Dr. Sam-whan Kim's 50 Years of Ministry*, 477-540.

2 김삼환, 『새벽기도 새벽눈물』(명성교회 새벽기도 화보집)(서울: 도서출판 실로암, 2014), 29.

II. 은파 김삼환 박사의 신학사상

"새벽종을 치러 가야 하는데 사발시계 소리에 아버지의 잠이 깰세라 혼자만 들을 수 있도록 시계를 헝겊으로 감아 손목에 맨 채 그곳에 귀를 대고 새우잠을 잤습니다."[3] "아버지 몰래 이불을 벗어나기까지는 시간이 한참이나 걸렸고, 잠든 아버지를 깨울까 봐 살을 에는 한겨울에도 밖에 나와 옷을 입었습니다. 그리고 힘겹게 깊은 산골의 새벽을 깨웠던 새벽종소리가 이제는 온 세계를 깨우고 있습니다."[4] 작은 산골 마을의 새벽을 깨우고, 종소리를 울리던 "새벽종치기 소년"이 성장하여 마침내 "특별새벽기도의 창시자와 운동가"가 되어, 그의 '은파'라는 호(號)처럼 새벽기도운동의 "은혜의 파도"를 한국교회는 물론 세계교회에 힘차게 일으키고 있다.

명성교회 새벽기도회는 1980년 7월 6일에 교회창립과 함께 시작되었다. 첫 특별새벽기도집회기간(9월 1~30일) 첫날인 9월 1일에 25명이 참석한 이래 35년째 3월과 9월에 특별새벽기도집회가 계속되고 있다. 2012년 3월 특별새벽집회에는 매일 7만여 명이 참석했고, 2014년 9월에는 약 20만 명(196,276명)이 참석했고, 기네스북에 2014년 7월 6일자로 등록된 일천번째 숫자는 32,144명이다. 2014년 8월 29일에 마침내 35년째 진행되고 있는 명성교회 특별새벽기도집회의 모든 정보를 담은 새벽기도전시관이 명성교회 샬롬관 지하1층에 개관했다.

그는 일생 동안 새벽기도에 목숨을 걸었다. "저는 새벽기도를 강조하는 목회자이지만, 쉽지 않다는 것 또한 잘 알고 있습니다. … 새벽기도에 목숨을 걸었다고 말해도 과언이 아닙니다."[5] "지금까지 이 책에서도

---

3 위의 책, 31.

4 위의 책, 32.

5 김삼환, 『새벽눈물』(서울: 교회성장연구소, 2007), 22.

내내 강조해 왔고, 또 제가 지금까지 목회하면서 강조했던 것은 결국 두 가지입니다. 하나는 '새벽기도'를 통해 하나님의 거룩함을 체험해야 한다는 것입니다. 그리고 다른 하나는 새벽기도를 통해 훈련받은 후엔 남을 위해 봉사하고 섬겨야 한다는 것입니다."[6]

일찍이 생전 한경직 목사가 명성교회의 새벽기도 운동의 국내외에 끼친 지대한 영향에 대해 아주 기쁜 마음으로 다음과 같이 기술한 적이 있다. "김삼환 목사님은 30여 년 동안 주의 일에 몸담아 왔습니다. 그 중에서 명성교회는 13년 전에 몸소 개척하였으며, 지금은 한국뿐만 아니라 전 세계적으로 알려진 교회입니다. 특히 김 목사님께서 한국 교회와 세계 교회에 끼친 영향 중 가장 귀중한 것은 다름 아닌 '새벽기도 운동'입니다. 그로 인해 한국 교회는 물론 세계 각처에서 명성교회의 새벽기도를 배우기 위해 방문하고 있음을 볼 때 큰 기쁨이 아닐 수 없습니다."[7] 몇 년 전 한국을 방문한 전(奎) 프린스턴신학교 총장 이안 토랜스(Iain R. Torrance)는 명성교회가 국내외에 끼친 놀라운 영향 때문에 감사의 글을 썼다. "우리는 비단 한국뿐만 아니라 전 세계에 이르기까지 선교에 대한 사명과 예수 그리스도를 통한 평화와 화해의 역사를 이루어가는 명성교회의 영향력에 대해 하나님께 감사를 드린다."[8]

"제7차 세계칼빈학술대회"가 1998년 서울에서 개최되었을 때, 이 학회에 참석한 칼빈학자들이 명성교회 9월 특별새벽기도 집회에 초청되었다. 그들이 새벽기도 집회에 참석하기 위해 6시 바로 직전에 교회에 도착하여 제일 앞자리에 마련된 내빈석에 앉았을 때, 이미 단상은 어린

---

6 위의 책, 148.

7 한경직, "추천의 말", 김삼환, 『가까이 계실 때 부르라1』(서울: 생명의 말씀사, 1993), 6.

8 김삼환, 『오직주님』(명성교회 30년사 주님의 옷자락 잡고, 제1권)(서울: 명성교회, 2010), 21.

이들과 청소년들로 가득 채워졌고, 교회 안은 입추의 여지가 없는 광경을 일평생 처음으로 목격했다. 이 광경을 목도한 서양에서 온 한 유명한 칼빈학자가 다음과 같이 고백했다고 한다. "명성교회의 새벽기도회의 광경을 보는 순간, 마치 수만 피트 상공에서 비행하던 비행기가 수직으로 땅에 순식간에 추락하듯이, 그동안 가지고 있던 나의 신학적 오만(傲慢)과 지적 교만(驕慢)이 여지없이 추락하는 것을 경험했다."[9]

2) "성령의 신학자"와 "성령의 목회자"로서의 김삼환 목사

김삼환은 설교집을 내면서 두 가지 고민을 했다. "하나는 너무 잘 팔려서 사람에게 인기가 있고 사람에게 인정받는 것입니다. 성경은 사람에게 높임을 받는 것은 하나님께 미움을 받는 것이라고 했습니다. 또 하나는 설교집이 팔리지도 않고 사람에게 버림받는 것입니다. 이것 또한 낙심되지 않을 수 없습니다."[10] 비록 목회자와 설교자로서의 김삼환은 자신의 설교를 부족한 설교로 생각할지라도, 그의 설교는 그의 '바른 목회'를 위해 가장 중요한 위치를 차지한다.

"주의 종의 소원은 바른 목회를 함으로써 성공하는 목회자가 되는 것입니다. 모든 여인이 아름다워지기를 바라는 것과 같습니다. 오히려 그 이상이라고 할 수도 있습니다. 바른 목회는 교회를 살리

---

9 최윤배, 『칼뱅신학 입문』(서울: 장로회신학대학교출판부, 2012), 100.

10 김삼환, 『주님 보다 귀한 것은 없네 11』(서울: 도서출판 실로암, 2004), 6.

고, 교회를 부흥시키고, 무엇보다도 교회를 교회 되게 하는 것입니다. 바른 목회의 비결은 강단에서 전하는 메시지에 있습니다. 오늘 우리가 강단에서 증거하는 말씀은 주님께서 회당에서 전하신 말씀, 베드로와 바울 같은 사도들이 전했던 그 말씀이 되어야 합니다. 그래서 강단에 서는 것이 두렵고 떨리는 것입니다."[11]

김삼환의 설교는 하나님의 말씀을 받고, 붙잡고자 씨름하고, 두려움과 떨림으로 전한 설교이기 때문에, 그의 설교 속에 하나님의 말씀에 대한 그의 신앙과 신학이 고스란히 반영되어 있다고 볼 수 있다. 한경직은 김삼환의 설교집에 대한 추천사 "'오직 주님'이라는 글귀에서 그 교회의 목회자이며 본 설교집을 내신 김삼환 목사님의 목회 철학을 알 수 있었으며, 살아 있는 성도들의 모습에서 그 교회가 젊다는 사실과 가장 성경적인 교회, 은혜가 넘치는 교회라는 것을 알 수 있었습니다"라고 말했다.[12] 그러므로 우리가 이 장의 제1차 자료로서 그의 설교집을 선택한 것은 큰 의의가 있다고 볼 수 있다.

일찍이 미국의 칼빈주의자 워필드(B. B. Warfield)는 종교개혁자 칼빈을 "성령의 신학자"로 명명한 바 있다.[13] 우리는 칼빈뿐만 아니라, 모든 종교개혁자들을 "성령의 신학자"로 부를 수 있을 것이다.[14] 김삼환의 다양한 설교들을 분석해볼 때, 그 역시 "성령의 신학자"인 동시에 "성령의 목

---

11 김삼환, 『팔복강해』(특별새벽집회1)(서울: 도서출판 오직주님, 1998), 2.

12 한경직, "추천의 말", 6.

13 Benjamin B. Warfield, "John Calvin the Theologian," in: *Calvin and Augustine* (Philadelphia: Presbyterian and Reformed Publishing Company, 1956), 487. "And above everything else he deserves, therefore, the great name of the Theologian of the Holy Spirit."

14 최윤배, 『성령론 입문』(서울: 장로회신학대학교출판부, 2010), 35.

II. 은파 김삼환 박사의 신학사상

회자"임이 드러날 것이다. 김삼환은 기독교를 "성령의 종교"와 "영적인 종교"라고 칭하고, "성령 충만"이라는 단어를 수없이 사용할 정도로, 그의 신앙과 신학과 삶은 성령의 인격과 사역에 깊이 녹아 있다. "기독교는 성령의 종교입니다. 안의 종교입니다. 안에 무엇이 있느냐, 누가 계시느냐가 중요합니다. 성도 여러분의 마음속에 주의 성령이 더욱 충만하시길 주의 이름으로 축원합니다."**15** "기독교는 영적인 종교입니다. 보이지 않는 하나님을 믿고, 보이지 않는 예수님을 구주로 모시고, 보이지 않는 성령의 인도하심을 따라 살아갑니다. 성령의 도우심을 받아 하루하루를 기쁘게 살아가고, 천군천사가 우리와 함께하는 것을 믿는 것이 성도의 삶입니다. 성도의 축복은 영적인 축복입니다. 성도의 힘은 영적인 힘입니다."**16**

김삼환은 처음부터 "성령의 목회자"가 된 것이 아니라, 실존적 신앙 체험을 통했다. 그의 신앙간증에 의하면, 그는 앓고 있던 3기의 폐병을 하나님의 은혜와 성령의 능력을 통해 치유 받았다.

"저는 예전에는 병에 관한 것이라면 하나님보다 현대의학을 더 믿었습니다. 그런데도 저뿐만 아니라 온 가족에게 없는 병이 없었습니다. 저는 폐병 3기까지 가서 주사를 너무 많이 맞아 가지고 이상 맞을 자리가 없을 정도까지 되었습니다. 합병증이 와서 위를 다 버리고 간까지 나빠져서 간장약, 위장약 다 먹었습니다. 두통에 관절염에 안 아픈 곳이 없었습니다. 집사람도 3년 동안 저를 간호해 주

15 김삼환, 『네 마음을 지키라5』(서울: 생명의 말씀사, 1997), 131.
16 김삼환, 『주님을 사랑해야 행복합니다』(주일설교 제15권)(서울: 도서출판 실로암, 2009), 41.

다가 똑같이 폐병에 걸려서 피를 토하고 머리부터 발끝까지 전부 다 아팠습니다. 저는 우리나라 폐병의 권위자는 다 찾아 다녔습니다. 특별 조제약도 먹고, 좋다는 것은 다 해보고, 주사를 챙겨 가지고 다니면서 주사를 맞고 그렇게 지냈습니다. 저는 오랫동안 신앙생활을 하고 목회를 하면서도 합리적으로만 살려고 했지 영적으로 살려고 하지는 않았습니다. … 결국 병을 고친 것은 현대의학이 아니라 하나님의 은혜였습니다. … 이처럼 내 장비를 가지고 하나님 앞에 일하려고 하면서 성령의 능력으로 일하려 하지 않았습니다. 바로 이것이 문제입니다. 하나님 앞에 영적인 교만입니다."[17]

---

17 김삼환, 『주님의 마음에 합한 자』(특별새벽집회5)(서울: 도서출판 실로암, 2008), 214-215.

II. 은파 김삼환 박사의 신학사상

2.
성령의 위격 또는 인격(Person)

1) "성령(聖靈)"의 어원

　김삼환은 헬라어로는 '프뉴마'로, 히브리어로는 '루아흐'로 발음되는 '영(靈)'은 '바람(風)'이라는 뜻을 갖는다고 성서신학 사전적으로 정확하게 풀이하고, 한국인 모두가 쉽게 알아들을 수 있도록 '신바람'에 비교하면서, 성령은 "그리스도의 영"이라고 주장한다.

　　"'영'이라는 말은 헬라어로 '프뉴마(πνεῦμα)'라고 합니다. 프뉴마는 우리말로 바람이라는 뜻입니다. 하나님의 바람이 내 안에 불면 영적으로 변한다는 것입니다. 우리의 겉모습을 바꾸지 않아도 신령한 바람이 봄바람이 불듯이 불면 된다는 것입니다. 어제 미국에서 오신 교수님 말씀이 '영'은 우리말로 '신바람'이라는 단어가 꼭 맞다는 것입니다. 신바람이 나야 된다는 것입니다. 신바람이 나려면 진짜 '신의 바람'이 불어야 된다는 것입니다. 정치, 사회, 예술, 따위의 다른 바람으로는 신바람이 안 난다는 것입니다. 진짜 신바람은 성령의 바람이 우리 안에 불 때 마음마다 기쁨이 일어나고, 마음마다 능력이 일어나고, 마음마다 변화가 일어나게 만듭니다. 우리 사회와 이 민족에게 길이 열릴 줄 믿습니다. 할렐루야. 그렇습니다. 인간의 문제는 영적으로만 해결될 수 있습니다. 그러므로 우리는 영에 속해야 합니다. 그리스도의 영이 우리 안에 오셔야 됩니다. 영의 지배를 받아야 됩니다. 영이 주장하는 삶을 살아야 합니다. 그렇게 살아야만 죄와 마귀와 모든 저주와 사망에서 해방될 수 있습니다."[18]

또한 김삼환은 '바람'과 '공기의 움직임'을 뜻하는 '루아흐'와 '프뉴마'를 단순한 물리적인 바람이 아니라, 생명력을 부여하는 성령으로 이해한다. "성령은 거룩한 바람입니다. 하나님을 사랑하게 하는 바람입니다. 생명의 바람이요, 은혜의 바람입니다."[19]

"성령이란 말은 히브리어로 '루아흐(רוח)'입니다. 그 뜻은 '공기의 움직임'이며, 쓰임에 따라 '바람'. '호흡', '생명력'이라는 뜻으로 해석됩니다. 성령은 바람입니다. 바람은 보이지 않지만 그 힘과 방향을 알 수 있습니다. 인간에게 불어오는 영적 바람도 보이지 않지만 그 정체를 알 수 있습니다. 하나님을 경외하는 방향으로 바람이 불면 성령이 역사하는 것이고, 세상을 사랑하는 방향으로 바람이 불면 마귀가 역사하는 것입니다."[20]

18 김삼환, 『꿀을 먹으라6』(서울: 도서출판 오직주님, 1997), 137-138.

19 김삼환, 『주님을 사랑해야 행복합니다』, 48.

20 위의 책, 42.

한 걸음 더 나아가 김삼환은 바람의 의미를 갖고 있는 '프뉴마'로서의 성령은 그리스도인의 온갖 도덕적 열매들, 소위 성령의 열매들을 맺게 한다고 말한다.

"성령이 내게 오시면 의로움과 착함과 선한 열매가 맺힙니다. 사랑과 희락과 화평과 오래 참음과 자비와 양성과 충성과 온유와 절제의 열매, 감사의 열매 등 이런 좋은 열매가 맺힙니다. 그러므로 성령을 헬라어로 프뉴마(πνεῦμα)라고 하는데 우리말로 하면 바람입니다. 사람에게 성령이 역사하시느냐, 이 교회에 성령이 역사하시느냐 하는 것은 보이지 않습니다. 바람과 같이 그 움직임을 보아서 알 수 있습니다. 바람은 안 보이지만 움직임은 보이듯이 여러분의 마음속에, 내 마음속에 성령이 계시는지, 마귀가 있는지 그건 알 수 없지만 여러분의 생활에 나타나는 것을 보아서 지금 성령이 역사하시는구나, 마귀가 역사하는구나를 알 수 있습니다."[21]

"성령님을 영어로 하면 'Holy Spirit', 히브리어로는 '루아흐'인데, 하나님의 영이 함께하시면, 그 놀라운 변화, 기적, 능력이 나타난다는 의미입니다."[22]

---

21 김삼환, 『바로 바라보라3』(서울: 생명의 말씀사, 1997), 173.
22 김삼환, 『오직주님만 알아가는 삶1』(서울: 주 넥서스, 2014), 94.

2) 성령과 삼위일체 하나님

(1) 하나님의 영과 그리스도의 영으로서의 성령 하나님

유대교나 기독교는 다른 종교와는 달리 세 가지 종류의 영적 존재를 믿어왔다. 다시 말하면 하나님으로서의 영, 선한 또는 악한 천사로서의 영, 인간의 영으로서의 영이다. 성령론과 관련하여 우리는 인간의 영으로서의 영에 대한 논의는 제외하기로 한다.[23]

김삼환에 의하면, 선교사들이 처음 우리나라에 왔을 때, 예수 그리스도를 믿는 사람에게 세례를 주었는데, 성부, 성자, 성령, 곧 삼위일체 하나님의 이름으로 세례를 주었다.[24] 유대교나 이슬람교나 기타 모든 종교들과는 달리 기독교의 독특한 신관(神觀)은 삼위일체 하나님 이해이다. 성부와 성자와 성령은 동일한 하나님이시다. "성령도 한 분이시고, 주님도 한 분이십니다. 이 모든 것이 하나이므로 모든 교회 또한 성령 안에서 이미 하나인 것입니다."[25] 김삼환은 하나님이신 성령을 하나님의 영으로 이해한다. "성령은 보이지 않는 하나님의 거룩한 영이십니다."[26]

"구약에서는 성령을 '여호와의 신'(사61:1), '하나님의 신'(창1:2)이라고 표현했습니다. 다윗은 여호와의 신에 크게 감동되어 하나님의 성

---

23 최윤배, 『성령론 입문』, 85.

24 김삼환, 『주님의 마음에 합한 자』, 102.

25 김삼환, 『섬겨야 합니다(국내편)』(명성교회 창립30주년기념 설교집 제4-1권 외부설교)(서울: 도서출판 실로암, 2011), 191.

26 김삼환, 『주님을 사랑해야 행복합니다』, 59.

II. 은파 김삼환 박사의 신학사상

품을 닮아가게 되었습니다. 우리에게는 남을 헐뜯는 습관이 있습니다. 그런 입술을 성령의 부저로 지져야 합니다. 성령이 함께하실 때 선한 말, 선한 생각이 우리를 주장하게 됩니다. 하나님께서 감동을 주시면 심령이 변할 수 있습니다. 마음을 고치는 약은 이 세상에 없습니다. 하나님의 은혜로 성령께서 우리를 주장하실 때에만 겸손하신 예수님을 닮아 마음이 온유해지고 좋은 성품으로 변화되는 것입니다."[27]

한걸음 더 나아가 김삼환은 성령을 하나님의 영으로 이해할 뿐만 아니라, 그리스도의 영으로도 이해한다.

"사람은 누구든지, 믿는 자나 믿지 않는 자나 모두 영적인 피조물로서 영적인 지배를 받게 되어 있습니다. 하나님을 믿는 우리 성도들은 성령의 지배를 받습니다. 성령은 하나님의 영이시오, 그리스도의 영이시오, 진리의 영이십니다. 성령은 하나님을 알게 하시고, 하나님을 잘 섬기게 하시며, 진리로 인도하십니다. 성령은 우리를 지키시고, 보호하십니다. 그러나 믿지 않는 사람들은 마귀와 사탄의 지배를 받습니다. 귀신과 미혹의 영들이 지배합니다."[28]

---

27   김삼환, 『사무엘(상)』(강해설교집2)(서울: 도서출판 오직주님, 1999), 183.

28   김삼환, 『주님을 사랑해야 행복합니다』, 41–42.

(2) 창조자와 섭리자 및 구원자로서의 성령 하나님

김삼환은 우리의 유일한 예배의 대상이신 하나님을 창조자와 섭리자 및 구원자로 이해한다. 우리의 하나님은 천지만물을 창조하시고, 통치하시는 전능한 하나님이신 동시에 우리를 죄로부터 건져주시는 자비의 구원자 하나님이시다. "우리는 온 우주 만물을 창조하시고, 다스리시며, 역사하시고, 섭리하시는 창조자, 하나님이 계심을 믿기만 하면 됩니다."[29]

"우리가 예배를 드리는 하나님은 어떠한 하나님이십니까? 천지만물을 말씀으로 창조하신 분이십니다. 영원히 살아계신 하나님이십니다. 온 인류와 세계의 통치자이시며 전능하신 분이십니다. … 첫째로, 하나님은 창조자이십니다. … 둘째로, 우리는 왜 하나님께 예배를 드립니까? 하나님은 우리의 구원자이시기 때문입니다. 죄와 멸망에서 우리를 건져 주신 분이십니다. … 셋째로, 하나님은 우리를 항상 도와주시고, 함께하시고, 복을 주시는 분이십니다. … 넷째로 하나님은 우리의 미래, 우리의 앞날에 크게 복 주실 분이심을 믿고 미래에 대한 소망을 가지고 예배를 드려야 합니다."[30]

김삼환은 창조자와 섭리자 하나님에 대한 찬양을 강조하는 시편 사상을 소개한다. "시편에서 강조하는 신학사상을 살펴보면 다음과 같다.

---

29 김삼환, 『오직주님만 알아가는 삶1』, 28.

30 김삼환, 『말씀보다 귀한 것은 없네 13』(서울: 도서출판 실로암, 2007), 215-228.

첫째, 신관이다. 온 우주만물을 만드신 창조주 하나님이시기에(시136) 우리는 천둥소리에서도 하나님의 음성을 듣고, 바람 속에서도 그의 숨결을 느낄 수가 있다. 하나님은 유일하시고 전능하시다고 노래한다(시121:1-2, 148:11-14).[31] 시편뿐만 아니라 구약성경 전체가 창조자와 섭리자 하나님을 찬양해야 할 우리의 특권과 의무를 매우 강조한다. "성경에 의하면 우리 인간을 만드신 창조자는 전능하시며 만물 위에 계시는 하나님이십니다. 그는 신이시고, 야훼이시고, 우리의 아버지십니다. … 그의 이름을 여러 가지로 표현하고 있는데, 히브리어에도 '엘', '엘샤다이', '야훼' 등 많은 이름이 있습니다. 하나님께서 모든 만물과 함께 우리 인간을 창조하신 것입니다. 우리는 창조주 하나님을 찬양해야 합니다. 창조주 하나님과 수직 관계에 서 있어야 합니다."[32]

김삼환은 성경의 구조에 일치하고, 목회적 적용에 더 용이하게 내재적(內在的) 삼위일체 하나님에 대한 표현보다 경륜적 삼위일체 하나님에 대한 표현을 더 자주 사용한다. "전능하신 하나님 통치를 믿어야 합니다. … 감찰하시는 성령을 믿어야 합니다. … 예수의 이름으로 하는 기도의 능력을 믿어야 합니다."[33] "기독교는 영적인 종교입니다. 보이지 않는 하나님을 믿고, 보이지 않는 예수님을 구주로 모시고, 보이지 않는 성령의 인도하심을 따라 살아갑니다. … 성도의 힘은 영적인 힘입니다."[34] "성전 안에는 하나님이 계시고 우리 주님이 계시고 성령이 계십니다."[35] "성

---

31 김삼환, 『시편강해1』(서울: 도서출판 오직주님, 1998), 7.

32 김삼환, 『새 시대 새 영 새사람』(특별새벽집회8)(서울: 도서출판 실로암, 2010), 104.

33 김삼환, 『시편강해1』, 20-26.

34 김삼환, 『주님을 사랑해야 행복합니다』(주일설교 제15권), 41.

35 김삼환, 『하늘의 별을 보라4』(서울: 생명의 말씀사, 1997), 233.

령님이 반드시 같이해야 합니다. 예수님이 계신 곳에 성령님이 있고, 예수님을 믿는 곳에 상령님이 계셔야 합니다. 성령님이 함께하시지 않아도 예배드릴 수 있습니다. 그러나 그 예배는 하나님 앞에 상달되는 예배가 아닙니다."[36]

아버지 하나님이 창조자와 섭리자 및 구원자 하나님이시듯이 성자 하나님도 창조자와 섭리자 및 구원자 하나님이시다. "창조주 되시는 예수 그리스도만이 바른 답을 주실 수 있습니다. 그러므로 주님이 곧 길이요, 진리요, 생명이라고 말씀하고 있습니다. … 이 땅에 오셔서 우리를 위해 죽으시고, 죄의 짐을 벗겨 주시고, 하나님의 자녀 삼아 주시고, 구원하여 주시고, 영생을 주신 구원의 주님, 생명의 주님, 진리의 주님이십니다."[37] 성부 하나님과 성자 하나님께서 우리의 창조자와 섭리자 및 구원자이시듯이, 성령 하나님도 우리의 창조자와 섭리자 및 구원자이시다.

"우리 안에 그리스도의 영이 거하시면 영원히 산다고 했습니다. 우리는 원래 영생하도록 하나님 앞에 지음을 받았지만 죄로 말미암아 죽게 되었습니다. 예수 믿어 죄 사함을 받은 우리의 마음속에 거룩하신 성령께서 오시는 것입니다. 주의 영은 영원한 영입니다. 주의 영은 창조의 영입니다. 그가 오시면 나는 삽니다. 『창세기』 1장 2절에 보면 천지만물을 창조하시기 전에 '하나님의 신은 수면에 운행하시니라'는 말씀이 나옵니다. 하나님께서 창조하시기 전에, 빛이 있기 전에 먼저 있었던 분이 누구입니까? 영입니다. 하나님의 영

---

36 김삼환, 『오직주님만 알아가는 삶1』, 88.

37 김삼환, 『예수님을 잘 믿는 길 16』(서울: 도서출판 실로암, 2010), 52.

II. 은파 김삼환 박사의 신학사상

이, 하나님의 루아흐(ⅲⅲ)가 우주 수면에 운행하시면서 천지 창조를 준비하셨다는 것입니다. 그다음에 이 신이 빛이 있으라, 궁창이 있으라 해서 하나하나 만들어지게 된 것입니다. 하나님의 영은 창조의 영입니다. 만물을 창조하신 그리스도의 영이 내 안에 거할 때에 죽을 몸도 살아날 줄 믿습니다. 나는 죄로 말미암아 죽었습니다. 그러나 봄바람이 불면 얼어붙었던 땅에 만물이 소생하듯이, 죄로 얽매였던 내 마음도 그리스도의 영이 내 안에 들어오심으로 움이 트게 되고 싹이 나게 되고 꽃이 피어 열매를 맺게 되는 것입니다. 중요한 것은 그리스도의 영입니다. 그가 내 안에 거하셔서 나와 함께하시며 이 세상 끝날까지 나에게 필요한 것을 공급해 주시고 도와주시는 것입니다. 언제나 하나님과 교통하는 삶이 되어서 내 영이 부족함이 없도록 은혜를 받으시기 바랍니다."[38]

성부 하나님과 성자 하나님께서 우리의 창조자와 섭리자 및 구원자이시듯이, 성령 하나님도 우리의 창조자와 섭리자 및 구원자이시며, 창조자와 섭리자 및 구원자이신 성부, 성자, 성령은 삼위일체 하나님이시다.

"성령은 우리의 심령에 거하시는 선생님이시고 인도자이십니다. 나의 발걸음과 삶의 앞날과 내용을 나는 알 수 없으나 성령은 이 모든 것을 다 아시는 분이십니다. … 어떤 학문도, 어느 누구도 앞날을 모릅니다. 그러나 이 모든 것을 아시는 분이 계시는데 바로 성령이십니다. 성령은 하나님의 깊은 것이라도 통달하신다고 했습니다. 성

---

38 김삼환, 『꿀을 먹으라6』, 140.

령은 내 마음에 거하는 하나님이십니다. 성령이 내 안에서 앞날에 대한 것을 알려주십니다. 어려움을 피하게 하시고 감당할 힘을 주시고 지켜주시고 도와주십니다. 천사는 밖에서 함께하고 성령은 내 안에 거하시는 분입니다. 천사가 하나님의 보내심을 받아 현재 일어나는 일을 인도하신다면 성령께서는 앞날에 일을 준비하게 하시고 우리로 깨닫게 하십니다. 삼위일체 하나님께서는 여러 면에서 역사하셔서 우리를 인도해 주시는 것입니다."[39]

(3) '보혜사'로서의 성령

김삼환은 "보혜사"를 성서신학적으로 정확하게 풀이하고 있다.[40] "오늘 본문에는 성령을 '보혜사'라고 말씀하고 있습니다(요14:16). 보혜사는 헬라어로 '파라클레토스(παράκλητος)'라고 합니다. '파라클레토스'라는 말은 위로자, 상담자, 대언자, 중보자라는 뜻입니다. … 세상을 살아가면서 우리가 슬프고 외로울 때마다, 답답하고 어려울 때마다 위로해 주시고 도와주시는 분은 바로 파라클레토스, 성령이십니다. 우리는 이 험한 세상에서 성령의 도우심을 받아야 합니다. 우리 인간은 처음부터 하나님의 사랑과 은혜로, 보호와 위로로 살아가도록 지음 받았습니다. 그러나 인간의 범죄 함으로 하나님의 영이 떠나갔습니다. 십자가에서 피흘려 돌아가신 예수 그리스도로 말미암아 보혜사 성령께서 다시 우리를 찾아오신 것입니다. … 성령은 우리의 스승이요, 어머니요, 목자이십

---

39 김삼환, 『문을 두드리는 주님』(특별새벽집회7)(서울: 도서출판 실로암, 2009), 192-193.

40 김삼환, 『오직주님만 알아가는 삶1』, 78-107.

니다."⁴¹

"여러분 안에 보혜사 성령께서 함께하시기를 바랍니다. … 성령께서 내 안에서 도와주십니다. 훌륭한 부모가 되고 아내가 되도록, 모범적인 시민이 되고 교인이 되도록, 세계적인 인물이 되도록 내 안에서 역사하시는 줄 믿습니다."⁴²

(4) '능력'으로서의 성령

김삼환은 성령은 능력이며, 능력을 가진 하나님으로 이해한다. "성령은 능력입니다. 어떤 대적도 이길 수 있고, 어떤 것도 해낼 수 있습니다. 사람에게 모든 것을 할 수 있는 능력이 있다면 얼마나 좋겠습니까? 그러나 그런 사람은 없습니다. 성령은 인간이 가져야 할 모든 능력을 주십니다. … 우리는 약하지만 성령의 능력으로 승리할 수 있습니다. 예수를 잘 믿게 하는 믿음의 능력도 주시고, 너와 나의 관계를 회복시키는 사랑의 능력도 주십니다."⁴³

"성령님은 능력이 있습니다. 누구든지 성령님이 임하시면 능력 있는 자녀가 됩니다. 다이너마이트(Dynamite)라는 말도 '힘'을 의미하는 그리스어 '디나미스(δύναμις, 필자 주)'에서 유래되었습니다. 하나님이 성령님을 통하여 우리에게 주시는 '디나미스', 즉 능력이 우리를 힘 있게 하고, 자유하게 하며, 죄와 마귀를 이기고, 세상을 이겨 승리의 삶을 살도록 도와

---

41 김삼환, 『넘치는 감사』(명성교회 창립30주년기념 설교집 제2권 절기설교)(서울: 도서출판 실로암, 2010), 157-159.

42 위의 책, 162.

43 김삼환, 『예수님을 잘 믿는 길 16』, 120.

줍니다. 하나님이 주신 '디나미스'의 능력은 순수하고 자연스럽습니다. 어떤 부작용도 없습니다. … 오직 성령님만이 천천만만의 불병거와 불말로 내 모든 삶을 지켜주시고 보호해 주실 수 있습니다."[44]

(5) 악령으로서의 사탄과 마귀

김삼환에 의하면, 히브리어로 '사탄(Satan)'은 '대적하는 자'라는 뜻을 가지고 있으며, "하나님의 원수요, 의의 원수요, 교회의 원수입니다."[45] 예수 그리스도께서 원수까지 사랑하셨지만, 사람 속에서 역사하는 사탄은 미워하고 원수로 간주했다.[46] 마귀는 본래 하나님 나라에 있던 천사지만 타락하여 이 땅에 내려왔다. 마귀는 성도들에게 고통과 불행을 가져다준다.[47]

성령과 그리스도인의 삶과 관련하여, 김삼환은 악령에 대해 종종 언급한다.[48] "하나님을 경외하면 성령이 오시고, 하나님의 사자인 천사가 와서 그 집을 돌보십니다. 그러나 하나님 앞에 예배드리지 아니하면 사탄이 그 집을 지배하고, 귀신의 영, 미혹의 영, 이 세상의 많고 많은 악한 영이 그 집을 지배하여, 환난과 시험과 질병과 재난으로 덮이게 하는 것입니다."[49] "기독교는 모든 문제의 원인을 사탄으로부터 찾아내고 있

---

44 김삼환, 『오직주님만 알아가는 삶1』, 106.

45 김삼환, 『주님의 마음에 합한 자』, 41.

46 위의 책.

47 김삼환, 『사무엘(상)』, 199.

48 김삼환, 『주님의 마음에 합한 자』, 41-63.

49 김삼환, 『주님의 옷자락 잡고10(중)』(서울: 도서출판 실로암, 2003), 41.

II. 은파 김삼환 박사의 신학사상

습니다."⁵⁰ 사탄은 내쫓길 때 많은 부하들과 함께 이 땅으로 쫓겨났으며, 사탄은 악한 영이며, 미혹의 영이며, 거짓된 영이며, 번뇌케 하는 영이다.⁵¹

---

50 위의 책, 182.

51 위의 책, 202-203.

3.
성령과 예수 그리스도:
메시아와 성령의 담지자와 파송자로서의
예수 그리스도

1) 메시아로서의 예수 그리스도

김삼환은 '기름 부음을 받은 자'라는 뜻을 가진 헬라어 '그리스도(Χριστός)'와 히브리어 '메시아(מָשִׁיחַ)'에 대한 분석에 근거하여 성령과 그리스도의 불가분리의 관계를 추적한다. 구약에서 '메시아'는 장차 '성령으로 기름 부음을 받은 자'로서 예언되어 있다. 김삼환은 성령으로 기름 부음 받은 자로서의 그리스도를 모신 그리스도인도 성령으로 기름 부음을 받아 풍성한 영적 삶을 살게 된다고 이해함으로써, 만인 제사장직(모든 신자 제사장직, the priesthood of all believers)을 개혁신학적으로 성령론과 결부시킨다.

"이사야는 메시야가 여호와의 영으로 충만할 것이라고 예언하였고(사11:2) 실제로 예수님은 세례받으실 때 성령의 임재를 체험하셨습니다(막1:10). 하나님의 일은 성령의 충만함이 없이는 못 하는 것입니다. 신앙인이 감옥에서도 천국같이 지낼 수 있는 이유는 그곳에서도 하나님께서 은혜를 베풀어주시기 때문입니다. 능력을 주시는 것입니다. 우리가 하나님께 감동받는 길은 기름부음을 받는 것입니다. 기름부음을 받으면 하나님께서 늘 말씀을 통해서 깨닫게 하시고 신기하고 오묘한 일을 체험하게 하십니다. … 성령께서 우리 마음에 오시면 평안과 기쁨과 감사가 넘치게 됩니다."[52]

마르틴 부처의 영향을 많이 받은 칼빈이 예수 그리스도의 삼중직(예언자, 제사장, 왕, *munus triplex*)을 최초로 교의학적으로 체계화했다.[53] 마르틴 부처와 마찬가지로 칼빈도 그리스도의 삼중직을 메시아로서의 그리스도의 관점, 즉 성령론적 관점에서 이해했다. 김삼환도 '예수 그리스도'라는 말을 해석하면서 그리스도의 삼중직을 성령론과 관련시켜서 올바르게 이해한다.

"예수 그리스도란 말은 땅에 있는 이름과 하늘에 있는 이름, 두 가지를 합한 것입니다. 그리스도란 말은 기름부음을 받았다는 뜻입니다. 유대 나라에는 가름 붓는 경우는 세 가지입니다. 첫째, 선지자에게 기름을 붓습니다. 우리는 하나님의 종이 될 때의 의식으로 안수를 하는데 그들은 머리에 감람유라는 기름을 붓습니다. 둘째, 제사장을 세울 때 기름을 붓습니다. 그다음 세 번째는 왕을 세울 때 기름

---

52 김삼환, 『사무엘(상)』, 117-118.
53 최윤배, 『칼뱅신학 입문』, 157.

을 붓습니다. 예컨대 다윗이 왕이 될 때 사무엘이 가서 머리에 기름을 부었습니다. 주님은 영원히 만물까지 지배하시는 왕입니다. … 주는 그리스도이십니다. 살아계신 하나님의 아들이십니다. 주는 선지자입니다. 주는 왕입니다. 주는 제사장입니다. 어떤 제사장입니까? 제사장이 하는 일이 무엇입니까? 죄를 사하시는 것입니다. 모든 백성의 죄를 사하는 것입니다. 우리 주님께서는 당신의 피를 흘려서 인류의 죄를 다 사하신 하나님의 아들이십니다."[54]

2) 성령의 담지자와 파송자로서의 예수 그리스도

특별히 신약성경에서 성령과 예수 그리스도는 항상 불가분리의 관계 속에 있다.[55] 또한 성령과 예수 그리스도의 관계는 이중적 관계로 규정된다. 다시 말하면, 첫째, 성령과 성령의 담지자(擔持者, the bearer)로서의 역사적 예수 그리스도의 관계, 둘째, 성령과 성령의 파송자(派送者, the sender)로서의 승귀(고양)된 그리스도와의 관계이다. 『공관복음』에는 주로 전자의 관점이 강조되고, 『요한복음』과 『바울서신』에는 주로 후자의 관점이 강조되고 있다. 그러나 이 두 관점은 상호 분리되거나 상호 충돌되는 것이 아니라, 상호 보완적인 것으로 이해되어야 한다.[56] 왜냐하면 "성령이 내려서 누구 위에든지 머무는 것을 보거든 그가 곧 성령으로 세례를 주는 이인 줄 알라"(요1:33하)는 말씀은 위의 두 관점들이 예수 그리스

---

54   김삼환, 『바로 바라보라3』, 457-459.

55   최윤배, 『성령론 입문』, 88.

56   위의 책.

도의 인격과 사역 안에서 하나로 완전하게 통합되어 있는 것을 보여주기 때문이다.[57]

김삼환은 성령과 예수 그리스도 사이의 불가분리의 관계성을 깊이 이해하면서, 위의 두 관점에 대한 시각을 분명하게 가지고 있다. 김삼환에 의하면, 지상에서의 역사적 예수 그리스도는 성령을 가지신 성령의 담지자로서 항상 성령과 함께 살았다. "예수님도 성령으로 잉태되어 이 땅에 오셨으며, 성령님의 인도하심을 따라 사셨습니다."[58] "예수님은 처음부터 끝까지 성령과 함께 사셨습니다. 애굽에 피난 갈 때나 귀국할 때나 주의 사자가 깨달음을 주었습니다(마2:13, 19). 세례를 받을 때도 머리 위에 성령이 비둘기와 같이 임했다고 했습니다(마3:16). 기도하실 때도 성령의 인도하심을 따라 기도하셨습니다(마4:1)."[59] 김삼환은 예수 그리스도께서 이미 공생애의 시작 전에 성령을 충만하게 받았다고까지 주장하는 것은 참으로 놀랍다. "예수님께서 공생애를 시작하시기 전, 하나님께서는 예수님께 한없는 성령을 부어주셨습니다. 성령께서 늘 그 위에 계셨습니다. 그러므로 복음서는 주 예수님의 발걸음 하나하나, 말씀 한마디 한마디가 무한하신 하나님의 은혜와 영광과 축복으로 충만합니다."[60]

지상에서의 예수 그리스도는 구속사적으로 성령을 충만히 받아 성령의 담지자로 일생을 사역하셨지만, 예수 그리스도께서 부활·승천 이후에 제자들에게 보혜사 성령을 보내주시겠다고 약속하셨다. 부활·승천 하신 예수 그리스도께서 마침내 오순절 마가의 다락방에 보혜사 성

---

57 위의 책.

58 김삼환, 『오직주님만 알아가는 삶1』, 98.

59 김삼환, 『문을 두드리는 주님』, 197.

60 김삼환, 『오, 사도행전』(특별새벽집회3)(서울: 도서출판 실로암, 2005), 116.

령을 보내주셨다. "제자들은 예수님께서 약속하신 성령을 간절히 구하고 기다렸지만 오랫동안 하나님 앞에 매달린 후에야 성령의 임재하심을 체험했습니다. 사람의 생각으로는 때가 임박한 것 같아도 하나님께서 예정하신 때가 되기까지 충분히 기다리게 하시는 것입니다."[61] 다시 말하면, 부활·승천 이후의 예수 그리스도는 승귀(고양)된 예수 그리스도로서 성령을 보내시고, 파송하시는 성령의 파송자로 일하신다. "예수님은 하늘로 올라가신 후에도 보혜사 성령을 보내사 영원토록 우리와 함께 거하고 또 우리 속에 있겠다고 말씀하셨습니다(요14:16-17). 그러므로 위에 계신 하나님을 멀리서 바라보고 믿는 것이 아니라 영으로 내 안에 오신 성령과 함께 살아가는 것이 바로 오늘날 성도의 삶입니다."[62] "주님께서 승천하시면 이 세상을 살아가는 저희들에게 성령을 다시 선물로 보내주셨습니다. 이것은 주님께서 우리에게 주신 최고의 축복의 선물입니다. 성령은 어머니와 같은 일을 합니다."[63]

김삼환은 부활·승천하신 예수 그리스도께서 보내주신 보혜사 성령이 하시는 중요한 일은 예수 그리스도를 알게 하는 것이라고 주장함으로써, 철저하게 기독론적·인식론적(응용적) 성령론을 강조한다.[64]

"여러분께서는 성령이라고 하면 복잡하게 여러 가지로 생각할 수 있을 것입니다. 그러나 성령이 우리에게 역사하시는 길은 하나이기 때문에 그것을 잡으면 쉽게 깨달을 수 있습니다. 왜 성령께서 오셨

---

61 김삼환, 『사무엘(상)』, 132.

62 김삼환, 『여호와를 기뻐하라8』(서울: 도서출판 실로암, 2000), 183.

63 김삼환, 『바로 바라보라3』, 62-63.

64 최윤배, 『성령론 입문』, 24-25.

II. 은파 김삼환 박사의 신학사상

습니까? 성령은 오셔서 무슨 일을 하셨습니까? 성령은 오셔서 바로 예수를 우리에게 증거하셔서 예수를 믿을 수 있도록 만들어 주는 것입니다. 나를 예수께 안내해주는 것입니다. 예수를 모르는 나에게 예수를 가르쳐주는 일을 성령이 하십니다. 그래서 성령은 우리에게 예수를 가르쳐주는 스승이 되십니다. 성령은 우리를 카운슬러나 가이드로서 인도하고 계십니다. 어디로 인도하고 계십니까? 바로 그리스도에게로 우리를 인도하십니다. 여러분은 '내가 예수를 믿지 않느냐?'고 생각할지도 모르지만 그것은 성령이 여러분에게 역사한 하나의 결과입니다. … 예수를 우리에게 알게 해주실 이는 성령 한 분밖에 없는 것입니다. … 성령은 우리에게 모든 유익과 은혜를 주시지만 특별히 가장 귀한 것은 나로 하여금 예수 그리스도를 알게 하고 그리스도를 믿게 하는 것입니다."[65]

또한 성령께서 알게 하시는 그리스도를 믿는 사람들이 모여 교회가 탄생한다. 다시 말하면, 초대교회는 부활·승천하신 그리스도가 보내주신 성령을 통해 탄생했다.[66] "우리가 생각하기에 성령론의 입구에는 그리스도론이 있고, 출구에는 교회론이 있다. 다시 말하면, 영을 구별하는 기준은 그리스도의 영이며, 그리스도의 영은 올바른 교회를 창조한다."[67]

"예수님께서 승천하신 후 오순절에 임하신 성령으로 말미암아 초대교회가 탄생했습니다. 지금도 성령님은 우리 가운데 오셔서 역사

---

65 김삼환, 『가까이 계실 때 부르라1』, 151-152; 김삼환, 『오직주님만 알아가는 삶1』, 79-80.
66 김삼환, 『오직주님만 알아가는 삶1』, 28.
67 최윤배, 『성령론 입문』, 24-25.

하십니다. 하나님 앞에 부름 받은 모든 성도들을 하나님의 백성으로 단장시키시고 새롭게 하십니다. 그뿐만 아니라 교회로 하여금 선교의 사명을 감당하게 하십니다."[68]

---

68 김삼환, 『시편강해3』(서울: 도서출판 오직주님, 1999), 130.

II. 은파 김삼환 박사의 신학사상

4.
성령과 그리스도인

김삼환이 성령과 절대적으로 불가분리의 관계 속에 있는 그리스도인의 삶의 특징을 표현하기 위해 종종 사용하는 두 가지 중요한 표현이 있다. 그것은 곧, "영적인" 삶과 "성령 충만한" 삶이다. 성령 충만하고, 영적인 사람은 성령의 은사와 열매가 가득하여 삶의 모든 영역에서 성령의 인격적인 지배와 인도를 전적으로 받는 사람이다.[69] 김삼환에 의하면, 하나님의 자녀가 되기 위해 예수 그리스도를 구주로 영접하고, 그가 하나님의 아들임을 고백하고, 자신이 죄인임을 깨달아, 그만을 의지하여, 세례를 받아야 하는 과정을 거치고,[70] 성장 과정에도 기도, 믿음, 성수주일, 십일조, 봉사, 충성 등이 필요하지만,[71] 가장 중요한 것은 "성령 충만한" 사람이 되고, "영적인 사람"이 되는 것이다. 성령 충만하고, 영적인 사람은 인간에게 가장 소중한 성령을 모시고 있는 성령의 사람이다. "인

---

[69] 최윤배, 『성령론 입문』, 127.

[70] 김삼환, 『문을 두드리는 주님』, 213-199.

[71] 위의 책, 216-220.

간에게 가장 귀한 것이 무엇입니까? 우리가 어떤 것을 소유해야 만족하고 그로 인하여 영광과 행복을 누릴 수 있습니까? 하나님께서 우리에게 주신 최고의 선물은 성령입니다. 성령은 우리 모두를 귀하게 만들어주십니다."[72]

"기독교는 영적인 종교입니다. 보이지 않는 하나님을 믿고, 보이지 않는 예수님을 구주로 모시고, 보이지 않는 성령의 인도하심을 따라 살아갑니다. 성령의 도우심을 받아 하루하루를 기쁘게 살아가고, 천군천사가 우리와 함께하는 것을 믿는 것이 성도의 삶입니다. 성도의 축복은 영적인 축복입니다. 성도의 힘은 영적인 힘입니다. 사람은 누구든지, 믿는 자나 믿지 않는 자나 모두 영적인 피조물로서 영적인 지배를 받게 되어 있습니다. 하나님을 믿는 우리 성도들은 성령의 지배를 받습니다."[73]

"사람에게는 두 가지 형태의 삶이 있습니다. 하나는 영적으로 살아가는 삶이고, 또 하나는 육적으로 살아가는 삶입니다. … 그리스도인이란 누구를 말합니까? 오늘 본문에 나오는 '그리스도의 사람'이라는 것은 그리스도의 영이 그 안에 있는 사람, 그리스도의 영이 그에게 감동을 주고 그를 인도할 때 깨닫는 사람, 바로 교인을 말하는 것입니다. 교인은 성령께서 함께하는 영적인 사람입니다. 그리스도의 영이 그 안에 있는 사람을 교인이라고 하는 것입니다. 교회에 나오고, 예배를 드려도 그리스도의 영이 그 안에 없는 사람은 교인이라 할 수 없습니다. 교인은 모든 것을 영적으로 봅니다. 특별히 예

---

72   김삼환, 『여호와를 기뻐하라8』, 180.

73   김삼환, 『주님을 사랑해야 행복합니다 15』, 41.

II. 은파 김삼환 박사의 신학사상

수 그리스도를 영적으로 볼 때 그는 빛이요, 진리요, 구세주입니다. 그러나 육적으로 보면 예수님은 낮아지게 되어 있습니다. 그는 목수의 아들로 마구간에 태어났고, 친구들은 다 가난하고 죄 많은 사람들이었습니다. 귀신 들린 사람, 병든 사람, 약한 사람들과 늘 함께하셨습니다. 예수님은 이렇게 사시다가 33살에 십자가에 못 박혀 돌아가신 것입니다. 그러나 영적으로 보면 그렇지 않습니다. 영적으로 보면 예수님은 우리를 위하여 이 땅에 오셨고, 우리 인간을 구원하려 오신 만왕의 왕이신 것입니다."[74]

영적인 사람은 성령을 통해 처음에는 자신의 '영(靈)'과 '마음' 속에서 변화가 시작됨으로써, 개인적인 삶에서 출발되지만, 바람직한 변화와 영적 성장의 범위와 목표는 전인(全人)으로서의 그리스도인의 개인적 삶에서부터 가정, 교회, 사회, 국가, 세계의 모든 영역들에까지 확대되어 "하나님의 나라"를 절대적으로 지향한다.

성령 충만한 사람은 지극히 평범하고도 일상적인 일들을 수행하는 바, 생활 속에서 복음을 전파하고, 모든 분야에서 자신이 맡은 일들을 성실하고도 책임 있게 수행하면서, 하나님을 예배하고, 사랑하며, 이웃을 섬기고, 사랑하는 정상적이고도 인격적인 사람이지, 비범(非凡)한 사람이 아니다. "성령 충만하다고 갑자기 특별한 사람이 되는 것은 아닙니다. 마음이 바뀌는 것입니다. 성령은 우리 안에 오셔서 우리를 훌륭한 인격으로, 하나님 자녀의 인격으로 만들어 주십니다."[75] "하나님의 자녀는 성령

---

74 김삼환, 『꿀을 먹으라6』, 132-133.

75 김삼환, 『주님의 마음에 합한 자』, 107.

충만으로 심령을 변화시켜 바나바와 같이 선한 삶을 살아야 합니다. 그리스도인으로서 칭찬받는 훌륭한 인격의 성도가 되어야 합니다."[76]

"성령 충만한 사람은 내 가정과 내 삶의 현장에서 필요로 하는 정상적인 사람입니다. 좋은 인격을 갖추고 자신의 할 일을 잘 감당하며, 이웃을 사랑하고 섬기는 사람입니다. 하나님 아버지를 찬양하고 경배하며, 하나님을 즐거워하는 사람입니다. 복음을 전하며 선교에 힘쓰는 사람이 성령 충만한 사람입니다. 잘 먹고, 잘 자고, 즐거워할 줄 아는 사람이 성령 충만한 사람이요, 가장 아름다운 사람인 것입니다. 성령 충만한 사람은 특이한 체질에 특이한 유전자가 흐르는 비범한 사람이 아닙니다."[77]

김삼환은 바울 사도와 예수 그리스도의 삶이야말로 참으로 성령 충만한 삶이었다고 주장한다. 바울 사도는 평범한 삶 가운데서 천막을 만들면서 복음을 전했고, 예수 그리스도는 공생애 3년을 제외하고, 거의 일평생 동안 가정을 중심으로 목수 일을 하다가, 마지막에 십자가에 못 박히셨다. 성령 충만한 삶은 자신에게 주어진 일상적인 삶에 충실하며 겸손하게 사는 삶이며, 하나님의 은혜에 감사하는 삶이다.

"사도 바울은 성령 충만하여 온 세계에 복음을 증거한 최고의 영적 지도자였습니다. 그는 평생 동안 천막을 기우며 복음을 증거했습

---

76 김삼환, 『아버지, 아버지 집』(서울: 도서출판 실로암, 2010), 274.

77 김삼환, 『주님을 사랑해야 행복합니다』, 60.

니다. … 바울은 산신령처럼 살지 않았습니다. 우리와 똑같은 음식을 먹고, 똑같이 자고, 똑같이 생활하면서 복음을 증거했습니다. 이러한 삶이 성령 충만한 삶입니다. … 예수님께서는 어떤 분이십니까? 하나님이십니다. 그런데 이 땅에 오셔서 어떻게 사셨습니까? 목수의 일을 하시며 살아가셨습니다. 부모 형제와 함께 고향에서 열심히 일하며 사셨습니다. … 하나님 앞에 축복받은 사람은 이런 삶을 살아야 합니다. 성령 충만한 삶은 바로 이런 삶입니다. 성령 충만한 삶은 자신에게 주어진 일상적인 삶에 충실하며 겸손하게 사는 삶입니다. 하나님의 은혜에 감사하는 삶입니다."[78]

김삼환은 성령 충만한 삶은 예수 그리스도의 대속의 은혜를 깨달아 자신의 일터에서 훌륭한 사람으로 살아가는 삶으로 이해하여 성령 충만한 삶을 윤리와 직접적으로 연결시킨다.

"예수님께서는 우리를 대신하여 십자가에 못 박혀 돌아가셨습니다. 예수님께서 우리에게 주시는 말씀이 무엇입니까? 훌륭한 어머니, 훌륭한 아버지가 되라고 하십니다. 내 일터, 내 마을, 내 위치로 돌아가서 훌륭한 학생, 훌륭한 직장인이 되어 달라고 하십니다. 주님의 은혜를 깨달아 정치인은 훌륭한 정치인이 되고, 농부는 훌륭한 농부가 되고, 어부는 훌륭한 어부가 되라고 하십니다. 운전기사는 운전기사로 최선을 다해 손님에게 친절하게 대하여 복음을 증거하는 생활이 하나님의 은혜에 보답하는 길입니다. 이것이 바로 성령

---

78 위의 책, 60-61.

충만한 삶입니다."**79**

    또한 성령의 사람은 믿음의 사람이다. 김삼환은 믿음은 인간 자신으로부터 주어지는 것이 아니라, 위로부터 주어지는 하나님의 선물로 이해한다. "믿음은 우리가 가지려고 해서 갖는 것도 아니고, 저절로 믿어지는 것도 아닙니다. 위로부터 주시는 하나님의 은혜입니다. 큰 믿음, 반석 같은 든든한 믿음, 늘 살아서 내게 역사하는 믿음, 능력 있는 믿음, 변함없는 믿음, 주님 기뻐하시는 믿음은 하나님의 선물입니다."**80** 다시 말하면, 믿음은 성령의 은사인 것이다.

    "믿음은 온 우주만물을 창조하신 분이 하나님이신 것을 믿는 것입니다. 하나님은 지혜와 권능이 있어서 말씀으로 만물을 창조하시고 우리 인간을 창조하셨다는 것을 믿어야 합니다. 하나님께서 독생자 예수 그리스도를 나를 위하여 이 땅에 구세주로 보내주셨다는 것을 믿는 것이 믿음입니다. 예수님은 나의 구주십니다. 하나님은 나의 아버지십니다."**81**

    "예수 그리스도를 나의 구주로 영접한 사람을 그리스도인이라고 합니다. 그리스도인은 하나님의 자녀입니다. 그래서 '성도(聖徒)'라고 합니다. 그리스도인은 성령께서 함께하셔서 영적으로 거듭난 삶을 살아갑니다. 세상에 살고 있지만 하나님을 믿고 하나님의 자녀가 되어서 하늘나라의 백성으로 이 세상을 살아가는 것입니다. 이것은 전적으로 하나님의 은혜입니다."**82**

---

79   위의 책, 63.

80   김삼환, 『주님의 마음에 합한 자』, 101.

81   김삼환, 『여호와를 기뻐하라8』, 212.

82   김삼환, 『예수께로 가라7』(서울: 도서출판 실로암, 1998), 421.

II. 은파 김삼환 박사의 신학사상

"그러면 우리 성도의 삶은 어떤 삶입니까? 지식이, 이성이 나를 지배하는 삶도 아니고 육체가 나를 지배하는 삶도 아닙니다. 우리 성도의 삶은 예수 그리스도를 모시고 거듭난 삶, 구속받은 삶, 하나님의 자녀 된 삶입니다. 우리 안에는 성령이 거하십니다. 그러므로 성령이 지체를, 성령이 내 인격을 지배하는 삶입니다. 성령이 내 지체를 관리하는 삶입니다. 우리의 모든 지체는 보이는 것이든, 보이지 아니하는 것이든 성령의 뜻에 복종하는, 성령의 뜻에 순종하는 지체가 될 때 바로 이것이 성도의 삶이요, 하나님이 원하시는 삶이 되는 것입니다."[83]

김삼환은 그리스도인이 올바른 신앙생활을 하려면 성령의 은혜를 받을 것을 촉구한다. "우리는 성령의 은혜를 받아야 합니다. 성령의 역사, 성령의 충만, 성령의 거듭남, 성령의 인도와 동행, 성령의 인침, 성령의 보호, 이 모든 것이 하나님의 선물입니다."[84]

1) 성령과 거듭남(중생)

김삼환은 성경과 칼빈의 견해에 근거하여 인간의 "전적 타락"을 올바르게 주장한다. "우리 인간은 태어날 때부터 죄인이라고 성경은 말씀하고 있습니다(시51:5, 롬3:23). 프랑스의 종교개혁자 칼빈(Jean Calvin, 1509~1564)은 이것을 '전적 타락'이라고 했습니다. 시편 51편 5절에 보면 '내가 죄악 중에 출생하였음이여 모친이 죄 중에 나를 잉태하였나이다'

---

83 김삼환, 『네 마음을 지키라5』, 291.
84 김삼환, 『주님의 마음에 합한 자』, 106.

라고 말씀하고 있습니다. 무엇이 죄입니까? 하나님을 떠난 것입니다. 하나님을 떠나서 범죄함으로 마귀의 종이 된 것입니다. 사탄이 지배하고 있는 것입니다. 사탄은 우리에게 더욱 많은 죄를 짓게 하고, 자살하게 하고, 가정을 넘어뜨리려고 합니다. 우리의 사회와 문화에 침투하여 결국 망하게 합니다."[85]

그러므로 모든 인간은 반드시 성령으로 중생(重生)하고, 거듭나야 하며, 그렇지 않을 경우, 그리스도인이 될 수가 없다. "성령으로 거듭나지 못하고 은혜가 충만하지 못한 사람은 가시떨기 위에 떨어진 씨와 같은 사람입니다. 교회 나와서 눈물을 흘리고 열심히 봉사도 하지만 세상의 염려와 재리의 탐욕 등으로 결실이 없습니다. 육적인 것에 소망을 두는 인본주의자입니다. 두 주인을 섬기는 자입니다."[86] "예수님을 믿으면 성령으로 거듭나야 합니다. 거듭난 생명은 정상에서 또 새로운 정상을 바라보고 목적을 이루면 또 새로운 목적을 발견해야 합니다."[87] "고린도전서 12장 3절에 보면 '성령으로 아니하고는 누구든지 예수를 주시라 할 수 없느니라'고 말씀하고 있습니다. 성령의 도움이 없이는 하나님을 믿을 수 없고, 예수를 나의 구세주라고 고백할 수 없습니다."[88]

성령의 도움이 아니면 회개도 불가능하다. "성경에도 보면 회개도 기회가 지나면 할 수 없다고 말씀하고 있습니다. 하나님께서 성령으로 감동하셔서 회개할 기회를 주시고 주의 종을 통하여 말씀을 전함으로 기회를 주시고, 여러 가지로 우리에게 회개할 기회를 주시는데 회개

---

85 김삼환, 『새 시대 새 영 새사람』, 109.

86 김삼환, 『룻기』(강해설교집1) (서울: 도서출판 오직주님, 1998), 50.

87 김삼환, 『교회가 살면 다 삽니다』(교회주제설교) (서울: 도서출판 실로암, 2013), 133.

88 김삼환, 『말씀보다 귀한 것은 없네 13』, 75-76.

II. 은파 김삼환 박사의 신학사상

할 기회가 지나간 다음에는 소용이 없습니다. … 우리는 하나님 앞에 회개할 때 미루지 말고, 일찍부터 겸손하게 '주여! 잘못했습니다. 용서하여 주시옵소서'라고 고백해야 합니다."[89]

2) 성령과 입양과 인침

김삼환은 성령을 통해 하나님의 자녀로 입양(入養, 양자: 養子, 양녀: 養女, adoption)된 것은 너무나도 귀한 사실이라고 주장한다. "여러분의 일생에서 변함없이 귀한 것이 무엇입니까? 무엇이 가장 중요합니까? 그것은 우리가 하나님의 자녀라는 사실입니다. 천지만물을 창조하신 하나님이 우리의 아버지라고 하는 것입니다. 이것이 가장 귀한 것입니다. 내가 하나님의 자녀 된 것, 이보다 더 엄청난 일은 앞으로도 지금도 과거에도 영원히 없습니다."[90] "하나님께서 왜 예수 그리스도를 이 땅에 보내어주셨습니까? 하나님께서 우리를 자녀로 삼기 위해서 그의 아들을 보내어 주신 것입니다. 우리는 그의 아들을 믿음으로 영접하여 하나님의 자녀가 된 것입니다. … 부모님에게서 태어난 자식이 아닙니다. 자식 아닌 사람이 자식 되는 과정과 같습니다. 그래서 이것을 양자라고 말합니다. 아무 관계도 아닌 사람이 아들로 옮겨지는 것을 말하는 것입니다. 양자는 본래 아들이 아닙니다. 낳은 아들이 아니지만 그 집으로 가서 아버지를 섬기고 아버지의 아들로 살아가게 되는 축복이 바로 양자입니다."[91]

---

89 김삼환, 『네 마음을 지키라5』, 143.

90 김삼환, 『여호와를 기뻐하라8』, 51.

91 위의 책, 53.

"성령은 여러분이 하나님 자녀인 것을 증거합니다. 그래서 하나님 자녀로서 합당한 삶을 살지 않으면 안에 있는 성령이 역사하심으로 마음이 괴롭습니다. 답답합니다. 하나님 자녀이기 때문에 마음으로부터 성령의 음성이 들리는 것입니다."[92] "하나님이 내 아버지이신 것을 우리가 어떻게 압니까? 내 안에 성령이 오셔서 내가 하나님 자녀 된 것을 증거해주시기 때문입니다."[93] "영이 없는 생명은 죽은 것입니다. 영이 없는 생명은 마른 뼈에 지나지 않습니다. 성령이 내 안에 거하셔야 그 생명이 살아 있는 생명이요 하나님 기뻐하시는 자녀가 되는 것입니다."[94]

또한 하나님의 자녀는 성령의 도장과 인장, 곧 성령의 인치심을 받아야 한다. "어떤 하나님이냐 하면 성령 하나님이십니다. 이것이 도장이라는 것입니다. … 여러분은 여러분의 자녀나 친구를 얼굴을 보아서, 음성을 들어서 확인하지만 하나님은 외모로 확인하지 아니하시고 심령 속에 있는 성령의 인친 것을 보시고 '아하! 내 자녀구나' 하고 확인하십니다."[95]

3) 성령과 그리스도와의 연합

김삼환은 성령을 통한 그리스도인의 그리스도와의 연합을 묘목을 접붙이는 것에 비유하여 설명한다. 보잘것없는 돌감람나무인 그리스도

---

92 위의 책, 60.

93 위의 책, 182.

94 위의 책, 181.

95 김삼환, 『바로 바라보라3』, 199.

II. 은파 김삼환 박사의 신학사상

인들이 성령을 통해 참감람나무인 그리스도와 접붙임받아 하나로 연합되었다는 것이다.

"그리스도께서 접붙임을 받아서 그리스도와 하나가 되는 것이 참으로 귀합니다. … 성령의 접붙이는 비유를 통해서 보면 우리는 다 감람나무인데 무슨 감람나무인가 하면 돌감람나무입니다. 가치 없고, 열매 없고, 열매를 맺어도 아무 소용이 없고, 찍혀 불에 던질 수밖에 없는 그런 보잘것없는 나무가 바로 나라는 것입니다. 나의 힘으로는 구원을 받을 수가 없고 나의 힘으로는 천국까지 찾아갈 수 없는 돌감람나무라는 것입니다. 그런 내가 참감람나무 되시는 그리스도와 접붙임을 받았다는 것입니다."[96]

성령을 통해서 접붙임 받아 그리스도와 하나가 된 그리스도인들은 성령과 계속 교제하고 교통해야 한다. 그렇지 않을 경우, 그리스도인들은 영적 고아(孤兒)가 되어버린다.

"성령은 나를 예수 그리스도에게 접붙임 받게 합니다. 그렇게 때문에 성령의 도우심을 받아야 합니다. 신앙생활을 아무리 잘해도 성령을 떠나서는 그 순간부터 고아가 됩니다. 성령의 음성을 듣고 성령의 감동을 받고 성령의 도우심을 받고 성령의 가르침을 받을 때, 성령은 나를 항상 주님께로 인도해서 내 눈으로 주를 바라볼 수 있게 하고 내 마음으로 주를 사랑할 수 있게 하고 내 발걸음이 주님을

---

96 김삼환, 『가까이 계실 때 부르라1』, 156-157.

향하여 나가는 발걸음이 되게 합니다. 나를 이 세상의 유혹에서 이길 수 있도록 하는 결단력과 용기를 바로 성령이 부어주시는 것입니다. 딸을 결혼시키려는 가정에는 중매하는 사람이 자주 들어야 합니다. 성령이 우리에게 자주 드나드는 이유도 예수를 우리에게 소개해 주려는 것입니다. 성령은 우리가 예수를 가까이하게 하고 예수를 믿게 하십니다."[97]

4) 성령과 칭의

김삼환에 의하면, 성령만이, 예수님만이 우리를 악과 불의에서 건져주시고, 위대한 사람으로 이끌어주시며, 새사람은 성령으로 태어나고, 회개함으로 탄생한다. 주 예수 그리스도의 이름과 하나님의 성령 안에서 그리스도인은 씻음과 거룩함과 의롭다 하심을 얻게 된다.[98]

5) 성령과 성화

김삼환에 의하면, 성령은 우리 자신을 거룩하게 하고, 우리의 삶 전체를 거룩하게 하신다. "여러분 안에 주의 성령이 거하시면 마음이 깨끗해지고, 말도 깨끗한 말을 하게 되고, 생활도 깨끗한 생활이 될 줄로 믿

---

[97]　김삼환, 『가까이 계실 때 부르라1』, 158.
[98]　김삼환, 『새 시대 새 영 새사람』, 98-99.

378　　　　　　　　　　　　　　　　　　　Ⅱ. 은파 김삼환 박사의 신학사상

습니다. 의복도 단정하게 입어야 합니다. 화장도 깨끗하게 해야 합니다. 하나님을 경외하면, 하나님을 믿는 영혼은 하나님께서 삶을 거룩하게 해주시고, 정결하게 해주시고, 깨끗하게 해주십니다."[99] 그는 성도의 삶은 어떤 삶인지에 대한 질문과 함께 그 답을 매우 포괄적으로 제시한다.

"성도의 삶은 어떤 삶입니까? 앞으로 나아가는 삶입니다. 성도의 삶은 예수를 나의 구주로 영접하고, 예수를 믿고, 회개함으로 모든 죄에서 자유함을 얻고, 마귀를 벗어나 모든 불의한 생활에서 떠난 삶입니다. 주님께서 나의 구주가 되시고, 전능하신 하나님께서 나의 아버지가 되시고, 저 영원한 나라까지 나의 가는 길을 하나님께서 인도하시는 임마누엘의 삶이 되는 것입니다."[100]

그는 『에베소서』 4장 24절을 주석하여 그리스도인의 거룩한 삶의 내용을 제시한다. "본문 24절에 보면 '하나님을 따라 의와 진리의 거룩함으로 지으심을 받은 새사람을 입으라'고 말씀하고 있습니다. 의는 믿음입니다. 예수를 나의 구주로 믿는 것이 바로 의입니다. 진리는 하나님의 말씀을 좇아가는 삶입니다. 기도하고, 예배드리고, 말씀을 읽는 것은 하나님 앞에 거룩한 삶입니다."[101]

성령을 통해 거룩한 삶을 살게 되면, 인격이 변화되고, 삶의 목표가 분명해진다. "하나님의 자녀는 성령 충만으로 심령을 변화시켜 훌륭한 인격의 성도가 되어야 합니다. … 심령에 예수 그리스도의 영, 즉 성령이

---

99 김삼환, 『말씀보다 귀한 것은 없네 13』, 81.

100 위의 책, 178.

101 위의 책, 188-189.

있는 사람과 그렇지 않은 사람과는 확연히 다릅니다. 성령이 임하면 삶의 목적이 분명해지고, 삶의 모습도 경건하고 아름다워져서 영광스러운 삶을 살게 되어 있습니다. 그러나 성령이 임한다고 해서 하늘을 나는 천사가 되는 것은 아닙니다. 별천지에 사는 특별한 사람이 되는 것도 아닙니다. 성령이 함께하는 사람은 이 세상에 살면서 좋은 인격, 좋은 성품을 갖게 되는 것입니다. 한마디로 굿맨(good man)이 되는 것입니다."[102]

6) 성령과 견인(堅忍)

성령은 우리의 스승의 역할을 하셔서 모든 것을 우리에게 가르쳐주시고, 말씀을 통해 우리를 감동시키시고, 책망하시고, 권고하신다. 성령은 어머니와 같은 역할을 하시는데, 세상에서 시달린 우리의 몸과 마음을 위로하시고, 용기와 사람과 격려를 주시고, 품에 안아주신다. 성령은 아버지의 역할을 하시는데, 환란과 위기 가운데서도 우리를 든든히 지켜주시고, 보호해주신다. 성령은 우리의 인도자와 보호자 역할을 하신다.[103] "하나님을 경외하는 사람, 하나님이 택하신 사람, 하나님의 영이 함께하는 사람은 세상 끝날까지 지켜주시고 보호하여 주십니다. 내 가정, 내 건강, 내 영혼을 수많은 적과 위기로부터 넘어서도록 도와주십니다."[104]

---

102 김삼환, 『아버지, 아버지 집』, 274.

103 김삼환, 『오직주님만 알아가는 삶1』, 91-92.

104 위의 책, 101.

II. 은파 김삼환 박사의 신학사상

5.
성령과 교회

1) 교회의 창시자와 인도자로서의 성령

로마 가톨릭교회는 일반적으로 "제도적 · 성례전적 성령론"을 가진 결과 성령이 교회에 종속되고, 교회가 성령보다도 우위에 있는 신학적 경향을 가진다.[105] 우리는 이런 견해에 결코 동의할 수 없다. "성령은 제도적 · 성례전적 성령론에서 나타나기 쉬운 것처럼 교회에게 자신의 주도권을 빼앗기시는 것이 아니라(교회≧성령), 그 반대로 성령이 교회의 회의를 주도하고 선도하고, 교회보다 항상 앞서 가신다(성령)교회)."[106]

성령과 교회의 관계에서 무엇보다도 먼저 김삼환에게 중요한 것은 성령께서 교회를 탄생시킨다는 것이다. 다시 말하면, 교회는 성령의 피조물(창조물)이다. "예수님께서 승천하신 후 오순절에 임하신 성령으로 말

---

[105] 최윤배, 『성령론 입문』, 18-19.

[106] 위의 책, 19-20.

미암아 초대교회가 탄생했습니다. 지금도 성령님은 우리 가운데 오셔서 역사하십니다. 하나님 앞에 부름받은 모든 성도들을 하나님의 백성으로 단장시키시고 새롭게 하십니다. 그뿐만 아니라 교회로 하여금 선교의 사명을 감당하게 하십니다."[107]

김삼환은 교회란 무엇인가라는 질문에 대해 성령론적으로 명쾌하게 대답한다. "교회란 무엇입니까? 성도들이 성령에 의해서 모이는 곳입니다. 여행이라는 목적으로 한곳에 모였듯이 성령을 따라 모이는 곳이 바로 교회입니다. … 모두들 무척이나 바쁘고 먼 거리인데도 매 주일 교회에 나오는 것은 제 능력이 아닙니다. 누가 그분들을 우리 교회로 모이게 하신 것입니까? 성령께서 하나님의 자녀들을 교회로 불러 모이게 하신 것입니다. 교회는 '에클레시아(Ecclesia)', 모이는 곳입니다. 그 모임을 누가 이끌어 갑니까? 성령께서 이끌어 가십니다."[108]

김삼환은 고대교회로부터 현대교회에 이르는 교회사적 예를 들면서 "교회의 주인은 성령"이며, 교회를 이끄시는 분은 성령임을 확신을 가지고 강조한다. 이런 관점은 "제도적·성례전적 성령론"과 본질적으로 상충된다. "성령은 교회의 기둥이요, 힘이요, 주인이 되는 것"이다.[109] "지금 우리는 교회의 시대에 살고 있습니다. 하나님께서 교회를 통하여 영광을 받으시고 일하시는 바로 그 교회 시대에 살아가고 있는 것입니다. 성령께서는 교회를 통하여 역사하십니다."[110] "성령이 교회의 문을 연 것이지, 예수님께서 문을 여신 게 아닙니다. 성령이 교회를 시작하게 하신

---

107 김삼환, 『시편강해3』, 130.

108 김삼환, 『넘치는 감사』, 180.

109 김삼환, 『바로 바라보라3』, 67.

110 김삼환, 『가까이 계실 때 부르라1』, 13.

II. 은파 김삼환 박사의 신학사상

것이지, 예수님께서 시작하신 것이 아닙니다. 성령이 오셔서, 그가 오심으로써 초대 교회가 드디어 시작된 것입니다. 예루살렘 교회가 바로 그 교회가 시작된 것입니다. 보혜사 성령이 오심으로써 오늘 이 시대에 교회의 시대가 시작되었고, 성령의 시대가 된 것입니다."[111]

> "교회는 누구에 의해서 여기까지 온 것입니까? … 대단한 부나 권력도, 잘된 조직이나 사상도 1세기를 넘기기가 어렵습니다. 그런데 교회는 어떻게 2천 년의 세월을 부단히 걸어 올 수 있었습니까? 누가 교회를 이끌었기에 여기까지 올 수 있었습니까? 교회를 이끄시는 분은 성령이십니다. 교회는 성령에 의해서 여기까지 온 것입니다. 2천 년 전의 교회이든 현대의 교회이든, 또는 정글의 교회이든 뉴욕 맨해튼의 교회이든, 교회의 주인은 성령이십니다."[112]

김삼환에 의하면, 교회 안팎에서 성도가 하는 일이 단순히 성도의 일이 아니고, 교회가 하는 일이 단순히 교회의 일이 아니다. 성령은 보이지 않는 하나님의 거룩한 영이기 때문에, 성령은 보이지 않을지라도, 성령께서 "성도와 교회 안팎의 모든 일들"을 불꽃 같은 눈동자로 보살피고 인도한다.

> "성령은 보이지 않는 하나님의 거룩한 영이십니다. 성도와 교회의 안팎의 모든 일들을 불꽃 같은 눈동자로 살피시고 인도하십니다.

---

111 김삼환, 『오, 사도행전』, 96-97.
112 김삼환, 『주님을 사랑해야 행복합니다』, 59.

문제를 해결하시고 교회를 부흥시키시며 사명을 다하도록 이끌어 주십니다. 성령께서 주의 교회를 이끄십니다. 성령께서 어떤 핍박과 환난 중에서도 교회를 지키시고 보호하십니다. 정변으로 권력이 바뀌고 전쟁으로 나라가 무너져도 교회가 건재한 이유는 성령에 의해서 운영되기 때문입니다."[113]

김삼환은 성령 충만한 안디옥교회를 본받아 명성교회도 성령 충만한 교회가 되기를 간절히 바란다. "안디옥 교회는 무엇보다도 성령 충만한 교회였기 때문에 모든 어려움을 극복하고 끝까지 사명을 잘 감당하는 모범적인 교회가 될 수 있었습니다. 명성교회가 나아가는 길에도 수많은 어려움이 닥쳐올 수 있습니다. 그러나 어떤 어려움이 있더라도 성령으로 충만하여 주님께서 맡겨진 사명들을 잘 감당해 나가는 이 시대의 안디옥 교회가 되어야 할 것입니다."[114]

2) 성령의 전(殿)으로서의 교회

교회는 성령께서 창조하시고, 성령께서 거하시는 성전(聖殿), 곧 거룩한 집이다. "성전 안에는 하나님이 계시고 우리 주님이 계시고 성령이 계십니다. 그리고 고린도전서 6장에는 우리 몸이 하나님의 성전이라고 했습니다. 우리 몸 안에는 주님이 거하십니다. 그러기 위해 내가 할 일은

---

113 위의 책, 59-60.
114 김삼환, 『교회가 살면 다 삽니다』, 155.

II. 은파 김삼환 박사의 신학사상

기도입니다. 하나님 앞에 간구할 때 하나님께서는 내 기도를 들어주시며 내 몸이 주님이 거하시는 거룩한 성전으로 살아갈 수 있게 하십니다."[115]

　　김삼환은 교회의 외형적인 건물이나 교회 안에서의 모든 종교 행위들을 중요하게 생각하면서도, 이 모든 외형들 속에 결정적으로 중요한 것은 성령의 임재와 성령의 역사라고 강조한다. "우리가 교회를 아무리 잘 지어도 하나님의 성령이 거하시지 않으면 이 교회는 가짜입니다. 아무리 성가대가 잘하고 아무리 목사가 설교를 잘해도 이 교회의 생명은 하나님이 함께하시는 데에 있습니다. 어떤 하나님이냐 하면 성령 하나님이십니다."[116]

　　김삼환이 사용하고 있는 우물과 샘으로서의 교회라는 비유는 성령의 우물과 샘으로서의 교회에 대한 비유로 이해될 수 있을 것이다. 다시 말하면, 성령의 전에 성령의 우물과 샘이 존재한다. "교회는 어떤 곳입니까? 교회는 주님께서 파주신 우물입니다. 주님께서 십자가를 지심으로써 파주신 우물이 바로 교회인 것입니다. 이 세상에는 샘이 없습니다. 우리는 목마를 때마다 세상이 주는 물을 먹지만 인간의 근본적인 목마름은 해결되지 않습니다. 그러나 주님께서 주시는 물은 세상이 주는 물과 다른 것입니다."[117]

　　"교회는 샘과 같습니다. 우리 영혼이 풍족한 샘물을 얻으려면 교회 생활을 잘해야 합니다. 교회를 떠나면 안 됩니다. … 교회는 메마른 심령이 나와서 생수를 공급받는 곳입니다. … 성령께서 오셔서 우리의 강퍅한 심령을 깨뜨리시면 은혜의 샘이 솟아납니다. 가장 큰 위기는 심령이

115　김삼환, 『하늘의 별을 보라4』, 233.

116　김삼환, 『바로 바라보라3』, 199.

117　김삼환, 『꿀을 먹으라6』, 324.

오염되는 것입니다. 이런 위기 앞에서 우리는 생명이 넘치는 살아 있는 심령을 간직해야 합니다. 건강한 심령이 되려면 심령에 생수의 강이 흘러야 합니다."[118]

3) 성령과 말씀

김삼환은 오늘날까지도 하나님의 말씀으로서의 성경이 일점일획도 무오(無誤)하고, 중요한 이유를 성령의 역사에서 찾는다. 다시 말하면, 성경은 하나님과 성령의 영감을 받은 선지자들과 사도들에 의해서 기록된 하나님의 말씀이다.

"신약성경 27권 중에 제일 먼저 기록된 것이 마가복음입니다. … 마태, 마가, 누가, 요한 등에 의해서 예수님의 탄생부터 낱낱이 기록된 것이 복음서인데, 사실 이분들은 학자가 아닙니다. 기행문을 써 놓지도 않았고, 듣고는 다 잊어버렸습니다. 그런데 성령을 받고 몇십 년 후에 그 네 사람이 각각 다른 곳에서 기록했음에도 불구하고 이것이 서로 들어맞은 것입니다. 젊었을 때 들은 말씀을, 몇십 년 전에 들은 말씀을 기록했는데도 서로 다르지 않습니다. 여러분, 성경이 얼마나 놀랍습니까? … 그러나 성령으로 기록한 하나님의 말씀은 오늘날까지 일점, 일 획도 변함이 없습니다. 오늘날 전 세계의 많은 학자들이 연구해도 다 연구할 수 없습니다. 백분의 일도 연구할

---

118 김삼환,『교회보다 귀한 것은 없네 12』(서울: 도서출판 실로암, 2004), 168-169.

II. 은파 김삼환 박사의 신학사상

수 없습니다. 천분의 일도 이 비밀을 풀 수가 없습니다. 얼마나 놀라운 일입니까? 그것은 오직 성령으로 기록되었기 때문입니다. 성령으로 만들어진 것이기 때문입니다. 그래서 성령을 받아서 말하는 사람은 크게 다릅니다."[119]

김삼환은 하나님과 성령의 영감을 받은 구약의 선지자들과 신약의 사도들이 기록한 성경이 오늘날 우리에게 하나님의 말씀으로 이해되고, 감동을 받고, 은혜를 받을 수 있는 중요한 이유 역시 성령의 역사(役事)에서 찾는다. 칼빈은 이것을 "성령의 내적 조명(testimonium Spiritus sancti internum)"으로 불렀다.[120]

"3월 특별새벽집회 때만 되면 하나님께서 여러 면으로 저에게 힘을 주시고, 은혜를 주시고, 도와주시고, 영적으로 강건케 해주시고, 말씀을 주시고, 비밀을 보여주십니다. 증거할 바를 알게 해주십니다. 저는 언제나 주님께서 인도하시는 대로 준비할 뿐입니다. 모두들 어디에서 배웠느냐, 능력이 어디에서 나오느냐고들 하는데, 성령께서 주시는 보따리 속에서 나오는 것입니다. 주시는 분과 받는 사람 외에는 알 수 없는 오묘한 말씀을 성령께서 주십니다. 그래서 저는 말씀을 준비하면서 먼저 울고 감격하면서 제가 먼저 은혜를 받습니다. 하나님 아버지께서 이러한 비밀을 제게 주시니 감사하기 그지없습니다."[121]

---

119 김삼환, 『오, 사도행전』, 217-218.
120 최윤배, 『칼뱅신학 입문』, 118.
121 김삼환, 『오, 사도행전』, 215.

자신의 신앙생활과 목회활동에서 김삼환은 하나님의 말씀을 너무나도 중요하게 생각한다. "말씀이 기준이 됩니다. 기독교는 말씀의 종교입니다. 하나님께서 태초에 말씀으로 천지만물을 창조하셨고, 또 선지자를 통하여 말씀을 주심으로 모든 백성이 듣고 하나님의 뜻을 깨닫도록 하셨습니다. 나중에는 말씀이 육신이 되어 이 땅에 오셨습니다. … 하나님의 바른 말씀으로 짓는 것입니다. … 목회도 마찬가지입니다. 큰 교회에서 목회하는 것이 중요한 게 아닙니다. 말씀대로 목회하는 것이 중요합니다."[122]

하나님의 말씀이 중요함에도 불구하고, 김삼환은 말씀은 반드시 성령과 밀접한 관계 속에서 이해되어야 함을 강조한다. "말씀은 성령으로 깨닫습니다. 말씀을 듣고, 말씀을 통하여 은혜를 받고, 말씀을 배우고, 깨달아야 되는데 말씀은 성령으로 기록된 것이기 때문에 육에 속한 사람은 깨달을 수가 없습니다. 하나님께서 은혜를 주셔야 합니다. 먼저 성령이 우리의 마음에 오셔서 말씀을 보는 눈, 말씀을 듣는 귀, 말씀을 받아들일 수 있는 마음을 열어 주셔야 하는 것입니다. 우리의 마음 밭이 옥토가 되어야 합니다. 말씀의 씨앗이 길가에 뿌려지거나 돌밭, 가시떨기에 뿌려지면 열매를 맺을 수가 없습니다. 좋은 땅에 뿌려질 때 그 결실을 거두게 되는 것입니다(마13:18-23). 말씀의 열매를 맺으려면 우리의 마음 밭이 성령의 감동으로 거듭나서 좋은 땅이 되어야 합니다."[123]

김삼환 자신은 스스로 설교를 잘 못하는 목회자라고 생각함에도 불구하고, 설교를 준비하고, 설교할 때마다 성령께서 그를 도와주신다는

---

122 김삼환, 『시편강해4』(서울: 도서출판 실로암, 2006), 48-50.

123 위의 책, 53-54.

II. 은파 김삼환 박사의 신학사상

것이다. "저는 결코 설교를 잘하는 사람이 못됩니다. 오직 하나님께서 은혜를 주시고 성령께서 역사하심으로 듣는 분들에게 복음의 능력이 나타나게 된 것입니다. 하나님께서 주신 말씀으로 저와 저희 교회는 구원과 회개와 감동과 변화와 축복의 역사를 경험할 수 있었습니다. 엎드려 기도하면 전할 말씀을 주셨고, 강단에 서면 놀랍게도 붙들어 사용해 주셨습니다. 저는 말씀을 받으면서 감격하였고, 말씀을 전하면서 기뻤고, 말씀을 붙들고 사는 성도들을 바라보면서 행복했습니다."[124] 말씀을 전하는 사람과 마찬가지로 말씀을 듣는 사람도 성령과 함께해야 한다. "하나님의 말씀을 들어도 성령의 능력을 받지 아니하면 하나님의 말씀이 내 것이 되지 못합니다. … 하나님께로부터 성령이 내게 역사하지 아니하면 말씀이 아무 효력을 발휘할 수가 없습니다."[125]

4) 성령과 세례

선교사들이 처음 우리나라에 왔을 때 예수 그리스도를 믿는 사람에게 세례를 주었는데, 성부, 성자, 성령, 곧 삼위일체 하나님의 이름으로 세례를 주었다.[126] 김삼환은 유아세례와 입교, 세례를 매우 중요하게 생각한다.

"예수를 구주로 영접했으면 세례를 받아야 합니다. 여기는 유아

---

124 김삼환, 『넘치는 감사』, 203.

125 김삼환, 『주님의 마음에 합한 자』, 207-208.

126 위의 책, 102.

세례와 입교도 포함됩니다. 나만 경건하게 사는 게 아니라 자녀도 경건한 하나님의 사람으로 기르는 데 책임을 다해야 합니다. 성경대로 보면 열두 살 아래 어린이가 하나님 앞에서 교회 생활을 잘못하는 것은 그 부모의 책임입니다. 아이에게 유아세례를 받게 하고 입교문답을 받게 해야 됩니다. … 세례를 안 받아도 교회 나와서 은혜만 받으면 되는 줄 아는데 그렇지 않습니다. … 세례 안 받은 사람이 구역장 하고 성가대 하고 봉사하다가는 오히려 하나님 앞에 벌을 받습니다. 너는 내 자녀가 아닌데 어떻게 여기서 봉사하느냐는 것입니다. 그런 사람은 하나님께서 찍어내십니다. 세례의 과정을 힘들게 생각하지 말고 기회 있을 때 빨리 밟으시기 바랍니다. 주님께서도 세례를 받으셨습니다. 세례는 꼭 받아야 합니다."[127]

김삼환은 성례전으로서의 세례를 받는 과정을 거쳐야 하지만,[128] 성령세례를 받아 성령으로 충만해야 함도 강조한다. "이 시간에 성령의 은혜를 받고, 성령의 세례와 인침도 받고, 성령의 은사를 체험하여 병든 사람은 치료함을 받고, 모든 좋은 것으로 여러분의 잔이 차고 넘치시기를 바랍니다. 은혜를 받으면 한 분야가 아니라 전체가 다 충만한 삶이 되는 줄 믿습니다."[129]

"우리와 함께 살며 우리에게 행복을 주시는 분은 바로 사도행전에서 함께하시는 성령이십니다. 그래서 성령세례 받은 사람의 눈은 기쁨이 충만하고 반짝반짝 빛이 납니다. 소망의 눈, 믿음의 눈이 되는 것입니

---

127 김삼환, 『문을 두드리는 주님』, 215-216.

128 위의 책, 213-199.

129 김삼환, 『오, 사도행전』, 223.

II. 은파 김삼환 박사의 신학사상

다. 마치 모나리자의 미소와 같이 어디를 보아도 웃고 있습니다. 눈을 봐도, 코를 봐도, 입을 봐도 전부 웃고 있습니다. 여러분, 성령세례를 받으면 고민하려고 해도 고민거리가 없어집니다. 사람은 내일 일을 모르지만 그분은 다 알고 계시고, 그분이 다 인도해 줍니다."[130]

"가장 중요한 것은 성령께서 우리에게 임하여 성령의 충만함을 받아야 한다는 것입니다. 그러므로 은사가 중요한 게 아니라, 먼저 성령세례를 받아야 합니다. 예수님께서 말씀하신 대로 물로도 세례를 받아야 하지만, 성령으로도 세례를 받아야 합니다. 예수님께서 '물과 성령으로 나지 아니하면 하나님 나라에 들어갈 수 없느니라'(요3:5)고 말씀하셨습니다. 여러분, 주의 성령께서 '너희 교회도 빨리 성령세례를 받아라'라고 말씀하십니다. … 빨리 사도행전으로 들어가서 성령 받은 자만이 누릴 수 있는 은혜의 삶을 살아야 합니다. 언제까지 그대로 머무르려고 하십니까? 우리는 하나님을 속일 수가 없습니다. 자신이 성령세례를 받았는지 받지 않았는지, 성령 충만한지 충만하지 않은지 잘 생각해보십시오. 성령세례를 받아야 비로소 주님의 삶인 것입니다."[131]

"지금은 성령의 때이므로 누구에게든지 오시는 것입니다. 지금은 성령으로 인을 치는 시대이기 때문에 누구든지 기도하면 성령세례를 주십니다. 산천의 초목들이 봄이 되면 움트듯이 때가 되었기 때문에 주시는 것입니다. 지금은 성령의 때입니다. 예수님께서 승천하시고 성령이 오신 것입니다. 왜입니까? 그것이 우리에게 유익하기 때문입니다. 예수님께서 제자들을 도우시는 것과 성령이 우리를 도우시는 것과는 비교가

---

130 위의 책, 40.

131 위의 책, 45.

안 됩니다. 같은 분인데도 예수님께서 함께하셨던 복음서와 성령께서 함께하신 사도행전과는 전혀 다르다는 것입니다. … 오직 성령에 의해서 교인이 됩니다. 성령은 주의 종을 통하여 역사할 뿐이며, 주의 종은 하나님의 도구이자 사환, 청지기일 뿐입니다. 하나님 앞에 쓰임 받는 자일 뿐입니다."[132]

5) 성령과 직제(분)

성령과 직제(분) 관계를 중심으로 양극단이 존재한다. 로마 가톨릭 교회는 일반적으로 직분 자체를 일방적으로 강조하여 성령 자체나 성령의 은사 자체를 경시하고, 그 반대로 16세기 재세례파를 비롯하여 오늘날 일부 극단적 은사주의자들은 성령이나 성령의 은사를 일방적으로 강조하여 직제 자체를 경시하는 경향이 있다. 양자는 모두 성령과 직제를 상호 배타적으로 이해하여 둘 중에 한쪽만을 선택하는 경향이 있다. 그러나 성경은 성령과 직제를 양자택일적으로 이해하지 않고, 성령께서 원하실 경우 성령께서 직제를 세우시고, 그 직제를 자신의 은혜의 수단과 도구로 사용하시는 것으로 이해한다.[133]

김삼환은 종교개혁 신학과 개혁신학 전통에 입각하여 교회의 직제와 직분을 성령의 도구로 이해하면서, 성령의 은사와 밀접하게 연결시킨다. 김삼환은 교회의 직분자들이 갖추어야 할 여섯 가지 기본조건들(인간

---

132 위의 책, 46-47.
133 최윤배, 『성령론 입문』, 111.

II. 은파 김삼환 박사의 신학사상

성, 가정생활, 교회생활, 목사와의 관계, 믿음, 충성 등)을 중요하게 생각하면서도,[134] 성령과 성령의 은사의 절대 필요성을 강조한다. "각 지체의 일은 성령께서 맡기십니다. … 하나님께서 주신 각양 은사는 다 인정하지만 마귀가 주는 것은 인정하지 않아야 합니다. 육적인 지체의 기능은 부모로부터 부여받지만 영적인 지체는 성령께서 주시는 것입니다. 그러므로 우리는 성령께서 주신 은사대로 열심히 일해야 합니다."[135]

김삼환은 자신이 신학생 시절에 성령의 직접적인 역사를 강조하고, 성령의 도구로서의 교회 직제를 경시했다고 고백한다. 그러나 그에 의하면, 하나님은 중요한 직제 중에 하나인 목사를 성령의 도구로 사용하신다.

"저는 신학교 다닐 때 목사님들이 '기도하면서 성령 받으라' 하셨는데, 목사가 어떻게 성령 주느냐고 했습니다. 그러나 주의 종을 통해서 확실히 성령이 역사하시는 것입니다. 모르는 사람들은 비판할지 모르지만 주의 종을 통하여 성령을 주십니다. 오늘날 많은 심령들이 주의 종을 통하여 은혜 받고, 구원을 받습니다. 여러분, 남자도 별수 없이 어머니를 통해서 이 땅에 태어나듯이, 우리는 성령을 통하여 태어납니다. 그리고 성령은 주의 종을 통하여 역사하십니다."[136]

김삼환은 목회자로서 자신을 성령의 도구로 사용하시는 하나님께

---

134 김삼환, 『명성교회 구역장교육1』(서울: 도서출판 오직주님, 1998), 109-110.

135 위의 책, 199.

136 김삼환, 『오, 사도행전』, 221-222.

감사드리면서도, 성령의 도구로서의 자신의 역할은 백분의 일도 되지 않는다고 성령의 역사의 우월성을 강조하고, 성령의 도구로서의 자신을 낮춘다. "사도행전은 성령께서 이루신 일입니다. 목회에서 목회자가 할 일은 1/100도 없습니다. 다 주님께서 하십니다. 좋은 교인도 주님이 만드십니다."[137] "성령은 주의 종을 통하여 역사할 뿐이며, 주의 종은 하나님의 도구이자 사환, 청지기일 뿐입니다. 하나님 앞에 쓰임 받는 자일 뿐입니다."[138]

> "저 또한 30년 전에 이런 배경을 가지고 명일동에서 여호수아 시대의 길을 개척하였습니다. 사도행전을 개척하고, 사도행전의 시대를 경험하였습니다. 사도행전에서 역사하신 성령께서 지난 30년 동안 사도의 목회, 기도의 목회, 교회의 목회, 기적의 목회, 복음의 목회로 저를 이끌어 주셨습니다. 지나온 과정 과정마다 역사하신 하나님께 감사드리며, 오늘 사도행전과 같은 이 시대의 어러분 모두 성령의 역사를 경험하시기 바랍니다."[139]

"직분을 귀히 여겨야 합니다. … 아론은 기름부음을 받고 성전을 섬기는 자들을 말합니다. 오늘날 안수집사는 아론의 자손과 같습니다. 그래서 안수를 받으면 이미 내 몸이 아닙니다. 함부로 행동하면 안 됩니다."[140] "성령으로 봉사합니다. 하나님께서 함께하시는 택한 백성은 성령

---

137 김삼환, 『새벽을 깨워야 새벽이 옵니다』(기도주제설교)(서울: 도서출판 실로암, 2013), 224.

138 김삼환, 『오, 사도행전』, 46-47.

139 김삼환, 『새벽을 깨워야 새벽이 옵니다』, 215-216.

140 김삼환, 『시편강해4』, 31.

II. 은파 김삼환 박사의 신학사상

으로 봉사합니다. 자신의 지식과 능력, 힘으로 봉사하는 것이 아니라 하나님의 영으로 봉사해야 합니다. 하나님의 일은 세상적인 경험으로 하는 것이 아닙니다. 구역장 일을 감당할 때도 성령을 의지해야 성령께서 힘을 주시고, 은사와 지혜와 능력을 주십니다. 성령으로 말씀을 전해야 합니다. 영의 할례를 받은 사람은 성령으로 봉사합니다."[141] "성령 충만해야 합니다. … 주의 일은 인간의 힘으로는 못 합니다. 교회를 위해 봉사하는 성도는 성령으로 충만해야 모든 일을 잘 감당할 수 있습니다."[142] "직분은 하나님의 도움으로 감당합니다. … 우리는 늘 성령의 도우심을 받아야 하고 기도해야 합니다. 저도 설교하기가 힘들 정도로 아플 때가 있습니다. 그러나 일단 강단에 올라가서 무릎을 꿇고 '주님, 힘 주세요, 도와주세요'라고 기도하면 성령께서 반드시 도와주십니다."[143]

6) 성령과 교회활동

(1) 성령과 기도(찬양)

기도와 찬양은 같은 범주에 속한다. 김삼환은 "성령께서 저에게 찬송을 주셨습니다"라고 자주 언급한다.[144] 그에 의하면, 기도하면 성령의

---

141 김삼환, 『명성교회 구역장교육1』, 153.

142 위의 책, 130.

143 위의 책, 109.

144 김삼환, 『예수께로 가라7』, 437.

불, 선교의 불, 열심의 불, 사랑의 불, 은혜의 불이 내려온다.[145] 성령은 우리가 말씀을 듣고, 회개하고, 기도할 때 역사하신다.[146] "기도하면 불이 내려옵니다. 기도하면 하늘에서 불이 내려옵니다. 기도하면 하나님께서 불을 내려주십니다. 불은 두 가지가 있는데 하나는 정욕의 불이고, 다른 하나는 성령의 불입니다. 우리는 하늘로부터 내려오는 성령의 불을 받아야 할 것입니다. … 기도하면 성령의 불이 내려옵니다. … 거룩한 불이 기도할 때 내려옵니다."[147]

"기독교는 성령의 종교입니다. 성령은 기도하는 자들의 마음에 오셔서 신령한 불, 거룩한 불을 붙여주십니다. 성령께서 오시면 거룩한 행실과 거룩한 삶이 시작됩니다. 그러나 기도하지 않으면 성령께서 역사하시지 않습니다. 하늘로부터 오는 신령한 성령의 불에 의하여 기독교가 태어났습니다. 그러므로 성령의 불은 바로 기독교의 생명입니다. 이 불이 꺼지면 기독교는 죽습니다. 성도가 아무리 많이 모여도 성령의 불이 꺼지면 기독교의 생명은 끝나버립니다. 이 악하고 패역한 시대를 이기는 길은 우리 가슴에 성령의 불이 부는 것입니다. 사랑하는 성도 여러분이 기도할 때, 하나님의 말씀을 들을 때, 가슴이 뜨거워지며 심령마다 성령의 불이 활활 타오르기를 예수의 이름으로 축원합니다."[148]

"여러분, 기도하시기 바랍니다. 염려하지 말고 기도하십시오. 기도하면, 성령의 불, 선교의 불, 열심의 불, 사랑의 불이 붙습니다. 기도하면 정욕의 불은 꺼지고, 은혜의 불이 봄동산의 새싹처럼 여러분의 심령에

---

145 김삼환, 『팔복강해』, 44-52.

146 김삼환, 『예수께로 가라7』, 335.

147 김삼환, 『팔복강해』, 44.

148 위의 책, 45.

II. 은파 김삼환 박사의 신학사상

솟아날 줄 믿습니다."[149] "눈물을 흘릴 때마다 성령께서 저를 위로해 주십니다. 눈물이 없으면 저는 답답합니다."[150] "성도가 기도하면 정욕의 불이 꺼집니다. 교만, 원망, 미움, 시기, 악독, 음란, 호색, 술 취함, 방탕, 불순종, 거짓, 우상숭배 등이 사라집니다. 그 대신에, 감사, 기쁨, 믿음, 겸손, 온유, 지혜, 찬송, 섬김, 자유, 평안, 봉사 등이 봄동산의 새싹처럼 돋아납니다. 신령한 은혜의 봄의 불이 타오르게 되는 것입니다."[151]

"한곳에 모여 갈급한 마음으로 회개하고 기도할 때에 성령께서 역사하십니다. 지금 우리나라는 가정적으로도, 사회적으로도, 국가적으로도 위기입니다. 정치, 경제, 교육, 문화 등 곳곳에서 위기를 맞고 있습니다. 이 모든 것을 영적 부흥으로 소생시켜야 합니다."[152]

(2) 성령과 교육

"성령님은 하나님의 은혜를 깨닫게 하시고 가르쳐주시는 스승이십니다."[153] "성령님이 진정한 인도자가 되게 합니다. 다른 성경 공부 교재와는 달리 하나님 말씀으로 선포되었던 메시지를 정리하고 축약한 교재입니다. 많이 고민하고 답을 달아야 하는 교재들과 달리 하나님 말씀을 그대로 기록하면 되는 교재이기 때문에 무엇보다도 성령님이 인도하시는 모임이 되어야 합니다. 인도자와 구성원 모두가 기도로 준비해야 합

---

149 위의 책, 52.

150 위의 책, 101.

151 위의 책, 51.

152 김삼환, 『섬겨야 합니다(국내편)』, 26.

153 김삼환, 『주님을 사랑해야 행복합니다』, 61.

니다. 모임이 있기 전, 인도자와 구성원 모두는 이 모임과 공부를 위해 기도해야 합니다. 말씀에 대한 확실한 깨달음은 성령님의 조명을 통해 이루어집니다. 꼭 기도로 준비해야 합니다."[154]

"성령을 통하여 하나님을 압니다. 고린도전서 2장 10절에 '오직 하나님이 성령으로 이것을 우리에게 보이셨으니 성령은 모든 것 곧 하나님의 깊은 것까지도 통달하시느니라'고 말씀하시고, 요한일서 4장 13절에 '그의 성령을 우리에게 주시므로 우리가 그 안에서 거하고 그가 우리 안에 거하시는 줄을 아느니라'고 말씀하시고, 요한일서 5장 7절에는 '증거하는 이는 성령이시니 성령은 진리니라'고 했습니다. 성령은 우리에게 오셔서 하나님에 대해서 가르쳐 주십니다. 우리는 눈이 있어도 볼 수 없고, 귀가 있어도 들을 수가 없습니다. 그러나 성령께서 임하시면 볼 수도 있고, 들을 수도 있고, 경험할 수 있습니다. 우리는 성령을 통해서만 하나님을 알 수 있는 것입니다."[155]

(3) 성령과 봉사

"성령으로 봉사해야 합니다. 우리가 주의 일을 할 때에는 항상 성령으로 봉사해야 합니다. 이것을 잊으면 안 됩니다. 내 힘이 아니라 성령이 도와주시는 힘으로 직분을 감당해야 합니다. 주의 일은 성령의 감동으로, 성령의 뜻을 좇아서 하는 것입니다. 그렇기 때문에 우리는 주의 일을 할 때 혹시 내가 성령을 멀리하고 일하는 것이 아닌가 항상 돌아보아

---

154 김삼환, 『오직주님만 알아가는 삶1』, 8-9.
155 김삼환, 『팔복강해』, 183.

II. 은파 김삼환 박사의 신학사상

야 합니다. 내가 할 수 있어서 주의 일을 하는 것이 아닙니다. 할 수 없지만 성령이 함께하심으로 감당하는 것입니다. 나는 아무것도 할 수 없지만 내게 능력 주시는 자 안에서 모든 일을 할 수 있습니다(빌4:13). 이것이 참할례당입니다. 성령으로 봉사하고, 성령으로 섬기고, 성령으로 직분을 잘 감당하면 생명록에 기록되지만 내 힘으로 하는 것은 하나님 앞에 상달되지 않습니다."[156] "언제나 성령으로 봉사하고, 예수만 자랑하고, 육체를 신뢰하지 않아야 합니다."[157] "성령을 받지 않고도 봉사할 수 있습니다. 그러나 하나님 앞에 상달되는 봉사가 아닙니다."[158]

(4) 성령과 전도 및 선교

"전도는 성령으로 충만해야 할 수 있습니다. 내 영혼이 성령으로 충만하여 거듭나고, 새로워지고, 삶에 감사가 넘칠 때 그 큰 기쁨의 경험을 증거하는 것이 전도입니다. 그러므로 성령이 임하지 아니하시면 내 마음도 천국이 못 되고, 내 삶도 새로워지지 못하고, 남의 영혼도 건질 수가 없는 것입니다. … 성령이 내게 오실 때에만 전도의 문이 열립니다. 성령이 전도하도록 만듭니다. 영혼을 사랑해서 전도하지 않으면 견딜 수 없도록 만드는 것입니다. 성령의 역사입니다. 우리가 전도하는 것이 아니라 성령께서 우리를 이끌어 주시는 것입니다."[159]

---

156 김삼환, 『명성교회 구역장교육2』(서울: 도서출판 실로암, 2000), 172.

157 위의 책, 175.

158 김삼환, 『오직주님만 알아가는 삶1』, 89.

159 김삼환, 『주님의 옷자락 잡고10(중)』, 128-129.

6.
성령의 은사와 열매

1) 은사중지론과 극단적 은사주의 사이의 균형을 유지하는 그리스도인과 교회

세계교회사나 한국교회사에서 은사중지론(恩賜中止論)과 극단적인 은사주의가 항상 존재한다. 은사중지론자들은 방언 등을 비롯하여 성령의 은사들이 초대교회 이후에 완전히 중지되었다고 주장하고, 극단적인 은사주의자들은 특정한 은사운동에만 몰입함으로써 올바른 신앙을 위해 기본적으로 필요한 정상적인 교회생활이나 사회생활을 전적으로 무시하는 경향을 보인다.

김삼환은 오늘날 교회시대에 성령의 각 은사의 유익성과 필요성을 인정하면서도 극단적인 은사주의에 빠지지 말 것을 구약과 신약시대와 세계교회사와 한국교회사를 통해서 논증한다. 극단적 은사주의도 경계하는 동시에, 은사중지론도 반대하는 김삼환은 성령의 은사에 대한 균형 잡힌 올바른 시각을 가질 것을 우리에게 강력하게 요청한다.

"고린도 교회는 특별히 은사에 대한 잘못된 인식이 교회 안에 있어서 많은 혼란을 겪었습니다. 우리나라도 이 문제가 굉장히 심각한 때가 있었습니다. 이 문제는 초대 교회 때부터 내려온 것입니다. 어느 시대에만 있었던 것이 아니고 지금도 그런 문제에 부딪치는 교회와 교인이 있고 또 앞으로도 얼마든지 있을 수 있습니다. 하나님이 주신 특별한 은사로는 입신이나, 하나님의 음성을 듣고 즉각 받아 이야기하는 것, 또 신령한 글을 쓴다든지 기적을 보이는 것, 이 외에도 방언이나 예언 등 여러 가지가 있습니다. 우리가 이것을 무시하거나 배척하는 것은 아니지만 교회 생활 하면서 너무 이런 면만을 강조하고 은사 위주의 방향으로 가는 것은 위험합니다. 구약 시대 때도 선지자에게 특별한 능력이 없으면 가짜로 여긴 일이 있었습니다. 우리도 잘못하면 은사에 너무 치중해서 은사가 없고 능력이 없으면 아무것도 아닌 것으로 여기기 쉽습니다. 결국에는 내가 믿는 예수도, 그렇게 오랫동안 읽어 온 성경도, 경건한 생활도, 교회도, 하나님의 말씀도 다 사라지고 은사 하나만 붙잡고 따라가게 됩니다. 하나님께서 우리에게 은사를 주시는 것은 믿음 생활에 유익이 있게 하고 예수 믿는 것에 더 힘을 주고자 하는 것이지 은사 자체가 믿음의 대상은 아닙니다. 그것은 하나님의 선물이지 은사를 기독교 신앙의 전체로 생각해서는 안 됩니다."[160]

또한 김삼환은 우리가 사랑의 관점에서 성령의 은사를 사용할 것을 강조한다. "우리 주위에서 방언과 예언 등 하나님의 능력 있는 종들이 종

---

160 김삼환, 『명성교회 구역장교육2』, 188-189.

종 넘어지는 것을 보게 됩니다. 그러나 하나님을 사랑하는 사람, 아가페의 사랑이 있는 사람은 절대로 넘어지지 않습니다. 승리합니다. 모든 것을 다 이길 수 있습니다. 사랑은 모든 것들 중에서 챔피언입니다."[161] 김삼환은 성령께서 교회의 형편에 맞게 성령의 은사를 주신다고 말한다. "성령께서는 교회마다 그 형편에 맞는 은사를 주셨습니다. 몸의 지체 중에서도 팔만 할 수 있는 일이 있습니다. 어떤 지체도 팔의 기능을 대신할 수 없습니다. 이와 같이 하나님께서 주시는 은사는 교회마다 다릅니다."[162]

김삼환은 성령의 은사운동과 관련하여 성령의 초자연적인 역사를 인정하면서도, 일상적인고도 평범한 삶을 제쳐놓고, 극단적인 은사운동만을 주장하거나 여기에만 몰입하는 기적주의 신앙 태도와 신비주의적 신학 입장을 비판한다.

"성령 충만한 사람은 어떤 사람입니까? 구름을 타고 다니는 신비하고 신령한 사람입니까? 먹지도 마시지도 않는 사람입니까? 모세처럼 홍해를 갈라지게 하고, 엘리야처럼 기사와 이적을 행하는 사람입니까? 앉은뱅이(보행장애자, 필자 주)를 일으키고 죽은 사람을 살리는 사람입니까? 그렇게 생각하면 안 됩니다. 우리는 성령 충만한 사람을 잘못 생각하는 경우가 많습니다."[163]

이와는 정반대로, 성령 충만한 사람은 지극히 평범하고도, 일상적인

---

161 김삼환, 『사랑』(서울: 도서출판 실로암, 2009), 90.

162 김삼환, 『명성교회 구역장교육1』, 198.

163 김삼환, 『주님을 사랑해야 행복합니다』, 60.

일들을 수행하는바, 생활 속에서 복음을 전파하고, 모든 분야에서 자신이 맡은 일들을 성실하고도 책임 있게 수행하면서, 하나님을 예배하고, 사랑하며, 이웃을 섬기고, 사랑하는 정상적이고도 인격적인 사람이지, 비범(非凡)한 사람이 아니다.

2) 성령의 은사와 열매를 겸비한 그리스도인과 교회

성령론적으로 성령의 은사와 열매를 비교해볼 때, 양자 사이에 차이가 분명하게 나타난다. 성령의 열매는 우리의 행위와 인격과 성품의 성화와 깊이 관련되어 있다면, 성령의 은사는 우리의 영적 사역의 능력과 효과와 깊이 관련되어 있다. 성경이나 교회사에서 성령의 은사를 많이 받아 큰 능력을 행한 어떤 사람들은 교만해져, 성령의 열매를 맺지 못한 나머지 도덕적으로 큰 과오를 범해 자신은 물론 교회와 사회 공동체에 큰 해악을 끼치기도 한다.[164]

김삼환은 성령의 은사와 성령의 열매를 우리가 입어야 할 의복으로 비유하여 설명한다. 그리스도인은 의복을 입어야 하는데, 하나님 앞에서 입어야 할 옷과 사람 앞에서 입어야 할 옷이 있다. 그는 하나님 앞에서 입어야 할 옷으로서의 성령의 은사를 『고린도전서』 12장을 통해 설명하고, 사람 앞에서 입어야 할 옷으로서의 성령의 열매를 『갈라디아서』 5장을 통해서 설명한다. 그리고 김삼환은 모든 그리스도인들은 이 두 가지 옷을 반드시 갖추어야 한다고 올바르게 주장한다. 성령의 은사 없이 성

---

[164] 최윤배, 『성령론 입문』, 120.

령의 열매만 맺을 경우, 인격적인 그리스도인은 될 수 있어도 능력 있는 그리스도인이 될 수가 없고, 그 반대로 성령의 열매 없이 성령의 은사만을 받을 경우, 능력 있는 그리스도인은 될 수 있어도, 인격적인 그리스도인은 될 수 없기 때문에, 김삼환의 주장대로, 모든 그리스도인과 교회는 이 두 가지 모두를 겸비할 필요가 있다.

"하나님을 아버지로 믿는다면 하나님의 자녀로서의 의복을 입어야 합니다. 성령께서 오셔서 하시는 일이 크게 2가지입니다. 하나님 앞에 설 수 있는 의복을 입혀주시는 것과, 사람 앞에 설 수 있는 의복을 입혀주는 것입니다. 이러한 의복을 성경은 '은사'라고 합니다. 고린도전서 12장 8-10절에 성령의 은사에 대해 나오는데 지혜의 말씀, 지식의 말씀, 믿음, 병 고치는 은사, 능력 행함, 예언함, 영들 분별함, 방언의 은사, 방언을 통역하는 은사가 있습니다. 이런 은사들은 모두 하나님을 기쁘시게 하고, 하나님과 나와의 관계에 있어 믿음으로 길을 열고, 하나님 앞에 더 가까이 갈 수 있도록 만들어 주는 역할을 합니다. 또 갈라디아서 5장 22-23절에는 성령의 아홉 가지 열매가 나옵니다. 이것은 사람들 사이에서 존경받고 사랑받고 쓰임 받을 수 있는 열매입니다. 사랑, 희락, 화평, 오래 참음, 자비, 양선, 충성, 온유, 절제입니다. 9가지 성령의 열매는 사람들과의 관계에 있어서 본이 되는 성품을 우리에게 갖추어 주는 역할을 합니다. 하나님 앞에는 신령한 옷을 입었는데 사람 앞에는 옷을 벗었거나 갖추지 못한 사람이 많습니다. 또 반대로 사람이 보기에는 좋은데 하나님 앞에는 부끄러운 의복을 입고 있는 사람도 많습니다. 우리는 이 2가지 모두 갖추어야 합니다."[165]

---

165 김삼환, 『교회보다 귀한 것은 없네 12』, 233-234.

7.
성령과 하나님의 나라

　　일부 신비주의 성령운동에서 성령은 오로지 개인의 차원, 개인의 마음과 영혼의 차원에만 머무른다. 그러나 김삼환이 주장하는 성령의 역사는 개인 심령은 물론 삶의 모든 영역, 곧 가정, 교회, 직장, 사회, 국가, 세계 등에 영향을 미쳐 하나님의 나라의 도래를 지향한다.

　　"성령은 이래도 좋고 저래도 좋을 수 있도록 내 마음을 담대하게 하고, 여유 있게 하고, 건강하게 만들어 주는 줄로 믿으시기 바랍니다. 그것만이 아닙니다. 작게는 우리 개인을, 크게는 나라를, 더 크게는 우리 온 교회를, 세계 교회를 성령은 부흥되게 하십니다. 힘을 주십니다. 성령이 역사하는 교회는 시들지 않습니다. 메마르지 않습니다. 성령은 살아 있는 은혜로 끊임없이 교회를 복되게, 부흥되게 만들어 주십니다."[166]

---

[166]　김삼환, 『바로 바라보라3』, 71.

"오직 성령만이 기쁨의 생수가 되시고 은혜의 생수가 되시는 줄 믿습니다. … 성령은 강입니다. 심령에 흐르는 생수의 강입니다. … 우리 안에 성령의 오아시스가 있어야 합니다. 그래야 은혜가 되고, 기쁨이 되고, 평화가 찾아옵니다. 인간은 고아가 아닙니다. 창조주 하나님께서 불러주시는 음성을 들으며 성령과 함께 에덴동산의 삶을 살게 되어 있습니다. 늘 성령과 동행하며 인도해 주시는 대로 바른 길로 나아가야 합니다."[167]

"고넬료의 가정은 성령 받은 가정입니다. 은혜를 충만히 받은 가정이 되었습니다. 성령 충만하고 하나님의 구원의 역사가 있을 때 그 가정은 초막이나 궁궐이나 천국이 되는 것입니다. 만군의 하나님, 전능하신 하나님께서 함께하시는 가정은 최고의 보화를 가진 가정이요, 하나님 앞에 가장 귀하고 영광스러운 가정인 줄 믿습니다."[168] "성령님께 이끌려 살아야 합니다. 성령님은 바람과 같습니다. 성령님은 거룩한 바람, 은혜의 바람, 축복의 바람입니다. 우리나라가 잘되고 가정이 잘되려면 성령님이 주시는 사랑의 바람이 불어야 합니다. 그 성령님의 바람이 불면 사람으로 가슴이 뜨거워지고, 가정이 뜨거워지고, 교회가 뜨거워지기 때문입니다. 더불어 그 성령님의 뜨거운 바람은 우리의 가슴을 여러 돕는 마음, 감사의 마음으로 채워 주실 것입니다."[169]

하나님 나라는 사랑의 나라이다. "제일 큰 계명, 첫째 되는 계명은 하나님을 제일로 여기는 것입니다. 하나님이 제일 귀한 보화입니다. 그러므로 마음을 다하고 목숨을 다하고 뜻을 다하여 하나님을 섬기는 여

167 김삼환, 『예수님을 잘 믿는 길 16』, 124-125.

168 김삼환, 『여호와를 기뻐하라8』, 177.

169 김삼환, 『오직주님만 알아가는 삶1』, 95.

러분이 되시기를 바랍니다. 그리고 둘째 되는 계명으로, 이웃을 내 몸과 같이 사랑하십시오. 그렇게 하나님과 이웃을 섬기면 하나님으로부터 큰 축복과 은혜가 주어질 줄 믿습니다."[170] 그리스도인은 모든 곳에서 균형 있는 삶을 살아야 한다. "하나님은 물론 사람도 기쁘게 해야 합니다. … 우리가 주의 일을 할 때는 물론 하나님을 기쁘시게 해야 하지만 사람도 기쁘게 해야 합니다. … 조화로운 신앙생활을 해야 합니다. … 우리가 하나님 앞에 부름받아 남을 위해 봉사하고 말씀을 전합니다. 그러나 주의 일을 하면서 우리도 구원을 받아야 합니다. … 하나님 앞에 말씀과 기도와 봉사가 균형을 이루지 못하고 치우치는 신앙생활은 문제가 있습니다. … 우리는 하나님을 영화롭게 하면서 사람에게도 유익을 끼쳐야 합니다."[171] "여러분의 신앙생활이 형통하기를 원하십니까? 치우치지 마십시오. 흔들리지 마십시오. 이것저것 여러 가지 다 하려고 하지 마십시오."[172]

"교회는 어느 곳이든 한쪽으로 빠지면 안 됩니다. … 땅에 있는 동안은 땅의 나라를 귀히 여겨야 됩니다. 가정도 귀히 여겨야 됩니다. 다 귀히 여겨야지 천국만 가고 세상이 필요 없다면 주님이 왜 이 땅에 오셨겠습니까? 요한계시록, 말세론만 자주 강의하며 사회 정의만 부르짖는 등 뭔가 한쪽으로 기울어지면 문제가 있는 것입니다. 정상적인 교회는 그렇지 않습니다. 세상의 나라와 하나님의 나라와 교회와 가정, 나와 이웃, 시대와 세계 이 모든 것을 다 함께 언제나 염두에 두고 생활하고 훈련받

---

170 김삼환,『예수께로 가라7』, 40.

171 김삼환,『명성교회 구역장교육1』, 241-246.

172 김삼환,『하늘의 별을 보라4』, 149.

II. 은파 김삼환 박사의 신학사상

아야 귀한 믿음의 생활이 될 줄로 믿습니다."[173]

"이 세상은 하나님께서 창조하신 구역입니다. … 직분은 하나님께서 내게 줄로 재어주신 구역입니다. … 교회의 직분만 거룩하고 세상의 직분은 속된 것이 아닙니다. 네가 하나님의 귀한 백성이 되면, 내 가정도 내 직장도 내 사업도 이미 하나님 앞에 귀하고 거룩하게 된 줄 믿으시기 바랍니다. 그러므로 하나님께서 주신 사업과 직장을 귀하게 생각해야 합니다."[174]"이 시대에 하나님 앞에 합격하는 사람, 영적으로 하나님 뜻에 맞는 사람, 하나님 앞에 영원히 요셉과 같이 살아갈 수 있는 사람은 다시 한번 언급하는 이 말들을 기억해야 합니다. 자기 관리를 잘하고, 자기와의 관계, 자기의 삶에 철저하며, 자기의 소망은 하늘로 로켓을 쏘듯이 넘치게 위로 올라가야 되고, 이웃과의 관계에서 불의와 죄악은 냉정하게 끊고 또 이웃을 사랑하고 관용하는 데는 요셉과 같이 원수까지 사랑할 수 있는, 자기를 죽인 사람까지도 사랑할 수 있는 자리로 나아가야 합니다. 하나님에 관해서는 의심하지 아니하고 어떤 일이 있을지라도 흔들리지 않는, 우주에 최고이신 하나님 앞에 반석 같은 믿음으로 굳게 서는 사람입니다."[175]

"성령님은 거룩한 하나님의 영입니다. 하나님이 함께하신다는 믿음으로 나아가면 누구든지 예루살렘까지 넉넉히 다가갈 수 있습니다. 오늘도 변함없이 임하시는 성령님과 함께 남은 생애를 한 계단, 한 계단 올라갑시다. 그리하면 주님이 주시는 은혜의 화살, 희망의 화살을 가지고 세

---

173 김삼환, 『네 마음을 지키라5』, 200.

174 김삼환, 『시편강해1』, 178-179.

175 김삼환, 『네 마음을 지키라5』, 323.

계를 향해 나가는 힘 있는 성도가 될 것입니다."[176]

---

176 김삼환, 『오직주님만 알아가는 삶1』, 107.

8.
결론

    은파 김삼환은 경상북도 영양군 청기면 상청 2리에서 태어나, 1980년에 명성교회를 창립하여, 현재 10만여 명의 교인들이 출석하는 우리나라에서 가장 큰 장로교회로 성장시켰다. 그는 기독교 신앙의 이유로 유소년 때부터 아버지로부터 심한 핍박을 받으면서 성장했다. 벽촌의 "새벽 종치기소년"이었던 김삼환은 "특별새벽기도의 창시자와 운동가"로 왕성하게 활동하고 있다. 우리가 김삼환의 설교집을 중심으로 그의 성령론을 분석한 결과 다음과 같은 몇 가지 중요한 결론을 내릴 수가 있다.

    첫째, 김삼환은 "성령의 목회자와 신학자"로 명명될 수 있다. 그의 신앙적 삶과 신학적 사고 곳곳에 성령의 활동과 현존이 일관되고 충만하게 경험되고 있다.

    둘째, 김삼환은 삼위일체론적 성령 이해를 하고 있다. 그에게서 성령은 하나님의 영과 그리스도의 영인 동시에, 성령은 하나님이시다. 성령은 성부와 성자와 동일하게 창조주와 섭리주 및 구속주 하나님이시다.

성령은 '능력('디나미스', δύναμις)'으로 불리며, 능력을 가지고 계신다.

셋째, 김삼환은 특별히 기독론적·인식론적 성령론을 강조하고 있다. 성령에 대한 이 같은 이해는 아우구스티누스까지 거슬러 올라가며, 루터, 칼빈, 마르틴 부처 등 종교개혁자들을 비롯하여 칼 바르트에 이르기까지 개혁교회가 강조하고 지향했던 성령 이해이다. 역사적 예수 그리스도는 성령의 잉태로부터 전(全) 생애 동안 항상 성령과 불가분리의 밀접한 관계 속에 계셨을 뿐만 아니라, 승천 이후 보혜사 성령을 보내시면서 지금도 성령을 통해 일하신다. "여러분께서는 성령이라고 하면 복잡하게 여러 가지로 생각할 수 있을 것입니다. 그러나 성령이 우리에게 역사하시는 길은 하나이기 때문에 그것을 잡으면 쉽게 깨달을 수 있습니다. 왜 성령께서 오셨습니까? 성령은 오셔서 무슨 일을 하셨습니까? 성령은 오셔서 바로 예수를 우리에게 증거하셔서 예수를 믿을 수 있도록 만들어 주는 것입니다. 나를 예수께 안내해주는 것입니다. 예수를 모르는 나에게 예수를 가르쳐주는 일을 성령이 하십니다. … 예수를 우리에게 알게 해주실 이는 성령 한 분밖에 없는 것입니다. … 성령은 우리에게 모든 유익과 은혜를 주시지만 특별히 가장 귀한 것은 나로 하여금 예수 그리스도를 알게 하고 그리스도를 믿게 하는 것입니다."[177]

넷째, 김삼환은 올바른 그리스도인의 총체적인 삶을 성령론적으로 규정한다. 성령과 그리스도인의 관계에서 그가 가장 자주 사용하는 단어가 바로 '영적인' 그리스도인과 '성령 충만한' 그리스도인이다. 성령을 통해 예수 그리스도와 연합하여 중생한 그리스도인은 오로지 성령의 지배와 인도를 받는 삶을 살게 된다. 성령과 믿음을 통해 그리스도로부터

---

[177] 김삼환, 『가까이 계실 때 부르라1』, 151-152; 김삼환, 『오직주님만 알아가는 삶1』, 79-80.

받아 누리고 성취해야 할 구원의 다양한 내용들(중생, 회개, 입양, 칭의, 성화, 견인, 영화 등)은 모두 성령론적으로 규정된다. 영적인 그리스도인과 성령 충만한 그리스도인은 소위 말하는 '산신령'처럼 범인(凡人)이 되는 것이 아니라, 평범한 일상생활과 모든 삶의 영역들 속에서, 곧 가정에서는 좋은 부모, 좋은 자녀, 학교에서는 좋은 교사, 좋은 학생, 일터에서는 좋은 농부, 좋은 어부, 좋은 회사원, 좋은 사장, 사회에서는 좋은 시민, 세계에서는 좋은 세계인이 되는 것이다.

다섯째, 김삼환의 교회 이해는 철저하게 성령론적이다. 성령이 직접 교회를 탄생시키시고, 성령이 교회의 모든 활동들을 이끌어 가신다. 교회는 성령의 '피조물'이고, 성령의 전이다. 동시에 김삼환이 이해한 성령은 교회에 허락된 은혜의 다양한 도구들을 사용하기를 원하신다. 성령은 성경 말씀, 설교 말씀, 성례전, 직분자들, 예배, 기도, 봉사, 교육, 전도, 선교 등을 은혜의 도구로 사용하신다.

여섯째, 김삼환은 성경과 교회사적 경험을 토대로 은사중지론과 편향된 은사중심주의를 지양(止揚)하고, 좌로나 우로나 치우치지 않는 그리스도 중심과, 말씀 중심과, 교회 중심과, 기도 중심의 균형 잡힌 은사 이해를 갖고 있다. 이런 입장은 신학적으로 그리고 목회적으로 세계교회와 한국교회에 매우 중요한 메시지를 던져주고 있다. 종종 세계교회와 한국교회의 신학과 목회와 선교 현장에서 은사중지론은 신앙과 신학과 복회와 선교에 생명력을 불어넣지 못하고, 메마른 기독교를 만들 수가 있고, 그 반대로 편향된 은사중심주의는 교회와 그리스도인의 정상적인 삶을 무질서하게 신비주의적으로 만들 수가 있다. "우리도 잘못하면 은사에 너무 치중해서 은사가 없고 능력이 없으면 아무것도 아닌 것으로 여기기 쉽습니다. 결국에는 내가 믿는 예수도, 그렇게 오랫동안 읽어 온 성경도, 경건한 생활도, 교회도, 하나님의 말씀도 다 사라지고 은사 하나만 붙잡고 따라가게 됩니다. 하나님께서 우리에게 은사를 주시는 것은 믿음 생활에 유익이 있게 하고 예수 믿는 것에 더 힘을 주고자 하는 것이지 은사 자체가 믿음의 대상은 아닙니다. 그것은 하나님의 선물이지 은사를 기독교 신앙의 전체로 생각해서는 안 됩니다."[178]

일곱째, 김삼환은 교회와 그리스도인이 성령의 은사와 성령의 열매를 겸비할 필요성을 주장한다. 그는 이것을 의복에 비유하여 표현한다. "하나님 앞에는 신령한 옷을 입었는데(성령의 은사, 필자 주) 사람 앞에는 옷을 벗었거나 갖추지 못한 사람이 많습니다. 또 반대로 사람이 보기에는 좋은데(성령의 열매, 필자 주) 하나님 앞에는 부끄러운 의복을 입고 있는 사람도 많습니다. 우리는 이 2가지 모두 갖추어야 합니다."[179]

짧은 기간에 크게 부흥 성장한 교회는 은사 중심의 오순절 계통의 교회이거나 교회성장학에 근거한 교회로 생각하는 것이 우리의 통념이다. 그러나 장로교회에 속하면서도 명성교회처럼 짧은 기간에 부흥 성장한 일부 한국 장로교회는 편향된 은사 중심의 성령운동 없이, 교회성장론에 근거하지도 않고, 아주 평범하게 말씀 중심, 그리스도 중심, 교회 중심, 기도 중심, 생활 중심을 통해 부흥 성장한 사례가 상당하다. 김삼환의 성령론에 대한 필자의 연구를 통해 기존의 교회 성장 모델에 대한 통념을 깨뜨릴 수 있었던 것이 연구를 통해 얻은 큰 수확들 중 하나이다. 한국의 상당한 목회자들이 편향된 은사운동과 교회성장학에 대한 세미나에 몰두할 때도 김삼환은 그것에 전혀 관심하지 않고, 그리스도 중심,

---

178 김삼환, 『명성교회 구역장교육2』, 188-189.

179 김삼환, 『교회보다 귀한 것은 없네 12』, 233-234.

말씀 중심, 기도 중심, 교회 중심이라는 전통적 방식 그대로를 다른 각도에서 더욱 활성화하고, 심화시키고, 집중했다는 것이다. 필자는 성령 하나님께서 개혁신학적 성령론이 온 마음과 온 정신과 온몸에 배어 있는 "성령의 신학자와 목회자"인 김삼환을 통해 명성교회를 창립하시고, 성장시키시고, 영광 받으신다고 생각한다.

11장

A Study of Rev. Sam-whan Kim's Understanding of the Spirit

1.
Introduction[1]

1) From "a Bell-Ringing Boy" to "a Founder and Campaigner of Special Early Morning Prayer Rally"

Rev. Sam-whan Kim was born in a small country in Yeongyang-gun, Gyeongsangbuk-do on January 7, 1945. In 1980, he established Myungsung Church, which is currently the largest Presbyterian church in Korea with around 100,000 members. During his childhood, he suffered persecution from his father. "There was a boy in a deep mountain village in Yeongyang-gun. He received the gospel through his mother early, but he underwent persistent opposition and continuous whipping from his father. Nonetheless, he awakened the dawn. Every early morning, he ran to church to ring its bell."[2] "As I wanted to get up early but I did not want

---

1   Chang-uk Byun (Ed.). *Only the Lord: Festschrift in Honor of 'Eunpa' Rev. Dr. Sam-whan Kim's 50 Years of Ministry* (Siloam Press, 2016), 477-539.

2   Sam-whan Kim, *The Pictorial History of Myungsung Church Early Morning Prayer: Early Morning Prayer, Early Morning Tears* (Seoul: Siloam Press, 2014), 29. Hereafter cited as *The Pictorial History*.

II. 은파 김삼환 박사의 신학사상

to arouse my father from seep, I had to wrap up a bowl-shaped clock with cloth and slept curled up with it in my hand."[3] "It took a little bit longer for me to get out of the covers secretly from my father. Even in middle of winter, I had to put on clothes outside of my room. I awakened dawn in the deep mountain village by ringing the bell in this way, even though it took a lot of effort. But the sound of that bell is now awakening the whole world."[4] Such "a bell-ringing boy" in a small mountain village has grown to be "a founder and campaigner of special early morning prayer rally." As his pen name 'Eunpa'(恩波) means "wave of grace," he is raising high waves of grace not only in the Korean church but also in the church worldwide.

Early morning prayer at Myungsung began with its foundation in July, 6 1980. The special early morning prayer rally first began in the same year (September 1 - 30) with 25 church members on September 1, and it has been held in March and September, twice a year, for the last 35 years. Around 70,000 members of the congregation attended the special early morning prayer rally every day in March, 2012. The total number of special early morning prayer rally in September, 2014 totaled around 200,000 people (196,276). A total number of 32,144 congregation members who offered a thousand burnt offerings were recorded in the Guinness Book as of July 6, 2014. In August 29, 2014, the Early Morning Prayer Exhibit Hall opened on the first basement level of Shalom Hall in Myungsung Church, to display all information about all special early morning prayer rallies for the last 35 years.

---

3   Ibid., 31.

4   Ibid., 32.

He did his utmost for early morning prayer his whole life. "I am a pastor who puts an emphasis on early morning prayer. But I know very well that it is not easy. ⋯ It is no exaggeration to say that I staked my entire life on early morning prayer."[5] "There are two things I have emphasized all along until now. One is to experience God's holiness through early morning prayer and the other is to serve others after our training at early morning prayer."[6]

Rev. Kyung-chik Han has continually mentioned the profound influence of Myungsung Church's early morning prayer rally on the Korean church and the world church as follows: "Rev. Kim has done the things of the Lord for the last 30 years. He himself planted Myungsung Church 30 years ago, which has become well known not only in Korea, but also all over the world. Especially, he makes the most precious influence on the Korean church and the world church through the early morning prayer rally. It is a great joy to see that both the Korean church and the worldwide church visit to learn about the early morning prayer of Myungsung Church."[7] Iain R. Torrance, who was the president of Princeton Theological Seminary, visited Korea a few years ago and expressed his thanks for the wonderful effects Myungsung Church had on domestic and foreign churches. "We give thanks to God for the influence of Myungsung Church which works hard to fulfill its responsibility for

---

5   Sam-whan Kim, *Early Morning Tears* (Seoul: Institute of Church Growth, 2007), 22.

6   Ibid., 148.

7   Kyung-chik Han, "Recommendation," in *Call When God is Near* (Seoul: Lifebook Press, 1993), 6.

world mission and for peace and reconciliation through Jesus Christ."[8]

When the 7th International Calvin Conference took place in Seoul, 1998, all the scholars were invited to the special early morning prayer rally of Myungsung Church. When they arrived at the church and were seated at the front row of pew, they came to find for the first time that the church was overcrowded by children, youth students, and all believers. A famous Calvin scholar said, "As soon as I saw the scene of Myungsung Church's early morning prayer service, my theological arrogance and intellectual pride fell headlong to the ground completely, as if an airplane flying in the sky at an altitude of a few thousand feet had suddenly crashed.[9]

2) "A Theologian of the Holy Spirit" and "a Pastor of the Holy Spirit"

Rev. Kim had two concerns in his publication of sermons. "One is to be popular by others and to gain recognition from others. According to the Bible, to be lifted up by others is to be hated by God. And the other is that if sermon books do not sell well and are abandoned by others, which would disappoint [him]."[10] Even though he thinks that his own

---

8   Sam-whan Kim, *Holding the Edge of the Lord's Cloak: 30 Years of Myungsung Church's History in Words: Vol. 1: Only the Lord* (Seoul: Myungsung Church, 2010), 21.

9   Yoon-bai Choi, *Introduction to Calvin Theology* (Seoul: PUTS Press, 2012), 100.

10   Sam-whan Kim, *There's Nothing More Precious than the Lord Jesus* (Seoul: Siloam Press, 2004), 6.

sermons are imperfect, his sermons occupy an important place in his 'right ministry.'

> I wish to be a successful pastor only by doing the right ministry, as all women want to be beautiful. The right ministry gives life to the church, revives the church, and, most of all, makes the church a true church. The secret of the right ministry is to proclaim the right message on the pulpit. Our message should be the same one as the Lord proclaimed at synagogues, and as the apostles like Paul proclaimed. Thus it is fearful and trembling to speak on the pulpit.[11]

As Rev. Kim wants to wrestle with the word of God and proclaim it with fear and trembling, his faith and theology about the word of God are fully reflected in his sermons. Rev. Kyung-chik Han wrote his recommendation for Rev. Kim's sermon book as follows: "The expression 'Only the Lord' indicates his philosophy of ministry and believers actively and lively show that his church is the most biblical church which is full of grace."[12] Therefore, it is very significant to examine his sermon books as a primary source for this paper.

American Calvinist B. B. Warfield has named Calvin as "a theologian of the Holy Spirit."[13] We can call not only Calvin but also all reformers

---

11   Sam-whan Kim, *The Beatitudes* (Seoul: The Lord Only Press, 2004), 2.

12   Kyung-chik Han, "Recommendation," in *Call When God is Near*, 6.

13   Benjamin B. Warfield, "John Calvin the Theologian," in *Calvin and Augustine* (Philadelphia: Presbyterian and Reformed Publishing Company, 1956), 487. "And above everything else he [Calvin] deserves, therefore, the great name of the Theologian of the Holy Spirit."

II. 은파 김삼환 박사의 신학사상

"theologians of the Holy Spirit."[14] An analysis of Rev. Kim's diverse sermons indicates that he is also "a theologian of the Holy Spirit" and "a pastor of the Holy Spirit." Rev. Kim himself refers to Christianity as "a religion of the Holy Spirit" and "a spiritual religion," and he uses the term "being filled with the Holy Spirit" innumerably. The person and work of the Holy Spirit are deeply reflected in his faith, theology, and life. "Christianity is a religion of the Holy Spirit, and a religion of mind. What is in mind is more important. In the name of the Lord, I wish that all of you would be full of the Holy Spirit in your mind."[15] "Christianity is a spiritual religion, which believes in the invisible God, accepts the invisible Jesus as a savior, and follows the invisible Holy Spirit. It is the life of a saint to live a daily life joyfully, and to believe that the hosts of heaven are with us. The blessing of saints is spiritual, and the power of saints is spiritual."[16]

Rev. Kim did not become "a pastor of the Holy Spirit" from the outset. He became so through his existential experience. According to his witness, his severe tuberculosis was healed through the grace of God and the power of the Holy Spirit.

> Before I believed modern medical science more than God regarding diseases. Nonetheless, all my family members and I had all kinds of diseases. I got innumerable shots due to my severe tuberculosis. My

---

14 Yoon-bai Choi, *Introduction to Pneumatology* (Seoul: PUTS Press, 2010), 35.

15 Sam-whan Kim, *Guard Your Heart* (Seoul: Lifebook Press, 1997), 131.

16 Sam-whan Kim, *Love the Lord to Be Happy* (Seoul: Siloam Press, 2009), 41.

stomach and liver were hurt. I even had headaches and arthritis. My wife had the same tuberculosis, while attending me for three years. I searched for all excellent doctors on tuberculosis, taking special medicine and trying all things. I have tried to live life rationally, but not spiritually, even as a believer and a pastor. ⋯ It is God's grace, not modern medical science, that heals my disease. ⋯ In this way, even while working before God, I did not work by the power of the Holy Spirit. This is a real problem. It is spiritual pride before God.[17]

17 Sam-whan Kim, *A Man after the Lord's Own Heart* (Seoul: Siloam Press, 2008), 214-215.

2.
The *Hypostasis* or Person of the Holy Spirit

1) An Etymology of "the Holy Spirit (聖靈)"

Rev. Kim accurately explains that 'spirit(靈),' being referred to as *'pneuma'* in Greek and *'ruah,'* means 'wind(風)' in a biblical theological sense. Then, he asserts that the Holy Spirit is "the Spirit of Christ," while comparing the Holy Spirit to 'sinbaram' understandable to all Koreans.

> 'Spirit' is 'πνεῦμα' in Greek and it means wind. God's wind could change us spiritually, though not physically. One professor who came from America said that 'spirit' is right 'sinbaram' in Korean. If we want to have 'sinbaram,' the real 'divine wind' should rise, not other kinds of wind such as politics, society, or arts. Real divine wind blows joy, ability, and change into our minds and lives, and further, into our society and nation. Hallelujah! Human problems could only be solved spiritually. Therefore, we should belong to the 'spirit.' The Spirit of God should come into us, and we should be ruled by the

Spirit. Only then can we be liberated from sin, the devil, all curses, and death.[18]

And Rev. Kim understands that 'ruah' and 'pneuma,' which means 'wind' and 'movement of air,' are not merely physical wind, but the Holy Spirit which gives life. "The Holy Spirit is holy wind. It makes us love God. It is the wind of vitality and the wind of grace."[19]

> The Holy Spirit is 'ruah (מֹן)' in Hebrew. It means 'movement of air,' and sometimes 'wind,' 'breath,' and 'vitality.' The Holy Spirit is wind. It is invisible, but we can know its power and direction. The spiritual wind coming to human beings is invisible, but we can know its identity. The Holy Spirit works in making us adore God, whereas Satan works in making us love the world.[20]

He takes a step forward to say that the Holy Spirit, which is 'pneuma' with a meaning of wind, enables Christians to bear the fruit of the Holy Spirit.

> When the Holy Spirit comes to me, I could bear good fruit such as love, joy, peace, patience, kindness, goodness, faithfulness, gentleness and self-control. It is not seen to us, when the Holy Spirit works in human beings and church. We can know only the movements of the

---

18 Sam-whan Kim, *Eat Honey* (Seoul: The Lord Only Press, 1997), 137–138.

19 Kim, *Love the Lord to Be Happy*, 48.

20 Ibid., 42.

Holy Spirit like invisible wind. We can know the work of the Holy Spirit in its manifestations in our life.[21]

"God the Holy Spirit is 'Holy Spirit' in English and '*ruah*' in Hebrew. The Spirit of God shows wonderful change, miracle, and power to us, when the Holy Spirit is with us."[22]

2) The Holy Spirit and the Triune God

(1) God the Holy Spirit as the Spirit of God and the Spirit of Christ

Unlike other religions, Judaism and Christianity have affirmed three kinds of spirits. They are spirit as the spirit of God, spirit as the spirit of a good or evil angel, and spirit as the spirit of a human being. Here, let's focus on the first two spirits.[23]

According to Rev. Kim, missionaries who came to Korea baptized those who believed in Jesus Christ in the name of the Triune God, namely, the Father, the Son, and the Holy Spirit.[24] Unlike Judaism, Islam, and the other religions, Christianity has a unique understanding of God, namely, that of the Triune God. The Father, the Son, and the Holy Spirit

---

21   Sam-whan Kim, *Look Straight Ahead* (Seoul: Lifebook Press, 1997), 173.

22   Sam-whan Kim, *The Life of Knowing the Only Lord* (Seoul: The Nexus, 2014), 94.

23   Choi, *Introduction to Pneumatology*, 85.

24   Kim, *A Man after the Lord's Own Heart*, 102.

are God. "The Holy Spirit is one, and the Lord is one. As these are one, all churches are already one in the Holy Spirit."[25] Rev. Kim understands God the Holy Spirit as the Spirit of God. "The Holy Spirit is the holy Spirit of the invisible God."[26]

> The Old Testament expresses the Holy Spirit as 'the Spirit of the Sovereign Lord' (Isaiah 61:1), 'the Spirit of God' (Genesis 1:2). David was so greatly moved by the Spirit of Jehovah to imitate God's character. We have a habit of speaking ill of others. Such lips should be saluted by the tongues of the Holy Spirit, who enables us to speak good words and to have good thoughts. When God moves us, our mind could be changed. There is no medicine to heal our hatred. We can be changed to imitate Jesus Christ only through God's grace.[27]

He takes a step forward to understand the Holy Spirit not only as the Spirit of God but also as the Spirit of Christ.

> Any human being, a believer or not, is supposed to be under a spiritual rule as a creature. Believers who believe God are ruled by the Holy Spirit, who is the Spirit of God, the Spirit of Christ, and the Spirit of truth. The Holy Spirit enables us to know about God, to serve God better, and leads us into the truth. The Holy Spirit keeps us

---

25   Sam-whan Kim, *Vol. 4-2: Let's Serve (Overseas)* (Seoul: Siloam Press, 2011), 191.

26   Kim, *Love the Lord to Be Happy*, 59.

27   Sam-whan Kim, *Expository Sermons 2: the Book of First Samuel* (Seoul: The Lord Only Press, 1999), 183.

and protects us. However, non-believers are ruled by devil and Satan. They are ruled by ghosts and spirits of deception.[28]

(2) God the Holy Spirit as Creator, Provider, and Savior

Rev. Kim understands God as the only object of worship as Creator, Provider, and Savior. Our God creates the heaven and the earth and rules all things and is the God of mercy who delivers us from sins. "We just need to believe that there is the God who creates, rules, and leads all things in the whole world."[29]

> Who is God whom we worship? God is the one who creates the heaven and the earth. God is the one who lives eternally. God is the Almighty One who rules all of humanity and the world. ⋯ First, God is the Creator. ⋯ Second, why do we worship God? It is because God is our savior who delivers us from sin and destruction. ⋯ Third, God always helps us, is with us, and blesses us. ⋯ Fourth, God is the one who blesses our future. With this hope for the future, we have to worship God.[30]

Rev. Kim introduces the thoughts of the Psalms which emphasize our praise of God as Creator and Provider. "The main thoughts of the Psalms

---

28 Kim, *Over the Lord to Be Happy*, 41–42.

29 Kim, *The Life of Knowing the Only Lord*, 28.

30 Sam–whan Kim, *There's Nothing More Precious than God's Words* (Seoul: Siloam Press, 2007), 215– 228.

are as follows. First, they understand God as the Creator of all things in the cosmos (Psalm 136). Thus, we can hear God's sound in sound of thunder, and feel God's breath in wind. It sings that God is only the one and all powerful (Psalm 121:1-2, 148:11-14).[31] Not only the Psalms but also the entire Old Testament emphasizes our right and duty to praise God as creator and provider. "According to the Bible, the Creator who made us is Almighty and is above all things. He is God, Yahweh, and our Father. ⋯ He has diverse names such as 'El,' 'El Shaddai,' 'Yahweh,' and so on. God creates human beings and all things. Thus, we have to adore God the Creator. We have to be in a vertical relationship with God."[32]

Rev. Kim uses the term 'economic Trinity' more than the term 'immanent Trinity,' thinking that the former corresponds to the structure of the Bible and enables easier pastoral application. "We have to believe the rule of the Almighty God. ⋯ We have to believe the Holy Spirit who watches over us. ⋯ We have to believe in the power of prayer in the name of Jesus."[33] "Christianity is a spiritual religion. It believes the invisible God, accepts the invisible Jesus as Savior, and follows the guidance of the invisible Holy Spirit. ⋯ The power of saints is spiritual.[34] "God is in the temple, our Lord is in the temple, and the Holy Spirit is in the temple."[35] "The Holy Spirit should be with us. The Holy Spirit exists where Jesus

31 Sam-whan Kim, *Expository Sermons on Psalms I* (Seoul: The Lord Only Pres, 1998), 7.

32 Sam-whan Kim, *New Generation, New Spirit, New Person* (Seoul: Siloam Press, 2010), 104.

33 Kim, *Expository Sermons on Psalms I*, 20-26.

34 Kim, *Love the Lord to Be Happy*, 41.

35 Sam-whan Kim, *Look at the Stars in the Sky* (Seoul: Lifebook Press, 1997), 233.

exists and should be where we believe Jesus. We may worship without the Holy Spirit. However, such worship could not please God."[36]

As God the Father is the Creator, Provider, and Savior, so also is God the Son the Creator, Provider, and Savior. "Only Jesus Christ, who is the Creator, can give us an answer. Therefore, the Lord is the Way, the Truth, and the Life. ⋯ Jesus Christ is the Lord of salvation, life, and truth, who dies for us, forgives our sins, and accepts us as the children of God."[37] As God the Father and God the Son are the Creator, Provider, and Savior, so God the Holy Spirit is also the Creator, Provider, and Savior.

We may live eternally if the Spirit of Christ dwells in us. We are originally created for eternal life by God. But we come under death because of sin. When our sins are forgiven, the Holy Spirit comes into our mind. The Spirit of the Lord is eternal. The Spirit of the Lord is the Spirit of creation. When the Spirit comes, I can live. Genesis 1:2 says, "the Spirit of God was hovering over the waters." The Spirit exists, even before creation. The Spirit of God, namely, ruah (רוח), prepared for the creation of the heaven and the earth, by hovering over the waters. The Spirit of God is the Spirit of creation. When the Spirit of Christ who creates all things dwells in me, my dead body will be alive. I am dead because of sin. But as spring wind blows and let all things be alive, the Spirit of Christ comes into me and revives my life, putting forth flowers and bearing good fruit. The Spirit of Christ is important. When the Spirit of Christ dwells in me and is with me,

---

36 Kim, *The Life of Knowing the Only Lord*, 88.

37 Sam-whan Kim, *Better Way to Believe in Jesus* (Seoul: Siloam Press, 2010), 52.

the Spirit of Christ provides us what is necessary to the ends of this world. Please always be in communication with God in order to live an abundant life![38]

As God the Father and God the Son are the Creator, Provider, and Savior, so God the Holy Spirit is also the Creator, Provider, and Savior. God the Father, God the Son, and God the Holy Spirit are the Triune God.

The Holy Spirit is our teacher and guide who dwells in our souls. I do not know my life in the future, but the Holy Spirit knows all things about me. ··· Any science does not know the future. There is no one who knows the future. It is only the Holy Spirit that knows all these things, because the Holy Spirit knows even the depth of God. The Holy Spirit is God who dwells in my mind, letting me know my future and empowering us to avoid and overcome hardships. Angels are without me, whereas the Holy Spirit is within me. Angels are sent to lead things of the present for us, whereas the Holy Spirit helps prepare us for things of the future and also to realize them. The Triune God will guide us in all aspects.[39]

---

38   Kim, *Eat Honey*, 140.

39   Sam-whan Kim, *The Lord Who Knocks at Your Door* (Seoul: Siloam Press, 2009), 192-193.

(3) The Holy Spirit as 'Counselor'

Rev. Kim accurately explains "Counselor" biblical-theologically.[40] "Today's Scripture calls the Holy Spirit 'Counselor' (John 14:16), which is '*Parakleitos* (παράκλητος).' '*Parakleitos*' means a counselor, a consoler, a spokesperson, and a mediator. ⋯ The Holy Spirit consoles us and helps us whenever we are sad, lonely, and heavy with worries. We have to get the help of the Holy Spirit in this disturbed world. We were originally created by the love and grace of God to live under the protection and consolation of God. The Spirit of God leaves us because of our sins. But the Holy Spirit comes back to us, thanks to Jesus Christ who died in blood on the cross. ⋯ The Holy Spirit is our teacher, mother, and shepherd."[41]

> I hope that the Counselor, the Holy Spirit is with you. ⋯ The Holy Spirit helps in me. I believe that the Holy Spirit works in me to be a good parent, a good wife, a good citizen, a good believer, and an international figure.[42]

(4) The Holy Spirit as 'Power'

Rev. Kim understands the Holy Spirit as power, and as the powerful God. "The Holy Spirit is power. The Holy Spirit can defeat any enemy,

---

40 Kim, *The Life of Knowing the Only Lord*, 78-107.

41 Sam-whan Kim, *Vol. 2: Seasonal Sermons: Overflowing Gratitude* (Seoul: Siloam Press, 2010), 157-159.

42 Ibid., 162.

and can do anything. How good it is for us to have power to do all things! But there is no person like that. The Holy Spirit gives us all power. ⋯ We are weak, but we can have victory with the power of the Holy Spirit. The Holy Spirit gives us faith by which we can believe Jesus better, and the power of love which restores a relationship between you and me."[43] "The Holy Spirit has power. Whoever is with the Holy Spirit becomes a powerful child. The word dynamite originates from 'dynamis (δύναμις)' which means power. The 'dynamis,' namely, power which God gives us through the Holy Spirit, empowers and liberates us to defeat sin and devil and to live a victorious life. The 'dynamis,' namely, power which God gives us is pure and natural. There are no side effects. ⋯ Only the Holy Spirit protects and take care of all my life with tens of thousands of chariots of fire and horses of fire."[44]

(5) Satan and Devil as the Evil Spirit

According to Rev. Kim, 'Satan' in Hebrew means 'an antagonist.' "It is an enemy of God, an enemy of righteousness, and an enemy of church."[45] Jesus Christ loved even His enemies, but he hated Satan working in human beings and considered Satan as an enemy.[46] Satan was originally an angel in the kingdom of God, but he fell and came down

---

43   Kim, *Better Way to Believe in Jesus*, 120.

44   Kim, *The Life of Knowing the Only Lord*, 106.

45   Kim, *A Man after the Lord's Own Heart*, 41.

46   Ibid.

onto this Earth. Satan brings about sufferings and unhappiness to the saints.[47]

Regarding the relationship between the Holy Spirit and Christian life, Rev. Kim often mentions evil spirits.[48] "If you adore God, the Holy Spirit comes to you and angels as a messenger of God come to take care of your house. However, if you do not adore God, Satan would come to cover the house with hardships, temptations, diseases, and disasters."[49] "Christianity finds the fundamental cause of all problems in Satan."[50] Satan came to this earth with its own subordinates. Satan is an evil spirit, a deceiving spirit, a false spirit, and an agonizing spirit.[51]

---

47   Kim, *Expository Sermons 2: the Book of First Samuel*, 199.

48   Kim, *A Man after the Lord's Own Heart*, 41-63.

49   Sam-whan Kim, *Holding the Edge of the Lord's Cloak II* (Seoul: Siloam Press, 2003), 41.

50   Kim, *Holding the Edge of the Lord's Cloak II*, 182.

51   Ibid., 202-203.

3.
The Holy Spirit and Jesus Christ: Jesus Christ as the Messiah, and as the Bearer and Sender of the Holy Spirit

1) Jesus Christ as the Messiah

Being based on his analysis of 'Christ (Χριστός)' in Geek and 'Messiah (מָשִׁיחַ)' in Hebrew, he traces an inseparable relation between the Holy Spirit and Christ. In the Old Testament, 'Messiah' refers to 'the one who is anointed with the Holy Spirit.' According to him, a Christian who is anointed with the Holy Spirit can live a spiritually abundant life, thus relating the priesthood of all believers to pneumatology in the perspective of reformed theology.

Isaiah prophesied that the Messiah would be full of the Spirit of Jehovah (Isaiah 11:2). And in fact, Jesus experienced the presence of the Holy Spirit in his baptism (Mark 1:10). We cannot do God's work without being filled with the Holy Spirit. With God's grace, believers can live in a prison like the kingdom of God. God gives us power. We have to be anointed by God. Then we could realize the Word of God and experience wonderful things. ⋯ When the Holy Spirit comes into our minds, our lives will be full of peace, joy, and thanks.[52]

Calvin, being much influenced by Martin Bucer, systematized the threefold offices such as king, prophet, and priest (munus triplex) of Jesus Christ dogmatically.[53] Like Martin Bucer, Calvin understood the threefold offices of Christ in the perspective of Christ as the Messiah, that is, in the perspective of pneumatology. Interpreting the word 'Jesus Christ,' Rev. Kim rightly relates the threefold offices of Jesus Christ to pneumatology.

The word 'Jesus Christ' is a combination of the name on the Earth and the name in the heaven. Christ means the anointed one. There are three cases for anointment in Judah, namely prophet, priest, and king. ⋯ The Lord is Christ, and the living Son of God. The Lord is a prophet, a king, and a priest. The Lord as a priest forgives sins of all people. Our Lord is the Son of God who dies in blood on the cross and forgives sins of all people.[54]

---

52   Kim, *Expository Sermons 2: the Book of First Samuel*, 117–118.

53   Choi, *Introduction to Calvin Theology*, 157.

54   Kim, *Look Straight Ahead*, 457–459.

2) Jesus Christ as the Bearer and Sender of the Holy Spirit

The New Testament in particular always maintains an inseparable relationship between the Holy Spirit and Jesus Christ.[55] It also defines a relationship between the Holy Spirit and Jesus Christ as a double relation. That is to say, the first one is that between the Holy Spirit and the historical Jesus Christ as the bearer of the Holy Spirit, and the second one is that between the Holy Spirit and the elevated Christ as the sender of the Holy Spirit. The first one is emphasized mainly in the Synoptic Gospels, while the second one is emphasized mainly in John and the Pauline letters. However, these two are neither separative nor contrastive, but they are mutually complementary.[56] "The man on whom you see the Spirit come down and remain is he who will baptize with the Holy Spirit (John 1:33)." This shows that these two are perfectly one in the person and work of Jesus Christ.[57]

While understanding an inseparable relationship between the Holy Spirit and Jesus Christ fully, Rev. Kim also has a distinct perspective on each of the two. According to him, as the bearer of the Holy Spirit, the historical Jesus Christ on the earth lived together with the Holy Spirit. "Jesus, being conceived by the Holy Spirit, came to this Earth and lived by the Holy Spirit."[58] "From beginning to end, Jesus lived with the Holy

---

55   Choi, *Introduction to Pneumatology*, 88.

56   Ibid.

57   Ibid.

58   Kim, *The Life of Knowing the Only Lord*, 98.

II. 은파 김삼환 박사의 신학사상

Spirit. An angel of the Lord appeared in a dream on the way to Egypt and back (Matthew 2:13, 19). When Jesus was baptized, the Holy Spirit descended like a dove on His head (Matthew 3:16). He prayed, being led by the Holy Spirit (Matthew 4:1)."[59] It is so surprising that Rev. Kim says that Jesus was already filled with the Holy Spirit even before his public ministry. God poured out the Holy Spirit to Jesus Christ infinitely before His public ministry. The Holy Spirit was always over him. Therefore, in the Gospels, each step and each word was filled with the grace, glory, and blessing of the infinite God."[60]

Jesus Christ on the Earth, being filled with the Holy Spirit within redemptive history, worked all his life as the bearer of the Holy Spirit. But he promised to send the Counselor, the Holy Spirit to his disciples after his resurrection and ascension into the heaven. Jesus Christ, who was risen and ascended into the heaven, finally sent the Counselor, the Holy Spirit to the attic of Mark at Pentecost. "For a very long time, the disciples longed for the Holy Spirit whom Jesus had promised to send. Then, they experienced the presence of the Holy Spirit. God makes us wait for God's time, not for human time."[61] That is to say, Jesus Christ, as the elevated one after his resurrection and ascension into the heaven, sends the Holy Spirit and works as the sender of the Holy Spirit. "Jesus promised that, after his ascension into the heaven, he would send the advocate, the Holy Spirit to be with us and in us eternally (John 14:16-17). Therefore, I can

---

59   Kim, *The Lord Who Knocks at Your Door*, 197.

60   Sam-whan Kim, *Oh! The Acts of the Apostles* (Seoul: Siloam Press, 2005), 116.

61   Kim, *Expository Sermons 2: the Book of First Samuel*, 132.

live a life to be with the Holy Spirit in me, not to look at God at a far distance."[62] "After His ascension into heaven, the Lord sent the Holy Spirit as the gift to us. This is the highest gift of blessing which the Lord gave us. The Holy Spirit functions like a mother."[63]

Rev. Kim maintains that an important work of the Counselor, the Holy Spirit is to let us know Jesus Christ. By this, he emphasizes a Christological and epistemological pneumatology.[64]

> You may be confused about the Holy Spirit. But the work of the Holy Spirit is just one. Why did the Holy Spirit come? And what did the Holy Spirit come to do? The Holy Spirit comes to bear testimony to Jesus for us to believe in Him. The Holy Spirit leads me to Jesus and teaches me about Jesus. So the Holy Spirit is our teacher to let us know Jesus. And the Holy Spirit leads us as Counselor and Guide. Where to? The Holy Spirit leads us right to Christ. You may think that you believe Jesus, but even this is a result of the work of the Holy Spirit upon you. ⋯ There is no one except the Holy Spirit who teaches us to know Jesus. ⋯ The Holy Spirit gives us all benefits and grace, but what is the most precious thing is to enable us to know and believe Jesus Christ.[65]

Believers who believe in Christ through the Holy Spirit form the

---

62   Sam-whan Kim, *Rejoice in the LORD* (Seoul: Siloam Press, 2000), 183.

63   Kim, *Look Straight Ahead III*, 62-63.

64   Choi, *Introduction to Pneumatology*, 24-25.

65   Kim, *Call When God is Near*, 151-152; *The Life of Knowing the Only Lord*, 79-80.

church. That is to say, the early church was born through the Holy Spirit whom the risen Christ sent.[66] "We thinks that the beginning of pneumatology is Christology and the end of pneumatology is ecclesiology. That is to say, the norm to discern spirit is the Spirit of Christ which creates church."[67]

> The early church came into existence through the Holy Spirit at Pentecost after the ascension of Jesus. The Holy Spirit still works in us, preparing all saints called before God for living a life as God's people, and for fulfilling its mission.[68]

---

66 Kim, *The Life of Knowing the Only Lord*, 28.

67 Choi, *Introduction to Pneumatology*, 24–25.

68 Sam-whan Kim, *Expository Sermons on Psalms III* (*Seoul: The Lord Only Press*, 1999), 130.

4.
The Holy Spirit and Christians

Rev. Kim uses two important expressions in order to express a characteristic of Christian life which is absolutely inseparable from the Holy Spirit. They are "spiritual" life and a life "filled with the Holy Spirit." Those who are filled with the Holy Spirit and are spiritual are full of the gifts and the fruit of the Holy Spirit, and those are led by the personal guide of the Holy Spirit in all areas of life.[69] According to him, the most important thing to become a child of God is to be "filled with the Holy Spirit," and "a spiritual person," even though there are many other things to be done such as accepting Jesus Christ as Savior, confessing him as the Son of God, realizing one's own sins, relying on him alone, being baptized,[70] attending church on Sundays, and getting through prayer, faith, tithe, service, loyalty.[71] "What is the most precious for a human

---

69   Choi, *Introduction to Pneumatology*, 127.

70   Kim, *The Lord Who Knocks at Your Door*, 213-199.

71   Ibid., 216-220.

442

II. 은파 김삼환 박사의 신학사상

being? Do we have to be content and enjoy grace and glory, only when we have something? The highest gift of God is the Holy Spirit, who makes us all precious."[72]

"Christianity is spiritual religion. The Christians believe in the invisible God, believe in the invisible Savior Jesus, and are lead by the invisible Holy Spirit. By the help of the Holy Spirit, Christians live joyfully everyday, and we, as Christians, believe the angels are with us. The blessings of saints are spiritual blessings. The strength of the saints are spiritual strength. Believers and non-believers are all spiritual beings who are ruled by the Spirit. We the saints who believe in God are ruled by the Holy Spirit."[73]

> There are two kinds of human life. The one is to live a spiritual life, and the other is to live a physical life. ⋯ Who is then a Christian? According to today's Scripture, 'a human being of Christ' refers to the one who has the Spirit of Christ in oneself. ⋯ The one in whom the Spirit of Christ dwells is called a Christian. Otherwise, such a person could not be called a Christian. Christians see all things spiritually. Especially when we see Jesus Christ spiritually, Jesus Christ is the light, the truth, and the savior. But when we see Jesus Christ physically, Jesus Christ is just the one who is humbled. He was born as a son of a carpenter in a stable, and his friends were all poor and sinners. He was always with the possessed, the sick, and the weak. Jesus lived

---

72 Kim, *Rejoice in the LORD*, 180.

73 Kim, *Love the Lord to Be Happy*, 41.

in this ways and died on the cross at the age of 33. But when we see Jesus Christ spiritually, Jesus Christ is the King of kings who came to this world to save us as sinners.[74]

A spiritual person starts from an individual life in which one's own spirit and mind are changed through the Holy Spirit, and then extends towards all areas of family, church, society, nations, and the world. Thus, a spiritual person is absolutely oriented towards "the kingdom of God."

A person who is filled with the Holy Spirit proclaims the gospel in one's own life, fulfills one's own responsibility in all the ares of life, worship and love God, and serve and love others. "To be filled with the Holy Spirit does not mean to suddenly become a special person. It means that one's own mind is changed. The Holy Spirit comes into us, forming good character in us to become a child of God."[75] "A child of God has to change one's own mind by being filled with the Holy Spirit and has to live a good life. A child of God has to be commended on one's own good character."[76]

> A Spirit-filled person is an ordinary one who is needed in my home and in my life, who loves and serves others, who praises and adores God the Father and enjoys God, and who proclaims the gospel and makes all efforts in mission. A Spirit-filled person is the most

---

74 Kim, *Eat Honey*, 132-133.

75 Kim, *A Man after the Lord's Own Heart*, 107.

76 Sam-whan Kim, *Vol. 1: Sunday Sermons: the Father, and the Father's House* (Seoul: Siloam Press, 2010), 274.

beautiful person, who eats well, sleeps well, and knows how to en-joy.[77]

Rev. Kim argues that the life of Jesus Christ and that of Paul was really filled with the Holy Spirit. Paul proclaimed the gospel while making tents in his ordinary life. And Jesus Christ was crucified on the cross at the end of his life, while working as a carpenter centering on family all his life except the three years of public ministry. To live a life filled with the Holy Spirit is to be humbly loyal to one's own ordinary life and to give thanks to the grace of God.

> The apostle Paul was the greatest spiritual leader who, being full of the Holy Spirit, proclaimed the gospel to the whole world. He pro-claimed the gospel, while making tents for his whole life. ⋯ Paul did not live as if he were a mountain ghost. Like us, he ate the same food and slept in the same way, but also proclaiming the gospel. This is a person full of the Holy Spirit. ⋯ Who is Jesus? He is God. But how did he live on this Earth? He lived a life as a carpenter, together with his parents and brothers at his hometown. ⋯ People blessed before God are supposed to live this life. It is like a Spirit-filled life in which they are faithful to their ordinary things and humble themselves. It is a life which gives thanks to God's grace.[78]

---

77   Kim, *Love the Lord to Be Happy*, 60.

78   Ibid., 60-61.

Rev. Kim relates a Spirit-filled life directly to ethics, by understanding that a Spirit-filled life is to live a good life at one's own workplace by realizing the grace of the atonement of Jesus Christ.

> Jesus died on the cross for us. What did he say to us? He told us to be good fathers and good mothers, to be good students and good workers in our businesses, villages, or positions. To be good politicians, good farmers, good fishers, only after realizing the Lord's grace. A driver needs to do one's best to serve a customer kindly and to proclaim the gospel. This is a way of repaying God for grace. This is a life to be filled with the Holy Spirit.[79]

And a person of the Holy Spirit is a person of faith. Rev. Kim understands that faith does not come from within a human being, but it is a gift God which is given from above. "Faith is God's gift which is given from above. Great faith, strong faith like a rock, powerful faith, unchanged faith and so on are all God's gift."[80] That is to say, faith is the gift of the Holy Spirit. "Faith is to believe that God creates all things in the cosmos. We have to believe that, as God has the word and wisdom, God creates all things and human beings with the word. And we have to believe that God sent the only Son Jesus Christ as our Savior. Jesus is my Lord. God is my Father."[81]

---

79 Ibid., 63.

80 Kim, *A Man after the Lord's Own Heart*, 101.

81 Kim, *Rejoice in the LORD*, 212.

"A person who accepts Jesus Christ as one's Savior is called a Christian. A Christian is a child of God, and thus called 'saints (聖徒).' A Christian can live a life which is spiritually regenerated by the Holy Spirit. A Christian live in the world, but believe God, becomes God's child, and live as people of the kingdom of God. This is altogether God's grace."[82]

"Then what is our saintly life like? It is not a life which is ruled by knowledge, reason, or flesh. Instead, it is a life in which we accept Jesus Christ and live as God's children. The Holy Spirit dwells in us. Therefore, the Holy Spirit rules and governs my character and life. And we have to obey the Holy Spirit for whatever we may do, visible or invisible."[83]

Rev. Kim urges Christians to receive the grace of the Holy Spirit in order to live a right life of faith. "We should receive the grace of the Holy Spirit. The work of the Holy Spirit, to be filled with the Holy Spirit, the regeneration of the Holy Spirit, the guidance and accompaniment of the Holy Spirit, the sealing of the Holy Spirit, and the protection of the Spirit are all the gifts of God."[84]

1) The Holy Spirit and Rebirth (Regeneration)

Rev. Kim rightly argues for human "total depravity" based on the Bible and Calvin. "The Bible says that human beings are born as a sinner

---

[82] Sam-whan Kim, *Go to Jesus* (Seoul: Siloam Press, 1998), 421.

[83] Kim, *Guard Your Heart*, 291.

[84] Kim, *A Man after the Lord's Own Heart*, 106.

(Psalm 51:5, Romans 3:23). Calvin, a French reformer (Jean Calvin, 1509~1564) called it "total depravity." Psalm 51:5 says, 'Surely I was sinful at birth, sinful from the time my mother conceived me.' What is sin? It is to leave God. It is to be a servant of devil by committing a sin through leaving God. It is to be ruled by Satan. Satan entices us to commit more sins, to commit suicide, and to break down family life."[85]

Therefore, all human beings should be regenerated and born again through the Holy Spirit. Otherwise, we cannot be a Christian. "A person who is not regenerated and filled with the Holy Spirit is like a seed falling in thorns. Thus, such a person comes to church, prays with tears, and serves hard, but with no fruit mainly because of concern and greed in the world. Such a person is a humanist who hopes for the physical, and serves two masters."[86] "Whoever believes Jesus needs to be regenerated by the Holy Spirit. A regenerated life needs to see another top on the top and to see another goal after one goal."[87] "1 Corinthians 12:3 says, 'no one can say, 'Jesus is Lord,' except by the Holy Spirit.' Without the help of the Holy Spirit, we cannot believe God and confess Jesus as our Savior."[88]

Repentance is not possible without the help of the Holy Spirit. "According to the Bible, repentance is not possible, if its opportunity passes by. It is no good, if its opportunity passes by. ⋯ We should not postpone our repentance before God. Instead, we should say as soon as

---

[85] Kim, *New Generation, New Spirit, New Person*, 109.

[86] Sam-whan Kim, *Expository Sermons 1: the Book of Ruth* (Seoul: The Lord Only Press, 1998), 50.

[87] Sam-whan Kim, *Thematic Sermons on the Church: Alive Church, Alive You* (Seoul: Siloam Press, 2013), 133.

[88] Kim, *There's Nothing More Precious than God's Words*, 75-76.

possible, 'Lord, I was wrong. Please forgive my sins.'"[89]

2) The Holy Spirit and Adoption and Seal

Rev. Kim states that it is so precious to be adopted as a child of God through the Holy Spirit. "What is the most precious thing in your life? What is the most important thing? It is to become a child of God. It is the fact that the God who created the heaven and the Earth is our father. This is the most precious thing. There is nothing more precious than this fact that I am a child of God."[90] "Why did God send Jesus Christ into this world? God did so to embrace us as God's children. We are to be God's children by believing the Son Jesus Christ. We are blessed to adopted."[91]

"The Holy Spirit witnesses that you are the child of God. Thus if you do not live a life as God's child, you would be distressed at the work of the Holy Spirit. As you are God's child, you might hear the sound of the Holy Spirit in your mind."[92] "How do we know that God is my father? Because the Holy Spirit comes into me to witness that I am God's child."[93] "A life without the Spirit is almost dead, and a dry bone. A life with the Holy Spirit is a living life which pleases God."[94]

---

89 Kim, *Guard Your Heart*, 143.

90 Kim, *Rejoice in the LORD*, 51.

91 Ibid., 53.

92 Ibid., 60.

93 Ibid., 182.

94 Ibid., 181.

The children of God have to have a seal of the Holy Spirit. "What God? God the Holy Spirit. This is the seal. ⋯ You may ascertain your children and friends by faith or by voice. But God does not see you by face, but by the seal of the Holy Spirit in your soul."[95]

3) The Holy Spirit and the Union with Christ

Rev. Kim compares the union of Christians with Christ to being grafted into seedlings. Christians as a wild olive shoot are united with Christ as the true olive tree by being grafted into Christ through the Holy Spirit.

> To be grafted into Christ and to be one with Christ are very precious. ⋯ This metaphor shows that all are all olive trees, but only wild olive shoot. We are worthless and useless. I cannot be saved by myself, and I cannot go to the heaven by myself. But I am grafted into Christ as the true olive tree.[96]

Being grafted into Christ through the Holy Spirit, Christians have to keep fellowship and communication with the Holy Spirit. Otherwise, Christians would be spiritual orphans.

I am enabled to be grafted into Jesus Christ by the Holy Spirit.

---

95   Kim, *Look Straight Ahead*, 199.

96   Kim, *Call When God is Near*, 156-157.

Thus we need to have the help of the Holy Spirit. We may be an orphan without the Holy Spirit. Hearing the voice of the Holy Spirit, being moved by the Holy Spirit, and being taught by the Holy Spirit, we are enabled to see the Lord, to love the Lord, and to walk with the Lord. The Holy Spirit gives us determination and courage by which we could overcome worldly temptations. The Holy Spirit takes us into Jesus and lets us believe Jesus.[97]

4) The Holy Spirit and Justification

According to Rev. Kim, only the Holy Spirit and Jesus Christ can deliver us from evil and injustice, and enable us to a great person. We can be born as a new person by repenting through the Holy Spirit. Christians get cleanliness, holiness, and justification through the Holy Spirit of God in the name of the Lord Jesus Christ.[98]

5) The Holy Spirit and Sanctification

According to Rev. Kim, the Holy Spirit sanctifies us and all our life. "With the Holy Spirit in your mind, your mind, word, and life would be cleansed. Your clothes and makeup should be clean. When you adore

---

97 Ibid,, 158.

98 Kim, *New Generation, New Spirit, New Person*, 98-99.

God, God would make your life holy and clean."[99] He explains what the life of saints is like very inclusively.

> What is the life of the saints like? It is to go forwards. The life of saints is to accept Jesus as Savior, to believe Jesus, and to be free from all sins by repentance, and to leave all unrighteous life under devil. It is a life in which the Lord becomes the Lord of my life, the almighty God becomes my father, and God as the Immanuel leads and accompanies my life to the eternal kingdom of God.[100]

Commenting on Ephesians 4:24, he explains the contents of the holy life of Christians. "Verse 24 says, 'and to put one the new self, created to be life God in true righteousness and holiness.' Righteousness is faith. It is to believe Jesus as Savior. Truth is a life to follow the word of God. To pray, worship, and read the word of God is the holy life before God."[101]

Living a holy life through the Holy Spirit, your person would be changed and your goal of life would be clear. "God's child should be changed by the Holy Spirit to be a good saint. ··· A person who is with the Holy Spirit in one's soul is different from a person who is not so. With the presence of the Holy Spirit, a goal of life would be clear, pious, beautiful, and glorious. But the presence of the Holy Spirit does not make us become angels. In a word, it is to be a good person."[102]

---

99   Kim, *There's Nothing More Precious than God's Words*, 81.

100   Ibid., 178.

101   Ibid., 188–189.

102   Sam-whan Kim, *Vol. 1: Sunday Sermons: the Father, and the Father's House* (Seoul: Siloam Press),

6) The Holy Spirit and Perseverance (堅忍)

The Holy Spirit is our teacher, teaching us all things, touching us through the word of God, and reproaching and advising us. The Holy Spirit is like our mother, consoling our exhausted body and mind, encouraging us, and embracing us into the bosom of God. The Holy Spirit plays a role of our father, keeping us from hardships and crises, and protecting us. And the Holy Spirit becomes our guide and guardian.[103] "To the end the Holy Spirit protects to the end those who adore God, are chosen by God, are with God. The Holy Spirit helps my family, my health, and my soul to overcome a lot of enemies and crises."[104]

274.

103 Kim, *The Life of Knowing the Only Lord*, 91-92.

104 Ibid., 101.

5.
The Holy Spirit and the Church

1) The Holy Spirit as the Founder and Leader of the Church

Generally speaking, the Roman Catholic Church maintains "an institutional and sacramental pneumatology," which has a tendency to understand that the Holy Spirit is subordinate to church and church is above church.[105] We could not agree with this position. "The Holy Spirit is not subordinate to church as shown in an institutional and sacramental pneumatology (Church ≥ the Holy Spirit). On the contrary, the Holy Spirit leads, guides, and goes before church (The Holy Spirit 〉 Church)."[106]

According to Rev. Kim, what is important in the relationship between the Holy Spirit and church is that the Holy Spirit gives birth to the church. That is to say, church is the creature of the Holy Spirit. "After

---

[105] Choi, *Introduction to Pneumatology*, 18-19.

[106] Ibid., 19-20.

Jesus' ascension into the heaven, church was born through the Holy Spirit. Even now the Holy Spirit comes into us and works. The Holy Spirit changes and renews all saints called before God, and helps the church fulfill its role of mission."[107]

Rev. Kim provides a clear answer pneumatologically to a question about what the church is. "What is church? It is a place where the saints come together through the Holy Spirit. As people gather together with one purpose of tour, people gather together in church through the Holy Spirit. ··· It is not our own ability for many people to come to church every Sunday, even though they are too busy and exhausted. Who leads them to come to our church? It is the Holy Spirit that calls the children of God into this church. Church is 'ecclesia,' namely, a place of meeting. Who leads the meeting? Only the Holy Spirit leads it."[108]

Giving some examples in church history from the ancient church to contemporary church, Rev. Kim emphasizes that "the Lord of church is the Holy Spirit," and the Holy Spirit leads church. This perspective essentially conflicts with "an institutional and sacramental pneumatology." "The Holy Spirit is the pillar and power of church, and the Holy Spirit is the Lord of church."[109] "Now we live in a period of church, in which God is glorified and works through church. The Holy Spirit works through church."[110] "It is the Holy Spirit, not Jesus, which opens the gate

---

107 Kim, *Expository Sermons on Psalms III*, 130.

108 Kim, *Vol. 2: Seasonal Sermons: Overflowing Gratitude*, 180.

109 Kim, *Look Straight Ahead*, 67.

110 Kim, *Call When God is Near*, 13.

of church. It is the Holy Spirit, not Jesus, that begins church. The early church, namely the Jerusalem church, began only through the coming of the Holy Spirit. Only the coming of the Counselor, the Holy Spirit began a period of church and a period of the Holy Spirit."[111]

> By what is the church here? ⋯ Fabulous wealth, power, organization or thought cannot last more than one century. How could church walk unceasingly for the last two thousand years? Who has led church until here? It is the Holy Spirit who has led church. The church has remained here by the Holy Spirit. The Lord of the church is the Holy Spirit, whether 2,000 years ago, or today, or whether in jungle or in Manhattan.[112]

According to Rev. Kim, all things of saints inside and outside church are not merely things of saints. The Holy Spirit is the holy Spirit of the invisible God. Even though the Holy Spirit is invisible to us, the Holy Spirit takes care of and lead "saints and all things inside and outside church" with his eyes like blazing fire.

> The Holy Spirit is the Spirit of the invisible God. The Holy Spirit looks and leads all things inside and outside, saints and church with his eyes like blazing fire. The Holy Spirit solves problems, revives the church, and helps the church fulfill its entire mission. The Holy Spirit

---

111 Kim, *Oh! The Acts of the Apostles*, 96–97.

112 Kim, *Love the Lord to Be Happy*, 59.

leads the church of the Lord. The Holy Spirit guards and protects church from any persecution and hardship. The church remains un-diminished even the crisis of political upheaval and wars, because the church is operated by the Holy Spirit.[113]

Rev. Kim ardently hopes that Myungsung Church would be filled with the Holy Spirit like the church of Antioch. "The Antioch church is, most of all, so filled with the Holy Spirit that it could be an exemplary church to overcome all hardships and to fulfill its mission very well to the end. There would be many obstacles in the way forward of Myungsung Church. However, it should be an Antioch Church in this period, by being filled with the Holy Spirit and by fulfilling its missions very well."[114]

2) Church as the Temple of the Holy Spirit

The church is a holy temple, namely, a holy house which is created by the Holy Spirit and in which the Holy Spirit dwells. "God is in the temple, our Lord is in the temple, and the Holy Spirit is in the temple. 1 Corinthians 6 says that our body is the temple of God. The Lord dwells in our body. What I have to do is prayer. When we pray to God, God would listen to my prayer, and enable us to live as the holy temple where the

---

113 Ibid., 59–60.

114 Kim, *Thematic Sermons on the Church: Alive Church, Alive You*, 155.

Lord dwells."[115]

Rev. Kim considers an external building and all religious ceremonies within the church to be important. Nonetheless, he understands that the presence and work of the Holy Spirit are the most decisively important. "How well we may build a church very well, it is fake if the Holy Spirit does not dwell there. How well choir may sing, and how well a pastor may preach, the life of church is in the presence of God. What God? God the Holy Spirit!"[116]

Rev. Kim's metaphors of the church as a well and a spring can be understood as those of the church as the well and spring of the Holy Spirit for the church. That is to say, The well and spring of the Holy Spirit are in the temple of the Holy Spirit. "What is the church? It is a well which the Lord digs through his crucifixion on the cross. There is no spring in this world. Even though we drinks water from this world, our fundamental thirst is not quenched. However, water which the Lord gives is different from water of this world."[117]

"The church is like a spring. We have to live a good life in church to get abundant water for our souls. We should not leave the church ⋯ Church is a place where dry souls come to get living water in their souls. ⋯ When the Holy Spirit comes to break our stubborn souls, a spring of grace gushes out. The biggest crisis is that souls are contaminated. We have to keep a lively soul full of vitality before this crisis. If you want to have a

---

115 Kim, *Look at the Stars in the Sky*, 233.

116 Kim, *Look Straight Ahead*, 199.

117 Kim, *Eat Honey*, 324.

healthy soul, a river of living water should overflow in it."[118]

3) The Holy Spirit and the Word

Rev. Kim understands that it is due to the work of the Holy Spirit that the Bible as the word of God is inerrant in one jot or one title. That is to say, the Bible is the written Word of God by the prophets and apostles inspired by God the Holy Spirit.

> The first of the 27 books in the New Testament is Mark. ⋯ The Gospels were written by Matthew, Mark, Luke, and John about Jesus from his birth to all things in his life. These were not scholars. But as they were full of the Holy Spirit, they could write about the life of Jesus. And all records are in harmony with one another. Even today's scholars could not know such a wonderful secret. How wonderful is it? This is so because it was written only by the Holy Spirit. Thus, those who speak through the Holy Spirit are very different.[119]

Rev. Kim affirms that it is also due to the work of the Holy Spirit that the Bible is understood to us as the word of God today, which moves us and gives us grace. Calvin calls this "the internal illumination of the

---

118 Sam-whan Kim, *There's Nothing More Precious than the Church* (Seoul: Siloam Press, 2004), 168-169.

119 Kim, *Oh! The Acts of the Apostles*, 217-218.

Holy Spirit (*testimonium Spiritus sancti internum*).**120**

> Whenever we hold the March special early morning prayer rally,
> God gives me power, grace, help, spiritual strength, word, and secret
> in all aspects. God lets me know what I witness. I only prepare myself
> for what the Lord takes me into. It is not from my study, not from
> my power, but from the Holy Spirit. The Holy Spirit gives me pro-
> found and mysterious words. Thus, while preparing for sermons, I am
> first moved to shed tears. I am only grateful that God the Father gives
> me such a secret word.**121**

Rev. Kim puts much emphasis on the Word of God in his life of
faith and ministry. "The Word is the norm. Christianity is a religion of
the Word. God created the heaven and the earth by the Word in the
beginning, and gave the Word through prophets in order that all people
could realize God's will. Later, the Word of God became flesh and came
to this earth. ⋯ We have to build by the right Word of God. ⋯ It is the
same with ministry. To be a pastor in a big church is not important. To
serve as a pastor following the Word of God is more important."**122**

Even though the Word of God is important, Rev. Kim also
emphasizes that the Word of God should be understood with regards to
its intimate relation with the Holy Spirit. "We can realize the Word of

---

120 Choi, *Introduction to Calvin Theology*, 118.

121 Kim, *Oh! The Acts of the Apostles*, 215.

122 Sam-whan Kim, *Expository Sermons on Psalms IV* (Seoul: The Lord Only Press, 2006), 48-50.

God through the Holy Spirit. Otherwise, we could not realize the Word of God, because we belong to flesh. God should give us grace. God should come first to open our eyes, ears, and mind. Our minds should be fertile soil. The seed of the Word could not bear fruit on the road, in a gravelly field, or in thorns. It can bear abundant fruit only in good soil (Matthew 13:18-23). Our minds should be regenerated into good soil to bear the fruit of the Word."[123]

Rev. Kim himself thinks that he is not good at preaching, but he also thinks that the Holy Spirit helps him in every sermon. "I am not a person who preaches very well. The power of the gospel is manifested in those for whom God gives grace and the Holy Spirit works. Our church and I could experience salvation, repentance, touch, change, and blessing through the Word of God. When I knelt down, God gave me the Word for me to preach. When I stand on the pulpit, God holds fast to me. I was touched and amazed by the Word, and I was joyful in preaching the Word, and I was happy to see saints live with the Word."[124] Not only preachers but also listeners should go with the Holy Spirit. "If we hear the Word of God but we do not have the power of the Holy Spirit, the Word of God does not become our own. ⋯ If the Holy Spirit does not work in me, the word of God could not take effect."[125]

---

123 Kim, *Expository Sermons on Psalms IV*.

124 Kim, *Vol. 2: Seasonal Sermons: Overflowing Gratitude*, 203.

125 Kim, *A Man after the Lord's Own Heart*, 207-208.

4) The Holy Spirit and Baptism

Missionaries came to Korea and baptized those who believed in Jesus Christ in the Name of God the Father, God the Son, and God the Holy Spirit, that is, the triune God.[126] Rev. Kim thinks that infant baptism, confirmation, and baptism are very important.

> If you accept Jesus as Savior, you should be baptized, including infant baptism and confirmation. We have to be fully responsible for bringing up children into God's pious people. Parents should let children get infant baptism and confirmation. ⋯ There are some people who think that it is enough to go to church without baptism. Definitely not! ⋯ Without baptism, believers are not allowed to serve as a cell group leader and a choir member. Otherwise, they might be punished by God. God may ask us how come you could serve here not as my child. Even the Lord was baptized. You should be baptized.[127]

Rev. Kim affirms that we have to pass through baptism as a sacrament, but he emphasizes that we should also be filled with the Holy Spirit through the baptism of the Holy Spirit.[128] "I hope that this time all of you can receive the grace of the Holy Spirit, and the baptism and seal of the Holy Spirit, and also you experience the gift of the Holy Spirit to heal

---

126 Ibid., 102.

127 Kim, *The Lord Who Knocks at Your Door*, 215–216.

128 Ibid., 213–199.

the sick. In this way, grace may overflow your cup. If you have grace, not one area of life, but the whole life would be fully abundant."[129]

"It is the Holy Spirit who lives with us and gives us happiness. Thus, those with the baptism of the Holy Spirit have eyes which are full of joy and brightness. They have eyes of hope and eyes of faith. They all smile like the Mona Lisa on all of their faces. If you have the baptism of the Holy Spirit, all your concerns would be solved. We do not know about tomorrow, but God knows and guides all things."[130]

"What is the most important is that the Holy Spirit comes to us and we should be full of the Holy Spirit. Therefore, a gift itself is not important. We should first have the baptism of the Holy Spirit. As Jesus says, we should be baptized not only by water, but also by the Holy Spirit. Jesus says, 'no one could enter the Kingdom of God except by water and the Holy Spirit' (John 3:5). Thus, the Holy Spirit of the Lord says, 'your church should have the baptism of the Holy Spirit as soon as possible.' ⋯ We have to live a life of grace as those who are with the Holy Spirit. We could not deceive God. Please check yourself whether you are full of the Holy Spirit, or not. You could live a life of the Lord only with the baptism of the Holy Spirit."[131]

"As now is the time of the Holy Spirit, the Holy Spirit could come to anyone. As now is the time of the seal of the Holy Spirit, whoever pray would have the baptism of the Holy Spirit. Now is the time of the Holy

---

129 Kim, *Oh! The Acts of the Apostles*, 223.

130 Ibid., 40.

131 Ibid., 45.

Spirit. The Holy Spirit came after Jesus' ascension into the heaven. Why? It is because it is good for us. ⋯ We become believers only through the Holy Spirit. The Holy Spirit works through a servant of the Lord, who is only an instrument of God, an attendant, and a steward. We are only used before God."[132]

5) The Holy Spirit and Office

There are two extremes regarding a relation between the Holy Spirit and offices. The Roman Catholic Church puts an one-sided emphasis on offices to such an extent as to neglect the Holy Spirit or the gifts of the Holy Spirit. To the contrary, not only Anabaptists in the 16th century and some radical Charismatics today put an one-sided emphasis on the Holy Spirit of the gifts of the Holy Spirit to such an extent as to neglect offices. Both have a tendency to understand a relation between the Holy Spirit and offices exclusively. But the Bible does not understand it exclusively. The Holy Spirit establishes offices and these offices are used as a means and instrument of the grace of the Holy Spirit.[133]

Based on the Reformation theology and the tradition of reformed theology, Rev. Kim understands offices of church as an instrument of the Holy Spirit, thus making a close relation between offices and the gifts of the Holy Spirit. Emphasizing five basic conditions (character, family life, church

---

132   Ibid., 46-47.

133   Choi, *Introduction to Pneumatology*, 111.

life, relation with a pastor, faith, loyalty and so on) with which church offices need to be equipped,[134] he also emphasizes an absolute necessity of the Holy Spirit and the gifts of the Holy Spirit. "The Holy Spirit entrusts believers with each office. ⋯ We have to affirm all kinds of gifts from God, but not those from devil. Our physical functions are given from parents, whereas spiritual members are given by the Holy Spirit. Therefore, we have to work hard according to the gifts of the Holy Spirit."[135]

Rev. Kim admits that he, as a seminary student, emphasized the direct works of the Holy Spirit and neglected church offices as an instrument of the Holy Spirit. But, according to him, God uses pastorship, which is one of important offices, as an instrument of the Holy Spirit.

> When I was a seminary student, I asked how a pastor could give the Holy Spirit. But the Holy Spirit certainly works through a servant of the Lord. Today, many souls get grace and salvation through a servant of the Lord. As a human being is born through mother, we are born through the Holy Spirit. And the Holy Spirit works through a servant of the Lord.[136]

> Giving thanks to God who uses him as an instrument of the Holy Spirit, Rev. Kim confesses that his own role as an instrument of the Holy Spirit is not perfect. In this way he emphasizes the supremacy of the work of the Holy Spirit and humbles himself. "The Holy Spirit

---

134 Kim, *Cell Group Leader Training 1*, 109-110.

135 Ibid., 199.

136 Kim, *Oh! The Acts of the Apostles*, 221-222.

achieves all acts. The role of a pastor is not even one percent. All is done by the Lord. Even a good believer is made by the Lord."137 "The Holy Spirit works through a servant of the Lord, who is only an instrument of God, an attendant, and a steward. A servant of the Lord is only one who is used before God."**138**

Thirty years ago, I also came to Myungil-dong and opened up a way for the period of Joshua. I opened up the book of Acts, and experienced the same things as from the period of the book of Acts. The Holy Spirit who worked in Acts has led me into a ministry of apostolicity, prayer, church, miracle, and gospel for the last 30 years. I give thanks to God for all the last steps. I hope that all of you could experience the work of the Holy Spirit today.**139**

"We should consider offices as precious. ⋯ Aaron refers to those who are anointed to serve the temple. Today's ordained deacons are like the descendants of Aaron. After ordination, my body is no longer mine. We should not act recklessly."**140** "We serve with the Holy Spirit. God's people serve with the Holy Spirit. Not by one's own knowledge, ability, or power, but by the Spirit of God. We should preach with the Holy Spirit. Those who have spiritual circumcision serve with the Holy Spirit."**141** "We

137 Sam-whan Kim, *Thematic Sermons on Prayer: The Dawn Comes Only when You Break It*, 224.

138 Kim, *Oh! The Acts of the Apostles*, 46–47.

139 Sam-whan Kim, *Thematic Sermons on Prayer: The Dawn Comes Only when You Break It*, 215–216.

140 Kim, *Expository Sermons on Psalms IV*, 31.

141 Kim, *Cell Group Leader Training I*, 153.

II. 은파 김삼환 박사의 신학사상

should be full of the Holy Spirit. ⋯ We cannot do the things of the Lord by human power. Saints who serve for church should do so with the Holy Spirit."[142] "We can fulfill offices with the help of God. ⋯ We always have to get the help of the Holy Spirit and we always have to pray. Sometimes, I was so troubled and painful. But once I stood on the pulpit and pray, the Holy Spirit certainly helps me."[143]

6) The Holy Spirit and Church Activity

(1) The Holy Spirit and Prayer (Praise)

Prayer and praise belong in the same category. Rev. Kim often says, "The Holy Spirit gave me praise."[144] According to him, fire of the Holy Spirit, of mission, of enthusiasm, of love, and of grace descend on us in our prayer.[145] The Holy Spirit works when we hear the word of God, repent, and pray.[146] "Fire descends from heaven in prayer. There are two kinds of fire. One is fire of desire, and the other is fire of the Holy Spirit. We have to receive the fire of the Holy Spirit, descending from heaven. ⋯ Fire of the Holy Spirit descends in prayer. ⋯ The holy fire descends in

---

142 Ibid., 130.

143 Ibid., 109.

144 Kim, *Go to Jesus*, 437.

145 Kim, *The Beatitudes*, 44-52.

146 Kim, *Go to Jesus*, 335.

prayer."[147]

"Christianity is a religion of the Holy Spirit. The Holy Spirit comes into the mind of those who pray, and lights a spiritual and holy fire. When the Holy Spirit comes, our holy acts and holy life start. But without prayer, the Holy Spirit does not work. Christianity was born by the fire of the Holy Spirit from the heaven. Therefore, the fire of the Holy Spirit is the life of Christianity. If this fire goes out, Christianity would be dead. No matter how many congregation members we may have, the life of Christianity would end without prayer. I wish in the name of Jesus that, when you pray to God and hear the word of God, your hearts would get hotter."[148]

"Please pray to God. Do not be anxious but pray. When you pray, you would be lighted with a fire of the Holy Spirit, mission, enthusiasm, and love. And when you pray, a fire of desire would go out, and a fire of grace springs up in your souls."[149] "Whenever I shed tears, the Holy Spirit would console me. Without tears, I feel heavy with worries."[150] "When saints pray, a fire of desire goes out. Pride, resentment, hatred, envy, viciousness, lustful thoughts, sensuality, drunkenness, debauchery, disobedience, lie, idolatry and so on all disappear. Instead, thanks, joy, faith, humility, gentleness, wisdom, praise, service, freedom, peace,

---

147   Kim, *The Beatitudes*, 44.

148   Ibid., 45.

149   Ibid., 52.

150   Ibid., 101.

diakonia and so on all spring up."**151**

"When we gather together in a place and earnestly pray together, the Holy Spirit works. Today our country encounters many crises of politics, economy, education, culture and so on in family, society, and country. We have to restore all these with spiritual revival."**152**

(2) The Holy Spirit and Education

"The Holy Spirit is a teacher who enables us to realize God's grace."**153** "The Holy Spirit is the true guide for us. Unlike other Bible study materials, the Bible is what has messages which were proclaimed as the word of God. Thus, a cell group meeting should be led by the Holy Spirit. In order to do so, a leader and all the other cell group members should prepare with prayer. The illumination of the Holy Spirit enables us to realize the word of God clearly. Thus, we have to prepare with prayer."**154**

"We come to know God through the Holy Spirit. 1 Corinthians 2:10 says, 'The Spirit searches all things, even the deep things of God.' And 1 John 4:13 says, 'This is how we know that we live in him and he in us: He has given us of his Spirit.' And 1 John 5:7 says, 'For there are three that testify.' The Holy Spirit comes to teach us about God. We could not see with our eyes or hear with our ears. But only with the presence of the

---

151 Ibid., 51.

152 Kim, *Vol. 4-1: Outside Events Sermons: Let's Serve (Nationwide)*, 26.

153 Kim, *Love the Lord to Be Happy*, 61.

154 Kim, *The Life of Knowing the Only Lord*, 8-9.

Holy Spirit we could see and hear. We could know God only through the Holy Spirit."[155]

(3) The Holy Spirit and Service

"We always have to serve with the Holy Spirit, when we do the things of the Lord. We should not forget this. We have to fulfill our own office not by our own power but by the help of the Holy Spirit. We have to do the things of the Lord by being moved through the Holy Spirit, and by following the will of the Holy Spirit. Thus, we always have to reflect on ourselves whether we are away from the Holy Spirit or not. We do not do the things of the Lord by our own abilities. Even though we do not have any ability, we can fulfill our own mission together with the Holy Spirit. I cannot do anything. But I can do everything through him who gives me strength (Philippians 4:13). This is the true circumcision. When we do serve and fulfills our offices by the Holy Spirit, we do so not by our own power. If so, God would not be pleased with it."[156] "We should always serve by the Holy Spirit and boast of Jesus alone. And we should not trust flesh."[157] "We may serve without receiving the Holy Spirit. However, God would not be pleased with it."[158]

---

155 Kim, *The Beatitudes*, 183.

156 Kim, *Cell Group Leader Training 1*, 172.

157 Ibid., 175.

158 Kim, *The Life of Knowing the Only Lord*, 89.

(4) The Holy Spirit and Evangelism & Mission

"We can evangelize only when we are filled with the Holy Spirit. Evangelism would be possible as a witness of great joy, only when my soul is full of the Holy Spirit to be regenerated, renewed, and filled with joy in life. Therefore without the presence of the Holy Spirit, my mind could not be the heaven, my life could not be renewed, and my soul could not be delivered. ⋯ When the Holy Spirit comes to me, a door of evangelism opens. The Holy Spirit enables us to do evangelism, by making us love souls so much. Evangelism is the work of the Holy Spirit. It is not us but the Holy Spirit who does evangelism."[159]

---

159 Kim, *Holding the Edge of the Lord's Cloak II*, 128-129.

6.

The Gift and Fruit of the Holy Spirit

1) A Balance between Cessationism and Radical Contiunationism of Spiritual Gifts

There have always been both cessationalism and radical charismatism in the history of the Korean church as well as in the history of the church of the world. The former argues that the gifts of the Holy Spirit such as tongue were completely over after the early church. But the latter is engrossed in specific charismatic movements, and thus has a tendency to neglect ordinary church life and social life which are necessary for the right growth of faith.

On the one hand, Rev. Kim affirms the usefulness and necessity of each gift of the Holy Spirit even in this period of church. But on the other hand, he argues through the Bible and church history that we should not fall in radical charismatism. As he both watches out for radical charismatism, and opposes cessationalism, he strongly requests that we should have a balanced view of the gift of the Holy Spirit.

The Corinthian church was much confused especially due to its wrong understanding of the gift of the Holy Spirit. The same problem took place in the Korean church. This problem traced back to the early church. The special grace of God includes a state of ecstasy, discernment of God's voice, spiritual writing, performance of miracle, speaking tongue, and so one. We should not neglect or despise these things. But we should not emphasize these things too much. We should not be engrossed in the gifts of the Holy Spirit. God gives us the gifts of the Holy Spirit so that our life of faith may be benefited by them, and that we may believe Jesus better than before. Gifts of the Holy Spirit are only gifts from God, but not everything of Christian faith.[160]

And Rev. Kim emphasizes that we should use the gift of the Holy Spirit in a perspective of love. "Some Christians often fall down even while speaking tongue and prophesying. However, those who love God never fall down, but win the victory over all things. Love is the champion among all things."[161] Rev. Kim says that the Holy Spirit gives the gifts of the Holy Spirit fitting into church circumstances. "The Holy Spirit gives an appropriate gift to each church. There is something which only arms of the body can do. Any other members cannot replace a function of arms.

---

160   Kim, *Cell Group Leader Training 2*, 188-189.

161   Sam-whan Kim, *Love* (Seoul: Siloam Press, 2009), 90.

In this way each church has a different gift."[162]

With regards to charismatic movement, Rev. Kim affirms supernatural work of the Holy Spirit on the one hand, and criticizes radical charismatism which is only engrossed in miracle and mysticism.

> Who is a Spirit-filled person? Is he a spiritual and mysterious person flying with clouds? Does he not eat or drink? Can he divide the Red Sea like Moses, and perform signs and miracles like Elijah? Can he heal the sick? Absolutely not. Such thoughts are very wrong about being full of the Holy Spirit.[163]

On the contrary, those who are full of the Holy Spirit could do ordinary things in life very well. That is to say, they proclaim the gospel in life, and fulfill their responsibility faithfully, worship and love God, and serve others.

2) Combining the Gift and Fruit of the Holy Spirit

Comparing the fruit of the Holy Spirit and the gift of the Holy Spirit pneumatologically, there is an obvious difference between them. The former is closely related to sanctification of our act, person, and character, whereas the latter is deeply related to the power and effect of our spiritual

---

[162] Sam-whan Kim, *Cell Group Leader Training 1* (Seoul: The Lord Only Press, 1998), 198.

[163] Kim, *Love the Lord to Be Happy*, 60.

works. In the Bible and in church history, there existed those who received lot of gifts from the Holy Spirit, but were soon proud of themselves. Thus, the did not bear the fruit of the Holy Spirit, only committing a gross fault morally and inflicting great mischief on church and society.[164]

Rev. Kim explains the gift of the Holy Spirit and the fruit of the Holy Spirit by comparing them to our clothes. There are two kinds of clothes which Christians wear. One is before God, and the other is before human beings. Through chapter 12 of the second Corinthians, he explains the gift of the Holy Spirit as clothes which we have to wear before God. And through chapter 5 of Galatians, he explains the fruit of the Holy Spirit as clothes which we have to wear before human beings. He rightly asserts that all Christians have to wear these two clothes. Without the gift of the Holy Spirit, we can be a personal Christian, but we cannot be a powerful Christian. On the contrary, without the fruit of the Holy Spirit, we can be a powerful Christian, but we could not be a personal Christian. Therefore, we need to have both.

> When we believe God as the Father, we have to wear clothes as God's children. There are two kinds of works by the Holy Spirit. One is to let people put on clothes before God, and the other is to let put on clothes before a human being. These clothes are called 'gift' in the Bible. 1 Corinthians 12:8-10 says, 'To one there is given through the Spirit a message of wisdom, to another a message of knowledge by means of the same Spirit, to another faith by the same Spirit, to an-

---

[164] Choi, *Introduction to Pneumatology*, 120.

other gifts of healing by that one Spirit, to another miraculous pow-
ers, to another prophecy, to another distinguishing between spirits,
to another speaking in different kinds of tongues, and to still another
the interpretation of tongues.' These gifts are all for pleasing God, for
opening up a way of faith in my relationship with God, and for tak-
ing me closer before God. And Galatians 5:22-23 says, 'But the fruit
of the Spirit is love, joy, peace, forbearance, kindness, goodness, faith-
fulness, gentleness and self-control. Against such things there is no
law.' The fruit of the Holy Spirit gives good character with regards to
our relationship with others. Anyways, we have to get these two kinds
of clothes.[165]

---

165 Kim, *There's Nothing More Precious than the Church*, 233-234.

II. 은파 김삼환 박사의 신학사상

7.
The Holy Spirit and the Kingdom of God

Some mystical charismatic movements consider the Holy Spirit to be related only to an individual dimension, namely, only to a dimension of individual mind and soul. However, Rev. Kim argues that the work of the Holy Spirit influences not only an individual spirit, but also all areas of life such as family, church, workplace, society, country, and the world, thereby enabling all of them to be oriented towards the advent of the kingdom of God.

> I want you to believe that the Holy Spirit encourages my mind to be bold, at ease, and healthy. That is not everything. The Holy Spirit revives an individual, a church, a country, and the world church. The Holy Spirit gives power. If the Holy Spirit works in church, that church does not wither and become dry. The Holy Spirit blesses and revives church unceasingly through the living grace.[166]

---

166   Kim, *Look Straight Ahead*, 71.

"I believe that only the Holy Spirit can be a spring of joy and a living water of grace. ⋯ The Holy Spirit is a river. The Holy Spirit is a river of living water flowing in our spirits. ⋯ There should be an oasis of the Holy Spirit in us. Only then can we enjoy grace, joy, and peace. A human being is not an orphan. A human being is supposed to hear God's calling and to live in the Garden of Eden with the Holy Spirit. We always have to go with the Holy Spirit and, being led by the Holy Spirit, walk on the right way with the lead of the Holy Spirit."[167]

"Cornelius' home was full of the Holy Spirit. It was filled with grace. When being filled with the Holy Spirit and with the work of God's salvation, any home, whether a thatched cottage or a palace, would be the heaven. When the almighty God of hosts is with home, it would be a home with the greatest treasure, and it would be the most precious and glorious home."[168] "We have to live, being led by the Holy Spirit. The Holy Spirit is like wind. The Holy Spirit is the holy wind, and the wind of grace and the wind of blessing. If our country and home are to be well, the wind of love by the Holy Spirit has to rise. When the wind of the Holy Spirit rises, our heart, our home, and our church would get hot with love. And the hot wind of the Holy Spirit would fill our heart with compassion and thanks."[169]

The kingdom of God is that of love. "The greatest commandment, the first commandment is to put top priority on God. God is the most

---

167 Kim, *Better Way to Believe in Jesus*, 124–125.

168 Kim, *Rejoice in the LORD*, 177.

169 Kim, *The Life of Knowing the Only Lord*, 95.

II. 은파 김삼환 박사의 신학사상

precious treasure. Therefore, I hope that you could serve God with all your mind, life, and will. And the second commandment is to love neighbors as your body. When you serve God and neighbors, you would receive a great blessing and grace from God."[170] Christians should live a balanced life in all places. "We have to please not only God, but also human beings. ··· When we do the things of the Lord, we have to please God and also human beings as well. ··· We have to live a harmonious life of faith. ··· We are called before God to serve others and proclaim the word. But, while doing the things of the Lord, we have to be saved. ··· It is a problem not to have a balanced life among the word, prayer, and service. ··· While glorifying God, we have to do good to human beings."[171] "Do you want your life of faith to go well? Do not be one-sided. Do not be shaken. Do not try to do all things."[172]

"The church should not be one-sided. ··· While we are on the Earth, we should consider the kingdom on Earth and our home as precious. We should consider all things as precious, not only things in heaven. The church should be in a balance between the kingdom of the world and the Kingdom of God, between church and family, or between me and others, in all areas of our life."[173]

"This world is a place which God creates. ··· Office is an area which God gives me by measure. ··· It is not true that only church office is holy,

---

170 Kim, *Go to Jesus*, 40.

171 Kim, *Cell Group Leader Training 1*, 241–246.

172 Kim, *Look at the Stars in the Sky*, 149.

173 Kim, *Guard Your Heart*, 200.

but the world office is not holy. If I am God's precious people, my family, my workplace, and my business would be precious and holy before God. Therefore we should consider business and job, which God gives us, as precious."[174] "In this period those who are spiritual before God like Joseph should remember what I now mention here. They should manage themselves well, be faithful to themselves, and love others. They are those who do not doubt anything about God, and stand firm in faith before God."[175]

"The Holy Spirit is the holy Spirit of God. If we go by believing that God is with us, then we could come closer to Jerusalem. Let's go up step by step together with the Holy Spirit. Then we would be powerful saints to walk for the world with an arrow of grace and hope which the Lord gives us."[176]

---

174 Kim, *Expository Sermons on Psalms I*, 178–179.

175 Kim, *Guard Your Heart*, 323.

176 Kim, *The Life of Knowing the Only Lord*, 107.

8.
Conclusion

Rev. Sam-whan Kim was born in a small country town in Yeongyang-gun, Gyeongsangbuk-do on January 7, 1945. In 1980 he established Myungsung Church, which became currently the largest Presbyterian church in Korea with around 100,000 congregation members. Since childhood he had suffered persecution from his father. He was "a bell-ringing boy" in a small mountain village, but he is now vigorously working as "a founder and campaigner of special early morning prayer rally." After analyzing his pneumatology based on his sermons, we end with the following conclusions.

First, Rev. Kim can be called "a pastor and theologian of the Holy Spirit." The work and presence of the Holy Spirit are consistently and fully reflected at many places in his life of faith and his theological thought.

Second, Rev. Kim has a trinitarian understanding of the Holy Spirit. For him, the Holy Spirit is the Spirit of God and the Spirit of Christ, and the Holy Spirit is also God. The Holy Spirit is called 'power (δύναμις),' and the Holy Spirit is powerful.

Third, Rev. Kim emphasizes a Christological, epistemological pneumatology. Such an understanding of the Holy Spirit is traced back through Karl Barth, Luther, Calvin, Martin Bucer to Augustine. The historical Jesus Christ was always closely related to the Holy Spirit all his life from the conception by the Holy Spirit, and sent the advocate, the Holy Spirit after the ascension into heaven, and even now works through the Holy Spirit. "You may be confused about the Holy Spirit. But the work of the Holy Spirit is just one. Why did the Holy Spirit come? And what did the Holy Spirit come to do? The Holy Spirit comes to bear testimony to Jesus for us to believe him. The Holy Spirit leads me into Jesus and teaches me about Jesus. You may think that you believe Jesus, but even this is a result of the work of the Holy Spirit upon you. ⋯ The Holy Spirit gives us all benefits and grace, but what is the most precious thing is to enable us to know and believe Jesus Christ."[177]

Fourth, Rev. Kim defines the total life of right Christians in terms of pneumatology. He most frequently uses expressions such as a 'spiritual' Christian and a 'Spirit-filled' Christian. Christians who are united and regenerated with Jesus Christ through the Holy Spirit are supposed to live a life ruled and led by the Holy Spirit alone. All diverse contents of a Christian life (regeneration, repentance, adoption, justification, sanctification, perseverance, glorification and so on) are defined in terms of pneumatology. A spiritual Christian and a Spirit-filled Christian live as a good person in all areas of ordinary life such as family, workplace, school, church, society, and the

---

177 Kim, *Call When God is Near*, 151-152; *The Life of Knowing the Only Lord*, 79-80.

world.

Fifth, Rev. Kim's ecclesiology is completely pneumatological. The Holy Spirit directly gives a birth to church, and the Holy Spirit leads all activities of the church. The church is the 'creature' of the Holy Spirit and the temple of the Holy Spirit and he wants to use diverse instruments of grace which are given to church. The Holy Spirit uses the Bible, sermons, sacraments, offices, worship, prayer, service, education, and mission as instruments of grace.

Sixth, Rev. Kim rejects cessationalism and radical charismatism on the ground of church history, and he has a balanced understanding of gift together with Christ, the word, church, and prayer. This position provides a very important message to Korean church and the world church theologically and pastorally. Cessationalism does not often bring faith, theology, ministry, and mission to life. On the other hand, one-sided charismatism may bring about disorder to church and Christian life. "We should not emphasize these things too much. We should not be engrossed in the gifts of the Holy Spirit. God gives us the gifts of the Holy Spirit so that our life of faith may be benefited by them, and that we may believe Jesus better than before. Gifts of the Holy Spirit are only gifts from God, but not everything of Christian faith."[178]

Seventh, Rev. Kim states that church and Christians need to have both the gift of the Holy Spirit and the fruit of the Holy Spirit. Comparing this to clothes, he says: "Often those who put on spiritual clothes before God (referring to the gift of the Holy Spirit) do not put on clothes

---

[178] Kim, *Cell Group Leader Training 2*, 188-189.

before human beings. On the contrary, often those who put on good clothes before a human being (referring to the fruit of the Holy Spirit) have shameful clothes before God. We need to have both."[179]

It is a commonly held idea that charismatic churches or church-growth-oriented churches grow rapidly and tremendously. But like Myungsung Church which is a Presbyterian church, there are a considerable number of churches which have grown rapidly and tremendously, but having nothing to do with charismatism or church-growth movement. They are the word-centered, Christ-centered, church-centered, prayer-centered, and life-centered. It is one of the greatest rewards of this study of Rev. Kim's pneumatology to break such a commonly held idea. Rev. Kim has focused on traditional ways but in a different perspective, without being interested in one-sided charismatism and church-growth movement. I think that God the Holy Spirit established Myungsung Church and receives glory through Rev. Kim as "a pastor and theologian of the Holy Spirit," who is completely based on the pneumatology grounded in the reformed theology.

---

179 Kim, *There's Nothing More Precious than the Church*, 233-234.

II. 은파 김삼환 박사의 신학사상

부록 |

은파 김삼환 목사 성역 60주년 기념
제1회 은파포럼 라운드테이블 패널 자유발언

The First Myungsung Eunpa Form: The 60th Ministry Anniversary Commemorations

(2024.9.12, 명성교회 GCC)

질문1

조직신학과 개혁신학을 전공한 신학자로서 명성교회와 김삼환 원로목사님의 신학과 목회원리 및 사역의 특징에 대한 고견을 듣고 싶습니다.

대답

패널 참여자들 중의 한 사람으로서 저는 '신학' 분야에서 조직신학, 특히 개혁신학에 큰 관심을 갖고, 네덜란드에 유학하여 20세기 네덜란드 현대개혁신학자 헨드리쿠스 베르코프(Hendrikus Berkhof)와 16세 개혁파 종교개혁자 마르틴 부처(Martin Bucer)와 요한 칼뱅(John Calvin)의 성령론을 집중적으로 연구했습니다. 저는 2013년에 명성교회 협동목사로 부름받기 전에는 장로회신학대학교와 명성교회까지 승용차로 10여 분 거리임에도 불구하고, 신학대학원 재학 시절에 장로회신학대학교 생활관에 명성교회 여전도회가 직접 오셔서 구워주신 맛있는 바비큐를 실큰 배 터질 정도로 대접을 받았으면서도 명성교회에 단 한 번도 방문한 적이 없었고, 김삼환 원로목사님의 설교 한 편조차도 1980년대 그 흔한 카세트 테이프를 통해서도 직접 들어본 적이 없었습니다. 다만 명일동 500번 버스 종점 근처에 있는 명성교회가 엄청 부흥 성장하고 있다는 소식과, 특별새벽집회가 몇 부씩 나뉘어서 한 달씩이나 지속되면서 인산인해를 이루고 있다는 소식만 간접적으로 들었습니다.

그런데, 감사하게도 명성교회에서 2013년에 부족한 저를 협동목사로 임명해주셔서, 주일예배 오전과 저녁, 수요기도회, 토요새벽기도회 등 일주일에 최소한 4회 공예배에 참석하고, 김삼환 원로목사님의 기독(그리스도)론, 성령론, 기도론, 설교론을 연구하기 위해서 원로목사님의 60여 권의 설교집을 네 번 정독하여 네 편의 소논문을 쓰는 경험을 직접 했습니다. 저는 명성교회에 출석하여 원로목사님의 설교를 직접 듣고 원로목사님의 출판된 설교집을 직접 정독하기 전에는 다음과 같이 생각했습니다. "명성교회는 장로교단에 속해 있지만, 명성교회의 부흥과 성장은 아마도 소위 여의도 순복음교회처럼 뜨겁고 과열된 오순절주의적, 카리스마적 성령의 은사운동과 축귀운동의 일종이거나, 아니면 교회성장학이나 적극적 사고방법론에 의한 교회성장과 구복주의 운동의 일종으로 생각하면서, 제 마음속으로 한번 쭉 지켜보자는 관망적인 태도와 함께 일부 신학자들이 흔히 갖기 쉬운 교회와 목회현장에 대한 예리한 신학적 판단과 냉소적인 눈으로 바라보았습니다." 이런 생각은 저 같은 신학자만 한 것이 아니라, 1998년 8월 말에서 9월 초에 양재동 횃불회관에서 개최된 "제7차 세계칼빈학회"에 참석한 기간 중에, 명성교회 9월 특

춘계 이종성 박사와 은파 김삼환 박사의 신학사상

별새벽집회에 초청된 많은 세계칼빈신학자들 중에 미국에서 온 한 유명한 칼빈신학자도 있었습니다. 그는 명성교회 9월 특별새벽기도 1부 집회 참석을 위해 예배 시작 10분 전에 교회에 도착하여 제일 앞자리에 마련된 내빈석에 앉았을 때, 이미 강대상은 어린이들과 청소년들로 가득 채워졌고, 교회 안의 입추의 여지가 없는 광경을 일평생 처음으로 목격했습니다. 이 광경을 목격한 미국의 저명한 칼빈신학자는 나중에 다음과 같이 고백했습니다. "명성교회의 새벽기도회의 광경을 보는 순간, 마치 수만 피트 상공에서 비행하던 비행기가 순식간에 수직으로 땅에 추락하듯이, 그동안 가지고 있던 나의 신학적 오만(傲慢)과 지적 교만(驕慢)이 여지없이 추락하는 것을 경험했습니다."[1] 저도 미국의 저명한 칼빈신학자 이상으로 명성교회 목회현장과 원로목사님의 설교집 속에서 큰 충격을 받았습니다. 한 번은 식사 모임 중에 김삼환 원로목사님께서 직접 말씀하셨는데, 원로목사님은 의도적으로 1970-1980년대에 한국교회에서 대유행하여 상당한 목회자들이 참석했던 오순절적인 은사집회나 교회성장학 세미나에 의도적으로 단 한 번도 참석하시지 않았으며, 원로목사님은 기독교의 사회정의운동의 가치를 높이 평가하시지만, 올바른 기독교적 사회정의 운동은 반드시 교회와 연결하여 진행되어야 하고, 교회를 떠난 기독교 사회정의운동은 수많은 NGO들 중의 하나로 전락하게 된다고 말씀하셨습니다.

제가 명성교회 안에서 12년 동안 직접 경험하고, 김삼환 원로목사님의 60여 편의 설교집을 네 번 정독하면서 발견한 명성교회와 원로목사님의 신학과 목회원리 및 사역의 중요한 특징들 중 하나는 바로 좌로

---

1   최윤배, 『깔뱅신학 입문』(서울: 장로회신학대학교출판부, 2012), 100.

나 우로나 어느 쪽으로도 치우치지 않게 좌와 우를 모두 아우르고, 하늘과 땅을 온전히 아우르는 균형 잡힌 통전성, 온전한 통합성, 곧 "인테그리티"("integrity"), 종교개혁자 칼뱅의 표현대로 "엥떼그리떼"(intégrité) 그 자체입니다. 다시 말하면, 김삼환 원로목사님은 신구약성경 66권과 4세기 교부들과 16세기 종교개혁자들과 2천 년 세계기독교회와 140년의 한국교회와 한국장로교회가 공유하면서 순교신앙으로 지키고, 아담과 하와 이후로 계속적으로 구속사 속에서 흘러 내려오는 예수 그리스도의 순도 100%의 복음을 한국과 서울과 명일동이라는 토양에 심고 가꾸어 열매를 맺게 하는 영적 대형백화점과 은혜의 커다란 용광로를 발견하시고, "칠 년을 하루같이 오직 주님" 신앙을 추구하신 것입니다. 대형백화점 속에는 모든 것이 다 있듯이 명성교회와 원로목사님의 신학과 목회사역 속에 모든 것이 다 녹아져서 균형과 조화를 이루고 있습니다. 명성교회와 원로목사님의 신학과 목회의 중심에 있는 영적 용광로, 영적 백화점은 '교회', 곧 교회론입니다. 성부, 성자, 성령 삼위일체 하나님의 교회 속에서 오직 주님의 구속의 은혜, 주님의 보혈의 은혜를 비롯하여 각종 은혜를 받는 것입니다. 주님의 은혜를 받는 통로와 수단은 교회 안에서 하나님의 편에서는 하나님의 말씀과 성례전과 하나님의 영이신 성령님이십니다. 성도로서 우리 편에서는 바로 우리의 믿음과 기도입니다. 그렇습니다. 우리에게는 믿음과 기도, 특별히 새벽기도, 특별새벽기도를 할 때, 성령이 역사하십니다.

그러므로 김삼환 원로목사님은 신학도이면서 전도사이셨던 시절에도 미사리에서 영등포까지 그 먼 거리를 오가시면서 추운 겨울에도 바깥 마룻바닥에 무릎을 꿇고 은혜의 눈물을 흘리시면서 방지일 목사님과 함께 성경공부를 하시고, 지금도 그 바쁜 목회사역 속에서도 1년에 수십

춘계 이종성 박사와 은파 김삼환 박사의 신학사상

번씩 성경을 통독하십니다. 말 그대로 원로목사님은 말씀공부와 설교말씀 준비와 새벽기도에 목숨을 걸었습니다. "저는 새벽기도를 강조하는 목회자이지만, 쉽지 않다는 것 또한 잘 알고 있습니다."[2] "지금까지 이 책에서도 내내 강조해왔고, 또 제가 지금까지 목회하면서 강조했던 것은 결국 두 가지입니다. 하나는 '새벽기도'를 통해 하나님의 거룩함을 체험해야 한다는 것입니다. 그리고 다른 하나는 새벽기도를 통해 훈련받은 후엔 남을 위해 봉사하고 섬겨야 한다는 것입니다."[3]

그러므로 명성교회와 김삼환 원로목사님의 신학과 목회사역에서는 예배를 중요시하는 구원의 방주로서의 "모이는 교회"와, 세상에 대한 봉사와 선교를 중요시하는 "흩어지는 교회"는 결코 상호 충돌하거나 상호 모순되는 관계가 아니라, 그 반대로 상호 통합적으로 유기적으로 함께 가야 하는 "엥떼그리떼" 교회와 "엥떼그리떼" 신학과 "엥떼그리떼" 목회사역입니다. 명성교회는 모이는 교회로서 하나님의 은혜를 받기 위해, 신앙의 가장 기초와 기본이 되는 정규 예배와 기도와 찬양과 교육과 주일성수 등에 집중하는 동시에, 주님으로부터 그저 받은 은혜를 그저 나누어주기 위해 모든 사회와 온 세상 땅끝까지 흩어져서 모든 종류의 봉사와 다양한 방법의 선교에 집중합니다. 노영상 총장님은 명성교회와 원로목사님의 선교활동 영역은 어느 한쪽으로 치우치지 않고, 개인과 교회 공동체와 사회 공동체, 곧 삼박자 영역에서 똑같이 실천하는 "삼박자 선교"라고 탁월하게 명명했습니다.

결론적으로 명성교회와 김삼환 원로목사님의 신학과 목회사역의

---

2   김삼환, 『새벽눈물』(서울: 교회성장연구소, 2007), 22.

3   위의 책, 148.

특징은 아담과 하와의 타락 이래로 유일 중보자이신 구속주 예수 그리스도를 믿는 아브라함의 믿음 속에서 유구한 구속사(救贖史, Heilsgeschichte, Salvation History)의 중심인 교회와 하나님 나라와, 한국적 농경사회의 추수감사절의 얼큰하고 시원한 소고기국밥과, 알싸한 매운맛과 향기를 지닌 경북 영양군 청기면 상청동 최상품 고추로 담근 김치와, 온갖 재료와 양념을 넣고 비빈 비빔밥과, 주님의 피가 묻은 희디흰 한복 옷자락의 시와 찬양 속에서 포장되어, 오랫동안 숙성되어 푹 농익은 예배와 말씀과 성령과 기도와 교육과 봉사와 선교를 통해 이룩된 100% 순전한 "엥떼그리떼" 신학과 "엥떼그리떼" 목회사역입니다.

질문2

김삼환 원로목사님의 신학과 목회를 훌륭히 정리해주셨는데, 이것을 바탕으로 앞으로 한국교회의 신학과 목회가 어떤 방향으로 나아갔으면 하는지에 대해서도 한 말씀 해주셨으면 합니다.

대답

명성교회와 김삼환 원로목사님의 신학과 목회의 중요한 특징을 생각하는 동안 600여 년의 역사를 가진 세계개혁교회와 140년의 역사를 가진 한국장로교회에 속했던 여덟 분의 위대한 영적 신앙선진들, 곧 마르틴 부처와 칼뱅과 로흐만(J. M. Lochman)과 몰트만(J. Moltmann)과 주기철 목사님과 손양원 목사님과 한경직 목사님과 이종성 학장님이 저에게 주마등처럼 스쳐갔습니다. 칼뱅의 영적 아버지로서 칼뱅보다 18세 더 많은 스트라스부르의 종교개혁자 마르틴 부처는 성령보다도 말씀, 말씀, 말씀을 강조하던 비교적 객관주의적이었던 마르틴 루터와, 그와는 정반대로 말씀보다는 성령, 성령, 성령을 강조하던 비교적 주관주의적이었던 츠빙글리 사이를 중재하고 통합시킴으로써 양쪽으로부터 오는 온갖 비난과 오해도 감수했습니다. 칼뱅은『제네바 아카데미』(1559)의 표어를 "경건과 학문"(Pietas et Scientia)으로 정했고, 이종성 학장님께서도 그의 학장 재직 때, 이 표어를 장로회신학대학교의 표어로 받아들이고, 자신의 "통전신학"을 발전시켰습니다. 주기철 목사님의 순교적 신앙과 손양원 목사님의 원자탄 사랑의 "엥떼그리테"는 한국교회 영성의 모델입니다. 한경직 목사님이 영락교회에서 천명한 4대 신앙노선은 ① 복음주의 신앙, ② 청교도적 생활, ③ 에큐메니칼 정신(교회 일치와 연합), ④ 올바른 사회봉사와 참여였습니다. 체코 개혁교회 출신이며, 바젤대학의 학장까지 역임하신 21세기 현대개혁신학자 로흐만은 교리와 윤리 사이의 통전성의 절대 필요성을 다음같이 역설했습니다. "참된 교회는 자신의 가르침(Lehre, 교리)의 정통(Orthodoxie) 속에서 일어날 뿐만 아니라, 자신의 뒤따름(Nachfolge)의 정통실천(Orthopraxie) 속에서도 일어납니다."[4] 얼마 전에 소천하신 독일의 현대개혁신학자 몰트만은 오늘날의 신학과 교회와 인간의 기독교적 실존의 이중적 위기는 정체성 위기와 관계성 위기라고 역설했습니다(Der Gekreuzigte Gott, 12).

　　원로목사님은 2013년 부산 WCC대회와 2023년 빌리그래함전도대회 50주년 기념대회를 주도하셨고, 복음주의적인 경향을 가진 한국교회

4 　J. M. Lochman, "Dogmatischen Gespräch über die Kirche," *Theologische Zeitschrift*, Jr. 28, Heft 1(1972), 64f.

총연합회와 사회참여적인 경향을 가진 한국교회협의회가 다 함께 참여한 부활절과 8·15 광복절 연합예배를 2010년 8월 15일과 올해 2024년 3월 30일에 주관하셨습니다. 명성교회와 김삼환 원로목사님 속에서 발견되는 성령과 기도와 말씀 사이, 경건과 학문 사이, "정통교리(이론, 가르침)"와 "정통실천" 사이, 정체성과 관계성 사이, 순교적 신앙과 원자탄 사랑 사이, 복음적·청교도적 신앙생활과 교회연합적·사회봉사 실천 사이의 통합과 조화를 이루고, 좌로나 우로나 어느 쪽으로도 치우치지 않고, 종합적이며, 통합적이며, 통전적인 "엥떼그리떼"(인테그리티, integrity; intégrité) 신학과 "엥떼그리떼" 목회사역을 신학자들, 목회자들, 선교사들, 신학생들, 평신도들에게 각종 맞춤형 학술행사와 목회와 선교현장 실천 답사 프로그램 등을 통해 앞으로 한국교회와 세계교회에 우리가 적극적으로 확산시켜야 한다고 생각합니다. 또한 김도훈 교수님은 원로목사님의 설교론 연구에서 원로목사님의 설교 특징을 "소망의 설교"로 탁월하게 규정한바, 우리는 원로목사님의 소망의 신앙을 본받아 항상 미래를 향해, "애굽에서 가나안까지" 용감하게 전진해야 할 것입니다. 이상입니다. 경청해주셔서 대단히 감사합니다.

기독교 신앙과 핫이슈들(hot issues):
과학, AI, 진화론, 자연환경과 재해, 동성애

1) 과학과 AI와 진화론 문제

　오늘날 신학계와 교계는 "유신론적 진화론(有神論的 進化論)"의 문제로 논쟁이 매우 치열하다. 유신론적 진화론에 의하면, 일반적으로 기독교가 전통적으로 가르치던 대로 하나님은 태초에 "무로부터"(creatio ex nihilo) 천지를 창조하시고, 모든 생물들을 종별(種別)로 단계적으로 창조하셨다는 사실을 전적으로 부정하고, 하나님께서 다윈이 『종의 기원』(The Origin of Species, 1859)에서 주장한 진화론의 방법을 통해서 무기물에서부터 고등동물인 "호모 사피엔스"(homo sapiens)로서의 인간에 이르기까지 진화하는 방법과 과정을 사용하고 계신다고 주장한다. 창조와 자연과 생태와 과학과 관련된 제반 문제를 논의하기 전에 우리는 먼저 과학에 대해 신학적으로 고찰하고자 한다.

　칼뱅은 인간에게 유익을 주는 과학을 계시론적으로 그리고 성령론적으로 이해했다. 물론 과학에 대한 계시론적 관점과 성령론적 관점은 상호 밀접한 관계 속에 있다. 과학에 대한 칼뱅의 신학적 근거가 계시론적이라는 사실을 우리는 "두 가지 책"(Two Books), 곧 "자연의 책"(일반계시)과 "성경의 책"(특별계시)이라는 모델의 도움을 받아 과학은 "자연의 책"에 대한 연구로서 하나님의 지혜를 추구하는 것이라고 말할 수가 있다.[1] 또한 과학에 대한 칼뱅의 신학적 근거는 성령론적이다. 과학은 물론 인간에게 유익을 주는 제반 예술, 문예, 기술, 학술은 성령의 일반사역으로서 하나님의 일반은혜(general grace) 또는 자연은혜(natural grace)이며, 인간이 이성과 지성 등을 통하여 밝혀낸 것이다. 칼뱅은 "이교도들"(고대 이집트나 바벨론 등)이 발전시킨 과학으로서의 "천문학(天文學)"의 가치는 높이 평가했으나, 미신과 우상숭배와 직접 관련된 모든 "점성술(占星術)"은 철저하게 거부하고 비판했다.

　칼뱅은 과학 전공 여부와 기독교 신앙 여부를 떠나서 각 나라와 각 사람에게 주신 이 자연은사 또는 일반은사로서의 과학을 하나님 경외(신앙)와 개인과 이웃과 공동체의 유익을 위해 사용할 것을 권고하고, 그것을 악용하여 죄를 지을 수 있는 가능성에 대해서도 경고했다. 특히 칼뱅은 음악을 예로 들면서, 음악은 영향력과 호소력이 큰 예술이기 때문에, 음악을 잘못 사용하면, 죄짓는 데 크게 오용될 수 있다고 생각하여, 제네바 시편찬송가를 화려하지 않고 단순하게 악보를 화음(和音)으로 하지 않고, 단조롭고 절제된 단음(單音)으로 만들었다고 전해진다.

　비록 과학은 하나님의 자연계시와 성령의 일반사역에 속하지만, 우

1　최윤배, 『칼뱅신학 입문』(서울: 장로회신학대학교출판부, 2012), 690-720, 699-710; 참고, 현요한 엮음, 『기독교와 과학』(서울: 장로회신학대학교출판부, 2002).

리는 확률과 인간 경험에 근거하고, 죄에 감염된 자연계시에 근거한 과학의 한계를 인정하고, 과학이 성경과 신앙에 충돌할 때, 우리는 성경과 신앙을 선택해야 할 것이다. 일부 창조과학자들은 성경의 모든 내용과 사실을 과학적으로 증명할 수 있다고 생각한다. 나는 그들의 신앙적 동기와 열심에는 동의할 수 있으나 방법론적으로는 문제와 한계가 있다고 생각한다. 비록 성경의 일부 내용 속에 과학과 모순되는 내용이 발견될지라도, 우리는 성경은 과학의 책이 아니라, 신앙의 책이기 때문에, 조금도 당황할 필요가 없고, 성경을 신앙적 · 신학적 관점에서 이해하고 해석하여 그 내용과 메시지의 진정성을 받아들여야 할 것이다.

"인공지능"(AI, Artificial Intelligence)의 장점과 함께 장차 벌어질 사회윤리적 문제로 유럽 EU에서는 윤리적 규제법안을 제정했다. 첨단과학의 하나인 AI도 하나님 경외라는 신앙적 수단과 인류와 사회와 자연환경 등의 유익을 위한 수단으로 사용되어야 할 것이다. AI의 오용 등을 방지하고 규제하기 위한 강력한 윤리적 제동 장치가 절대적으로 요청된다.

그러므로 성경과 기독교의 전통적 신앙인 "무로부터 창조"(creatio ex nihilo) 신앙과 하나님의 종별(種別) 창조 신앙과 정면으로 충돌하는 다윈의 진화론이나 최근에 다소 완화된 종의 "대진화"(大進化)는 부정하되, 그 밖의 작은 진화로서의 "소진화"(小進化)를 인정하는 등의 다양한 신(新)다윈주의(Neo-Darwinism)도 절대로 수용할 수가 없다. 김명용은 다윈의 진화론을 전적으로 거부하면서, 하나님의 "태초의 창조와 계속적 창조와 종말론적 창조"를 주장한다. "자연의 역사는 하나님의 계속적 창조의 역사이다. 하나님의 창조는 태초의 창조와 계속적 창조와 종말론적 창조가 있다."² "생명체의 시작도 하나님에 의해 창조된 것이고, 인간의 창조 역시 하나님에 의해 창조된 것이다. 하나님의 창조는 태초의 창조가 있고, 계속적 창조가 있고, 종말론적 창조가 있다. … 진화론은 하나님의 계속적 창조에서 하나님을 제외했기 때문에 나타난, 매우 결함이 많은 이론일 뿐이다."³

삼위일체 하나님의 창조를 주장하는 김균진은 유감스럽게도 진화의 과정을 긍정적으로 수용한다. "우주적 시간은 새로움을 창조하며 끝없이 펼쳐나간다. 자연환경의 모든 사물들은 유기체적 관계 속에서 진화의 과정에 참여되어 있다."⁴ 김정형은 안타깝게도 진화론과 대화하면서 역사 속에서의 하나님의 계속 창조를 주장한다. "기독교 신학은 진화론과의 대화를 통해 한편으로는 예수 그리스도의 복음과 무관하게 무비판적으로 수용해왔던 구시대적 세계관의 잔재를 청산할 필요가 있으며, 다른 한편으로는 세계 내 하나님의 계속 창조 활동에 대한 보다 역동적인 이해로 나아갈 수 있다."⁵ 유신진화론(有神進化論)이든지 무신진화론(無神進化論)이든지 다윈의 진화론을 수용하는 창조론은 성경과 기독교 신앙이 주장하는 올바른 창조론은 아니다.

만유인력의 법칙을 발견한 아이작 뉴턴(Isaac Newton)은 "이신론"(理神論, deism)을 주장한 셈이다. 다시 말하면, 그에 의하면, 창조주 하나님은 만유인력의 법칙을 만드신 후에, 자연과 우주에 직접 개입하시지 않고, 만유인력의 법칙을 통해서 우주 만물을 다스리신다는 것이다. 마치 하나님

2   김명용, 『과학시대의 창조론』(서울: 온신학회출판부, 2020), 18.

3   위의 책, 133.

4   김균진, 『자연환경에 대한 기독교 신학의 이해』(서울: 연세대학교출판부, 2006), 264.

5   김정형, 『창조론』(서울: 새물결플러스, 2019), 393-394.

은 시계공(時計工)처럼 창조 세계를 만드신 후에, 세계 스스로가 돌아가도록 시계 자신에게 그 통치와 자유를 위임하시는 것이다. 최근에는 다윈의 진화론을 거부하고, 전통적인 창조론을 방어하는 입장에서 "지적 설계(이)론"(intelligent design theory)이 기독교와 신학 안에 상당히 퍼져 있다. 산에서 어떤 돌을 발견한 것은 우연이지만, 시계를 발견하게 되면, 그 시계를 만든 시계공이 반드시 존재한다는 사실이다. 그러므로 "지적 설계이론"은 직접 천지 창조를 계획하시고 설계하시고 창조하신 하나님을 시계를 만든 시계공으로 이해하는 셈이 된다.

지적 설계론은 진화론을 피하고, 창조론을 옹호하기 위한 한 예로서는 어느 정도 도움이 될지 몰라도, 자칫 존 뉴턴이 주장한 일종의 "이신론"의 덫과 기계주의적 결정론에 빠질 수 있다. 그러나 구속주 하나님은 지금 교회와 예수 그리스도의 복음 전파를 통해 우리를 구원하시고, 마지막 날에 세상을 새롭게 창조하시면서도, 동시에 태초에 "무로부터(creatio ex nihilo)" 우주 만물을 창조하신 창조주 하나님은 모든 만물을 직접 창조하신 후에도 항상, 지금도 모든 만물을 직접 다스리시고 직접 통치하시고 직접 개입하시는 섭리주이시고 보존자이시다. 성부, 성자 성령 삼위일체 하나님은 창조주와 섭리주이신 동시에 구속주이시다.

최근 현대과학과 물리학 등이 발달하면서 뉴턴의 고전 물리학 이론이 거시적 물리세계에서는 그 정확도가 어느 정도 근사치에 접근하여 상당히 정확하지만, 미시적 물리 세계, 가령 양자물리학 세계에서는 적용될 수가 없게 되었다. 양자역학 등을 비롯한 현대 물리학에서는 모든 것이 불확실하고 예측 불가능하여 오히려 초월 세계나 초월자를 인정하는 종교적 차원을 인정해야만 하는 상황이 발생했다. 원칙적으로 과학은 방법론적으로 확률과 인간 경험에서 비롯되었기 때문에 종교에 대해

가치중립적인데도 불구하고, 대체로 고전 물리학을 추구하던 상당한 물리학자들은 최근까지도 무신론 또는 유물론으로 기울어졌다. 그러나 최근의 현대 물리학자들은 점점 더 유신론 쪽으로 기울어져서 종교의 필요성을 인정할 수 있는 분위기이다. 다시 말하면, 현대 물리학에서는 정확성과 불변성보다는 불확실성과 예측 불가능성이 더욱 높아졌다는 사실이다. 우리는 현대과학의 이 같은 불확실성과 예측 불가능성 등을 선별적으로 기독교 복음 전파를 위한 선교적 · 변증적 도구로 활용할 수도 있을 것이다.

존 제퍼슨 데이비스(J. J. Davis)는 다양한 현대 물리학적 이론들을 신학과 결부시켜서 신학적으로 재해석하는 노력을 시도했다.[6] 나는 이런 시도의 옳고 그름을 떠나서 우리가 현대 물리학을 정확하게 이해할 경우, 무신론적 판단과 주장보다는 유신론적 필요성과 추론으로 나아갈 수 있는 더 많은 확률이 조성된 것이 현대과학계의 분위기라는 사실이다.

제러미 리프킨의 엔트로피(entropy) 법칙에 의하면, 한번 사용한 에너지는 그 에너지의 총량은 보존되지만, 다시 사용할 수 없는 에너지가 증가한다는 사실이다.[7] 가령 최초에 점같이 작은 것에서 갑자기 폭발하여 엄청난 속도와 거리와 크기로 팽창하는 우주 발생을 주장하는 "빅뱅 이론(big bang theory)"의 경우, 하나님께서 태초에 천지를 창조하셨다는 창조 모티브를 가능케 하고 연상케 한다. 양자역학에서 "불확정성의 원리"에 의하면, 어떤 양자나 미립자에 대한 위치와 시간을 동시에 측정하는 것이 원칙적으로 불가능하다는 사실이다. "카오스 이론"에 의하면, 자

---

6 John Jefferson Davis, *The Frontiers of Science and Faith*, 노영상 · 강봉재 역, 『21세기의 과학과 신앙』(서울: 크리스천헤럴드, 2004), 13-142.

7 Jeremy Rifkin, *Entropy*, 김용정 역, 『엔트로피 (I, II)』(서울: 원음출판사, 1984).

춘계 이종성 박사와 은파 김삼환 박사의 신학사상

연현상 등 모든 것에서 우연적 요소가 많아서, 모든 것이 선형적이기보다는 "비선형적"(非線型的)이라는 사실이다. 쿠르트 괴델(1906-1978)의 "괴델(Gödel)의 증명"에 의하면, 수학체계를 근본적으로 형성하는 "정리(定理)"나 공리(公理)조차도 그 체계 안에서 증명할 수도 논박할 수도 없는 명제들을 포함해야만 한다는 사실이다.

위와 같은 몇 가지 예들을 통해 볼 때, 우리는 전능한 초월자 또는 전능하신 하나님을 전제하거나 추론하는 것이 무신론을 전제하거나 추론하는 것보다 현대 물리학에서 더 납득이 된다. 비록 과학이 성경과 기독교 신앙과 정반대의 주장을 할지라도, 우리는 당황할 것이 전혀 없다. 그런데 현대 양자물리학이 우주와 세계의 불확실성과 불확정성과 다양한 한계 등을 스스로 인정하고 있는 유신론을 요청하는 상황에서 우리는 성경과 기독교가 고백하고 있는 창조와 섭리와 보존의 전능하신 하나님과 사랑과, 자비의 구속주 예수 그리스도를 더욱 담대하게 선포하고, 더욱 끈질기게 설득하고 변증해야 할 것이다.

2) 창조와 자연환경과 생태 문제

(1) 균형 잡힌 창조신학

우리가 창조와 자연환경이나 생태 문제를 다룰 때, 우리에게 가장 먼저 요구되는 것은 창조론과 구속론과 종말론에 대한 기본 입장과 기준 설정이며 이는 매우 중요하다. 이에 대한 입장이 건축의 대들보와 기둥에 해당한다고 볼 수 있다.

① 창조와 구속 사이의 균형적 관계

우리가 구속사(救贖史) 또는 구원사(救援史)(Heilsgeschichte, salvation history)에 대해서 논의할 때, 크게 세 가지 유형(類型, 모델)을 제시할 수 있을 것이다. 첫째는 테야르 드 샤르댕(Teilhard de Chardin)이나 과정신학자처럼 낙관적인 "발전-진화" 유형(모델)이 있다. 이 모델에서 죄나 타락이나 결점은 선과 악이 아니라 단순히 미발전된, 미성숙한 것에 불과한 것으로 간주하여 신정론(神正論, theodicy) 문제를 해결한다. 한때 아우구스티누스가 "악은 선의 결여"(privatio boni)라고 이해했듯이 말이다. 그러므로 죄와 타락이나 죄와 타락으로부터의 구원이나 구속이라는 분명한 차원이 발견되지 않고, 창조 중심의 낙관론적 역사관이나 구속사가 발견된다.

둘째는 칼 바르트(Karl Barth)와 본회퍼와 구약신학자 폰 라트(G. Von Rad) 등에서 나타나는 "구속-구속" 유형(모델)이 있다. 바르트의 경우, "창조는 계약의 외적 근거이며, 동시에 계약은 창조의 내적 근거이다."[8] 바르트에 의하면, 하나님께서 태초에 "무로부터의 창조"(creatio ex nihilo)가 아니라, "무성(無性, das Nichtige)"으로부터 창조를 주장하여, 첫 창조 자체가 창조 자체의 목적이 아니라, 이미 첫 창조가 구속과 구원을 전제하고, 지향하고 있는 셈이 된다. 이 같은 "구속-구속" 유형에서는 구속과 구원으로부터 창조 자체의 독립성이 약화될 소지가 있다고 볼 수 있다. 본회퍼는 그의 『창조와 타락』(Schöpfung und Fall)에서 바르트의 모델을 따르고 있고, 폰 라트는 첫 창조를 "무로부터의 창조"가 아니라, "혼돈"과 "공허"로부터의 창조로 이해한다.

---

8 K. Barth, KD II/1, 261f: "Die Schöpfung als äusser Grund des Bundes – Der Bund als innerer Grund der Schöpfung". 참고, 최윤배, 『개혁신학 입문』(서울: 장로회신학대학교출판부, 2015), 77.

셋째는 칼뱅이나 대부분의 칼빈주의자들에게서처럼 "창조-타락-구원(구속)" 유형(모델)이 있다. 칼뱅에 의하면, 첫 창조가 무로부터의 완전한 창조였지만, 아담과 하와의 불순종으로 말미암아 인간과 함께 자연도 하나님의 심판과 저주 아래 놓이게 되었다. 우리는 여기서 타락전예정설(supra-lapsarianism)과 타락후예정설(infra-lapsarianism)에 대한 논의는 제외한다. 창조주 하나님은 인간의 타락 이후에도 모든 것을 섭리하시고 보전하시지만, 예수 그리스도의 복음과 성령을 통해서 계속적으로 하나님의 나라를 이룩하시기 위해서 구속해나가신다.

우리는 자연환경과 생태 문제에 접근할 때, 제일 먼저 창조와 구속 사이의 균형이 있는 신학적 유형으로부터 시작하여 접근하는 태도가 매우 중요하다고 생각한다.

② 전천년설과 후천년설 사이의 균형적 관계

우리는 창조와 자연과 생태 문제를 다룰 때, 당연히 종말론적으로 하나님의 나라의 관점에서 접근해야 할 것이다. 그러나 문제는 성서 안에서조차 전천년설적이며, 묵시론적이고, 비관적이며, 파국적인 내용(마 24장, 막13장, 눅21장)이 기록되어 있고, 심지어 요한계시록은 더 많은 비관적이며 묵시적인 내용을 포함하고 있다. 그러나 동시에 요한계시록은 새 하늘과 새 땅과 새 예루살렘에 대한 소망이 넘치는 비전(계21-22장)을 제시하고, 바울 사도도 피조세계의 종말론적 해방(롬8:18-30)을 간절하게 고대하고 있다.

우리는 종말에 대해 성경이 가르치는 비관적 측면과 낙관적 측면을 균형 있게 바라보아야 할 것이다. 비록 나는 개인적으로 칼뱅의 제한속죄설과 무천년설의 입장에 서 있지만, 우리는 몰트만 등이 주장한 지옥과 마귀의 영원한 존재를 부정할 수 있는 만인 또는 만유구원설 내지 만유회복설(apokatastasis)은 절대로 지양(止揚)하되, 조건부 구원론 등에는 복음주의적 입장에서 열린 자세를 가져야 할 것이다.

(2) 기독교 창조신학과 실천

① 기독교와 기독교 신학이 자연과 환경 파괴에 기여했는가?

특히 서양, 곧 기독교 문화권으로부터 현대 과학과 기술의 발전으로 자연과 환경과 생태의 파괴 문제가 대두되었다고들 말한다. 많은 환경론자들이나 신학자들은 성경과 기독교 자체와 기독교 신학이 환경 파괴의 주범이라고 단정하기도 한다. 이 같은 비판에 대해 우리는 두 가지 측면에서 상호 분리하여 생각해야 한다고 주장한다. 첫째, 일부 기독교와 기독교 신학이 성경을 잘못 이해하고 해석한 결과 창조세계를 지나치게 인간 중심으로 생각하여 인간 이외의 자연을 정복의 대상으로 간주하여 자연을 착취하고 홀대하기도 했다. 바로 이 점에서 우리 기독교와 기독교 신학은 반성하면서 잘못된 창조신학과 우리의 사고를 바꾸어야 할 것이다. 둘째, 심지어 일부 환경론자들과 신학자들은 성경 자체가 인간과 역사 중심으로 편성되고, 구성되어서 우주를 비롯한 자연과 생태를 주변으로 몰아넣고 있다고 주장한다.

나는 첫 번째 비판에 대해서는 기독교인과 신학자로서 합당한 비판들에 대해서 겸허하게 귀를 기울이지만, 두 번째 비판에 대해서는 전혀 동의할 수가 없다. 창조주 하나님은 모든 만물을 "무로부터"(creatio ex nihilo) 선하게 창조하시고, 보시기에 좋아하셨다. 항상 창조주 하나님을 사랑하고, 이웃과 하나님의 창조물을 사랑하고 돌보라는 사랑의 관계와 사랑의 책임과 사랑의 의무의 관점에서 인간만을 "하나님의 형상"(*imago Dei*)으로 창조하신 것이다. 인간에게 주어진 권한이 다른 피조물보다 큰 만큼 인간의 책임과 의무도 큰 것이다. 우리가 하나님만을 주님으로 예배하고, 모든 일과 모든 것과 모든 영역에서 하나님의 주권을 절대적으로 인정하고 실현해야 할 것이다. 우리는 말 그대로 항상 "코람 데오"(*coram Deo*, 하나님 앞에)의 정신을 갖고 살아야 할 것이다. 그러므로 성경은 하나님 중심으로 모든 것을 이해하고 접근하지만, 인간 중심이나 자연 중심 등으로 모든 것을 이해하는 것이 아니다.

그런데 일부 신학과 신학자들은 성경을 창조신학과 환경신학의 최고 권위가 있는 전거(典據)로 사용하지 않고, 과정철학이나 일부 이데올로기(에코 페미니즘 등)나 노자 등 일부 동양사상의 자연관이나 다른 종교들이나 일부 범신론적인 자연종교나 토속종교의 자연관에 의존하여 환경신학을 창출하는 경향이 발견된다. 심지어 어떤 기독교 신학자들은 동양사상이 성경과 기독교 신학사상보다 훨씬 더 자연친화적이라고 주장한다. 앞에서 과학과 관련하여 우리가 칼뱅의 과학에 대한 이해를 살펴보았다시피, 우리는 우상숭배를 비롯하여 비성경적이거나 반성경적인 사상과 내용을 담은 모든 것은 경계하고 배척해야 하지만, 하나님이 창조하신 창조세계를 지지하고, 보호하고 아끼는 사상과 행위를 하나님의 일반은혜와 성령의 일반은사와 일반사역 차원에서 이해하여 그것을 배척할 필요가 없고, 적절하게 수용하여 하나님 경외와 인간과 자연 등을 위해 유익하게 활용할 수 있을 것이다.

가령 우리는 불교를 통해서 구원받을 수 있다는 종교다원주의적 사상은 절대로 수용할 수 없지만, 불교가 주장하는 "살생유택"(殺生有擇)이라는 생명존중과 생명보호 사상의 가치는 인정해야 할 것이다. 우리는 노자의 "무위자연"(無爲自然) 사상에서 이미 종교화된 종교성 등을 구원론 차원에서 절대로 수용할 수는 없지만, 무위자연 사상 과정에서 결과적으로 발생한 자연을 아끼려는 사상은 존중할 수 있을 것이다. 안타깝게도 일부 신학자들은 성경과 기독교가 가르치는 고유한 창조신앙과 여기에 기초한 성경적 환경신학을 불교의 "살생유택" 사상과 노자의 "무위자연" 사상 사이에 존재하는 질적, 양적 차이점을 구별하지 못하고, 심지어 그런 사상들을 성경적 창조사상과 동일시하거나 성경적 창조신앙보다 훨씬 더 우월한 것처럼 오도하고 있는 현실이 참으로 안타깝다.

나는 환경과 생태와 관련하여 전문가가 아님을 시인한다. 그러나 이 주제와 관련하여 진화론을 거부하면서 학문의 탁월성과 신뢰성을 동시에 담보할 수 있는 김도훈의 저서『창조와 하나님의 아름다움의 회복을 위하여: 생태신학과 생태영성』(2009)을 강력하게 추천하면서 나의 과제를 대신하고자 한다.' 그리고 진화론을 전제한다는 점에서는 나와 정면으로 충돌하지만, 진화론을 전제하면서 자연환경에 대한 신학연구 전문자료로서 김균진의『자연환경에 대한 기독교 신학의 이해』(2006)도 있다."한국 신학계에서 환경과 생태에 대한 주제와 내용을 담은 이 같은 저서들이 2000년대 중후반에 이미 출판된 것은 매우 고무적인 일이라 하겠다.

---

9 김도훈,『창조와 하나님의 아름다움의 회복을 위하여: 생태신학과 생태영성』(서울: 장로회신학대교출판부, 2009).

10 김균진,『자연환경에 대한 기독교 신학의 이해』(서울: 연세대학교출판부, 2006); 참고, 청안 김균진 교수 회갑기념문집간행위원회 편,『생명신학 · 생태신학』(서울: 한들출판사, 2004).

춘계 이종성 박사와 은파 김삼환 박사의 신학사상

② 비관주의와 낙관주의 사이에서 "지속가능한 발전"

나는 기후온난화와 환경과 생태 문제에 접근하기 위해서 최소한 세 가지 관점을 종합적으로, 통합적으로 고려해야 할 것을 제안한다. 첫째, 우리는 자연재해나 환경문제를 죄론과 하나님의 심판과 결부시켜야 한다. 자연재해의 문제는 오늘날의 문제만이 아니라, 오랜 자연역사(自然歷史)와 인류역사(人類歷史) 속에서 항상 존재해왔다. 그러나 만약 인간의 타락이 없었더라면, 땅이 엉겅퀴를 내고, 바벨탑을 통한 언어의 혼잡이나 노아의 홍수사건이 일어나지 않았을 것이다. 둘째, 인간의 죄에도 불구하고, 하나님은 섭리와 은혜를 통해서 식물은 물론 동물도 인간이 음식으로 먹을 수 있도록 허락하시고, 땀을 흘리고 수고하여 경작할 수 있는 농사법도 허용하셨다. 마지막, 셋째, 새 하늘과 새 땅에 대한 종말적 소망과 약속은 우리로 하여금 결정론적인 비관주의나 결정론적 낙관주의 사이의 양자택일을 강요하지 않는다. 비관주의와 낙관주의 사이에서 우리는 새 하늘과 새 땅에 대한 하나님의 약속을 무한히 신뢰하면서, 자연환경에 대한 무한 책임을 가지고, 기도하면서 책임 있게 지혜롭게 적극적으로 행동하고 실천해야 할 것이다.

자연환경과 생태 문제에 대한 원론적인 논의는 이 정도로 하고, 나의 삶에서 경험한 실존적인 이야기를 마지막으로 한마디하고자 한다. 나는 김균진 교수의 "자연은 인간의 소유가 아니라 하나님의 소유이다: 오늘의 기후 변화·생태계 재난에 대한 조직신학의 응답"에 대해 논찬한 적이 있다.[11] 그때의 논찬의 내용은 대체로 다음과 같다.

---

11 김균진 교수의 "자연은 인간의 소유가 아니라 하나님의 소유이다: 오늘의 기후 변화·생태계 재난에 대한 조직신학의 응답"에 대한 나의 논찬(기독교학술원 2021. 11. 5. 오후 3시, 양재 온누리교회 화평홀).

논자(김균진 교수)는 "너희 인간으로 인해 우리가 죽게 되었으니, 이제 우리가 너희를 죽이지 않을 수 없다."라는 인간에 의해 거의 죽게 된 자연의 인간에 대한 보복선언으로 글을 시작한다. 논자는 산업혁명 이후 풍요와 복지를 가져다주는 경제성장이라는 목적하에 빚어진 생태계 위기와 생태계 재난에 대한 현금의 상황과 통계를 유의미하게 제시한다. 특히 세계가 직면하고 있는 "코로나 팬데믹" 역시 생태계 위기와 재난에 속하며, 그 근본 원인은 "현대 세계의 반자연적 문명"에 있다. "현대 문명은 자연 대립적, 자연 파괴적이다. 그것은 자연의 순리를 따르지 않는다."

논자는 종교적으로 "코로나 팬데믹"은 "자연에 대한 인간의 죄악에 대한 하늘의 벌이다. 그것은 자연 대립적, 자연 파괴적 세계 문명에 대한 부정과 거부의 몸짓이요, 이 문명의 전반적 변화에 대한 요구이다. 그것은 하늘을 향한 자연의 부르짖음을 대변한다. '너희 인간으로 인해 우리가 죽게 되었으니, 이제 너희 인간도 비상상황에 빠질 수밖에 없다', '그렇지 않으면, 우리가 살아날 길이 없다'는 자연의 몸부림이요 부르짖음"이라고 규정한 후에, 탐욕과 죄악에 가득 찬 우리 인간은 코로나 백신 개발은 물론 "자연의 이 부르짖음을 들어야" 하며, 이 부르짖음에 대한 조직신학적 응답을 네 가지로 제시한다.

첫째, 논자는 생태계 위기와 생태계 재난의 근본 원인은 "인간의 탐욕"에 있다고 진단하는바, 이 문제를 사회주의도 자본주의도 근본적으로 해결하지 못했는데, 성서는 "무한한 소유욕을 자제할 것"을 명령한다고 주장한다(출6:16, 19-20). 논자는 우리가 "무한한 소유욕의 제어"와 함께 "검약하게 생활하는 습관"을 가지기를 촉구하면서, 소유욕 제어와 검약 생활로 인한 경제위축과 실업자 문제는 경제학자와 기업가와 함께 토론할 과제로 남긴다. 둘째, 논자는 "품위 있는 부자들의 기여를 기다리는 자연"이라는 제목으로 부자는 성서가 가르치는 대로 자신의 부를 자신의 것이 아니라 하나님의 것과 하나님의 소유로 인정하고, 교회사 속에서 보여준 "푸거가(Fugger 家)"와 한국사에서 보여준 경주 최부자(崔富者) 가문처럼 품위 있는 부자가 되어 그들의 헌신과 기여를 기대하는바, 부자(기득권자)의 "노블리스 오블리주"(noblesse oblige) 정신의 실천을 강력하게 촉구한다. 셋째, 나는 논자가 주장한 "3. 자연은 인간의 것이 아니라, 하나님의 것이요, 인간의 가장 가까운 이웃이다."라는 내용과, "4. 자연도 구원의 대상이다 – 맺는 말 –"이라는 내용을 함께 묶어서 살펴보고자 한다.

논자에 의하면, 성서의 창조신앙에 따르면, 인간을 비롯한 자연도 하나님의 창조물이며, 하나님의 소유이기 때문에, 하나님의 "사랑과 돌봄의 대상"이다. 그러므로 인간은 자기 자신과 동료 인간뿐만 아니라 자연도 똑같이 이웃으로 사랑하고 보호해야 함에도 불구하고, 인간의 자기중심적 이기주의로 인해, 자연은 "인간의 이기주의의 하녀"가 되어버렸다. 논자에 의하면, 전통적으로 주장해 온 인간구원, 인간의 영혼구원이라는 인간 중심의 구원관(론)은 "자연도 구원의 대상"이라는 메시아 왕국에 대한 약속(사11:6-9)과, 그리스도의 우주적 화해와, 구원의 생태학적 차원(엡1:10; 골1:22; 2:10; 4:11)을 안타깝게도 전적으로 간과해버렸다.

나는 이상과 같이 김균진 교수의 글에 대해 논찬하고, 나의 어릴 적 경험을 소개했다. 나는 김균진 교수의 글을 통해서 그리고 어릴 적에 평범한 농부의 아들이 겪은 경험과 최근 경험을 통해서 에밀 브루너(Emil Brunner)의 저서 『모순(반역) 속에 있는 인간』(Der Mensch im Widerspruch; Man in

Revolt)이라는 책 제목[12]이 계속 머릿속에 머물렀다. 옛 기억을 더듬어보면, 나의 집은 몇천 평의 비탈진 밭과 약 200평의 논을 가지고 부지런히 농사를 지었지만, 여섯 식구가 먹고살기에는 항상 양식이 부족하여 나물죽은 다반사였고, 심지어 소나무껍질을 벗겨서 "송구떡과 송구죽"을 만들어 먹었던 기억이 난다. 그때는 해마다 수해와 가뭄으로 큰 피해를 보았고, 1959년의 "사라호" 태풍으로 나의 집도 물에 잠기고, 부엌의 솥도 외양간의 소도 둥둥 떠내려가는 것을 직접 목격했다. 그런데, 나의 부친께서 풀과 소변과 대변으로 만든 전통적인 친환경 퇴비 대신에 화학비료("유안비료"로 기억됨)와 농약과 살충제("D.D.T."로 기억됨)를 사용하면서, 벌레로 인한 농작물 피해가 절대적으로 줄어들어, 수확량이 몇 배나 증가하고, 마을 바로 앞에 있는 낙동강 최상류 "반변천" 제방과 댐 공사로 가뭄과 홍수 피해를 절대적으로 줄일 수 있었다.

나의 솔직한 심정은, 만약 양자택일해야 한다면, 화학비료와 살충제 없이, 제방과 댐이 없이 나물죽과 소나무껍질로 만든 죽을 먹고, 굶주림 가운데 변비로 고생하던 1960년대보다, 차라리 화학비료와 살충제를 적당하게 사용하고, 제방과 댐 공사를 통하여 가뭄과 홍수를 대비하는 쪽을 선택하겠다. 나는 신학대학교 수업시간에 낭만적인 친환경주의자들에 대해서 반농담조로 음식이 절대 부족하여 먹지 못해 굶어 죽는 것보다 덜 치명적인 약한 농약이 함유된 곡식과 과일을 먹고 하루라도 더 오래 사는 것이 훨씬 더 좋다고 주장하곤 했다.

우리는 기후와 생태의 위기와 재난의 문제를 탁상공론적으로나 이

---

12 Emil Brunner, *Der Mensch im Widerspruch: Die Christliche Lehre vom wahren und vom wirklichen Menschen* (Zürich: Zwingli · Verlag, 1941/1937).

상주의적으로나 감상주의적으로 과격하게 행동주의적으로 접근해서는 안 되고, 아주 신중하고도 지혜롭게 접근하여 신의 한 수 또는 황금률을 발견해야 할 것이다. 화학비료와 살충제를 사용할 수도 없는 형편에서 제방과 댐 공사 없이 살아가는 친환경적인 후진국들은 지금도 여전히 절대 굶주림과 홍수와 가뭄에 시달리고 있고, 반면에 화학비료와 제방과 댐을 갖춘 상당한 개발도상국과 선진국들은 이전보다 더 풍성한 소출과 경제 혜택을 누리지만, 화학비료 등으로 인한 반대급부로 유해음식과 유해농작물로 인해 건강의 피해를 보고 있다. 우리나라에서 어떤 정부는 건설된 댐마저 해체하고, 어떤 정부는 다시 댐 공사를 확장하는 등 악순환이 계속되고 있다. 이런 상황에서 진정으로 "지속가능한 발전(개발)"(SD, Sustainable Development)이라는 황금률적인 정책이 절대적으로 필요하다.

인간은 문명주의와 반문명주의 사이 그리고 낙관주의와 비관주의 사이의 딜레마 속에, 진퇴양난의 모순 속에서 살아가는 인간이다. 김균진 교수는 기후와 생태위기와 재난을 극복하기 위해 인간의 욕망을 억제하고, 검약생활 방식으로 인해 파생될 수 있는 경제위축과 실업자 문제를 우리가 경제학자와 기업가와 함께 풀어야 할 과제로 남겨두었다. 과연 어디까지가 "지속 가능한 발전(개발)"이고, 무엇이 "환경적으로 건전하고 지속 가능한 발전(개발)"(ESSD, Environmentally Sound and Sustainable Development)인가?

우리는 환경의 보전과 경제의 발전과 인간과 사회의 공정성이라는 세 마리 토끼를 어떻게 동시에 잡을 수 있을까? 자동차 운전면허증을 가지고 있는 나는 생태환경을 위해 지금까지 불편을 감수하면서 대중교통을 이용하고, 승용차를 30년 동안 운전하지 않으면서도, 나 자신의 외모를 위해 거의 매달 1회씩 화학약품으로 머리염색을 하고, 기후와 생태 문제를 담고 있는 이 글을 쓰고 논찬하기 위해 자연 목재펄프 A4 용지를 사용하고, 화학제품의 프린트 잉크를 사용함으로써, 실존적으로 "딜레마 속에, 모순 속에 있는 인간(나)"이다. 지금 우리 시대는 우리에게 기후변화, 생명, 환경, 방사능 등에 대한 신학적 성찰과 올바른 실천을 더욱 절실하게 요구하고 있다."

3) 동성애 문제

21세기 현재 유럽과 미국 사회는 물론 유럽과 미국의 상당한 교회와 신학 안에서도 동성애(同姓愛, *homosexual*) 자체를 국가사회 법적으로나 교회법적으로 합법화하고, 신학과 목회와 선교현장에서 이미 허용하고 있다. 동성애에 대한 찬성과 반대 입장으로 인해 상호 분열된 교회와 교단이 생겼다. 이런 분위기를 반영하여 우리나라도 차별금지법 등을 통해 동성애를 국가와 사회 차원에서 합법화하기 위해 적극적으로 시도하고 있다. 심지어 일부 기독교인들과 일부 목회자들과 일부 신학자들조차도 동성애를 신앙적으로 그리고 신학적으로 정당화하고 옹호하는 글들을 발표하고, 교회적으로, 사회적으로, 정치적으로 동성애 옹호 운동을 적극적으로 펼치고 있는 실정이다.

국내외적으로 동성애를 반대하는 주장의 자료들과 동성애를 찬성하는 자료들이 수없이 쏟아져 나오고 있다. 내가 이 주제를 집중적으로

---

13   배정훈 · 김창선 책임편집, 『21세기의 생태계와 생명: 기후변화, 생명, 환경, 방사능에 대한 신학적 성찰』(서울: 장로회신학대학교출판부, 2013).

살펴보면서 검토한 결과, 한국기독교 안에서 초교파적으로 복음주의적 입장에서 출판된 두 저서들, 곧,『동성애, 21세기 문화 충돌』과,『동성애에 대한 기독교적 답변』을 추천하고자 한다.[14] 보다 전문적인 내용은 위의 두 저서들을 참고하면 좋을 것 같고, 내가 속한 교단과 노회의 입장은 다음 두 가지 자료들 속에 제한적으로 나타나 있다.[15] 기타 참고문헌을 위해 각주를 참고하면 될 것이다.[16]

동성애 문제를 취급하기 위해 먼저 동성애 관련 다양한 용어들을 정의하고, 크게 두 관점, 곧 신학적 관점과 목회실천적 관점에서 동성애에 대해 논의하고자 한다.

(1) 용어 정의

"동성애(同性愛, homosexual)"는 성애(性愛)의 대상으로 동성(同性)을 택하

---

14 김영한 외,『동성애, 21세기 문화 충돌』(용인: 킹덤북스, 2016); 기독교윤리연구소 편,『동성애에 대한 기독교적 답변』(서울: 예영커뮤니케이션, 2011).

15 대한예수교장로회총회 편,『제107회기 총회정책자료모음집: 복음의 사람, 예배자로 살게 하소서(시50:5, 롬12:1』(서울: 한국장로교출판사, 2023), 58-79; 대한예수교장로회 서울강동노회 편,『차별금지법·평등법 실체를 보라. 동성애는 유전이 아니다』(서울: 동성애대책위원회, 2021); 대한예수교장로회총회 교회성폭력대책위원회 편,『교회 성폭력 대응 예방 및 대응 매뉴얼』, 2021.

16 바른성문화를위한국민연합 편집,『동성애에 대한 불편한 진실』, 2010; 장로회신학대학교 편,『동성애 문제 관련 입장 및 대·내외 대처 현황』, 2018; 배상현,『동성애 IS』(서울: 미래사, 2016); 백은정,『로기아 총서 6: 기독 남성동성애자의 스트레스와 신앙적응에 관한 연구』(서울: 한들출판사, 2005); Erwin W. Lutzer (루쳐), *The Truth About Same Sex-Marriage*, 홍종락 역,『동성애에 대해 교회가 입을 열다』(서울: 사단법인 두란노서원, 2011); Wilhelm Aldor, *La Sexualité*, T. de Jager(Ver.), *De Seksualiteit* I, II (Dick Bruna, 1968); J. West, *Homosexuality* (London: Gerald Duckworth & Co. LTD., 1955); IVF USA 입장,『인간의 성에 대한 신학적 고찰』; Christian Concern & Chriatian Legal Center,『복음의 자유: 공적 영역에서의 그리스도인의 믿음』.

는 것이다. 다시 말하면, 동성애는 이성(異性) 간의 사랑이 아니라, 동일한 성별(性別) 간의 사랑, 곧 남자와 남자 사이 또는 여자와 여자 사이에서 성적(性的)으로 서로 사랑하는 것을 말한다. 한 남자와 한 여자가 서로 사랑하는 사랑의 통상적인 형태 외에 행해지는 다양한 사랑의 형태를 표현하기 위해 "퀴어(queer)"라는 용어가 사용된다. "퀴어"는 성소수자를 포함한 다양한 성적 지향을 인정한다. "LGBTIQA"에서 L은 레즈비언(Lesbian)으로, 여성과 여성 사이의 동성애자, G는 게이(Gay)로, 동성애자, 특히 남성 간의 동성애자, B는 바이섹슈얼(Bisexual)로, 이성과 동성을 모두 사랑하는 양(兩)성애자, T는 트랜스젠더(Transgender)로, 성전환자, I는 인터섹스(Intersex)로, 간(間)성, 양성(兩性)의 중간의 성, Q는 퀘스처닝(Questioning)으로, 성정체성이 불확실하여 탐색 중인 자, A는 앨라이스(Allies)로, "앨라이"는 원래는 "협력자"라는 의미인데, 성소수자와 연관되어 사용될 때, "성소수자의 인권을 지지하는 사람들"을 말한다."

    "커밍아웃(coming out)"은 성소수자가 자신의 성적 지향과 성별 정체성을 공개하는 행위이며, "아우팅(outing)"은 타인이 성소수자의 동의 없이 그 사람의 성적 지향과 성별 정체성을 공개하는 행위이다. 퀴어 신학은 "양성평등"이라는 용어 대신에 "성평등"이라는 용어를 사용한다. 우리는 남성과 여성을 원칙적으로 상호 구분하면서도, 남성과 여성의 본질적인 평등을 논의하기 위해서 "성평등"이라는 용어를 적극적으로 지양하고, "양성평등"이라는 용어를 절대적으로 사용하고자 한다.

---

17   배정훈, "성경에 나타난 동성애와 양성평등", 대한예수교장로회총회 편, 『제107회기 총회정책자료모음집: 복음의 사람, 예배자로 살게 하소서 (시50:5, 롬12:1), 60.

춘계 이종성 박사와 은파 김삼환 박사의 신학사상

(2) 동성애에 대한 신학적 관점

동성애 옹호론자들은 동성애에 대한 타당한 근거들로서 ① 유전학적 근거, ② "자연성"에 대한 일반적 개념을 반대하는 철학적 근거, ③ 인권적 근거, 심지어 ④ 성서적 근거까지 주장한다.[18]

① 동성애자들은 자신들이 동성애자가 된 것은 그들 자신이 스스로 선택한 것이 아니라 선천적으로, 유전학적으로 동성애적인 성향을 갖고 태어났기 때문에 동성애는 자연적인 것이므로 비난받는 것은 부당하다고 주장한다. 그러나 최근 다양한 과학적 연구에 의하면, 동성애가 유전적이고 선천적이라는 주장은 설득력을 잃었다. 우리가 성경의 성악설(원죄와 실제 죄)을 인정할 경우, 우리는 우리가 짓는 죄에 대한 책임을 첫 인류의 조상인 아담과 하와에게 실재론적으로 전가할지라도, 죄에 대한 직접적인 책임은 유명론적으로 우리로부터 면제되는 것이 결코 아니다. ② 동성애자들은 "동성애는 자연스럽지 않다"는 "자연성"에 대한 일반적 개념을 반박하면서 자신들이 개발한 새로운 "자연성"에 대한 철학적 개념을 주장한다. ③ 동성애자들은 정의와 인권에 근거하여 자신의 정당성을 주장한다. 그러나 동성애자들이 동성애 해방을 노예해방, 여성해방, 흑인해방 등과 비슷하거나 동등한 유비 관계로 보는 것은 하나님께서 합법적으로 허락하지 않은 것을 자신의 "권리"로 주장하는 셈이 된다. ④ 동성애자들은 퀴어 신학을 통해 동성애에 대한 성서적으로, 성서해석학적으로 정당한 근거를 제시한다.

---

18 정원범, "제6장 동성애에 대한 기독교윤리하적 반성", 기독교윤리연구소 편, 『동성애에 대한 기독교적 답변』, 128-136.

교회와 그리스도인들에게는 삶의 모든 문제들을 판단하고 결정할 때 신앙적·신학적 심사숙고와 판단이 선행되고, 전제되어야 할 것이다. 그러므로 "동성애" 같은 핫 이슈(hot issue)에서는 더욱더 그렇다. 나는 그리스도인들과 목사들과 신학자들 중에 한 사람으로서 우리의 신앙과 행위를 위한 정확무오(正確無誤)한 하나님의 말씀으로서의 66권 정경을 절대기준으로 삼아 신앙적 삶을 살고, 다양한 목회와 신학연구 활동을 하려고 노력하지만, 사실상 항상 부족함을 고백한다. 그런데 동성애를 지지하는 기독교인과 기독교 신학자, 특히 퀴어 신학은 성경 자체가 동성애를 혐오하거나 반대하지 않는다고 주장하면서, 동성애를 성서적으로 그리고 성서해석학적으로 죄가 아니고, 자연스러운 것이라고 정당화하는 것은 가장 심각한 문제이다.

동성애가 각 시대와 사회로부터 지탄받기도 하고 묵인되기도 하고, 관용을 받기도 하면서 동서고금 어디에서나 존재해왔다. 세계기독교가 동성애에 무관심하거나 관용했다는 일부 연구가들의 주장은 역사적 사실과 정면으로 배치된다. 세계기독교는 2세기부터 19세기까지 동성애를 항상 심각한 죄로 선언하고, 강력하게 처벌했다.[19] 특히 4-5세기 서방교부 아우구스티누스와 16세기 종교개혁자 칼뱅도 동성애를 강하게 비판하고, 20세기 대표적 개혁신학자인 칼 바르트(K. Barth)[20]와, 현재 21세기 독일 루터교회 신학자 판넨베르크(W. Pannenberg)[21]도 동성애를 비판했다.

---

19 이상규, "제1장 동성애 문제의 교회사적 고찰", 김영한 공저, 『동성애, 21세기 문화 충돌』, 237-264.

20 Karl Barth, *Church Dogmatics*, III/2, 229, III/4, 166.

21 J. Sttot, *Christian Today* (11. Nov., 1966), J. Stott, 양혜원 역, 『존 스토트 동성애 논쟁』(서울: 홍성사, 2006), 48.

배정훈에 의하면, 퀴어는 성별 차별성과 성 지향성(*orientation*)의 사회적 개념에 도전하고, 퀴어 신학은 생물학적인 성적 경계들을 해체하고 재정의한다. 퀴어 신학의 근거가 되는 소위 LGBT "폭력의 본문들"은 창19:1-29, 삿19:1-30, 레18:1-30, 레20:1-27, 고전6:9-17, 딤전1:3-13, 유1-25, 롬1:26-27 등이다. 나아가서 퀴어 인물로 여기면서 다루는 "게이 레즈비언 족보 구절들"은 다윗과 요나단, 룻과 나오미, 로마의 백부장, 에티오피아의 환관, 마리아와 마르다, 나사로 등이다. 성서 전체를 퀴어적 관점에서 찾아보려는 주석적 시도는 퀴어 성서 주석에 나타난다. 퀴어 주석은 레즈비언, 게이, 양성애, 트랜스젠더 등의 관점에서 성서 본문 자체의 퀴어성을 드러냄으로써, 그동안 주목받지 못한 낯선 이야기를 성경해석의 전면에 등장시킨다.[22]

퀴어 신학이 주어진 구약성경 본문과 신약성경 본문을 전적으로 잘못 이해하고, 잘못 해석하고 있는 점들을 조목조목 설득력 있게 반박한 구약학자 배정훈의 글[23]과, 많은 구약학자들과 신약학자들의 논의를 참고하기 바란다.[24] 위의 글들을 참고하면, 구약성서나 신약성서는 항상 이성애(異性愛)를 절대적 원칙으로, 일부일처 가정을 창조주 하나님께서 정하신 올바른 것으로 받아들이고, 동성애를 심각한 죄로 규정한다는 사실을 분명하게 알 수 있을 것이다.

---

22 배정훈, "성경에 나타난 동성애와 양성평등", 대한예수교장로회총회 편, 『제107회기 총회정책자료모음집: 복음의 사람, 예배자로 살게 하소서(시50:5, 롬12:1), 60-61.

23 위의 글, 62-73.

24 김영한 공저, 『동성애, 21세기 문화 충돌』, 43-233(배정훈, 신득일, 신현우, 이재현, 채영삼, 최승락 등); 기독교윤리연구소 편, 『동성애에 대한 기독교적 답변』, 73-114(배정훈, 소기천 등).

(3) 동성애에 대한 목회실천적 관점

동성애주의자들은 동성애를 지향(orientation)하는 것과 동성애의 행위(practice)는 모두 본성적(natural)이며 주어진 것이며(given), 동성애자의 인권은 존중되어야 하며, 동성애자들은 동성애자로서 살아갈 권리가 있다고 주장하고, 동성애는 죄가 아니며 동성애를 죄라고 부르는 것은 혐오이므로 동성애를 혐오하지 말라고 강력하게 반박한다.

우리는 이런 주장에 강력하게 반대하여 성경에 근거하여 다음과 같이 주장한다. 한 남자와 한 여자가 이성애적인 일부일처 가정을 이루어 이 땅에 번성하는 것(procreation)이 하나님의 창조원리이며, 동성애는 윤리적인 죄에 속하며, 하나님과 성경은 동성애를 철저하게 금지하고 있다. 그러면 하나님의 명령과 성경에 따라 동성애 자체를 죄로 규정한 우리는 동성애자들과 동성애 옹호자들을 어떻게 상대해야 할 것인가라는 목회실천적 과제가 우리 앞에 놓여 있다. 기독교는 성경과 특히 십계명에 근거하여 교회와 그리스도인의 성결과 성화의 삶을 의무적으로 부과하고 촉구하고 권면해왔다. 동성애가 성경적으로, 신학적으로 죄라는 결론 앞에서 교회와 그리스도인은 죄 자체와 죄인에 대한 입장을 분명하게 구별해야 할 것이다.

중세 기독교는 대죄(大罪)와 소죄(小罪)를 엄격하게 구별하는 경향이 있었고, 개신교(기독교)에서도 일반적인 죄와 심각한 죄를 구별하기도 했다. 사실상 성경 자체 안에서도 심각하게 간주되는 죄들에 대한 목록이 자주 등장한다(롬1:29-32: 갈5:19-21). 원칙적으로 이 땅에 살고 있는 모든 그리스도인은 성화의 정도 문제와 관계없이, 예외 없이 루터의 표현대로 "의인(義人)인 동시에 죄인(罪人)"(simul justus et peccator)이다. 기독교인과 교회

　　　　　　춘계 이종성 박사와 은파 김삼환 박사의 신학사상

는 어떤 죄라도 죄 자체는 죄로 인정하고 미워하되, 죄인은 미워하지 말고, 죄인이 그리스도와 그리스도인의 긍휼과 사랑을 통해 죄로부터의 회개와 새로운 삶의 변화를 요청하고, 그것을 위해 모든 목회실천적 방법을 동원하여 도와야 할 것이다.

사실상 내가 속한 교단은 개혁교회 전통을 가지고 있어서 참된 교회의 세 가지 표지, 곧 말씀 선포, 성례전(세례와 성찬) 집례, 권징(치리, discipline)을 수용하고 있다. 비록 아주 성숙한 그리스도인조차도 여전히 죄인이지만, 세례교인이 되기 위한 최소한의 상식과 도덕적 기준과 직분자(목회자, 장로, 권사, 집사, 전도사 등)가 되기 위한 최소한의 상식과 도덕적 기준이 교회법적으로 마련되어 있다. 외콜람파디우스가 바젤에서 교회의 고유한 권징(치리)을 짧은 기간 동안 실천했고, 마르틴 부처가 이것을 받아들여 더욱 구체화시키고, 칼뱅도 실시한 권징을 세계개혁교회와 장로교회가 도입하여 실시하고, 지금도 한국장로교회 안에서는 교회법적인 권징이 있지만, 안타깝게도 그 기능이 거의 작동되고 있지 않은 것 같다.

권징(치리)은 성령과 말씀을 통한 "사랑과 회개의 매"이며, "치유와 회복의 수단"이다. 비록 칼뱅은 권징(치리)을 교회의 표지에는 넣지 않았지만, "성도의 표지"로서 사람의 몸의 "힘줄"과 "근육"으로 비유하여 매우 중요한 것으로 이해했다. 칼뱅과 마르틴 부처는 권징의 시행은 항상 온유한 심정과 사랑의 마음을 가지고 조심스럽게 치유와 회복을 목적으로 시행해야 한다고 주장했다. 치리의 시행목적은 범법자에 대한 단순한 일방적 처벌이 아니라, 세 가지 목적, 곧 그리스도의 몸인 교회의 보호와, 성도 간의 죄 감염 방지와, 죄를 지은 성도 자신의 회개와 치유를 위한 것이다.[25] 너무나도 놀라운 사실은 천주교회나 일부 기독교 종파에서는 가장 엄격한 처벌인 "출교"(ex-communicatio)를 당한 사람을 "저주받을지어다!(anathema!)"라고 선언하여 그리스도의 구원으로부터 영원히 떨어져나가 하나님으로부터 영원히 저주받은 자로 규정한다. 그러나 개혁교회는 출교당한 사람을 구원론과 절대로 결부시키지 않고, 그 사람이 다시 회개하면, 교회의 치리회의 과정을 통해서 성도로 다시 받아들인다. 칼뱅은 심지어 출교를 받은 자와의 신앙적 성도의 교제는 허락하지 않았으나, 사회와 국가 공동체 속에서 일반 시민적인 상호 교제와 협력을 허용했다.

절대로 구원받지 못하는 "성령훼방죄"를 제외하고, 모든 죄는 어떤 죄라도 하나님 앞에서는 죄이다. 그러나 동성애는 성경의 기준에서 볼 때, 결코 가벼운 죄는 아니다. 원칙적으로 교회는 결코 가볍지 않은 죄에 대한 교회법적인 차원인 권징을 시행했다. 그러나 권징의 목적과 시행 속에 있는 "사랑"이라는 목회적 용서의 측면과, "매"라는 훈계와 처벌이라는 측면을 동시에 균형 있게 수렴하는 지혜의 실천을 발휘해야 할 것이다. 우리는 교회 공동체 속에 발견될 수 있는 무조건 정죄하는 율법주의적 바리새주의와 동시에 모든 죄를 방관하거나 허용하는 자유분방한 방종주의를 경계해야 할 것이다.

16세기 당시 제네바에서도 칼뱅은 인간의 법을 만들어서 율법주의적으로 엄격하게 처벌하는 로마 천주교회와 그 반대로 성경과 십계명의 교훈 등을 전적으로 무시하는 소위 "자유방종주의자들"(les libertines)과 논쟁했다. 지금도 전자의 경향은 지나치게 보수주의적 교회와 신학 안에서

---

25   최윤배, 『깔뱅신학 입문』, 446-447.

춘계 이종성 박사와 은파 김삼환 박사의 신학사상

나타나고, 후자의 경향은 자유주의적인 교회와 신학 안에서 나타나는 것 같다. 내가 보기에, 최근 포스트모던 시대에 편승하여 후자의 경향이 세계교회와 한국교회에서 더욱 강하게 나타나는 것 같다. 비록 동성애는 성경적으로, 신학적으로 심각한 죄에 속할지라도, 교회와 사회 속에서 목회실천적 차원에서는 동성애자들의 완전한 회복과 치유를 위해 도움이 되는 모든 교육적, 목회상담적, 의학적 방법들이 총동원되어야 할 것이다.

마지막으로 지금 추진되고 있는 "차별금지법"에 대한 올바른 이해와 우리의 반대 입장이 분명해야 할 것이다.[26] 최소한 동성애 자체와 동성애 결혼을 통한 가정을 국가가 사법적으로 허용함으로써, 성경적이고, 전통적인 일부일처 제도라는 결혼 제도를 뿌리째 흔드는 법은 절대로 제정되어서는 안 될 것이다. 더구나 동성애를 신앙적, 종교적 차원에서 반대하는 교회와 목회자와 그리스도인들의 신앙적 종교 행위를 동성애 혐오나 동성애자들에 대한 인권침해라는 이유로 처벌하는 국가적 · 사회적 처벌법이 절대로 시행되어서도 안 될 것이다.

---

26 조영길, 『국가인권위원회법상 차별금지 사유 '성적 지향' 삭제 개정의 정당성』(서울: 미래사, 2017); 한국기독교군선교연합회 편, 『한국군선교신학회 논문집 16: 군선교, 청년』(서울: 한국군선교연합회, 2017).

저자 소개

향목(香木) 최윤배(崔允培)

학력

1975. 3 - 1979. 2 한국항공대학교 항공전자공학과 졸업(B.E.)

1979. 9 - 1981. 8 연세대학교 대학원 전자공학과 졸업(M.E.)

1984. 3 - 1987. 2 장로회신학교 신학대학원 졸업(M.Div.)

1987. 3 - 1989. 8 장로회신학대학교 대학원 졸업(Th.M.)

1989. 2 - 1993. 2 네덜란드개혁신학대학교 졸업(De Theologische Universiteit van de Gereformeerde Kerken in Nederland, Doctorandus = Drs.)

1993. 3 - 1996. 9. 4 네덜란드기독교개혁신학대학교 졸업(De Theologische Universiteit van de Christelijke Gereformeerde Kerken in Nederland, Dr. Theol.)

수상 및 발표

* 장로회신학대학교 교원업적평가 우수교원 3회 선정(2009.05.19; 2010.05.19; 2013.05.14)

* 한국기독교학회 '제6회 소망학술상' 수상(2011.10.21):『잊혀진 종교개혁자 마르틴 부처』(서울: 대한기독교서회, 2012)

* 제7회 문서교선교의 날(2012.10.19) '2012년 올해의 저자상' 수상:『깔뱅신학 입문』(서울: 장로회신학대학교출판부, 2012) 등

* 제29회 한국기독교출판문화상 시상식(2013.02.21) '2012년 신학 국내부문 최우수상' 수상:『깔뱅신학 입문』

* 제32회 한국기독교출판문화상(2016.01.14) '2015년 신학 국내부문 우수상' 수상:『개혁신학 입문』(서울: 장로회신학대학교출판부, 2015)

* 국무총리상 수상(2021.02.28)

* 제9차 세계칼빈학회에서 "The Relationship between the Holy Spirit and Jesus Christ by John Calvin" 발표[네덜란드 아펠도른(Apeldoorn) 기독교개혁신학대학교/독일 엠든(Emden), 아 라스코(á Lasco) 도서관, 2006.8.22-26]

경력

1997. 3 – 1998. 2 평택대학교 신학과 교수

1998. 3 – 2002. 8 서울장신대학교 신학과 교수

2002. 9 – 2021. 2. 28 장로회신학대학교 신학과 교수

2002. 9 – 2016. 12 장로회신학대학교 새문안교회 강신명 석좌교수

2003–2005 한국조직신학회 서기

2008. 3 – 2010. 2 장로회신학대학교 도서관장, 장신대역사박물관장

2009. 1 – 2009. 12 한국칼빈학회 회장

2010–2020 한국개혁신학회 부회장

2010–2012 한국복음주의조직신학회 회장

2014–2020 한국장로교신학회 부회장

2015–2016 대한예수교장로회총회 이단 · 사이비대책원원회 전문연구위원

2015. 2 – 2019. 2 재단법인 장신대장학재단 이사

2015–2020 한국성서학연구소 이사(서기)

학위논문

"디지탈회로 및 신호름도의 어드죠인트 회로와 센시티비티에 과한 연구"(미간행 공학 석사학위논문, 연세대학교 대학원, 1980, M.E.)

"깔뱅(Clavin)신학에 나타난 지식과 경건의 관계성 연구"(미간행 교역학 석사학위논문, 장로회신학대학교 신학대학원, 1987, M.Div.)

"Gerrit Cornelis Berkouwer의 하나님의 형상이해"(미간행 신학 석사학위논문, 장로회신학대학교 대학원, 1989, Th.M.)

"De Verhouding tussen Pneumatologie en Christologie bij H. Berkhof"(De Theologische Univeristeit van de Gereformeerde Kerken in Nederland, Kampen 1993, Drs.)

"De Verhouding tussen Pneumatologie en Christologie bij Martin Bucer en Johannes Calvijn"(De Theologische Univeristeit van de Christleijke Gereformeerde Kerken in Nederland, Apeldoorn, 1996, Proefschrift, Dr. Theol.)

단독저서

『그리스도론 입문』. 서울: 장로회신학대학교출판부, 2009.

『성령론 입문』. 서울: 장로회신학대학교출판부, 2010.

『잊혀진 종교개혁자 마르틴 부처』. 서울: 대한기독교서회, 2012(한국기독교학회 2011년 '제6회 소망학술상' 및 '2012년 올해의 저자상' 수상 저서).

『깔뱅신학 입문』. 서울: 장로회신학대학교출판부, 2012(2012년 한국기독교출판문화상 신학 국내 부분 '최우수상' 및 '2012년 올해의 저자상' 수상 저서).

『영혼을 울리는 설교』. 용인: 킹덤북스, 2012(장로회신학대학교 신학대학원 2009년 가을신앙사경회 주강사인 필자의 설교).

『성경적 · 개혁적 · 복음주의적 · 에큐메니칼적 · 기독교적 조직신학 입문』. 서울: 장로회신학대학교출판부, 2013.

『개혁신학 입문』. 서울: 장로회신학대학교출판부, 2015(2015년 국내 신학 부문 '우수상' 수상 저서).

『참된 신앙에 따른 바른 삶의 개혁』. 용인: 킹덤북스, 2015(종교개혁 500주년 기념도서)

『구원은 하나님 은혜의 선물』. 용인: 킹덤북스, 2016.

『한국교회의 신학과 목회: 성령 안에서 예수사랑 · 교회사랑』. 서울: 장로회신학대학교출판부, 2020(정년은퇴 기념도서).

『춘계 이종성 박사와 은파 김삼환 박사의 신학사상』. 성남: 북코리아, 2024.

번역서

『멜란히톤과 부처』. 서울: 두란노아카데미, 2011(이은선 · 최윤배 공역).

Bucer, Martin. *Von der waren Seelsorge*. 1538. 최윤배 역, 『참된 목회학』, 용인: 킹덤북스, 2014.